高等院校商法经济法专业核心课精品系列

中国涉外经贸法

沈四宝　主编

（修订第四版）

首都经济贸易大学出版社
·北京·

出版总序
（2009年版）

从某种意义上说，市场经济也是一种法制经济。

经济领域竞争的实质，是人才的竞争；而人才的培养，有赖于教育，尤其是培养高素质专业人才的高等教育。目前直至今后相当长的一个时期内，我们还缺乏一大批理念先进，勇于创新，善于学习，精通业务，既熟悉现代市场经济运行规则，又精通法律专业知识，适应国内经济发展和国际竞争需要的高级法律人才。

教育是当代科技生产力发展的基础，是科学技术转化为现实生产力的条件，是培养高素质人才和劳动者的根本途径，也是实现管理思想、管理模式、管理手段现代化，贯彻依法治国基本国策的重要因素。

人才的培养离不开教材，教材是体现教学内容的知识载体，是进行教学的基本工具，更是培养人才的重要保证。

教材质量直接关系到教育质量，教育质量又直接关系到人才的培养质量。因而，教材质量与人才质量密切相关。

正是由于教材质量在实施科教兴国和依法治国的发展战略中具有十分重要的作用，我们在策划与组织编写本套教材的过程中倾注了大量的人力、物力和财力。

我们希望奉献给广大教师、学生、读者的是一套经得起专家论证和实践检验的商法、经济法专业核心课精品系列教材。

在策划和编写本套教材的过程中，我们始终贯彻精品战略的指导思想，使之具有如下特点：

第一，以全面推进素质教育为着眼点，以教育部《普通高等教育教材建设与改革的意见》为指导，面向现代化，面向未来，面向经济全球化，充分考虑学科体系和知识体系的完备性、系统性和科学性，同时兼顾教材的实用性和可读性，以适应教学和教材改革的需要，适应形势发展的需要，适应培养高素质、创新型、复合型法学人才的需要，并力求教材具有体系新、内容新、资料新、方法新的特点。

第二，在广泛调查研究的基础上，通过多所国内著名高等院校一批有着丰富教学经验的专家教授论证和推荐，优化选题，优选编者。参加本套教材论证和编写的专家教授分别来自中国社会科学院、北京大学、中国人民大学、中国政法大学、中国人民公安大学、对外经济贸易大学、复旦大学、上海交通大学、首都经济贸易大学、北京工商大学等多所国内著名高等院校及研究机构。

第三,在选择教材内容以及确定知识体系和编写体例时,注意素质教育和创新能力、实践能力的综合培养,为学生在基础理论、专业知识、业务能力以及综合素质的协调发展方面创造条件。在确定选题时,一方面考虑了当前法学发展和司法实践的迫切需求,一方面又贯彻了教育部关于法学专业核心课的设置及素质教育的要求;编写体例上,在充分学习和借鉴国外经典教材的基础上,每本教材编选了数十个带有典型意义的经典案例,并将案例在全书中所占比重大幅度提高,达到1/3左右。这样,不仅能使法律学科的实用性得到凸显,同时也使学生能够进一步深化对各法律学科的理解,增强其运用法律解决实际问题的能力。为方便学生学习及教师教学,本套教材还将有关的最新法律法规附在书后,使学生能方便地研读法律条文,加深对法规的理解。

第四,考虑到商法及经济法在经济生活中的重要地位,本套教材特将商法和经济法作为一个系列出版。这样做并不代表或反映编者对各法学学科进行划分的意见和观点,而只是反映了编者对学科实际应用的重视。

本套教材自身也是开放式的。我们将根据学科发展的需要、教学改革的需要、专业设置和课程调整的需要、社会实践及法制建设的需要,不断加以补充和完善。

本套教材不仅是一大批法学专家教授多年科研成果的总结和教学实践的总结,同时在编写体例上也有所突破和创新,希望它的出版能够对我国法律人才的培养有所帮助。

出版者

出版总序
（2002年版）

2001年11月10日。

这是一个历史性的庄严时刻。

世界贸易组织第四届部长级会议以全体协商一致的方式，审议并通过了我国加入世贸组织的决定。

它不仅标志着我国成为当今全球最大、最具代表性的国际经济组织的成员，而且标志着我国在融入经济全球化、参与国际经济竞争方面又迈出了决定性的一步，使我国的改革开放和经济发展从此步入了一个崭新的阶段。

入世，机遇与挑战并存。

可以预见到的是，经济领域中的竞争会更加激烈。

从某种意义上说，市场经济也是一种法制经济。

经济领域竞争的实质，是人才的竞争；而人才的培养，有赖于教育，尤其是培养高素质专业人才的高等教育。目前甚至今后相当长的一个时期内，我们还缺乏一大批既熟悉现代市场经济运行规则和世贸组织规则，又精通法律专业知识，适应国际竞争需要的高级法律人才。

教育是当代科技生产力发展的基础，是科学技术转化为现实生产力的条件，是培养高素质人才和劳动者的根本途径，也是实现管理思想、管理模式、管理手段现代化，实现依法治国的重要因素。

《中共中央国务院关于深化教育改革全面推进素质教育的决定》指出："当今世界，科学技术突飞猛进，知识经济已见端倪，国际竞争日趋激烈。教育在综合国力的形成中处于基础地位，国力的强弱越来越取决于劳动者的素质，取决于各类人才的质量和数量，这对于培养和造就我国21世纪的一代新人提出了更加迫切的要求。"

中共中央和国务院的决定为高等教育的改革与发展确定了基本目标和方向。

教材是体现教学内容的知识载体，是进行教学的基本工具，更是培养人才的重要保证。

教材质量直接关系到教育质量，教育质量又直接关系到人才质量。因而，教材质量与人才质量密切相关。

正是由于教材质量在实施科教兴国和依法治国的发展战略中具有十分重要的作用，我们在策划与组织编写这套教材的过程中倾注了大量的人力、物力和财力。

我们希望奉献给广大教师、学生、读者的是一套经得起专家论证和实践检验的商法、经济法专业核心课精品系列教材。

在策划和编写本套教材的过程中，我们始终贯彻精品战略的指导思想，使之具有如下特点：

第一，以全面推进素质教育为着眼点，以教育部《普通高等教育教材建设与改革的意见》为指导，面向现代化，面向未来，面向经济全球化，充分考虑学科体系的完备性、系统性和科学性，以及我国加入世界贸易组织后法学研究和法制建设所面临的一系列新课题，以适应教学和教材改革的需要，适应形势发展的需要，适应培养高素质、创造型、复合型法学人才的需要，并力求教材在内容质量方面具有体系新、内容新、资料新、方法新的特点。

第二，在广泛调查研究的基础上，通过多所高等院校一批有着丰富教学经验的专家教授论证和推荐，优化选题，优选编者。参加本套教材论证和编写的专家教授分别来自中国社会科学院、北京大学、中国人民大学、中国政法大学、中国人民公安大学、对外经济贸易大学、复旦大学、上海交通大学、首都经济贸易大学、北京工商大学等多所国内著名或知名高等院校及研究机构。

第三，在选择教材内容以及确定知识体系和编写体例时，注意素质教育和创新能力、实践能力的综合培养，为学生在基础理论、专业知识、业务能力以及综合素质的协调发展方面创造条件。在确定选题时，一方面考虑了当前法学发展和司法实践的迫切需求，一方面又贯彻了教育部关于专业核心课的设置及素质教育的要求；在编写体例上，在充分学习和借鉴国外经典教材的基础上，每本书编选了数十个带有典型意义的案例，并将案例在全书中所占比例大幅度提高，达到 1/3 左右。这样，不仅能使法律学科的实用性得到凸显，同时也使学生能够进一步深化对各法律学科的理解，增强其运用法律解决实际问题的能力。为方便学生学习及教师教学，本书还将最新法律法规附在书后，使学生能方便地研读法律条文，加深对法规的理解。

第四，考虑到商法及经济法在经济生活中的重要地位，本丛书特将商法和经济法作为一个系列出版。这样做并不代表或反映编者对各法学学科进行划分的意见和观点，而只是反映了编者对学科实际应用的重视。

本套丛书自身也是开放式的。我们将根据学科发展的需要、教学改革的需要、专业设置和课程调整的需要、社会实践及法制建设的需要，不断加以补充和完善。

本套教材不仅是一大批法学专家教授多年科研成果的总结和教学实践的总结，而且在编写体例上也有所突破和创新，希望它的问世能够对我国法律人才的培养有所帮助。

出版者

第四版说明

《中国涉外经贸法》已经发行了 52 000 册,说明社会对此书仍有很大的需要。这次再版,作者们根据世界经济全球化的新形势和我国涉外经贸法领域内的立法、执法、司法以及法学研究出现的新问题和新成果,对本书又做了不少修改和补充。尤其是沈四宝教授编写的第一章以及盛建明教授编写的第二章和第十二章,都做了较大的调整。

要说明的是,伴随本书不断地修订和再版,编写者的学术成就也在不断提高,职称也发生了可喜的变化。其中,丁丁老师、张红老师、盛建明老师都先后成为著名教授并被聘为博士生导师。

在本次修订中,彭景博士及赵杰编辑对全书的修订都作出了很大努力。

在此向各位表示感谢!

本书各章撰稿人员的分工如下:

沈四宝教授、博士生导师	第一章、第三章、第五章和第十四章
盛建明教授、博士生导师	第二章和第十二章
焦津洪教授、博士生导师	第四章
丁 丁教授、博士生导师	第六章和第九章
唐丽子副教授	第七章和第八章
王淑霞副教授	第十章和第十一章
张红教授	第十三章

第三版说明

《中国涉外经贸法》一书于1997年9月出版,并于2002年第二次修订。在此之后,《中华人民共和国对外贸易法》于2004年4月6日在第十届全国人民代表大会常务委员会第八次会议上修订通过,并于2004年7月1日起施行。《中华人民共和国公司法》于2005年10月27日在第十届全国人民代表大会常务委员会第十八次会议上修订通过,并于2006年1月1日起施行。为了配合对外贸易法和公司法的修订,我们对本书的第二章与第五章重新进行了编写。此外,第十二章根据有关个人所得税法的新规定也进行了相应的修改。

盛建明副教授在本书的修订过程中做了主要工作,并对全书进行了审读。

本书各章撰稿人员的分工如下:

沈四宝教授	第一章、第三章、第五章和第十四章
盛建明副教授	第二章和第十二章
焦津洪教授	第四章
丁丁副教授	第六章和第九章
唐丽子副教授	第七章和第八章
王淑霞副教授	第十章和第十一章
张红副教授	第十三章

第二版说明

《中国涉外经济法》一书于1997年9月出版,已经修订过一次。在此期间,《中华人民共和国合同法》于1999年3月15日在第九届全国人民代表大会第二次会议上通过,并于1999年10月1日正式实施,原有的《中华人民共和国经济合同法》、《中华人民共和国涉外经济合同法》、《中华人民共和国技术合同法》同时废止。由于合同法的改变,本书第三章重写。此外,第六章、第九章根据有关投资法与金融法的新规定也进行了相应的修改。

此外,中国已加入WTO,入世已经并将继续对我国的法制建设,尤其是我国的涉外经贸法律产生巨大的影响,因此在本版中,对每个章节又再次进行了相应的修改,有的章节还增加了与WTO有关的新内容。

为了使读者更加深刻地理解本书,在本版中,原则上每章都增加了较为典型的案例。

最后,为了使本书的书名更加符合该书的内容,并使本书的服务对象更加广泛,特把书名由《中国涉外经济法》改为《中国涉外经贸法》,特此说明。

本书各章撰稿人员的分工如下:

沈四宝教授　　　　第一章、第三章、第五章和第十四章
盛建明副教授　　　第二章和第十二章
焦津洪教授　　　　第四章
丁丁副教授　　　　第六章和第九章
唐丽子副教授　　　第七章和第八章
王淑霞副教授　　　第十章和第十一章
张红副教授　　　　第十三章

目 录

第一章　绪论 …………………………………………………………………… 1
第二章　对外贸易法 …………………………………………………………… 9
    第一节　概述 ……………………………………………………………… 10
    第二节　对外贸易法的适用范围 ………………………………………… 12
    第三节　对外贸易法的基本原则 ………………………………………… 13
    第四节　对外贸易经营者 ………………………………………………… 17
    第五节　货物与技术进出口的管理制度 ………………………………… 24
    第六节　国际服务贸易管理制度 ………………………………………… 28
    第七节　与贸易有关的知识产权保护 …………………………………… 31
    第八节　反倾销、反补贴和保障措施 …………………………………… 32
    第九节　对外贸易秩序和对外贸易促进 ………………………………… 41
    案例 ………………………………………………………………………… 48
第三章　涉外经济合同法律制度 ……………………………………………… 51
    第一节　涉外经济合同是我国合同法律制度的重要组成部分 ………… 51
    第二节　涉外经济合同的成立 …………………………………………… 53
    第三节　涉外经济合同的效力 …………………………………………… 56
    第四节　涉外经济合同的履行 …………………………………………… 61
    第五节　涉外经济合同的转让、变更、解除和终止 …………………… 71
    第六节　涉外经济合同争议的解决和法律的适用 ……………………… 75
第四章　国际货物买卖法 ……………………………………………………… 79
    第一节　概述 ……………………………………………………………… 79
    第二节　国际货物买卖合同的成立 ……………………………………… 82
    第三节　卖方和买方的义务 ……………………………………………… 89
    第四节　对违反买卖合同的补救方法 …………………………………… 97
    案例 ………………………………………………………………………… 105
第五章　外商投资企业法 ……………………………………………………… 107
    第一节　外商投资企业法的概念 ………………………………………… 107
    第二节　中外合资经营企业的法律制度 ………………………………… 108

第三节　中外合作经营企业的法律制度……………………………121
　　　第四节　外资企业的法律制度……………………………………125
　　　第五节　设立外商投资企业的法定程序…………………………135
　　　第六节　我国关于保护外资的法律规定…………………………146
　　　第七节　外商投资企业适用《公司法》的若干问题………………151
　　　第八节　《与贸易有关的投资措施协议》对我国三资企业法的影响…157
　　　案例…………………………………………………………………161

第六章　涉外投资的有关法律……………………………………………173
　　　第一节　概述………………………………………………………173
　　　第二节　中外投资保护协定………………………………………176
　　　第三节　国际投资公约……………………………………………181
　　　案例…………………………………………………………………193

第七章　涉外知识产权有关法律…………………………………………194
　　　第一节　知识产权法律制度………………………………………194
　　　第二节　专利法……………………………………………………196
　　　第三节　商标法……………………………………………………200
　　　第四节　著作权法…………………………………………………204
　　　第五节　关于申请国外知识产权的法律规定……………………208
　　　第六节　关于外国人取得中国知识产权的法律规定……………210
　　　第七节　知识产权的国际保护……………………………………211
　　　案例…………………………………………………………………216

第八章　涉外技术贸易有关法律…………………………………………217
　　　第一节　概述………………………………………………………217
　　　第二节　涉外技术贸易合同………………………………………220
　　　案例…………………………………………………………………226

第九章　涉外金融法………………………………………………………227
　　　第一节　概述………………………………………………………227
　　　第二节　外汇管理的法律规定……………………………………229
　　　第三节　涉外信贷的法律规定……………………………………237
　　　第四节　国际贸易支付的规则与惯例……………………………244
　　　案例…………………………………………………………………254

第十章　海商法……………………………………………………………255
　　　第一节　概述………………………………………………………255
　　　第二节　海上货物运输合同的定义和种类………………………257
　　　第三节　提单的功能及种类………………………………………263

  第四节 承运人的责任制度 ………………………………………… 272
  第五节 海上货物运输合同争议的处理 ………………………… 278
  案例 …………………………………………………………………… 280

第十一章 保险法 …………………………………………………… 282
  第一节 概述 ……………………………………………………… 282
  第二节 保险合同 ………………………………………………… 286
  第三节 国际货物运输保险 ……………………………………… 291
  案例 …………………………………………………………………… 303

第十二章 中国涉外税法 …………………………………………… 305
  第一节 概述 ……………………………………………………… 305
  第二节 涉外企业所得税法 ……………………………………… 307
  第三节 涉外个人所得税法 ……………………………………… 314
  第四节 涉外流转税法简介 ……………………………………… 322
  第五节 涉外财产税法 …………………………………………… 323
  案例 …………………………………………………………………… 326

第十三章 海关法 ……………………………………………………… 327
  第一节 概述 ……………………………………………………… 327
  第二节 关于进出境运输工具管理的法律规定 ………………… 330
  第三节 关于进出境货物管理的法律规定 ……………………… 334
  第四节 关于进出境物品海关管理的法律规定 ………………… 340
  第五节 关于关税的法律规定 …………………………………… 343
  第六节 法律责任 ………………………………………………… 347
  案例 …………………………………………………………………… 350

第十四章 涉外经济贸易仲裁和诉讼 …………………………… 351
  第一节 概述 ……………………………………………………… 351
  第二节 涉外仲裁机构 …………………………………………… 354
  第三节 涉外仲裁协议 …………………………………………… 357
  第四节 中国国际经济贸易仲裁委员会仲裁程序 …………… 360
  第五节 涉外仲裁裁决的执行 …………………………………… 365
  第六节 涉外经济诉讼 …………………………………………… 367
  案例 …………………………………………………………………… 369

第一章

绪 论

> **内容提要及学习要求**
>
> 本章主要介绍了涉外经贸法的概念、特点以及世界贸易组织对我国涉外经贸法的影响,并对将涉外经贸法独立出来,专门编纂成书的考虑作了说明。
>
> 本章要求学生及时关注我国在涉外经贸方面的立法,并及时了解新的法律和法规。

我国的社会主义市场经济,在我国加入世界贸易组织之后,逐步融入经济全球化的大潮之中。作为社会主义市场经济的一个重要组成部分的我国对外经济贸易活动,更是以其特有的先锋角色,穿针引线,在我国参与世界经济全球化和区域经济一体化的过程中,发挥着特殊的重要作用,显示出其日益强盛的生命力。

所谓涉外经济贸易,或称之谓对外经济贸易活动,是指我国经济贸易活动中具有涉外因素的那部分商业交易。如果把我国整个市场经济分成两大部分,那么其中一部分商业交易活动属于纯粹的国内交易活动,另一部分则是涉及境外因素的交易活动。后者因涉及境外的一系列商业因素而使其与一般的纯国内商业交易活动有着重大的区别。

关于涉外因素的认定,现存在着不少学术争议,目前国内普遍采用的是法律关系主体、客体和内容的要素具有涉外因素,便可被认定为具有涉外因素。主要是指涉外经贸活动的一方当事人是境外的公司、企业、其他经济组织或个人,或者涉外经贸关系的客体涉及境外,包括(但不限于)经贸活动的事实发生在境外或经贸活动的标的物(在贸易中的货物或货款)与境外有关等。

需要说明的是:在本书中,境外一词有特殊的内涵,它除了指外国,还应包括中国香港特别行政区、中国澳门特别行政区及中国台湾地区。在此基础上形成的涉外因素具有中国特色。

一、涉外经贸法的概念及其渊源

我国的涉外经贸法，是专门调整具有涉外经贸活动的法律规范。具体地说，它是调整中国的商事主体（各类企业和经济组织）与境外商事主体（各类企业、经济组织及个人）之间的商贸关系，以及我国相关的国家行政机关与上述中外商事主体之间的对外经济管理关系的法律规范的总称。对这个概念，我们特别要强调以下几点：

第一，严格来说，涉外经贸法调整的对象基本上是两个方面：①横向的涉外经贸关系即平等的商事主体之间的经贸关系。这些商事主体在法律上地位平等，按国民待遇原则都享有平等的从事商业活动的权利。这些商业活动主要包括外贸（包括服务贸易和技术贸易）、外商投资、工程承包、劳务合作、国际信贷等。②调整纵向涉外经贸活动的行政管理关系，处理国家行政机关与中外商事主体之间的法律关系。现阶段，这些国家行政管理机关主要包括商务部、中国人民银行、国家外汇管理局、财政部、国家税务总局、国家工商行政管理总局、海关总署以及上述机关在各地的地方派出机构。上述机构行使监督和管理各种涉外经贸关系的内容主要包括外贸管理、海关、工商登记、商检、外汇、税务等。

第二，无论是调整中外平等商事主体之间的横向商贸关系，还是调整国家行政机关与中外商事主体之间的纵向管理关系，都必须依法进行。而这部分法规是构成我国涉外经贸法的主要内容，它们包括：①有关涉外经济合同及涉外商事组织方面的法规；②有关对外贸易方面的法律制度；③关于外商投资方面的法规及条例；④关于涉外金融、证券、保险、咨询等方面的法律规定；⑤关于涉外税收、工商行政管理、外汇、海关等方面的法律制度；⑥关于解决商事争议的涉外诉讼和仲裁。

第三，关于涉外经贸法律中的国际条约（公约）及国际惯例、国际习惯的地位问题。应该说，我国参加的国际条约（声明保留的除外）在原则上对我国有约束力，但是在是否应该直接适用还是转化适用问题上，我国的宪法至今尚未作出规定。在实践中，有的公约（如1980年联合国《国际货物销售合同公约》、1958年《纽约公约》）在我国目前涉外仲裁或诉讼实践中往往直接适用。但是，有的公约（主要是WTO协议），我国也采取转化适用的做法，即首先通过国内立法的方式把WTO协议的规则转化为国内的法律、法规或条例，然后才予以执行。国际商事惯例是在长期的商业或贸易实践基础上发展起来的用于解决国际商事问题的实体法性质的国际惯例。其经过长期反复的实践而形成，被许多国家和地区认可，具有普遍的适用性，具有确定的内容，针对性很强。通常，只有当事人在合同中明确约定适用某些惯例时，当事人才受该惯例的约束，该惯例才对该当事人具有法律拘束力。但由于国际商事惯例不是国家立法，也不是国际条约，不具有当然的法律效力，要取得法律效力必须经过国家的认可。我国《民法通则》第142条第3款以及《海商法》第268条都规定,我国法律和我国缔结或参加的国际条约没有规定的,可以适用国际惯例。但此对国际惯例效力的规定仅限于民商领域。

二、经济全球化对我国涉外经贸法的影响

胡锦涛总书记在党的十七大的报告中,多次谈到经济全球化对我国在新历史阶段的战略目标的影响。他把"统筹国内国际两个大局,树立世界眼光,加强战略思维"作为科学发展观根本方法的一个重要组成部分,并响亮地提出,要与世界各国"共同推动经济全球化朝着均衡、普惠、共赢方向发展";要"发挥在经济全球化条件下进行国际经济合作和竞争的新优势"。

经济全球化,就是投资、贸易等经济活动及其各生产经营要素流动的自由化,就是世界市场的统一化,与其说这是一种静态的结果,还不如说这是一个动态的过程。经济全球化的概念并不是一成不变的,因为不同的研究人员从不同的市场和不同角度出发,可以作出不同的解释。

(一)经济全球化的概念

前世界银行首席经济学家、诺贝尔奖获得者约瑟夫·斯蒂格利茨曾经对经济全球化做出过如下解释:"从根本上来说,经济全球化是将世界各国和人民更加紧密联系在一起的综合过程。在这一过程中,阻碍各国之间货物、服务、资本和人员自由流动的人为障碍将被打破,交易成本(包括运输和通讯成本)将大大减少。"把全球化定义成一个"过程"是很科学的,就是说经济全球化是一个渐进的过程,从全球角度看,它是由局部向全球逐渐过渡的一个过程。

从经济角度来看,经济全球化是指贸易及各种生产要素,如资本、资源、设备、技术及劳动力在世界范围的自由流动和优化配置的过程。在这一个过程中,国家间的各种壁垒逐渐消除,各国之间的经济则相互渗透、相互融合、相互依存,从而把各国市场统一起来,把各国经济融合为一体。经济全球化中贸易全球化是先导,是全球化中最显著的标志,生产要素的全球优化配置是经济全球化发展的最高阶段。推动世界经济全球化的根本动力是生产力的发展,尤其是科学技术的高度发展。利益驱动是推动全球化进程的内在因素。

从政治角度看,经济全球化的深入发展必然要求国际政治多极化,或者可以说经济全球化经过数十年发展,已经促成了世界政治多极化的格局,从而使政治多极化的形成和稳步发展有了坚实的经济背景的支持。

(二)经济全球化的特征及其对涉外经贸法的影响

1.经济全球化给涉外经贸法带来的挑战。经济全球化的实质是指各国的生产要素更加紧密地联系在一起的综合过程。具体来说,它是指各国贸易,投资等经济活动及其相关的生产要素跨国自由流动的过程,这种流动过程,要求各国市场的统一。而市场的统一,只能通过市场规则的统一来实现。市场的统一要求市场规则的统一;市场规则的

统一,则使市场的统一成为可能。因为,人类发展到现阶段,已经从无数痛苦的教训中得出了科学的结论,即市场的统一,只能依靠市场背后的规则的统一来实现,而不能依靠战争来实现,这是人类惨遭两次世界大战以及无数局部战争后的历史总结。阻碍各国市场统一和贸易自由的主要手段就是各国普遍实施的许可证制度、配额制度、关税壁垒及其他一些人为的制度性的贸易保护措施,而经济全球化要求新的规则来消除这些人为阻碍,从而使国际市场和国内市场连成一片。

  法律规则的统一主要是通过以下四种方式进行的:①国际公约;②国际惯例;③各国法律,主要是各国经济法、商法方面的趋同化;④通过各种跨国交流平台,如国际会议等开展学术交流,通过教学等方式来促进各国法学界观念的逐渐接近。其中,世贸组织(WTO)的 34 个协议中体现出来的如非歧视原则、非关税壁垒原则、市场准入原则以及透明度等原则成为统一国际市场最具影响力的国际公约。[①] 而且,这些基本原则都是直接为了实现世界贸易自由化服务的,因此人们常把 WTO 比作世界经济全球化的主要推进器和象征。此外,在国际货物买卖领域内,1980 年联合国通过的国际货物买卖合同公约,1958 年纽约公约,即《承认和执行外国仲裁裁决公约》(Convention of the Recognition and Enforcement of Foreign Arbitration Awards)都有上百个国家与地区加入,因此,可以这么说,这三个公约从宏观和微观两个方面推动了世界各国市场的统一化过程。

  经济全球化的趋势,带来了两个显著的后果:①各国市场的国际化和自由化程度空前提高;②为了适应市场统一化的客观需要,各国的法律体系都面临着如何处理全球化带来的复杂情况的新挑战。

  2. 区域经济一体化的特征及其对各国涉外经贸法的推动。在阐述世界经济全球化及其对各国涉外经贸法的影响时,必须阐述区域经济一体化的特征及其对经济发展和法制建设的影响。区域经济一体化的基石就是自由贸易协定(FTA)。所谓自由贸易协定是指两个或者两个以上的国家为了实现相互之间的贸易自由化而进行的一种特殊的贸易安排。这种贸易安排核心的内容就是相互取消货物贸易关税和非关税壁垒(Non-taxation Barrier),最大限度地在缔约国之间开放市场,而且自由贸易协定又出现了新的发展和变化,其内容不仅包括货物贸易自由化而且涉及技术贸易、服务贸易、投资、知识产权保护等更多领域内的相互承诺。自由贸易协定的最初表现和基础模式是实施缔约国之间自由贸易的措施。但区域贸易协定的重要特点是缔约成员的地理位置都是相互邻近的,只有在这些国家之间在外经贸领域内采取比其他国家更优惠的措施,这样就可以使该地区各国获得贸易自由化给他们带来的巨大的经济利益。区域经济一体化的典型的成功范例有欧盟、北美自由贸易区(NAFTA)及东盟。其中,欧盟于 1992 年成立,

---

[①] 截至 2007 年 7 月 27 日,WTO 成员已达 151 个。http://www.wto.org/english/thewto_e/whatis_e/tif_e/org6_e.htm

目前已有27个成员,其经济总量可以与美国相匹敌,已经成为世界上最大的经济实体乃至政治集团。它主要是通过下述六个步骤达到经济一体化的目的:①实行部分商品贸易自由化。通过对部分商品取消许可证,配额,大幅度减少关税,乃至对部分进口产品实行零关税。②实行全部产品贸易自由化。③建立关税同盟,即对双方的进出口商品实施零关税。④资本、劳动力、人员等生产要素自由流动。⑤在整个欧盟范围内建立共同货币,即欧元。⑥协调外交政策并朝政治上进一步合作方向发展。

另一个十分成功的自由贸易区就是由美国、加拿大、墨西哥三国在1994年实施的一个跨北美洲的自由贸易区。目前已有4.39亿人从事与该自由贸易区相关的工作,其货物与服务贸易总额为15.3万亿美元,年贸易总额达2万多亿美元,可以说这是与欧盟并列的世界上最大的两大自由贸易区。[①]

自由贸易的直接后果是:世界贸易组织多边体制无法在短期内做到的或者根本无法做到的,自由贸易区可以做到,而且能够较快地做到。自由贸易区的不断发展会使世界上的某些国家或者地区,率先完成贸易自由化的目标,最终各自由贸易区之间连成一片,实现真正意义上的贸易自由化。

自由贸易区的上述优势都是通过其成员的法律趋同化,通过他们经济政策的一致而实现的,因此,自由贸易区作为WTO的一个补充,同样直接地推动着其成员之间法律的"统一"。

(三)经济全球化条件下我国涉外经贸法制建设应注意的几个问题

1.在法制建设上要充分认识国际法与国内法的关联性,应具有世界眼光。随着经济全球化的不断深入,国内市场逐渐与国际市场联成一气,我国的经济日益与国际经济相融合。因此,国际经济法的范围和形式处于不断地变化发展之中,呈现出国际法与国内法界限越来越模糊,他们之间的衔接越来越紧密的整体态势。经济全球化对中国经济的影响是巨大的,必须引起我们的充分重视,目前国内市场国际化,国际市场国内化现象日益突出;国际竞争国内化、国内竞争国际化也日益明晰和加剧。这就要求中国法律的发展也必须适应经济全球化、国际化的发展趋势,要求我国的立法和执法都必须兼顾国际和国内两个市场。在法制建设上,也要有全球意识和国际化观念。

中国作为WTO中负责任的成员国之一,对入世时的承诺始终努力地身体力行,在进行法制建设时,坚持使我国的涉外经贸法始终与WTO的原则"保持一致",并在全国境内"统一实施",尤其是始终把WTO中的一些基本原则,如非歧视原则、市场准入原则、透明度原则一直在我国的立法、司法、行政执法中得以实施。据统计,自中国入世8年以来,我国的法律、行政法规以及部门规章已经有3 000多部依照WTO的规定进行了修改或者废止。

---

① 本段数据来自"NAFTA: A Success", http://www.ustr.gov/Trade_Agreements/Regional/NAFTA/Section_Index.html

与此同时,中国还须继续按照通行的国际经贸规则,坚持不歧视原则,扩大市场准入,依法保护合作者的权益;进一步支持完善国际贸易和金融体制,推进贸易和投资自由化、便利化,通过磋商协作处理经贸摩擦。中国决不损人利己,以邻为壑。

2. 我国的涉外经贸法建设应为我国对外贸易的高效、可持续发展提供法律支撑。法律的重要性是由该法律调整的对象的重要性决定的。外贸法的重要性是由外贸的重要性决定的。随着外贸在整个国民经济中的地位日益提高以及国民经济对外贸依存度的日益加深,一定要高度重视涉外经贸法的重要性,充分发挥法制建设对外贸可持续发展的支撑作用;要实现从WTO出发制定法律到从自己和第三世界国家的需要出发去制定新规则与新标准;要实现三个"二"战略——在两个市场、两类资源中学会两种本领,全方位、多层次、宽领域提升对外开放经济水平。

3. 充分认识多边贸易体制与双边贸易体制关系,积极实施自由贸易区战略,促进中国经济向前发展。要促进中国经济的可持续发展,除了要充分利用WTO多边贸易体制带来的优惠外,还应积极实施区域经济一体化及自由贸易区战略。区域贸易协定自20世纪90年代以来越来越受到各国的青睐,在发展过程中不断创新,并突破了地域的限制,其触角伸向了更广阔的领域,在世界经济贸易领域发挥着越来越重要的作用。比如美国,作为世界上的第一强国,他不仅拥有WTO这个"大集体的土地",还拥有着许多"自留地"——自由贸易区。我国近年加大了同东盟、日韩和中亚等国家和地区的合作。中国若想可持续地发展经济,就应进一步重视自由贸易区的作用,积极发展与周边国家及中亚、东盟、非洲、海湾合作组织等的合作,为中国的对外贸易、自由贸易发展创造更多、更好的条件。在合作的过程中,从法律层面上我国应该结合各个国家、地区的不同情况进行战略上和策略上的规划,以期有效地运用这一方式拓展对外开放的广度和深度,提高我国的开放型经济水平,正如党的十七大报告所论述的我国要"实施自由贸易区战略,加强双边和多边经贸合作"更深层次地利用经济全球化给我们带来的机遇。

4. 在经济全球化条件下,正确把握法律的趋同化及国别化的关系,把遵守国际惯例和国际法原则与中国的发展相结合。经济全球化一方面要求各国法律的趋同化;但另一方面,由于参与经济全球化的国家都处于不同的历史发展阶段,各国的政治制度、经济制度及文化传统的差异,各国面临的历史任务也各不相同。因此,在经济全球化条件下,承认各国的法律保持其差异性,承认各国法律的国别化,也是实施经济全球化的关键所在。

中国一直以来都以遵守国际惯例与国际法原则为己任,为了忠实地履行国际义务不惜牺牲国家利益而遵守国际惯例和国际法原则。加入WTO后,一直履行中国入世时所做的庄严承诺,一直贯彻"保持一致、统一实施"的指导方针,即中国所有涉外经贸法律法规与WTO相关规则"保持一致",通过自上而下、自下而上的努力,在全国统一施行与WTO相一致的法律法规。我们认为我国的国际法学界的一个重要任务就是,应该把履行国际义务与中国的经济发展结合起来。国际法、国际条约及国际惯例从理论上来说都应该是各主权国家利益妥协的产物，其目的都是为各主权国家的根本利益服务的，但在事实上，由于各国的谈判实力不同，历史发展阶段不同，经常出现大国、强国的利益优先的现象。特别是在当今世界上，南北冲突日趋激烈，贫富差距不断加剧的情况下，使得广大发展中国家必须站在民族发展的高度处理国际法与国内法的关系。一方面，增强在各类国际经济组织的参与权和话语权，使国际法能最大限度地反映发达国家和发展中国家的共同利益；另一方面，发展中国家应充分研究现行的国际法原则，以便使其更有效地为发展本国的经济和社会服务，更好地为各国的自身发展服务。

此外中国应当摆脱过去争当模范的习惯，中国不需要以国家利益为代价充当遵守国际规则的模范和标兵；应当努力发展国家经济，加强在国际社会的话语权，在遵守国际惯例和规则的同时，能够参与国际惯例与国际规则的制定，为中国未来的发展奠定经济与制度基础。这也是给中国涉外经贸法学者带来的新挑战。

三、专门学习和研究涉外经贸法的必要性

把涉外经贸法独立出来并编纂成书，主要是考虑到所有这些法律本身都是专门调整具有涉外因素的商业交易活动的，涉外的特殊性构成其共同点，使对之专门进行研究成为可能。

由于涉外经济贸易法律所调整的涉外因素的商业交易，对大多数从事商业活动的企业人士来说，仍然处于较为陌生的状态。我国加入WTO后，在更大规模上和更深层次参与经济全球化进程，随着国内市场和国际市场逐步连成一片，这就大大地扩大了涉外经济贸易法律制度的适用范围。因为会有更多的国内企业或个人涉足涉外经贸活动，因此就更需要我们把具有涉外因素的经贸法律加以普及和深化，以使涉外经贸法律更有效地为涉外经贸活动服务。

在法律的制定和实施上，也使涉外经贸法带上了鲜明的特点，与其他非涉外经贸法律有所区别。例如，在立法中，许多重要的法律直接冠上"涉外"字样，如《中华人民共和国对外贸易法》、《中华人民共和国中外合资经营企业法》、《中华人民共和国中外合作经营企业法》和《中华人民共和国外资企业法》等；有的则在重要的国内立法中，另辟一章或一节或专门条款对具有涉外因素的商业活动单独进行规定。例如，《中华人民共和国民法通则》第六章为"涉外民事法律适用"，《中华人民共和国民事诉讼法》中就专辟一章处理涉外民事关系，即第五编的"涉外民事诉讼程序的特别规定"，又如，《中华人民共和国仲裁法》第七章为"涉外仲裁"，它对涉外仲裁作了全面的、特别的规定。此外，我国重要的商事方面的法律，如《中华人民共和国合同法》中第126条、128条和129条是专门规定涉外经贸关系的。又如，《中华人民共和国公司法》第218条也是专门规定外商投资企业适用公司法的问题。

在司法中，对涉外因素的民商事案件也有特殊的规定。例如，凡属涉外商事案，其

第一审级法院必须是中级法院,而不管该案的标的是多少。又如,凡属涉外仲裁裁决,其承认和执行法院也是中级法院并采用报告制度,任何一级法院要撤销或拒绝执行涉外仲裁裁决,必须经最高法院批准。①

　　所有这些都说明,在我国现有商贸法中,涉外经贸法尽管是国内法的一个组成部分,由于其调整范围的不同而使其具有某种特殊性,因而从教学和研究的角度对其进行专门的研究和学习是十分必要的。

---

① 参见最高人民法院与1995年8月28日发布的《关于处理与涉外仲裁及外国仲裁事项有关问题的通知》。

第二章

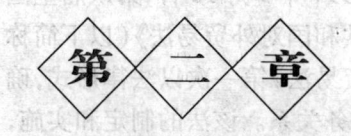

对外贸易法

> **内容提要及学习要求**
>
> 本章介绍了我国对外贸易法的主要法律渊源及其内容,并以《中华人民共和国对外贸易法》为基本线索,阐述了我国对外贸易法的基本原则,剖析了我国对货物进出口管理的基本制度,如进出口配额许可证管理制度等基本法律制度。
>
> 本章还对我国对外发展国际服务贸易的立场及加入WTO后我国服务贸易的领域作了介绍。本章还以案例方式、介绍和点评的方式阐述了我国对外贸易法中的对等原则和反倾销法律制度。
>
> 本章要求学生重点掌握我国颁布的《中华人民共和国对外贸易法》的基本原则,理解《中华人民共和国反倾销条例》、《中华人民共和国反补贴条例》和《中华人民共和国保障措施条例》的主要内容。

1804年对于法国人和法律界来说,是一个令人难忘的年份。因为那一年,史称《拿破仑法典》的《法国民法典》犹如穿越银河的北斗,横空出世。拿破仑在临死前曾经说过,他一生的所有战功,均随着滑铁卢战役的失败而灰飞烟灭,但是他亲手领导制定的《法国民法典》将永垂不朽。现在看来,拿破仑的话是十分耐人寻味的,因为它仿佛具有穿透历史时空的力量。在经历了200多年的风雨岁月之后,那些描绘拿破仑赫赫战功的历史画卷已经变得十分模糊了,然而1804年公布实施的《拿破仑法典》却风采不减当年。作为具有法律效力的法律,《拿破仑法典》至今仍然在为人们广为吟诵和反复援引。

1994年对于中国从事对外经济贸易的人们来说,同样也是十分重要的一年,因为在这一年,《中华人民共和国对外贸易法》正式诞生了。1994年5月12日,第八届全国人民代表大会常务委员会第七次会议通过了《中华人民共和国对外贸易法》(以下简称《对外贸易法》),并于1994年7月1日起施行。《对外贸易法》第一次以法律形式,确定了我国对外经济贸易中管理者与被管理者的权利和义务关系。该法的制定和实施,标志着我国对外贸易全面纳入法制轨道,为对外贸易持续、稳定、健康的发展提供了良好的法律环境和有效的法律保障。但是,根据我国对外贸易快速发展的需要及中国加入世界贸易组织(WTO)所做的承诺,《对外贸易法》亟须修改。2004年4月6日,第十届全国人民代表大会常务委员会第八次会议修订通过了《中华人民共和国对外贸易法》,并于2004年7月1日起施行。这一修订将有利于中国对外贸易的"持续、协调和健康"发展,使中国的政府和企业能更好地适应加入WTO的新形势。

第一节 概 述

一、我国新《对外贸易法》的立法背景及作用

对外贸易是国民经济的重要组成部分,是参与国际分工的纽带,它的发展可直接促进和刺激经济的发展和社会的进步。在当今世界经济向全球化趋势不断发展和各国经济发展相互依存日益加深的进程中,一国的对外贸易在其整个国民经济中的战略地位和作用,比过去任何时代都更为突出,中国也是如此。

在刚实行改革开放政策的1978年,我国进出口总额仅为206亿美元,但是到了《对外贸易法》获得通过并正式生效的1994年,我国进出口总额已达2 367亿美元,这一数字相当于1978年的11.5倍,并使得我国进出口额跃升至世界第11位。1994年进出口额在国民经济总产值中所占的份额已经达到45%。对外贸易如此大规模的发展,必然要求一个稳定的法律环境的支撑,《对外贸易法》的诞生正是顺应了这种形势发展的需要。

今天我们回过头来再看,《对外贸易法》关于推动我国对外经济贸易发展的这一宗旨正在变成现实。2000年,我国进出口总额已达4 743亿美元。换言之,《对外贸易法》公布的1994年到2000年,中国的对外贸易在6年时间内又翻了一番,从2 367亿美元升至4 743亿美元,这使得我国进出口额在世界的排名由原来的第11位跃升至第7位。这一切充分表明:《对外贸易法》的颁布,以法律的形式确定了我国对外贸易的基本制度与原则,依法指导和加强了对全国对外贸易的宏观管理,为我国对外贸易事业的健康发展奠定了坚实的法律基础。但是根据我国加入WTO所签订的《中华人民共和国加入议定书》(以下简称《议定书》)以及《中国加入工作组报告书》的有关规定,我国原《对外贸易法》与我国的入世承诺在一些方面有所不符,例如《议定书》第5.2条规

定:"除本协议另有规定外,对于所有外国个人和企业,包括未在中国投资或注册的外国个人和企业,在贸易权方面应给予其不低于给予在中国的企业的待遇。"既然外国个人可以在中国从事外贸经营,那么,中国个人当然也应当准予从事外贸经营。《中国加入工作组报告书》第 83 段规定:"中国代表确认,中国将在加入后三年内取消贸易权的审批制。"而原《对外贸易法》实行的是外贸经营权的审批许可制。正是为了履行入世承诺,顺应对外贸易快速发展的形势,2004 年对已施行 10 年的《对外贸易法》进行了修订。

二、我国新《对外贸易法》的主要内容

我国新《对外贸易法》共 11 章 70 条。

第一章　总则

该章明确了立法的目的,规定了该法的调整范围是货物进出口、技术进出口和国际服务贸易以及与对外贸易有关的知识产权保护,确立了我国对外贸易的基本制度与原则。

第二章　对外贸易经营者

该章规定了对外贸易经营者的范围,以及备案登记制度、代理制度和对部分货物的进出口实行国营贸易管理。

第三章　货物进出口与技术进出口

该章主要规定了国家对货物与技术原则上实行自由进出口制度,同时对限制进出口的,实行配额、许可证制度。

第四章　国际服务贸易

1994 年的《对外贸易法》在第四章中明确规定了国家对国际服务贸易实行逐步发展的制度,但是新的《对外贸易法》略去了上述规定。

第五章　与对外贸易有关的知识产权保护

该章确立了保护与对外贸易有关的知识产权的原则。

第六章　对外贸易秩序

该章明确了外贸经营者的行为规范

第七章　对外贸易调查

该章明确了对外贸易调查的范围、方式以及基本程序规则。

第八章　对外贸易救济

该章明确规定了保障措施、反倾销措施和反补贴措施等贸易救济措施以及建立预警机制制度和反规避制度。

第九章　对外贸易促进

该章规定,国家将通过进出口信贷、出口退税,及建立发展基金、风险基金等方式,采取促进对外贸易发展的制度。

第十章 法律责任

该章对于违反外贸管理法律的行为应追究的行政责任、经济责任和刑事责任做了规定。

第十一章 附则

该章的主要内容是关于边境贸易、单独关税区的法律规定，以及对与军品、裂变和聚变物质或者衍生此类物质的物质有关的管理规定。

第二节 对外贸易法的适用范围

对外贸易法的适用范围(即效力范围)是指对外贸易法发生作用的范围。它分时间效力、空间效力和对人的效力。

一、对外贸易法在时间上的适用范围

法律在时间上的适用范围，是指其在时间上的效力。它包括法律开始生效、终止生效的时间以及法律的溯及力。

我国新《对外贸易法》第70条规定："本法自2004年7月1日起施行。"2004年4月6日，第十届全国人民代表大会常务委员会第八次会议通过了修订的《对外贸易法》。这是自1994年《对外贸易法》颁布以来的首次重大修改。新《对外贸易法》颁布后，经过一段时间的宣传教育，人们对该法律的规定有了进一步的了解。

关于对外贸易法是否具有溯及力的问题，从理论上说，除法律有特别规定的以外，一般没有溯及既往的效力。我国新《对外贸易法》仅在第70条规定："本法自2004年7月1日起施行。"并无其他特别规定，因此该法对于施行前发生的行为没有法律拘束力。此前发生的对外贸易事项，应按事项发生时的有关规定加以处理。

二、对外贸易法在空间上的适用范围

法律在空间上的适用范围，是指法律生效的地域(包括领海、领空)范围。一般全国性法律适用于全国，但是法律特别规定其适用于某些地区或不适用于某些地区时，其适用范围便不能及于全国。

我国《对外贸易法》是一部全国性法律，但其第69条规定："中华人民共和国的单独关税区不适用本法。"这一规定是根据我国的有关法律和实际情况作出的。中华人民共和国除内地之外，尚有香港、澳门和台湾三个地区。依据由全国人民代表大会制定的《香港特别行政区基本法》和《澳门特别行政区基本法》的规定，我国政府在恢复对香港和澳门行使主权后，这两个特别行政区将成为中华人民共和国的单独关税区，其"实行自由贸易政策，保障货物、无形财产和资本的流动自由"，且在经济、贸易、金融、航运、通信、旅游、文化、科技、体育等领域，可以"中国香港"或"中国澳门"的名义，单独

的同世界各国、各地区及有关国际组织保持和发展关系,签订和履行有关协议。此外,由于众所周知的原因,《对外贸易法》目前尚不能适用于中国台湾地区。由此可见,我国的《对外贸易法》目前的适用范围仅限于中国内地,尚不包括港、澳、台地区。

三、对外贸易法对于人的适用范围

法律对人的效力,是指法律对哪些人(自然人、法人、其他组织)适用,哪些人应受其约束。

我国《对外贸易法》作为一部在全国范围内适用的法律,其对人的适用范围为与中国对外经济贸易和与对外贸易有关的知识产权保护有关的一切主体。这里所谓的与对外经济贸易有关,系指与货物进出口贸易、技术进出口贸易和国际服务贸易有关。这种主体包括两个大类:一类是负责关于对外贸易和与对外贸易有关的知识产权保护的管理工作的机关;另一类是我国境内从事对外贸易经营的外贸经营者。后者是指在中国境内取得合法资格,直接或间接从事国际贸易的法人、其他组织或者个人,既包括我国的对外贸易经营者,也包括依我国法律规定,在我国境内从事对外贸易活动的外国法人、其他组织和外国籍个人。

第三节 对外贸易法的基本原则

我国《对外贸易法》的基本原则,集中体现了我国坚持独立自主、坚持和平共处处理对外交往的基本立场,反映了国际经济新秩序的规律和要求。它是该法确定的法律制度与法律规范的基础,也是我国制定、实施各项外贸法配套法规的依据。这些基本原则应成为各级政府部门管理对外贸易,以及外贸企业从事对外贸易经营活动最重要的法律依据和准则。

一、国家实行统一的对外贸易制度的原则

我国新《对外贸易法》第4条规定:"国家实行统一的对外贸易制度。"这一原则是我国新《对外贸易法》的重要原则之一。它包括国家对外贸易法律规范的统一和各项外贸管理制度的统一两项原则。

实行统一的对外贸易制度,是指全国的对外贸易要统一在国家依据宪法制定的这部对外贸易基本法的基础上,实行统一的法制。各项有关对外贸易的行政法规、地方性法规都不得与该法相抵触。我国的实践已证明建立统一的对外贸易制度的至关重要性,只有依法进行宏观统一的管理,才能促进我国国民经济和对外贸易的发展。其实,当今世界上的许多发达国家都十分重视这一准则。例如,美国作为联邦制国家,各州享有除联邦宪法授权给联邦之外的广泛立法权。而有关对外贸易的立法权是授予联邦政府的,由其统一立法,各州都要遵循。另外,在欧盟,欧盟理事会通过条例和指令形式实

施统一的对外贸易制度,欧盟各成员国自身在对外贸易方面的立法权相对削弱,尽管每一个主权国家都有权制定自己的法律,但各国制定对外贸易法规的立法原则均不得与欧盟统一的对外贸易制度相抵触。

实行统一的对外贸易制度,不仅是国民经济与对外贸易发展的需要,而且也是履行国际义务的需要。为了顺利开展国际贸易的往来,排除国际贸易的障碍,政府需要与外国政府或国际组织缔结双边或多边条约、协定。这是开展国际贸易的重要的外部条件。政府签订这些条约、协定,就必须履行条约、协定所规定的义务,而保证我国实行统一的对外贸易制度,是履行这些义务的前提,是履行国际法意义上的最惠国待遇、国民待遇等约定的重要条件。我国将国家实行统一的对外贸易制度作为外贸基本法律的首要原则,这就以法律的形式向世界昭示了中国履行国际义务的诚意。2001年11月11日我国在加入世界贸易组织的议定书中,再次作出庄重承诺:保证我国对外贸易法律与政策的统一及最大限度的透明度。

二、公平的、自由的对外贸易秩序的原则

我国《对外贸易法》规定,国家"依法维护公平的、自由的对外贸易秩序"。国家维护一个良好的对外贸易秩序是对外贸易得以顺利发展的保证。国家在法律上为企业提供平等、自由的竞争环境,维护公平的进出口秩序,使企业在公平、自由的条件下发挥积极性,开拓进取,力争上游,形成全国对外贸易事业稳定发展的生机勃勃的局面。

上述法律规定,第一次将公平贸易和自由贸易作为中国对外经济贸易法律秩序的指导原则和价值取向,同时体现了中国一直坚持不懈为之努力、谋求参加的全球多边贸易体制的法律要求。所谓的公平贸易,是指使境内和境外的商品生产者和外贸经营者处于同一起跑线上,处于真正公正、平等的法律环境之中,其主要内容是抵制包括低价倾销和非法补贴在内的不公平贸易行为,反对包括限制性贸易做法在内的不正当的竞争行为。所谓的自由贸易,是指确保贸易主体和客体在国家之间的自由移动不受不合理的法律限制,实现与国际贸易有关的诸生产要素(如货物、劳动力、货币、资本)跨国流动的自由化。贸易自由化,是以前的关贸总协定和现在的世界贸易组织所追求的目标。减少各国之间的贸易壁垒,促进国际贸易自由化,有利于世界各国经济的发展。我国正在逐步调低进出口关税水平,减少限制进出口的商品种类,不断完善与市场经济相配套的法律、法规。企业在不断提高自我约束、自主经营、公平竞争的意识。我们有理由相信,一个公平、自由的对外贸易秩序会逐步建立并完善。

三、贸易救济对公平贸易秩序和国内产业合法权益的维护

由于在国际贸易中存在着不公平贸易行为或者严重损害进口国贸易利益的行为,关贸总协定和世贸组织为了维护公平、公正的国际贸易秩序,保护进口国的利益而专门提供了贸易救济措施。一般的贸易救济措施是指对进口成品的反倾销、反补贴和保障

措施,在我国简称为"两反一保"。在我国原《对外贸易法》第五章"对外贸易秩序"中,曾规定了若干关于保障措施、反倾销措施和反补贴措施等对外贸易救济措施的条款,但并未设章规定对外贸易救济。新《对外贸易法》则新增了第八章"对外贸易救济"。不仅如此,新《对外贸易法》还增加了以下关于对外贸易救济措施的规定。根据新《对外贸易法》第42条的规定:其他国家或者地区的产品以低于正常价值出口至第三国市场,对我国已建立的国内产业造成实质损害或者产生实质损害威胁,或者对我国建立国内产业造成实质阻碍的,应国内产业的申请,国务院对外贸易主管部门可以与该第三国政府进行磋商,要求其采取适当的措施。此外,新《对外贸易法》第45条规定:因其他国家或者地区的服务提供者向我国提供的服务增加,对提供同类服务或者与其直接竞争的服务的国内产业造成损害或者产生损害威胁的,国家可以采取必要的救济措施,消除或者减轻这种损害或者损害的威胁。

四、平等互利、互惠及对等的多边、双边贸易关系原则

我国新《对外贸易法》第5条规定:"中华人民共和国根据平等互利的原则,促进和发展同其他国家和地区的贸易关系。"平等互利地发展与世界各国的经济关系是我国一贯奉行的原则。在平等互利原则的基础上,新《对外贸易法》第6条、第7条又阐明了互惠、对等原则。

首先,我国根据所缔结或者参加的国际条约、协定,或者根据国家间互惠、对等原则给予其他缔约方、参加方或对方优惠待遇。在国际贸易中,互惠是指两国相互给予对方以贸易上的优惠待遇。对等原则是指贸易双方相互之间给予同等的待遇。其中,互惠原则是国家之间发展经济关系的基础,是国际交往中最重要的原则之一。建立互惠、对等贸易关系的最基本的政策手段是相互给予最惠国待遇和国民待遇。就对外经济贸易而言,最惠国待遇是指给惠国承担双边或多边条约义务,将它在对外经济贸易领域已经给予或将给予第三国的公民或法人无条件的优惠同样给予缔约他方(受惠国)的自然人或法人。国民待遇是指依据条约在规定的范围内给予外国人以国内公民享有的同等的民事权利地位。新《对外贸易法》关于互惠、对等原则的规定,体现了中国政府尊重并信守自己所缔结或参加的国际条约、协定的严肃立场。

其次,新《对外贸易法》第7条规定:"任何国家或者地区在贸易方面对中华人民共和国采取歧视性的禁止、限制或者其他类似措施的,中华人民共和国可以根据实际情况对该国家或者该地区采取相应的措施。"这是对等原则的另一种含义,即对等地就对方给予自己的不平等或者歧视待遇采取相应的报复措施。例如,如果外国政府对我国的出口产品、企业或人员采取无理的限制措施,我国政府也可以采取相应的反限制措施。在中、美两国就与贸易有关的知识产权进行谈判及斗争的过程中,我国政府曾经两次援引了上述原则。

1994年6月30日,美国贸易代表不顾我国在保护知识产权方面的重大努力,再次

将中国认定为因涉嫌侵犯美国知识产权而应予以打击的"重点国家",并依据其所谓的"特别301条款",从即日起对中国发动"特别301"调查。1994年12月31日,美国贸易代表办公室单方面公布了一个价值达28亿美元的预备性报复清单,拟对我国出口美国的电子产品、玩具、鞋、箱包、发电机、自行车、手表等产品征收高达100%的惩罚性关税。这是美国有史以来对外"报复"数额最大的一次"特别301"行动。针对美国即将实施的贸易报复措施,我国对外贸易经济合作部(以下简称外经贸部,现并入商务部)依据《对外贸易法》第7条之规定,公告了反报复清单。该清单内容之一是对原产于美国的进口"游戏机、游戏卡、录音带、激光唱盘、烟、酒、化妆品加征100%关税"。该清单的另一内容是暂停对原产于美国的"电影片、电视片及其录像、激光视盘"的进口。此外,上述初步清单还包括暂停受理美国公司正在进行的大型汽车项目的谈判等另外五项贸易反报复措施。1995年1月1日刊登于《人民日报》等多家媒体上的外经贸部公告指出:上述反报复措施拟于美国正式执行其清单所列的措施时生效。这也是中国第一次以法律为依据,在贸易领域将对等原则付诸实施。此后,经过艰难的谈判,双方决定互相作出妥协,终于在1995年2月26日以换文方式达成协议。这也是中、美两国第三次就保护知识产权问题达成协议。根据协议,中国以包括采取立即行动、在全国范围内打击盗版和采取长期措施保证知识产权有效实施等措施在内的承诺,换取了美国针对中国撤销"301"制裁及在知识产权方面为中国提供技术援助等的承诺。

可是好景不长,1996年4月30日,美国政府以我国执行前述知识产权保护协议不力为借口,再次将中国列为应予以打击的"特别301条款重点国家"。同年5月15日,美国贸易代表宣布:拟对中国出口美国的价值达30亿美元的产品征收惩罚性关税。在这一次被实施报复措施的产品中,纺织品和服装是首要的报复对象,约占20亿美元,此外,还有价值达5亿美元的电子产品和5亿美元的其他产品。美国声称上述措施将在5月30日后生效。在美国公布上述报复清单后的次日,即1996年5月16日,我国政府再次依照《对外贸易法》第7条之规定,公告了反报复清单。此清单所列的反报复措施之一是对原产于美国的进口"农牧产品、植物油(脂)、车辆及其零附件、通信设备、照相机、游戏机、游戏卡、录音机、烟、酒、化妆品加征100%关税"。反报复措施之二是暂停对原产于美国的"电影片、电视片及录像带、录音带、激光唱盘、激光视盘等音像制品"的进口等。

为了避免一触即发的贸易战,中、美两国决定举行举世瞩目的第四次中美知识产权谈判。经过谈判,双方于1996年6月17日达成协议。如果说,1995年1月1日的我国的反报复清单是采用征求意见的方式,那么1996年5月的反报复清单则采用了最后通牒的公告形式。这说明中国政府在依法援引对等原则方面已经更为成熟和老练。

由此可见,对等原则实际上体现了中国政府在对外贸易中奉行的主权原则。奉行这一原则的目的,是为了维护民族尊严,捍卫国家的经济安全,抵制外国政府对我国出口产品的歧视性贸易政策与不公正贸易限制。

第四节 对外贸易经营者

一、对外贸易经营者资格的取得

在我国正式加入世界贸易组织之前，依据原《对外贸易法》第8条、第9条的规定，我国的对外贸易经营权管理实行的是许可制或审批制。而新《对外贸易法》第9条规定：从事货物进出口或者技术进出口的对外贸易经营者，应当向国务院对外贸易主管部门或者其委托的机构办理备案登记；但是，法律、行政法规和国务院对外贸易主管部门规定不需要备案登记的除外。备案登记的具体办法由国务院对外贸易主管部门规定。对外贸易经营者未按照规定办理备案登记的，海关不予办理进出口货物的报关验放手续。可见，新法在外贸经营权的管理上，以备案登记制取代了审批许可制。在这种备案登记的制度之下，按照主体来源的不同可将对外贸易经营者资格划分为以下几种类型：

（一）专业外贸公司和国营贸易授权公司

所谓的专业外贸公司，系指在国务院对外经济贸易主管部门或其委托的机构办理过备案登记手续，专业从事货物进出口与技术进出口的对外贸易经营者。按照外贸法律的规定，这些公司必须具备以下条件：

第一，有自己的名称和组织机构；

第二，有明确的对外贸易经营范围；

第三，具有其经营的对外贸易业务所必需的场所、资金和专业人员；

第四，法律、行政法规规定的其他条件。

符合上述条件进行申请的，还须在"国务院对外经济贸易主管部门或其委托的机构办理过备案登记手续"。

然后向当地工商行政管理部门办理注册登记，领取营业执照，并须将批准经营进出口商品的范围向海关总署办理登记。新《对外贸易法》明确规定"对外贸易经营者未按规定办理备案登记的，海关不予办理进出口货物的报关验放手续"。

实际上，专业外贸公司在《对外贸易法》公布之前早已存在，《对外贸易法》的公布，只不过使这些公司的设立程序和权利义务更加透明。随着我国改革开放进程的加快，这些由于历史原因形成的专业外贸公司的特权正在受到其他外贸经营主体的挑战，随着中国加入世界贸易组织，关于外贸经营者资格的管理从审批制向登记备案制的转变，专业外贸公司外贸经营的优势将进一步丧失。

尽管如此，在今后相当长的一段时期内，这些专业外贸公司仍将是我国外贸经营的主要力量之一，原因在于这些公司在过去的外贸经营中业已积累了大量的外贸专业人才、信息及客户资源。在这些公司的特权优势丧失之后，专业外贸公司凭借其人才、信息、客户资源方面的优势,将继续在进出口经营方面发挥巨大作用。而如果其他公司在获得外贸自营权后,事无巨细,均自己办理,又将是社会资源的巨大浪费。目前,我国许多公司片面追求自营业绩而忽视与专业外贸公司的配合,因而使本来可以争取到的利益反被外商占有了。

新《对外贸易》第11条规定:"国家可以对部分货物的进出口实行国营贸易管理。实行国营贸易管理货物的进出口业务只能由授权的企业经营。"依照该条之规定,上文所说的专业外贸公司中的部分企业,已被授权从事国营专控货物的进出口业务。如中纺集团被授权从事棉花的进出口专营业务,而中化集团则被授权从事化肥等物资的货物进出口业务。而哪些货物须实行国营贸易,哪些企业有权获得国营贸易之授权,则由外贸主管部门会同国务院其他部门确定,一并随形势的需要不断调整。

(二)外商投资企业的进出口权

我国原《对外贸易法》第9条第3款规定:"外商投资企业依照有关外商投资企业法律、行政法规的规定,进口企业自用的非生产物品,进口企业生产所需的设备、原材料和其他物资,出口其生产的产品,免于办理第一款规定的许可。"例如,《中华人民共和国中外合资经营企业法》第9条规定:"合营企业所需原材料、燃料、配套件等,应尽量先在中国购买,也可由合营企业自筹外汇,直接在国际市场上购买。""鼓励合营企业向中国境外销售产品。出口产品可由合营企业直接或与其有关的委托机构向国外市场出售,也可通过中国的外贸机构出售。"该法的实施条例以及《中华人民共和国中外合作经营企业法》、《中华人民共和国外资企业法》等亦有类似的规定。因此,外商投资企业从其被获准成立起,便依法享有在规定范围内的对外贸易经营权,无需办理原《对外贸易法》所规定的许可,也无须办理新《对外贸易法》所规定的备案登记手续。但是,属于原《对外贸易法》许可范围之外的进出口,仍须依法办理法定的手续。例如,外商投资企业为了本企业外汇平衡,经营自产之外的商品出口,应提出申请,由各省、自治区、直辖市、计划单列市经贸厅(委)报商务部,商务部登记备案;外商投资企业经营原免于许可规定范围以外的商品的进口,即扩大经营范围,应提出申请,由各省、自治区、直辖市、计划单列市经贸厅(委)报商务部,由商务部登记备案。

总之,在新《对外贸易法》施行后,由于新《对外贸易法》规定对于外贸经营权的管理以备案登记制取代审批许可制,我国外贸法律对于中国境内的外商投资企业在货物和技术的进出口方面的限制将会越来越小,直至完全与国际接轨。

(三)具有外贸经营权的生产企业

根据1992年5月国务院批转的国务院经贸办、经贸部《关于赋予生产企业进出口经营权有关问题的意见》的规定,生产企业经过有关部门批准,可以从事自营进出口业务。近年来,不少具有进出口权的生产企业已成为发展我国对外贸易的一支越来越重要的有生力量。在新《对外贸易法》施行备案登记制后,这些企业的对外贸易会有更加快速的增长。

(四) 具有外贸经营权的其他企业

在我国正式加入世界贸易组织之前，经过主管部门许可，取得全部或特定产品对外贸易经营权的企业，除了专业外贸公司、外商投资企业及某些具备法定条件的生产企业外，还包括诸如经过特别批准的科研院所。

1993年3月12日，国家赋予首批100家科研院所对外经营科技产品的权利。近年来，越来越多的科研院所经过审批程序获得了外贸经营权。这些科研院所尽管为数不多，但是由于其出口的产品一般为高科技产品，因此其出口潜能不容忽视。

鉴于目前中国已经加入世界贸易组织，而按照我国在《议定书》中的承诺，除了极少数商品的进出口需要按照国际通常做法实行国家专营或指定外贸企业专营之外，中国将全面放开外贸经营权，并实行备案登记制度。因此，新《对外贸易法》对外贸经营权实行备案登记制度。因此，上述分类不再是有法律效力方面的意义，但是，这些分类仍具有经济和学术方面的意义。

(五) 从事国际服务贸易的企业

我国新《对外贸易法》第10条规定："从事国际服务贸易，应当遵守本法和其他有关法律、行政法规的规定。"这说明与国际货物贸易等的处理方法相同，对于从事国际服务贸易，国家也采取备案登记为主，审批许可为辅的法律审批制度。只是由于国际服务贸易涉及十几个行业，各行业都制定有各自不同的行业管理法律、法规，故此，在获得外贸权的手续程序上有所不同。例如，申请设立主营对外承包劳务业务的公司或申请对外承包劳务经营权，必须具备以下条件：

第一，必须是政企职责分开、独立经营、独立核算、自负盈亏的经济实体。

第二，有自己的名称、法人代表、地址以及完整的组建条例或章程。

第三，有明确的经营范围和与开展业务相适应的组织机构。

第四，拥有与经营业务规模相适应的资金、营业场所和设施，以及组织实施业务的其他物质和技术实力。

第五，具有一定的业务渠道，并有同已经营对外承包工程与劳务业务的公司合作，或以其名义在国外承包工程和提供劳务的业绩和信誉。又如，根据司法部、国家工商行政管理总局颁布的《关于外国律师事务所在中国境内设立办事处的暂行规定》，外国律师事务所在中国设立办事处，须经中华人民共和国司法部审查批准，并且向国家工商行政管理总局进行登记之后，方可开展活动。

(六) 个人

新《对外贸易法》第8条规定：本法所称对外贸易经营者，是指依法办理工商登记或者其他执业手续，依照本法和其他有关法律、行政法规的规定从事对外贸易经营活动的法人、其他组织或者个人。与原《对外贸易法》相比，新法增加了个人作为对外贸易经营者。这可以说是中华人民共和国对外贸易史上的一个里程碑。

新中国成立50多年来，个人第一次可以成为对外贸易的主体。这一规定直接受到中国在《议定书》第5.2条和《中国加入工作组报告书》第84段(a)中的承诺的影响。因为按照上述承诺，中国应当在过渡期结束时，在贸易权方面给予所有外国企业和个人，并不低于中国企业和个人的待遇。既然外国个人可以在中国从事外贸经营，那么，中国个人当然也应当有权从事外贸经营。此外，这一规定也是对在服务贸易、技术贸易和边境贸易领域中已经大量存在的、个人作为对外贸易经营者事实的肯定。

二、外贸代理制

我国新《对外贸易法》第12条规定："对外贸易经营者可以接受他人的委托，在经营范围内代为办理对外贸易业务。"

(一)《中华人民共和国民法通则》中关于代理的规定

在《对外贸易法》颁布以前，《中华人民共和国民法通则》（以下简称《民法通则》）中有关代理的规定是："代理人在代理权限内，以被代理人的名义实施民事法律行为。被代理人对代理人的代理行为，承担民事责任。"上述规定在外贸领域的运用，主要调整存在于国内未办理备案登记手续的客户和国内外贸经营者之间显名的直接代理关系。在该类代理关系中，代理人以被代理人的名义与客户签订进出口合同，所产生的合同责任直接由被代理人承担。代理人、被代理人和第三人由谁担任未作特别限制，客户既可成为被代理人，也可成为第三人。由于这些当事人在缔约主体上的适格性，故代理关系的采取较为灵活。采取显名的直接代理方式的外贸代理可以适用《民法通则》有关代理的各项规定。但是，《民法通则》的上述规定与外贸经营中的间接代理不同，在间接代理中，外贸企业是以自己的名义与外商签订进出口合同的，因为只有对外贸易经营者才能成为对外贸易法律关系的主体。由于长期以来外贸代理制缺乏法律依据，因此造成了许多的争议及损失。

(二)《关于对外贸易代理制的暂行规定》中关于外贸代理的规定

《民法通则》中所规定的代理形式，没有涵盖我国外贸中的代理实践，关于代理的规定中找不到另一种更为普遍的外贸代理形式的法律依据。

针对不具备外贸经营权的企业委托外贸公司代理进出口业务的特殊情况，为了适应这种外贸代理的实践需要，以明确代理各方当事人的权利和义务，1991年8月29日，外经贸部发布了《关于对外贸易代理制的暂行规定》（以下简称《暂行规定》）。

1. 规定了被代理人的主要权利和义务。根据《暂行规定》，被代理人的主要权利和义务有以下几点：

(1) 支付约定的手续费并偿还代理人为其垫付的费用、税金及利息；

(2) 办理进出口商品的报批手续，并及时向代理人提供进口所需的资金或委托出口的商品；

(3) 按照代理协议的规定，及时收取进口货物或取得出口商品的货款。

2. 规定了代理人的主要权利和义务。

《暂行规定》所设定的间接代理则通过一系列程序上和实体上的具体做法避开了这一限制,明确了这一代理关系中委托人既可以包括有外贸经营权的企业,也可以包括无外贸经营权的国内企业,即我国《暂行规定》首次规定了没有外贸经营权的企业可以委托有外贸代理经营权的企业代为经营外贸业务。

(2)《暂行规定》规定了与我国《民法通则》所规定的直接代理制度不同的相关制度。比如,被代理人和第三人之间的关系、谈判制度和争端解决制度等等。

由于这种间接代理制度构成了我国代理制度的重要组成部分,而且在很多制度方面已对我国民法代理立法进行了突破,其内容已基本上被我国新合同法所吸纳,因此,我们完全可以称其为我国行纪制度确立的"先锋"。

(三)新《对外贸易法》中关于外贸代理的规定

新《对外贸易法》第12条规定:"对外贸易经营者可以接受他人的委托,在经营范围内代为办理对外贸易业务。"该规定是在原《对外贸易法》第13条规定的基础上修改而来的,修改的依据是原《对外贸易法》对外贸易经营资格的审批制已被登记制所替代。原《对外贸易法》采用的是对外贸易资格审批制,只有经过国务院对外经济贸易主管部门许可并具备法律、行政法规规定的条件的法人或其他组织才能进行技术进出口或者货物进出口。否则,即使对外签订了进出口合同,也不能执行,因为外贸行政管理部门不会为其颁发进出口许可证,中国海关对这些进出口商品也不予放行,中国银行也不会为其办理结汇手续。在这种情况下,除了国家批准的企业有进出口经营资格外,其他的企业并没有这一资格。所以,没有进出口经营资格的企业要经营进出口业务,就必须通过有进出口经营资格的企业来进行,由此产生了法定的外贸代理制。

在新法第9条将进出口经营资格由审批制改为备案登记制以后,任何个人、法人和其他组织都可以根据本法进行进出口贸易,以前很多由具有对外贸易经营资格的企业代理的进出口贸易就将由个人、法人和其他组织来直接进行。但是,由于对外贸易经营的复杂性、专业性等特点,有些对外贸易经营者在某个进出口领域仍然会具有较大的优势,例如,在对国外客户的了解、信息的掌握、某产业领域的先进技术的熟悉程度等方面,同时还由于某些需要进行进出口贸易的法人或其他组织在对外贸易领域不熟悉等原因,导致了外贸领域仍然会存在自愿委托他人进行进出口贸易等的现象。因此,对外贸易代理制度仍在发挥着较大的作用。

代理应当签订委托合同,双方的权利、义务由合同约定。委托合同应采取书面形式,一般应包括以下内容:①委托进口或者出口商品的名称、范围、内容、价格幅度、支付方式、货币种类以及其他需要明确的条件;②委托方对受托方的授权范围;③双方的权利与义务以及应承担的费用;④委托手续费以及其他经济利益的分享规定;⑤争议的解决;⑥委托合同的期限;⑦其他约定。

根据目前多数国家立法的规定,当事人采取的委托方式有两种选择:其一,委托受托人以自己的名义为委托人代为进行民商事活动;其二,委托代理人以代理人自己的名

(1)根据委托协议以自己的名义与外商订立进出口合同;
　　(2)向被代理人提供代理商品的国际市场行情并及时报告代理业务的开展情况;
　　(3)收取约定的手续费及所垫付的有关费用。
　　3.《暂行规定》是专门调整外贸代理法律关系的一部行政规章。它主要调整存在于我国国内有外贸经营权的公司企业和国内无外贸经营权的公司企业、其他组织和个人与外商之间的外贸间接代理关系。

　　从上述《暂行规定》调整的代理内容来看,此类代理最主要的法律特征是:①代理行为是以代理人自己的名义进行的;②代理行为产生的权利和义务不由被代理人直接承担,而是由代理人对外商承担合同义务,享受合同权利。也就是说,享有外贸经营权的公司、企业都是以自己的名义做买方或卖方同外商签订进出口合同,而不是以被代理人的名义订立合同。这样,外贸公司不是处于代理人的地位,而是处在进出口合同当事人的位置。

　　在该类代理关系中,代理人以自己的名义与外商签订进出口合同,由此所产生的合同责任由代理人直接承担,第三人和被代理人均不得向对方直接要求由对方履行合同、承担合同责任。因为在这一代理关系的外部关系中,合同双方主体是代理人和外商,根据"合同只约束当事人原则",非合同主体无须承担合同规定的任何义务,不直接对外承担合同责任。这一原则强调当事人之间直接的合同关系。英美法中有一句名言:"一个合同不能将利益给予局外人(stranger),也不能将责任强加于局外人身上。"但这一原则在英美法中的部分显名代理和不显名代理中则是一种例外。由于在英美法中的部分显名代理和不显名代理中,尽管法律强调被代理人和第三人之间直接的合同关系,但在实际上,代理人往往受制于选择权制度,第三人则往往受制于介入权制度。在我国《暂行规定》所调整的间接代理关系中,代理人和第三人分别为国内有外贸代理经营权的企业和外商,被代理人则为国内企业、其他组织和个人。显然,在该代理关系中,被代理人、代理人和第三人由谁担任是非常明确的。我们通常说的外贸代理制就是指由《暂行规定》所调整的外贸代理制。

　　4.《暂行规定》的出现,在一定程度上弥补了我国代理立法的不足,它为间接代理制度提供了部门法规层面上的保障。

　　(1)《暂行规定》首次将我国代理制度尤其是外贸代理制中的委托人的范围作了扩充。根据我国《民法通则》的规定,代理关系中被代理人应当具备与代理人代为签订的合同相适应的权利能力。由于我国《民法通则》所规定的代理制度是一种显名的直接代理,代理人以被代理人的名义从事签约行为,故被代理人必然是代理人所代为签订的合同的一方当事人。根据合同法的理论,既然被代理人必然是合同一方当事人,那么,他就必须具备签订合同的权力能力。但是,无外贸经营权的国内企业并不具备对外签约的能力,不能直接和外商签订进出口合同,当然也不能成为该进出口合同的一方当事人。也就是说,我国国内无外贸经营权的企业不能成为直接代理关系的委托人。但义进行民商事活动。但是,对于当事人可以采取何种方法,我国《对外贸易法》则未明确规定。但如果仅仅按文义来解释,应该说间接代理和显名的直接代理也可以被采用。不过,在该法的实施细则制定并对《暂行规定》的内容进行修订之前,我国现行的外贸代理制仍应为《民法通则》和《暂行规定》所分别调整的显名的直接代理和间接代理。国内无外贸经营权的组织和个人若委托外贸经营者代理其从事对外贸易业务,则只能采取间接代理制。这样,显然就在我国《暂行规定》所调整的外贸间接代理制与我国《民法通则》所调整的直接代理制度之间产生了矛盾,这一矛盾主要体现在我国外贸间接代理制和我国民法代理制的区别上。正因为这一矛盾,再加上我国外贸代理立法的表现形式和我国民法代理立法的表现形式不同,我国外贸代理立法的效力问题以及审理外贸代理纠纷的法律适用问题就必然会同时产生,而且这两个问题是相互联系的。就法的表现形式来讲,我国外贸间接代理制的立法属于部门规章,而《民法通则》则属于全国人民代表大会制定的基本法。民法上的代理制度的法律效力明显优于外贸间接代理制的法律效力,即《民法通则》的效力优于《暂行规定》。

新《对外贸易法》的修订缓和了这一矛盾,因为外贸代理可以为间接代理,也可以为直接代理,如果为直接代理则与《民法通则》的规定一致。

应当注意的是,新《对外贸易法》第12条后段的"在经营范围内"是指接受委托的对外贸易经营者应当在已经登记的经营范围内接受他人的委托来代理他人进行对外贸易,不能在经营范围之外受托。

(四)《中华人民共和国合同法》中关于外贸代理的规定

1999年3月15日,第九届全国人民代表大会第二次会议通过了《中华人民共和国合同法》(以下简称《合同法》),从而结束了《经济合同法》、《涉外经济合同法》、《技术合同法》三分天下的局面,完善了我国民法制度的体系。更重要的是,《合同法》从我国对外贸易实践的角度出发,借鉴了国外代理法律制度的合理成分,增加了关于行纪合同的规定。这一规定不仅进一步完善了我国的外贸代理制,而且还为我国仲裁机关和人民法院依据《合同法》第126条规定解决外贸代理问题提供了准据法,为国内企业、外贸公司依法代理、发展外贸代理,奠定了坚实的法律基础。

《合同法》第414条规定:行纪合同是行纪人以自己的名义为委托人从事贸易活动,委托人支付报酬的合同。接受委托、以自己名义进行一定行为的人为行纪人,委托他人为自己的利益进行行纪行为的人为委托人。

行纪人与第三人所确定合同的权利和义务实际上最终是由委托人承受,行纪人只是受托以自己的名义为委托人代办事务。因此,为了保护委托人的权益,根据《合同法》的有关规定,如果行纪人将其对第三人的债权转让给委托人后,委托人依法可以直接介入行纪人与第三人签订的合同,以自己的名义对该合同直接行使请求权。

另外,外贸公司作为行纪人,依照《合同法》的规定,享有直接的履约权和介入权,以及在委托人指定价格交易的剩余利润依约定归于行纪人所有的权利,使得外贸公司的权利较之过去相应地增加。行纪人在代理过程中不仅承担全部风险,而且也可以取得更大的经济利益。从这个角度看,利益与风险同在,从而加强了外贸公司对公司利益和风险的特别关注。

同时,《合同法》还规定行纪人的披露义务,行纪人因第三人或者委托人的原因对委托人或者第三人不履行义务,行纪人应向委托人或者第三人披露第三人或者委托人,委托人或者第三人因此可以行使自己的权利;行纪人如果因其过错给委托人造成损失的,委托人可以请求赔偿损失;行纪人超越权限给委托人造成损失的,应当赔偿损失。这些规定都加重了行纪人的责任,不能不引起外贸公司、企业的高度重视,切实尽其职责,不能"代而不理",否则将承担其经济责任。

从以上分析我们还可以看出,《合同法》中关于行纪合同与委托合同的有关规定吸收了英美法中有关代理的合理部分,不仅引入了隐名代理和未披露委托人的代理,而且对未披露委托人的代理中委托人的介入权和第三人的选择权都作出了明确的规定。无疑,这是对我国《民法通则》中仅限于显名代理的一个突破和重要的补充,同时《合同法》的这些规定也进一步完善了我国的外贸代理制度。

但是,我们也应当看到,《合同法》对于诸如介入权、选择权的行使条件,以及行纪与一般民事代理的冲突等问题的解决、处理仍有不尽如人意之处,在现有的立法体系下,有必要通过恰当的立法、司法解释来加以弥补,以更好地发挥《合同法》的效用。

第五节 货物与技术进出口的管理制度

一、货物与技术自由进出口原则

我国新《对外贸易法》第14条规定:"国家准许货物与技术的自由进出口。但是,法律、行政法规另有规定的除外。"这一规定体现了我国进出口贸易管理的基本原则:我国对于货物、技术的进出口,实行在一定必要限度管理下的自由进出口制度。这一原则符合我国对外经贸要建立有中国特色的自由贸易制度的战略目标,也与世界贸易发展的潮流一致。

当代世界经济发展的客观规律是:随着生产力和科学技术的迅速发展,国际化、全球化在以前所未有的速度和规模发展着,国际经济关系日益密切,在联系中竞争,在竞争中发展。任何一个经济发展快的国家,都是与国际经济密切联系,吸引外资,引进技术,发展对外贸易的。随着我国社会主义市场经济体制的确立和对外开放的进一步深化,我国经济的发展方向是在更广泛地参与国际分工和交换的基础上,建立有中国特色的自由贸易制度。

然而,任何国家的对外贸易都必须为本国的社会稳定与经济发展服务。世界上从来没有无任何限制与约束的自由。关贸总协定自从创始以来,始终为实现国际贸易的自由化主张而力促减少各成员之间的关税和非关税贸易壁垒,以及取消贸易中存在的各种歧视性待遇。经过40多年的磋商、谈判,结论是:所谓的进出口贸易的自由,是有一定限制的、逐步发展的自由。同样,这也为现在的世界贸易组织承认。

我国《对外贸易法》所确定的进出口自由,就是指国家在保证进出口贸易不对本国安全和各项社会公共利益产生损害的前提下的自由。而当我国法律规定的某些情况出现时,则对进出口贸易实施必要的限制或禁止措施。这些规定都基本符合世界贸易组织相关协定的要求。

二、货物、技术自由进出口原则的例外

借鉴国际上通行的做法,并采取了世界贸易组织有关法律的规定,我国《对外贸易法》明确公布了国家限制和禁止进出口的法定范围和程序。这是我国外贸体制改革的成果,是依法管理对外贸易的体现。世界贸易组织的有关法律规定,增强了外贸政策的透明度,使得在国际贸易错综复杂的冲突中,能够运用法律武器有理、有据地与损害我国利益的行为进行斗争。

我国新《对外贸易法》第16条明确了限制或者禁止进出口商品的范围。"国家基于下列原因,可以限制或者禁止有关货物、技术的进口或者出口:

(一)为维护国家安全、社会公共利益或者公共道德,需要限制或者禁止进口或者出口的;

(二)为保护人的健康或者安全,保护动物、植物的生命或者健康,保护环境,需要限制或者禁止进口或者出口的;

(三)为实施与黄金或者白银进出口有关的措施,需要限制或者禁止进口或者出口的;

(四)国内供应短缺或者为有效保护可能用竭的自然资源,需要限制或者禁止出口的;

(五)输往国家或者地区的市场容量有限,需要限制出口的;

(六)出口经营秩序出现严重混乱,需要限制出口的;

(七)为建立或者加快建立国内特定产业,需要限制进口的;

(八)对任何形式的农业、牧业、渔业产品有必要限制进口的;

(九)为保障国家国际金融地位和国际收支平衡,需要限制进口的;

(十)依照法律、行政法规的规定,其他需要限制或者禁止进口或者出口的;

(十一)根据我国缔结或者参加的国际条约、协定的规定,其他需要限制或者禁止进口或者出口的。"

此外,国家对与裂变、聚变物质或者衍生此类物质的物质有关的货物、技术进出口,以及与武器、弹药或者其他军用物资有关的进出口,可以采取任何必要的措施,维护国家安全。

在战时或者为维护国际和平与安全,国家在货物、技术进出口方面可以采取任何必要的措施。

在法定范围内,由商务部或者由其会同国务院有关部门制定、调整并公布具体的限制或禁止进出口的货物、技术目录。这样增加了外贸管理的透明度,适应经济国际化发展的趋势,也与世界贸易组织相关协定的贸易自由化要求相符。

同时,新《对外贸易法》第18条还规定了在特定情况下的临时性的限制、禁止措施,即"经国务院批准,可以在本法第16条和第17条规定的范围内,临时决定限制或者禁止前款规定目录以外的特定货物、技术的进口或者出口。"这一法律规定,是针对某国以不公平的贸易保护主义的做法,对我国出口产品进行限制、排挤,对我国外贸造成严重损害时,我国根据本法所规定的对等原则,有权采取相应的限制、禁止措施,维护我国的政治、经济利益。临时性措施为世界上许多国家普遍采用。世界贸易组织相关协定也承认这种措施在国际贸易中的合理使用。

三、对货物、技术进出口的许可证管理和配额管理

我国新《对外贸易法》第19条规定:"国家对限制进口或者出口的货物,实行配额、许可证等方式管理;对限制进口或者出口的技术,实行许可证管理。实行配额、许可证管理的货物、技术,应当按照国务院规定经国务院对外贸易主管部门或者经其会同国务院其他有关部门许可,方可进口或者出口。"以此,将国际上普遍采用的实施进出口数量限制的措施——许可证管理、配额管理,纳入了法制化轨道。

目前,我国的许可证管理大部分与配额管理共同使用,作为对实施数量限制的一种措施。进出口许可证管理包括:进出口许可证管理的商品范围的确定和调整;进出口许可证的审批、签发以及使用管理。

(一)进出口许可证管理的商品范围

1. 对于出口商品的配额、许可证管理。根据2002年1月1日起施行的《货物进出口管理条例》的规定,国家实行配额、许可证管理的出口商品主要是:

(1)对关系国计民生的大宗资源性出口商品以及在我国出口中占有重要地位的大宗传统出口商品,实行计划配额管理。

(2)对我国在国际市场或某一市场占主导地位的重要出口商品及外国要求我国主动限制出口的商品,实行主动配额管理。

(3)对出口金额大且经营秩序易于混乱的商品和重要的名、优、特出口商品,以及少数确需管理的商品,实行一般许可管理。

(4)对国外对我国有配额限制的出口商品实行被动配额管理,出口数量按双边协议执行。计划配额、主动配额和一般许可管理的出口商品都实行出口许可证管理。

2. 对于进口商品的配额、许可证管理。根据《货物进口出口管理条例》的规定,根据国家产业政策和行业发展规划,参照国际惯例,国家对尚需适量进口以调节市场供

应,但过量进口会严重损害国内相关工业发展的商品和直接影响进口结构、产业结构调整的商品,以及危及国家外汇收支地位的进口商品,实行配额管理。

(二)进出口许可证申请的审核与许可证的签发

进出口许可证的审核、签发机构分别为:商务部的配额许可证事务局、商务部驻各地特派员办事处,以及地方经贸主管机构,即各省、自治区、直辖市、计划单列市的对外贸易管理部门。我国对进出口许可证的审核和签发实行分级管理制度。驻地方的特派员办事处及地方外经贸主管机构根据授权,依照许可证管理的进出口商品分级发证目录,在各自的职责范围内,负责授权范围内的发证工作。按照国务院确定的各部门的职责分工,我国对进出口货物的配额管理由商务部、国家发改委负责。

通过对外贸管理体制的改革,我国正在建立和不断完善涉外经济法律制度,逐步完成由以行政手段为主向以法律、经济手段为主的转变,逐步减少配额、许可证管理的商品。国家主要依靠关税、利率、信贷、税收和汇率等经济手段来对进出口实行宏观调控。

(三)对实行数量限制的进出口商品的配额管理

对少数实行数量限制的进出口商品,按照我国《对外贸易法》第 20 条确定的"按照公开、公平、公正和效益的原则进行分配"。

配额分配总的原则中,"效益"是目的,是核心,符合我国对外贸易实现从数量型增长到效益型增长战略转变的目标,体现了对外贸易更好地为国民经济发展服务的宗旨。"公正"是标准,要求分配配额应按照法定条件,高效益者上。"公开"是保证,使配额分配工作有透明度,以便社会各方面进行依法监督。"公平"是规则,尊重经济规律,从而取得高效益的最佳结果。

(四)技术进出口许可证管理

依据我国《对外贸易法》的规定,国家对技术进出口实行宏观调控。根据技术的性质,技术进出口被划分为允许自由进出口、限制进出口和禁止进出口三类。会同有关部门制定限制和禁止进出口技术的目录,并对其实行许可证管理。根据国务院关于各部的职责分工,国家发改委负责引进技术的项目审批;国家科委负责对技术出口的技术审查;商务部负责对贸易合同的审查及项目合同的批准。只有在审批后有关单位才能向商务部及其授权的许可证签发机构申请、领取技术进出口许可证。

现在国际技术贸易在国际贸易中的地位日益突出和重要,国际技术贸易的迅速发展推动了世界生产力的提高,为各国发展技术贸易创造了有利的条件,这也是促进我国对外开放,引进先进技术,开拓国际技术市场的良好机遇。国家要适时建立合理的宏观调控体系,加快完善涉外技术贸易的法规体系,提高我国参与国际贸易的质量和效益,更好地为实现国民经济增长方式的转变服务。

(五) 特殊物品的进出口管理

《中华人民共和国文物保护法》第27条规定:"文物出口和个人携带文物出境,都必须事先向海关申报,经国家文化行政管理部门指定的省、自治区、直辖市文化行政管理部门进行鉴定,并发给许可出口凭证。文物出境必须从指定口岸运出。经鉴定不能出境的文物,国家可以征购。"第28条规定:"具有重要历史、艺术、科学价值的文物,除经国务院批准运往国外展览的以外,一律禁止出境。"

《中华人民共和国药品管理法》第26条规定:"禁止进口疗效不确、不良反应大或者其他原因危害人民健康的药品。"第27条规定:"首次进口的药品,进口单位必须提供该药品的说明书、质量标准、检验方法等有关资料和样品,以及出口国(地区)批准生产的证明文件,经国务院卫生行政部门批准,方可签订进口合同。"第28条规定:"进口的药品,必须经国务院卫生行政部门授权的药品检验机构检验;检验合格的,方准进口。医疗单位临床急需或者个人自用进口的少量药品,按照海关的规定办理进口手续。"第29条规定:"对国内供应不足的中药材、中成药,国务院卫生行政部门有权限制或者禁止出口。"第30条规定:"进口、出口麻醉药品和国务院卫生行政部门规定范围内的精神药品,必须持有国务院卫生行政部门发给的进口准许证、出口准许证。"

《中华人民共和国野生动物保护法》第24条规定:"出口国家重点保护野生动物或者其产品的,进出口中国参加的国际公约所限制进出口的野生动物或者其产品的,必须经国务院野生动物行政主管部门或者国务院批准,并取得国家濒危物种进出口管理机构核发的允许进出口证明书。海关凭允许进出口证明书查验放行。涉及科学技术保密的野生动物物种的出口,按照国务院有关规定办理。"

随着我国社会主义法制体系的不断完善和国际经济合作的进展,这一性质的法律、法规还会有新的发展。

第六节　国际服务贸易管理制度

一、逐步发展国际服务贸易的原则

近年来,由于国际分工和产业结构的调整、科技革命的加速、国际金融业的繁荣、世界经济全球化等原因,国际服务贸易迅速发展。因此,我国《对外贸易法》将国际服务贸易纳入了调整范围是顺应历史潮流。由于我国服务业必将纳入多边贸易体制,在"复关"及加入世界贸易组织的谈判过程中,也必然要有符合《服务贸易总协定》的国内立法,因此,本法明确了我国逐步发展国际服务贸易的原则,表明了我国对国际服务贸易采取的积极态度。

"乌拉圭回合"多边贸易谈判达成的《服务贸易总协定》文本,将服务贸易的范围表示为四种贸易方式:①过境交付,指通过电讯、邮电、计算机联网从一成员境内向任何其他成员境内提供服务;②境外消费,指在一成员境内向任何其他成员的服务消费者提供服务,即一国消费者到另一国消费服务;③商业存在,指一成员的服务提供者在任何其他成员境内,通过商业存在提供服务,即外国企业到本国开业提供服务;④自然人流动,指一成员的服务提供者在任何其他成员境内通过自然人存在提供服务,即外国自然人到本国提供服务。《服务贸易总协定》还确定了国际服务贸易共包括150多个行业15大类。例如,国际运输;国际旅游;跨国银行、国际融资公司及其他金融服务;国际保险和再保险;国际信息处理和传递,电脑及资料服务;国际咨询服务;建筑和工程承包等劳务输出;国际电讯服务;广告、设计、会计管理等项目服务;国际租赁;维修、保养、技术指导等售后服务;国际视听服务;教育、卫生、文化艺术的国际交流服务;商业批发和零售服务;其他服务。当今世界服务贸易的增长速度已大大高于货物贸易的增长速度,1994年世界服务贸易额超过1.1万亿美元,超过世界货物贸易总量的1/3,世界经济正在向服务业倾斜发展。在世界经济舞台上,服务业的规模及服务业在国民生产总值中的比重,标志着一个国家的整体水平,发达国家与发展中国家差距颇大。《服务贸易总协定》的达成,表明了国际服务贸易的发展进入了一个具有更重要作用的新阶段,也为各个国家如何利用这个战略机会提出了一个重大课题。

改革开放以来,我国服务贸易有了长足的进步与发展,但是,由于我国在国际服务贸易方面还处于起步阶段,特别是缺乏国际竞争能力,与世界上许多国家,尤其是发达国家相比,差距还很大。如果盲目放开服务贸易领域,将会给社会、就业等带来严重影响。因此,我国发展国际服务贸易,特别是允许外国在中国从事服务贸易,应采取稳妥的方针。

我国新《对外贸易法》第24条规定:"中华人民共和国在国际服务贸易方面根据所缔结或者参加的国际条约、协定中所作的承诺,给予其他缔约方、参加方市场准入和国民待遇。"这是根据《服务贸易总协定》的有关条款,对我国在国际服务贸易方面所承担的义务作出的规定。

《服务贸易总协定》将缔约国承担的义务分为一般性义务和具体承诺的义务。其中,一般性义务(如最惠国待遇、透明度等)适用于缔约方的各个服务部门;而具体承诺的义务是必须经过双边或多边谈判达成协议后,根据承诺细目表所承担的义务,这些义务只适用于缔约方承诺开放的服务部门。市场准入和国民待遇就是具体承诺的义务。市场准入是指缔约方以其承诺细目表所列举的服务部门及其市场准入的条件和限制为准,对其他缔约方开放其本国的服务市场。市场准入承诺细目表是各国在谈判的基础上达成的开放服务市场的承诺目录,载明了各缔约国对其他缔约国的服务和服务提供者给予市场准入的服务贸易部门和国民待遇的内容、范围和条件。国民待遇是指各缔约方以其承诺细目表所列服务部门及所列的条件和限制为准,在"影响服务的提供的所有措施方面,给予任何其他成员的服务和服务提供者的待遇,应不低于其给予自身相同服务和服务提供者的待遇",即以同等条件对其他缔约国的服务和服务提供者开放,与国内类似的服务或服务提供者所享受的待遇相比较,不得有歧视。由于服务贸易中的国民待遇与市场准入都是属于具体承诺的义务,缔约方可以决定在哪些服务部门或分部门实施国民待遇,并可列出一些条件和限制;缔约双边或多边就市场准入的有关条件和限制、保留以及履行的计划安排达成一致意见,以此作为承诺的法定义务。

我国政府向"乌拉圭回合"谈判秘书处递交的服务贸易初步承诺开价单,包括了航运专业服务、金融银行业、广告、旅游、计算机服务、近海石油、电讯和航空等服务部门,表明了我国促进国际服务贸易逐步发展的积极态度与慎重原则。虽然我国新《对外贸易法》中没有明确规定这一原则,但是根据入世的水平承诺和具体承诺,仍适用这一原则。

二、限制和禁止国际服务贸易的规定

伴随着国际服务贸易的迅速发展,世界舞台上的政治、经济、意识形态等各领域的斗争都会更尖锐、更复杂地展开。各主权国家都要以立法来维护国家利益,这也是《服务贸易总协定》所允许的。我国新《对外贸易法》在促进国际服务贸易的逐步发展的原则基础上,又作出了可以限制或禁止国际服务贸易的规定。

新《对外贸易法》第26条规定:"国家基于下列原因,可以限制或者禁止有关的国际服务贸易:

(一)为维护国家安全、社会公共利益或者公共道德,需要限制或者禁止的;

(二)为保护人的健康或者安全,保护动物、植物的生命或者健康,保护环境,需要限制或者禁止的;

(三)为建立或者加快建立国内特定服务产业,需要限制的;

(四)为保障国家外汇收支平衡,需要限制的;

(五)依照法律、行政法规的规定,其他需要限制或者禁止的;

(六)根据我国缔结或者参加的国际条约、协定的规定,其他需要限制或者禁止的。"

此外,新《对外贸易法》第27条还规定:"国家对与军事有关的国际服务贸易,以及与裂变、聚变物质或者衍生此类物质的物质有关的国际服务贸易,可以采取任何必要的措施,维护国家安全。

在战时或者为维护国际和平与安全,国家在国际服务贸易方面可以采取任何必要的措施。"

我国法律的要求与《服务贸易总协定》中第14条一般例外:"本协定的规定不得解释为禁止任何成员采取或实施以下措施","维护公共道德或公共秩序所必需的措施";"保障人类、动植物生命或健康所必需的措施";"保证某些与本协定的规定并无抵触的法律或条例的实施所必需的措施"及第14条附则安全例外的规定是相符的。

第七节　与贸易有关的知识产权保护

《与贸易有关的知识产权协定》是世界贸易组织的三大基本协定之一。但是，我国原《对外贸易法》中并无关于知识产权的任何专门规定。新《对外贸易法》为了加强在对外贸易中的知识产权保护，特别增设第五章，专门规定与对外贸易有关的知识产权保护。

新《对外贸易法》第29条规定："国家依照有关知识产权的法律、行政法规，保护与对外贸易有关的知识产权。进口货物侵犯知识产权，并危害对外贸易秩序的，国务院对外贸易主管部门可以采取在一定期限内禁止侵权人生产、销售的有关货物进口等措施。"这一规定不仅确立了保护与对外贸易有关的知识产权原则，而且授权国务院对外贸易主管部门在一定期限内采取禁止侵权货物进口等措施。值得注意的是，可以采取此类措施的条件有二：第一，进口货物是侵犯知识产权的货物；第二，侵权货物的进口已经危害了中国的对外贸易秩序。显然，上述规定是在对外贸易中对知识产权权利人的保护。

新《对外贸易法》第30条规定："知识产权权利人有阻止被许可人对许可合同中的知识产权的有效性提出质疑、进行强制性一揽子许可、在许可合同中规定排他性返授条件等行为之一，并危害对外贸易公平竞争秩序的，国务院对外贸易主管部门可以采取必要的措施消除危害。"上述规定授权国务院对外贸易主管部门可以采取必要的措施，以消除知识产权的权利人在知识产权许可交易中的限制性商业做法。值得注意的是，可以采取此类措施的条件亦有二：一是知识产权的权利人要确实在许可交易中有相关的限制性商业做法；二是这些限制性商业做法的结果已经危害了中国的对外贸易公平竞争秩序。如果说新《对外贸易法》第29条的规定是对知识产权权利人的保护，那么，第30条的规定就是对知识产权权利人滥用知识产权的限制。

新《对外贸易法》第31条规定："其他国家或者地区在知识产权保护方面未给予中华人民共和国的法人、其他组织或者个人国民待遇，或者不能对来源于中华人民共和国的货物、技术或者服务提供充分有效的知识产权保护的，国务院对外贸易主管部门可以依照本法和其他有关法律、行政法规的规定，并根据中华人民共和国缔结或者参加的国际条约、协定，对与该国家或者该地区的贸易采取必要的措施。"上述规定的核心内容，是授权国务院对外贸易主管部门采取必要的贸易措施，以使我国知识产权在其他国家和地区受到应有的保护。熟悉国际经贸法律的人士不难发现，这一规定类似于美国关税法中的337条款。因此，新《对外贸易法》开始实施后，这一规定能够发挥其在国际贸易中保护我国知识产权的作用。

第八节 反倾销、反补贴和保障措施

我国新《对外贸易法》第41、第43、第44条规定了反倾销措施、反补贴措施和保障措施,这是国际通行的保护国内产业的手段,并且是《关税与贸易总协定》和世界贸易组织允许采用的贸易保护措施。依据新《对外贸易法》,若外国产品以不公平的方式向中国出口,或外国产品大量涌入中国市场并对我国工业造成损害,则中国政府可以依据这三项法律规定采取控制措施,避免或消除进口产品对国内产业造成的损害。

一、反倾销法律制度

我国新《对外贸易法》第41条规定:"其他国家或者地区的产品以低于正常价值的倾销方式进入我国市场,对已建立的国内产业造成实质损害或者产生实质损害威胁,或者对建立国内产业造成实质阻碍的,国家可以采取反倾销措施,消除或者减轻这种损害或者损害的威胁或者阻碍。"这种措施我们称之为反倾销措施。

反倾销法在20世纪初期就已经作为国内法存在,目前已成为各国贸易保护使用得最频繁的法律武器。为了对各国的反倾销法律制定国际纪律,1947年《关税与贸易总协定》第6条对反倾销措施作了原则性规定:"用倾销的手段将一国产品以低于正常价值的办法挤入另一国贸易内,如因此对某一缔约国领土内已建立的某项工业造成重大损害或产生重大威胁,或者对某一国内工业的兴建产生严重阻碍,这种倾销应该受到谴责。""缔约国为了抵消或防止倾销,可以对倾销的产品征收数量不超过这一产品的倾销差额的反倾销税。"1967年肯尼迪回合通过了第一个国际性反倾销守则;1979年东京回合通过了第二个国际性反倾销守则;乌拉圭回合所达成的《关于实施关贸总协定1994第六条的协定》(即1994年《反倾销协定》),对以前的反倾销守则作了全面修订,内容更为细致、完备,程序性要求更为具体、严格,表明国际反倾销立法已逐步完善与成熟。

基于我国《对外贸易法》的相关法律规定,参照世界贸易组织的《反倾销协定》,国务院于1997年3月25日发布施行了《中华人民共和国反倾销和反补贴条例》。为了弥补上述条例的实施后日益暴露出的不足,同时更为重要的是为了使我国在反倾销方面的立法与我国的"入世"承诺相一致,2001年12月11日,经过修订,国务院又公布了《中华人民共和国反倾销条例》(以下简称《反倾锁条例》),《反倾销条例》于2002年1月1日起施行。新《对外贸易法》通过后,国务院对《反倾销条例》又作了进一步的修改,并于2004年6月1日生效。根据我国《对外贸易法》和《反倾销条例》的规定,主管机关采取反倾销措施一般应具备三个条件:第一,进口产品存在低价倾销,即被调查产品出口价格低于其正常价值;第二,这种低价倾销对进口国的相关国内产业造成了法定损害;第三,低价倾销与法定损害具有因果关系。有些国家在上述三个要件外,还要求反倾销税的征收必须符合公共利益。

（一）倾销的确定

我国《反倾销条例》第 3 条规定："倾销,是指在正常贸易过程中进口产品以低于其正常价值的出口价格进入中华人民共和国市场的行为。"据此,确定倾销是将倾销产品的出口价格与其正常价值进行比较,如果出口价格低于正常价值,即存在倾销。

1.正常价值的确定方法。《反倾销条例》规定了正常价值的确定方法：

（1）出口国国内市场价格确定法。此系指在出口国（地区）市场上同类产品在正常贸易过程中的可比价格的为基础,计算被调查产品的正常价值。

（2）第三国出口价格确定法。此系指被调查产品的同类产品在出口国市场上没有可比价格的,以被调查产品的同类产品出口到第三国的可比价格为基础,进行衡量。

（3）推算价值法。即在同类产品的生产成本加管理费用及合理数额的利润的基础上推算正常价值的方法。

我国《反倾销条例》所规定的上述方法与国际上常用的三种确定方法是一致的。但是新的《反倾销条例》对于何谓"正常贸易过程"仍然没有作出界定,而按照世界贸易组织 1994 年《反倾销协定》的规定,"正常贸易过程"应当排除两种情形：一是低于成本销售；二是买卖双方之间存在"联营关系或补偿安排"。此外,根据 1994 年《反倾销协定》的规定,如果出口产品在出口国国内市场销售量低于向该进口国销售量的 5%,则不能以国内价格法来确定被调查产品的正常价值,因为那种销售,实际上也不属于正常的销售行为。基于同样道理,如果出口产品在第三国国内市场的销售量低于向该进口国销售量的 5%,则也不能以出口国向该第三国的出口价格来确定被调查产品的正常价值。

2.出口价格的确定方法。根据《反倾销条例》第 5 条之规定,我国反倾销调查中"出口价格"的确定方法为：

（1）进口产品有实际支付价款或者应当支付的价格的,以该价格为出口价格。

（2）进口产品没有上条所说的出口价格的,或者其价格不可靠,则以该进口产品首次转售给独立购买人的价格推定的价格作为出口价格。

但是,该进口产品未转售给独立购买人或未按进口时的状态转售的,可以以外经贸主管部门根据合理基础推定的价格为出口价格。

按照反倾销法理,关于确定出口价格的第一种方法仅适用于出口商与进口商之间不存在任何关联关系的场合。当出口商与进口商之间存在关联关系或某种补偿安排,从而使得用实际支付的价格变得不可靠时,就应当采用所谓的"推定出口价格"（Constructed Export Price, CEP）来确定该特殊情形下的出口价格。推算方法就是以进口商品首次转售给某个独立购买者的价格为基础,再经过费用的调整。

与原来的《反倾销和反补贴条例》相比,《反倾销条例》关于确定出口价格的第二种方法的规定更加合理。因为实际情形中,与出口商具有关联关系的进口商可能对进口货物经过额外加工或变动,才能使之更加适合国内用户的要求。在这种情形下转售给某个独立购买者的货物,实际上已经不是原来意义上的货物,其首次转售的价格,已经不能准确地作为反倾销法意义上的出口价格的推算基础。《反倾销和反补贴条例》对此常见情形没有作出相应的规定,《反倾销条例》则对出口商与进口商之间存在任何关联关系的场合下可能出现的两种具体情况作了区分,因而更为严密,也更加具有可操作性。

在找出适当的正常价值和出口价格之后,将二者按照公平合理的方式进行调整比较之后,进口产品的出口价格低于其正常价值的差额即为倾销幅度。

(二)法定损害的确定

当证实存在倾销后,还须证明倾销的进口产品是否对国内产业造成法定的损害。

由于损害是指对国内产业的损害,而国内产业是指进口国国内生产与被调查产品完全相同或相类似的产品的产业,所以在弄清楚损害规则之前,必须先弄清何谓国内产业和同类产品这两个概念。

根据《反倾销条例》的规定,所谓国内产业,系指"为中华人民共和国国内同类产品的全部生产者,或者其总产量占国内同类产品全部总产量的主要部分的生产者;但是,国内生产者与出口经营者或者进口经营者有关联,或者其本身为倾销进口产品的进口经营者的,可以排除在国内产业之外"。

我国的《反倾销条例》在确定国内产业时,使用了"同类产品"这一概念来描述上述对应产品。这一概念来自英文的"like products"一词。根据西方各国的反倾销立法以及世界贸易组织《反倾销协定》,该词在英文中包括两层含义:一是与被调查产品完全相同(identical)的产品;二是与被调查产品相类似(similar)的产品。正因为如此,我国在1997年3月25日发布施行的《中华人民共和国反倾销和反补贴条例》中,所使用的对应概念是"相同或相似产品"。与这一概念相比,后来的《反倾销条例》的规定更为简练。

由于确定国内产业首先要判定同类产品,我国《反倾销条例》在其第12条中对何谓同类产品作了界定。

存在法定损害才使得进口国采取反倾销措施。这里所说的法定损害,是指低价倾销对国内相关产业造成了损伤、负面影响或阻碍。这种损害包括三种形态,法定的损害也包括以下三种:一是重大损害;二是重大损害之威胁;三是未建立产业的重大阻碍。

《反倾销条例》明确规定:"损害是指倾销对国内已经建立的国内产业造成实质损害或者产生实质损害的威胁,或者对建立国内产业造成实质阻碍。"

我国反倾销立法中所指的实质损害、实质损害的威胁及实质阻碍三种形态,与本文中提及的重大损害、重大损害之威胁和重大阻碍并无实质性的区别。

按照《反倾销条例》的规定,在确定倾销对国内产业造成的损害时,反倾销主管机关应当审查下列事项:①倾销进口产品的数量,包括倾销产品的绝对数量或者相对于国内同类产品生产或消费的数量是否大量增加,或者倾销进口产品大量增加的可能性;②倾销进口产品的价格,包括倾销进口产品的价格削减或者对国内同类产品价格的价格产生大幅抑制、压低等影响;③倾销进口产品对国内产业相关经济因素和指标的影响;④倾销进口产品的出口国(地区)、原产国(地区)的生产能力、出口能力、被调查产品的库存情况;⑤造成国内产业损害的其他因素。

《反倾销条例》还明确规定:在确定对国内产业造成损害时,不得将造成损害的非倾销因素归因于倾销。这一规定要求国内产业援引反倾销救济应更加谨慎。因为这一规定清楚地表明:不能将诸如需求紧缩或管理不善等致害因素推到国外竞争者头上,尤其是外国厂商是在运用正常竞争策略同国内产业进行公平竞争的情况下。

在确定了某项进口产品存在倾销并且国内相关产业受到损害之后,还需证明倾销产品与国内产业的损害之间的因果关系,即应证明损害是因进口产品的倾销所致。关于倾销产品与国内产业的损害之间的因果关系,《WTO新守则》规定,"由其他因素造成的损害不得归咎于倾销产品";一些国家的法律规定,只需证明倾销是造成损害的"一个原因",存在因果关系即可,而无需证明是损害的主要的或重大的原因。

(三)调查程序规则

依据《反倾销条例》的规定,调查的基本程序为:申请、立案、调查、初裁、终裁、行政复审、司法审查等。

1. 申请。国内产业或者代表国内产业的自然人、法人或进口产品的有关组织,即要求反倾销立案的申请人,可以依照《反倾销条例》的规定向外经贸主管部门提出反倾销调查的书面申请,并应当附具必要的证据。

2. 立案。这是反倾销调查工作的正式启动。根据《反倾销条例》,外经贸主管部门应对申请人提交的申请进行审查,已决定是否立案调查。在决定立案调查前,应当通知有关出口国(地区)政府。

根据《反倾销条例》的规定,在特殊情形下,我国反倾销主管机关可以自行立案调查。

《反倾销条例》关于立案公告的规定比以往更加详尽。

3. 调查。《反倾销条例》列举了四种调查方式:第一种为问卷调查方式;第二种为抽样调查方式;第三种为听证会调查方式;第四种为现场核查方式。利害关系方应当如实反映情况,提供有关资料,也可请求陈述意见的机会。

反倾销调查的期限,自立案调查决定公告之日起至最终裁定公告之日止为12个月,特殊情况下可以延长,但延长期不得超过6个月。

4. 初裁。依照《反倾销条例》的规定,商务部根据调查结果作出关于倾销的初步裁定,并根据调查结果作出关于损害的初步裁定。初裁决定由商务部予以公告。

初裁倾销成立并由此对国内产业造成损害的,可采取临时反倾销措施。临时措施的形式为:

(1)征收临时反倾销税。

(2)要求提供现金保证金、保函或其他形式的担保。其中,征收临时反倾销税的,由商务部提出建议,国务院关税税则委员会根据商务部的建议作出决定,由商务部予以公告。要求提供现金保证金、保函或其他形式的担保的,由商务部作出决定并予以公告。两种措施均由海关自公告规定实施之日起执行。

依照《反倾销条例》的规定,临时反倾销措施的期限,自临时反倾销措施决定公告规定实施之日起,不超过4个月;在特殊情形下,可以延长至9个月。

5. 终裁。对于初裁确定倾销和损害及二者之间的因果关系成立的,商务部应当对倾销及倾销幅度、损害及损害程度继续进行调查,并根据调查结果分别作出终裁决定,由商务部予以公告。

依照《反倾销条例》的规定,终裁决定如果是肯定的,即倾销和损害及二者之间的因果关系成立的,则可以征收反倾销税。依照《反倾销条例》的规定征收反倾销税的,由商务部提出建议,国务院关税税则委员会根据外经贸部的建议作出决定,由商务部予以公告。依照《反倾销条例》的规定,反倾销税税率不超过终裁确定的倾销幅度,反倾销税的纳税人为倾销进口产品的进口经营者,反倾销税的征收期限为5年。

依照《反倾销条例》的规定,进口产品的出口经营者在反倾销调查期间,可以向外经贸部作出改变价格,停止以倾销价格出口的价格承诺。外经贸部可以向出口经营者提出价格承诺的建议,但是调查机关不得强迫出口经营者作出价格承诺,价格承诺的履行期限为5年。

6. 行政复审。依照《反倾销条例》的规定,反倾销税或价格承诺生效后,外经贸部经商国家经贸委,可以在有正当理由的情况下,决定对继续征收反倾销税的必要性进行复审;也可以在经过一段合理期间,应利害关系方的请求并对利害关系方提供的证据进行审查后,决定对继续履行价格承诺的必要性进行复审。

依照《反倾销条例》的规定,根据复审结果,外经贸部依照条例之规定,提出保留、修改或取消反倾销税的建议,由国务院关税税则委员会作出决定,并由对外贸易经济合作部予以公告;或者外经贸部依照条例之规定,商国家经贸委后作出保留、修改或取消价格承诺的决定并予以公告。

7. 司法审查。《反倾销条例》的一个重大突破,就是赋予利害关系方司法审查的权利。《反倾销条例》第53条明文规定:"对依照本条例第25条作出的终裁决定,对依照本条例第四章作出的是否征收反倾销税的决定以及追溯征收、退税、对新出口经营者征税的决定不服的,或者对依照本条例第五章作出复议决定不服的,可以依法申请行政复议,也可以依法向人民法院提起诉讼。"

当今国际贸易的迅速发展与激烈竞争并存,尤其是乌拉圭回合结束后,各国将大幅度削减关税和非关税壁垒,进口配额及许可证也将逐步取消。在此背景下,反倾销措施作为控制进口的一种有效而又便利的手段,被一些国家频繁使用。世界各发达国家的反倾销立法已近完善、细致,成为其进行贸易竞争的最有效的法律武器。应特别应注意的是:一些国家采取歧视性反倾销立法,屡屡对我国出口产品进行反倾销指控。与此同时,外国倾销者以不公平的手法夺取中国市场,使我国的民族产业面临着严重的威胁。我国企业要熟悉掌握反倾销的法律武器,保护自身权益,免受不公平竞争的损害。依据我国《对外贸易法》和《反倾销条例》,任何国家对我国采取歧视性反倾销的,我国可对等地给予他国歧视性待遇作为报复。

二、反补贴法律制度

(一)国际反补贴立法的历史沿革和最新发展

1.《关税与贸易总协定》(GATT)第 16 条关于反补贴措施的规定。反补贴规定源于《关税与贸易总协定》第 16 条的规定。GATT 第 16 条要求成员国就该国给予的任何扭曲贸易的补贴通知 GATT 秘书处,并在这种补贴可能导致损害时与成员国进行磋商。

1955 年,在 GATT 审核会议上增加了第 16 条第 3 款,对出口补贴作了进一步的规定。第 16 条第 3 款,敦促成员国寻求避免在初级产品出口上使用补贴,并规定了不得给予就初级产品将导致世界出口贸易超越公平份额的出口补贴的义务。

第 16 条第 4 款规定,不得对非初级产品给予出口补贴。如果补贴,将会导致被补贴产品的出口销售价格比国内市场的可比价格低。

违反第 16 条规定的成员可能导致其他被影响方发起磋商以及依据 GATT 第 22 条和第 23 条规定提出争议解决。

2. 依据 GATT 第 6 条实施的单方面行动。依据 GATT 第 6 条,进口国还可以采取单方面行动,以抵消任何就产品制造、生产或出口直接或间接给予的补贴或奖励(如果这种补贴对进口国已经建立的产业造成重大损害)。这种单方面行动的典型方式就是征收反补贴税。

3. 东京回合《补贴和反补贴守则》。东京回合的主要成就之一就是颁布了《补贴和反补贴守则》,其正式名称为《关于解释和实施 GATT 第 6 条、第 16 条和第 23 条的协定》。该守则第 9 条第 1 款禁止成员国就初级产品之外的产品给予出口补贴,但对于出口补贴没有定义,只提供了一份解释性的出口补贴清单,作为该守则的附件。

该守则对国内补贴也做了规定,在承认国内补贴是促进社会和经济改革目标方法是十分重要的手段的前提下,第 11 条要求成员国在起草补贴政策时,要考虑它们对市场可能产生的不利影响。

在执行方面,该守则分成两部分,通常称之为第一种程序和第二种程序。第一种程序详细规定了进口国可以对补贴产品实施单方面行动的情况。该守则第 6 条规定了在确定损害时使用的标准,即允许成员单方面采取与反倾销相当的救济,但它要求补贴必须对国内成员造成重大损害。第二种程序在没有造成国内成员重大损害时也可以适用。根据第二种程序,如果进口成员在 GATT 项下的利益受到了抵消或损伤,还可以采取反击措施,这种情况在补贴导致在第三国市场或补贴国市场产生影响时可能发生。第二种程序对使用国内和出口补贴的限制以及进行磋商和争端解决做了规定。依据这些规定,成员国之间的争议可以提交由成员国代表组成的补贴和反补贴委员会。该委员会有权在其建议未得到执行时授权采取适当的制裁措施。

4. 1994年《补贴和反补贴协议》相对于《东京回合守则》的重大的变化。

(1)《补贴和反补贴协议》规定了构成补贴的定义。根据这一定义,如果存在政府或任何公共机构的财政支持或存在任何形式的收入或价格支持,而且也因此获益,补贴就视为存在。除非补贴属于禁止性补贴,对该补贴进行反击,必须证明该补贴是"特向性"的。

(2)关于第二种程序所规定的反击措施,《补贴和反补贴协议》对《东京回合守则》中使用的"严重歧视"作了定义。

(3)《补贴和反补贴协议》引进了不受第一种程序和第二种程序救济的不可申诉补贴的种类,即对研究活动的支持,对落后地区的支持,对为促进现有设施适应法律或法律规定的新的环境要求所提供的技持。

(4)《补贴和反补贴协议》所规定的处理第一种程序的规定反映了《反倾销规定》中所引起的部分变化。例如,新出口商复审和退税的规定比《反倾销规定》更加详尽。

(5)《补贴和反补贴协议》包含了更加详细的对发展中国家可以进行禁止性补贴的特别的和不同待遇的规定。例如,对所涉及产品给予补贴的总体水平不超过按单位计算的价值的2%,或补贴进口产品的数量占进口成员相似产品总进口量的4%以下(除非来自单个发展中国家成员的进口量份额不足总进口量的4%,但是这些成员的总进口量占进口成员相似产品总进口量的9%以上),不得对发展中国家进行反补贴。

(6)《补贴和反补贴协议》的附件规定了计算生产投入消耗的准则、出口补贴的替代退税制度、计算从价补贴以及有关发展中国家"严重歧视"的程序规定。

现在,许多人以为1994年《补贴和反补贴协议》是WTO涉及补贴与反补贴的唯一法律依据,其实这是一种错误的认识。这是因为尽管1994年《补贴和反补贴协议》是WTO关于补贴与反补贴问题的最集中、最系统的守则,也是WTO补贴与反补贴规则体系的最为重要的组成部分,但是,这并不是说WTO是涉及补贴与反补贴的唯一法律依据。WTO补贴与反补贴规则的体系同时包括1947年《关税贸易总体协定》的第6条和第16条,以及1994年《农业协定》。1947年《关税贸易总协定》的第6条和第16条之所以应该成为当代补贴与反补贴规则体系的有效组成部分,是因为1994年《关税贸易总协定》对1947年协定中第6条和第16条关于补贴和反补贴的规定,业已被1994年《补贴和反补贴协议》全盘继承沿用。而1994年《农业协定》之所以应该成为当代补贴与反补贴规则体系的有效组成部分,是因为农产品补贴问题十分复杂,针对所有产品补贴与反补贴的一般法律规则有明显得力不从心,需要一些专门针对农产品补贴的纪律,进行全部调整,所以,对于农产品的补贴及反补贴纪律而言,1994年《农业协定》是更为重要的法律渊源。

(二) 我国反补贴立法

我国新《对外贸易法》第 43 条规定："进口的产品直接或者间接地接受出口国家或者地区给予的任何形式的专向性补贴,对已建立的国内产业造成实质损害或者产生实质损害威胁,或者对建立国内产业造成实质阻碍的,国家可以采取反补贴措施,消除或者减轻这种损害或者损害的威胁或者阻碍。"该措施称为反补贴措施。

1997 年开始实施的《中华人民共和国反倾销和反补贴条例》,进一步阐明了我国关于补贴和反补贴的原则。该条例明确规定了补贴的定义:"外国政府或者公共机构直接或者间接地向产业、企业提供的财政资助或者利益为补贴。"该条例还明确规定,对于补贴造成的损害,反补贴调查和反补贴措施的实施,适用反倾销调查的有关规定。

尽管如此,1997 年我国《反倾销和反补贴条例》对于补贴和反补贴的规定仍然过于原则,可操作性不强。

为了履行入世承诺,也为了落实《对外贸易法》关于反补贴措施的规定,避免使我国国内产业在外国政府不公正补贴出口产品冲击时无法援引反补贴措施,国务院在 WTO 多哈会议后公布了《中华人民共和国反补贴条例》(以下简称《反补贴条例》)。该条例自 2002 年 1 月 1 日起施行。《反补贴条例》对我国反补贴的实体规则和程序规则作出了较为详细的规定,为我国国内产业反击外国政府对出口产品的不公正补贴的做法奠定了法律基础。

三、保障措施

如果说反倾销措施和反补贴措施是针对外国不公平贸易行为的,那么保障措施所针对的则是外国进口产品的正当竞争行为。1947 年《关税与贸易总协定》第 19 条之所以允许缔约方在使国内产业受到国外产品正常进口严重冲击时使用保障措施,是要为缔约方提供一种"安全阀"机制,使之暂时免于承担减让义务和取缔非关税限制措施的义务,从而使其国内受到严重损害的产业有一个喘息生存和继续发展的机会。乌拉圭回合之后,1994 年《关税与贸易总协定》对上述条款并没有任何变动,但是,作为多边贸易谈判的成果之一,乌拉圭回合在《关税与贸易总协定》第 19 条的基础之上达成了 1994 年《保障措施协定》,从而使国际保障措施的纪律更为健全,为世界贸易组织成员实施保障措施的国内立法提供了准则和依据。该协定就是要让各缔约国在承担包括关税减让义务和取缔非关税限制措施在内的义务之后,在外国产品大量进口时采取紧急措施的国内立法作出的规定。

为了与国际上的通行做法接轨,在我国入 WTO 之前,我国《对外贸易法》也规定了保障措施。新《对外贸易法》第 44 条又重生了该规定:"因进口产品数量大量增加,对生产同类产品或者与其直接竞争的产品的国内产业造成严重损害或者严重损害威胁的,国家可以采取必要的保障措施,消除或者减轻这种损害或者损害的威胁,并可以对该产业提供必要的支持。"这一关于保障措施的规定,完全符合《保障措施协定》的有关规定,该协定第2条规定:"只有当一成员根据下文之规定确定输入其境内的某种产品数量与国内生产相比绝对或相对地增长,并对国内生产同类产品或直接竞争产品的产业造成严重损害或严重损害威胁时,方可对该种产品采取保障措施。"

为了履行入世承诺,也为了落实《对外贸易法》关于保障措施的规定,避免使我国出现在国外产品既无倾销也无补贴的情况下,因我国全面履行WTO的义务而无法援引保障措施的情况,国务院于2001年12月11公布《中华人民共和国保障措施条例》(以下简称《保障措施条例》),至此,我国关于三种为WTO所允许的保护措施的立法已经全部完成,国内产业又多了一种可操作的贸易救济措施。

(一)采取保障措施的条件

根据我国《保障措施条例》,结合1994年《保障措施协定》的规定,对进口产品采取保障措施的条件如下:

1. 某一产品进口数量增加。进口数量的增加有两种形式:一种是进口数量的绝对增加;另一种是指进口产量的相对增长率或增长量,尤其是增加的进口量在国内市场中所占的份额,即进口数量的相对增加。

2. 对国内同类或与之直接竞争的产品生产商造成严重损害或产生严重损害威胁。所谓"严重损害"应理解为对一国内产业的地位造成全面的重大损害;"严重损害威胁"应理解为基于事实表明,严重损害即将发生,而不应仅凭断言、推测或极小的可能性。

3. 这种"严重损害"或"严重损害威胁"是由于进口大量增加造成的。在确定进口的增长是否对国内产业已造成严重损害或严重损害威胁的调查中,主管机构应对与该产业相关的客观的、可以量化的所有因素进行评估,这些因素包括进口产品对国内产业在产量、销售水平、市场份额、生产率、设备利用率、利润和亏损、就业水平等方面的影响。

如果上述条件同时具备,国家就可以采取必要的保障措施,来消除或者减轻这种损害或者损害的威胁。根据《保障措施条例》规定,保障措施可以采取提高关税、数量限制等形式。《保障措施条例》规定:保障措施采取提高关税形式的,由商务部提出建议,国务院关税税则委员会根据商务部的建议作出决定,由商务部予以公告;采用数量限制措施的,限制后进口量不得低于最近3个有代表性的年度的平均进口量;但是,有正当理由表明为防止或救济严重损害而必须采用不同水平的数量限制措施的除外。

此外,根据《保障措施条例》第17条之规定,当有明确证据表明进口产品数量增加,在不采取临时保障措施将对国内产业造成难于补救的损害的紧急情况下,可以采取临时保障措施。

(二)保障措施的实施

1. 保障措施是针对造成进口损害或有损害威胁的某一特定产品。保障措施应适用于所有进口的这一产品,而不考虑其来源。

换言之,保障措施不能具有国别方面的选择性。保障措施必须在非歧视性原则的基础上实施。

2.实施措施的时间应该是临时性的、暂时的。保障措施只应在防止或救济严重损害并方便调整所必需的时间期限内适用。此期限不得超过4年。若仍为防止或救济严重损害所必需,并且有证据表明该产业仍在调整,也允许延长期限,但总期限不得超过8年。

3.实施程度要满足适度性和递减性。适度性是指保障措施不得超过防止或救济严重损害所必需的程度,保障措施的实施应选择最合适的措施。递减性是指在保障措施实施的过程中,随着国内产业竞争力的恢复和增强,采取的措施在关税水平或限制数量方面应逐步放宽,直到恢复措施采取前的水平。我国《保障措施条例》第24条对保障措施的适度性做了规定。关于保障措施的递减性,我国《保障措施条例》虽无明文规定,但是,如果随着措施的实施和我国国内产业的调整使国内产业受到的损害减少的,主管机关可以通过《保障措施条例》第30条规定的复议程序,加快放宽提高关税措施或加快放宽数量限制措施。

4.实施保障措施之前应履行磋商义务。根据《保障措施条例》第35条之规定,在采取保障措施前,外经贸部应当为与有关产品的出口经营者有实质利益的国家(地区)政府提供磋商的充分机会。这也是WTO《保障措施协定》为各成员方规定的程序义务。

第九节 对外贸易秩序和对外贸易促进

我国新《对外贸易法》作为一部国家管理对外贸易的法律,首先在立法宗旨上就突出了其"发展对外贸易,维护对外贸易秩序"的重要地位。该法分别在第六章"对外贸易秩序"、第九章"对外贸易促进"以及第十章"法律责任"中规定了相关内容。

一、对外贸易秩序

我国《对外贸易法》所规定的对外贸易秩序,是指关于对外贸易管理的法律秩序,即国务院对外贸易管理部门与对外贸易经营者之间管理与被管理的经济行政法律关系。以法律来规范和维护对外贸易秩序是社会主义市场经济体制下,国家对涉外经济活动进行管理、干预的最重要的手段。该法规定了对外贸易经营者从事对外贸易活动的行为规范,以及主管机关在管理活动中的职责权限与行为准则。

(一)对外贸易经营者应当依法经营

我国新《对外贸易法》第32条规定:"在对外贸易经营活动中,不得违反有关反垄断的法律、行政法规的规定实施垄断行为。"

第33条规定:"在对外贸易经营活动中,不得实施以不正当的低价销售商品、串通投标、发布虚假广告、进行商业贿赂等不正当竞争行为。"

第34条规定:"在对外贸易活动中,不得有下列行为:

(一)伪造、变造进出口货物原产地标记,伪造、变造或者买卖进出口货物原产地证书、进出口许可证、进出口配额证明或者其他进出口证明文件；

（二）骗取出口退税；

（三）走私；

（四）逃避法律、行政法规规定的认证、检验、检疫；

（五）违反法律、行政法规规定的其他行为。"

1. 不得违反有关反垄断的法律、行政法规的规定，实施垄断行为。从经济学的角度讲，垄断是指少数企业凭借雄厚的经济实力，对生产和市场进行控制，并在一定的市场领域内从实质上限制竞争的一种市场状态。在法律上，垄断的基本含义是指各国反垄断法中规定的、垄断主体在市场的经济运行过程中进行排他性控制或对市场竞争进行实质性限制、妨碍公平竞争秩序的行为或状态。当前我国正处于由计划经济体制向市场经济体制过渡的阶段，在社会经济生活中不可避免地出现了一定程度的行政垄断和经济垄断现象。尽管政府部门作出了不少旨在禁止各种垄断行为的规定，但是，由于经济体制改革尚未完成，以及这些规定本身比较零散、缺乏权威性等原因，禁止垄断行为的努力至今未收到十分明显的效果。根据我国的具体情况，借鉴外国的经验，制定、颁布并实施反垄断法，是一项十分迫切的任务。虽然我国反垄断法仍未制定，在《对外贸易法》中制止垄断行为是非常必要的。

2. 不得伪造、变造或者买卖进出口原产地证明、进出口许可证。所谓原产地证明，是指由国家商检机构签发的证明该产品的原产地是某个国家或某地区的一种公证鉴定证书。我国于1992年5月1日起施行的《中华人民共和国出口货物原产地规则》规定："中华人民共和国出口货物原产地证明书是证明有关出口货物原产地为中华人民共和国的证明文件。"我国签发的原产地证有普惠制原产地证、纺织品原产地证和一般原产地证三种。"国家进出口商品检验部门设在地方的进出口商品检验机构、中国国际贸易促进委员会及其分会以及国家对外经济贸易主管部门指定的其他机构，按照国家对外经济贸易主管部门的规定签发原产地证。"并且明确规定了对于"提供虚假材料、骗取原产地证的"、"伪造、变造原产地证的"、"非法转让原产地证的"行为应负法律责任等。由于各国的普惠制方案都规定了自己的原产地标准，受惠国签证机构必须按给惠国的原产地标准审核签发原产地证明书，作为享受优惠的凭证。

进出口许可证是指对外贸易经营者进口或出口国家规定限制进出口的货物和技术时，必须事先取得国家允许的证明文件。它是海关对进出境货物或者技术查验、放行的重要依据。《中华人民共和国进口货物许可制度暂行条例》、《出口商品管理暂行办法》等行政法规，对于进出口许可证的范围、管理、监督、保障、法律责任做了规定。

3. 不得骗取国家的出口退税。出口退税是外贸商品出口后，税务部门将企业已缴纳的增值税等税款退还给出口企业，使出口的外贸商品以不含税的价格进入国际市场。由于出口退税避免了双重课税，因而得到了包括WTO等国际组织和各国政府在内的国际社会的认可，出口产品零税率制也在各国普遍实行。

有些对外贸易经营者采取欺骗的手段,对所生产或者经营的商品假报出口以骗取国家出口退税。根据国家税务总局颁发的《出口货物退税管理办法》的规定,企业采取伪造、涂改、贿赂或其他非法手段骗取退税的,除按《中华人民共和国税收征收管理法》(以下简称《税收征收管理法》)第44条处罚外,对骗取退税情节严重的企业,可由国家税务总局批准停止其半年以上的出口退税权。在停止退税期间出口和代理出口的货物,一律不予退税。企业骗取退税数额较大或情节特别严重的,由商务部撤销其出口经营权。在1997年新修订的《中华人民共和国刑法》(以下简称《刑法》)第204条中,增加了"骗取国家出口退税款罪"及处罚的规定。

4. 不得以不正当竞争手段排挤竞争对手。《中华人民共和国反不正当竞争法》是规范市场行为,确立市场竞争规则,旨在保护和促进正当竞争的法律制度。在我国对外贸易活动中,比较典型的不正当竞争手段是对内抬价抢购,对外低价竞销。其结果是既减少了外汇收入,又使我国商品在国外市场上因价格低廉而遭到倾销指控增多乃至失去市场。

建立一个良好的外贸经营秩序,公平竞争、有序发展,我国的国内市场才能得到发展,民族工业才能得到振兴,才能屹立在竞争激烈的国际市场上。

5. 不得侵害中华人民共和国法律保护的知识产权。知识产权,是指智力成果的创造人和经济活动中标记所有人依法所享有的经济权利和精神权利的总称。按照TRIPS协定,知识产权包括:版权、商标、地理标志、产品(外观)设计、专利、集成电路的布图设计、未公开信息的保护等。

改革开放以来,我国在知识产权保护方面发展很快,先后颁布了《中华人民共和国商标法》、《中华人民共和国专利法》、《中华人民共和国著作权法》、《计算机软件保护条例》第一系列有关知识产权的法律、法规;同时,我国缔结或参加的国际条约中保护知识产权的规定,都会受到我国法律的保护。当今世界科学技术飞速发展,对外贸易与知识产权的关系密切,对外贸易经营者应有很强的知识产权观念,必须分明哪些是受我国法律保护的知识产权,依法保护自己的知识产权,不侵犯他人的知识产权。

6. 关于违反法律、行政法规规定的其他行为。对外贸易经营者从事对外贸易经营活动,其经济行为必然会涉及相关方面的法律法规,如《中华人民共和国进出口商品检验法》、《中华人民共和国海关法》、《中华人民共和国产品质量法》、《中华人民共和国税收征收管理法》等等。对外贸易经营者应当遵守法律,依法经营。

(二)对外贸易经营者应按国家有关规定结汇、用汇

我国新《对外贸易法》第35条规定:"对外贸易经营者在对外贸易经营活动中,应当遵守国家有关外汇管理的规定。"自1993年以来,国家对外汇管理体制作了重大改革。从1994年1月1日起实现汇率并轨,实行外汇收入结汇制、银行售汇制。1994年3月26日发布了《结汇、售汇及付汇管理暂行条例》。经过两年多的改革实践,1996年1月29日国务院发布了《中华人民共和国外汇管理条例》,规定了:"境内机构的经常项目(包括贸易收支、劳务收支等),外汇收入必须调回境内,不得违反国家有关规定将外

汇擅自存放在境外","应当按照国务院关于结汇、售汇及付汇管理的规定,持有效凭证和商业单据向外汇指定银行购汇支付",并规定了法律责任。2008年8月1日国务院对该条例进行了修订。《刑法》第190条规定了"逃汇罪"及处罚。1996年6月20日经国务院批准,中国人民银行发布了《结汇、售汇及付汇管理规定》,对外贸易经营者必须依法规范结汇、售汇及付汇行为。

(三)对外贸易调查

在原《对外贸易法》中并无关于对外贸易调查的专门规定。新《对外贸易法》则专设第七章"对外贸易调查"。该法第37条规定了对外贸易调查事项的范围:"为了维护对外贸易秩序,国务院对外贸易主管部门可以自行或者会同国务院其他有关部门,依照法律、行政法规的规定对下列事项进行调查:

(一)货物进出口、技术进出口、国际服务贸易对国内产业及其竞争力的影响;

(二)有关国家或者地区的贸易壁垒;

(三)为确定是否应当依法采取反倾销、反补贴或者保障措施等对外贸易救济措施,需要调查的事项;

(四)规避对外贸易救济措施的行为;

(五)对外贸易中有关国家安全利益的事项;

(六)为执行本法第七条、第二十九条第二款、第三十条、第三十一条、第三十二条第三款、第三十三条第三款的规定,需要调查的事项;

(七)其他影响对外贸易秩序,需要调查的事项。"

由上述规定可见,第一,对外贸易调查权由国务院对外贸易主管部门独立行使,或者与国务院其他有关部门共同行使;第二,对外贸易调查必须依照中国法律和行政法规进行;第三,对外贸易调查事项的范围虽然采取的是列举式的规定,但并无最终的限制,因为其第七款的规定实际上包括了所有影响对外贸易秩序,需要调查的事项。

新《对外贸易法》第38条规定了对外贸易调查的方式和基本程序规则:"启动对外贸易调查,由国务院对外贸易主管部门发布公告。调查可以采取书面问卷、召开听证会、实地调查、委托调查等方式进行。国务院对外贸易主管部门根据调查结果,提出调查报告或者作出处理裁定,并发布公告。"

按照新《对外贸易法》第39条的规定,有关单位和个人应当对对外贸易调查给予配合、协助。国务院对外贸易主管部门和国务院其他有关部门及其工作人员进行对外贸易调查时,对知悉的国家秘密和商业秘密负有保密义务。

二、法律责任

我国《对外贸易法》设专章规定了违反该法的法律责任,包括行政责任、民事责任及刑事责任。

依据《刑法》第151条的规定:"走私武器、弹药、核材料或者伪造货币的,处七年以上有期徒刑,并处罚金或者没收财产;情节较轻的,处三年以上七年以下有期徒刑,并处罚金。

走私国家禁止出口的文物、黄金、白银和其他贵重金属或者国家禁止进出口的珍贵动物及其制品的,处五年以上有期徒刑,并处罚金;情节较轻的,处五年以下有期徒刑,并处罚金。

走私国家禁止进出口的珍稀植物及其制品的,处五年以下有期徒刑,并处或者单处罚金;情节严重的,处五年以上有期徒刑,并处罚金。"

犯本条第1款"走私武器、弹药、核材料、伪造货币罪",以及犯本条第2款"走私国家禁止出口的文物、珍贵动物及其制品、黄金、白银或者其他贵重金属罪",情节特别严重的,处无期徒刑或者死刑,并处没收财产。

"单位犯本条规定之罪的,对单位判处罚金,并对其直接负责的主管人员和其他直接责任人员,依照本条各款的规定处罚。"

第152条规定了"以牟利或传播为目的,走私淫秽物品"的犯罪及处罚。

第347条规定了"走私毒品罪"及处罚。

依照《中华人民共和国海关法行政处罚实施细则》的规定,对于不构成犯罪的走私行为的处罚方式有:没收走私货物和违法所得、罚款、责令退运、吊销许可证等。

买卖进出口许可证、进出口原产地证明的犯罪,依《刑法》第225条"非法经营罪"的规定,"情节严重的,处五年以下有期徒刑或者拘役,并处或者单处违法所得一倍以上五倍以下罚金;情节特别严重的,处五年以上有期徒刑,并处违法所得一倍以上五倍以下罚金或者没收财产"。单位犯此罪的,对单位判处罚金,并对其直接负责的主管人员和其他直接责任人员按225条的规定追究刑事责任。

关于进口或者出口禁止进出口或者限制进出口的技术,1995年1月6日经国务院批准,国家科学技术委员会、国家保密局发布了《科学技术保密规定》。其中,第24条规定:"国家秘密技术出口,应当依照国家秘密技术出口审查的有关规定办理审批手续。"第25条规定:"以国家秘密技术在境内同境外的企业、其他经济组织和个人开办合营、合资企业的,应当在立项前按照行政隶属关系报省、自治区、直辖市的科技主管部门或者中央国家机关各部门的科技主管机构审批;在境外合办企业的,视同国家秘密技术出口,应当依照国家秘密技术出口审查的有关规定办理审批手续。"

"国家对外贸易工作人员玩忽职守、徇私舞弊或者滥用职权,构成犯罪的,依法追究刑事责任;不构成犯罪的,给予行政处分。"依据《刑法》第397条规定的"国家机关工作人员滥用职权罪和玩忽职守罪",致使公共财产、国家和人民利益遭受重大损失的,处三年以下有期徒刑或者拘役;情节特别严重的,处三年以上七年以下有期徒刑。并且对于因徇私舞弊,犯滥用职权罪或者玩忽职守罪的,单独规定了较重的刑罚,处五年以下有期徒刑或者拘役;情节特别严重的,处五年以上十年以下有期徒刑。

"国家对外贸易工作人员利用职务上的便利,索取他人财物,或者非法收受他人财物为他人谋取利益,构成犯罪的",依据《刑法》第385条规定为"受贿罪"。第386条规定:

"对犯受贿罪的,根据受贿所得数额及情节,依照本法第383条的规定处罚。"即分为四个处刑档次,起刑点为5 000元,对受贿数额在10万元以上,情节特别严重的,处死刑,并没收财产。

对于利用职务上的便利,索取他人财物的行为,作出了"索贿的从重处罚"的规定。

三、对外贸易促进

我国新《对外贸易法》第九章规定了对外贸易促进的内容、任务及实施机构等一系列推动对外贸易发展的措施,体现了我国政府加强对外贸易法制建设,依法管理对外贸易活动,支持和鼓励对外贸易发展的政策。

(一)建立和完善为对外贸易服务的金融机构,设立对外贸易发展基金、风险基金

改革开放以来,为对外贸易服务的金融机构逐步加强和完善,从事外贸信贷、结算、保险、国际融资、信托投资、租赁等业务的机构都有很大的发展。经国务院批准于1994年4月26日成立了外贸政策性银行——中国进出口银行,1994年7月1日正式营业。其主要任务就是执行国家产业政策和外贸政策,为扩大我国机电产品和成套设备等资本性货物出口提供政策性金融支持。我国将进一步加强政策性金融支持的力度,在融资、保险等方面为扩大出口提供外汇体制配套服务。

对外贸易发展基金和风险基金是国家用于支持、鼓励对外贸易发展而设立的专项资金。设立外贸发展基金,建立出口产品基地,加强对新产品的研究与开发,以提高出口产品的档次,增强其在国际市场上的竞争力。建立风险基金,用于调查与开发市场;建立商业性与非商业性风险保险,以便减少对外贸易经营者从事国际贸易的风险。当今国际贸易中的竞争比以往任何时候都更为激烈,各国政府普遍采取了支持外贸稳定发展的措施,因此国家设立对外贸易发展基金、风险基金是符合国际惯例的。

(二)国家采取进出口信贷、出口退税及其他对外贸易促进措施

进出口信贷是国家运用金融政策和金融手段,支持和鼓励对外贸易发展和对外经贸交流的一项重要措施。国家建立进出口信贷,为大型设备出口,特别是占用资金多的机电设备、成套设备和船舶等高附加值的资本货物出口提供贷款,改善出口商品结构,加强我国出口商品的竞争力;为国家主要引进项目、先进技术提供进口信贷,促进我国进口贸易的发展,提高我国生产技术水平,同时也进一步促进了外贸出口的发展。

出口退税作为一项鼓励出口的重要措施,在国际上具有普遍性,它符合国际上通行的税收地域性原则,也是促进外贸出口符合国际惯例的措施之一。依据出口产品零税制原则,其内涵是建立国内外产品公平竞争的市场秩序,我国将进一步完善出口退税制度,坚持"征多少,退多少,未征不退,彻底退税"的原则和统一政策,并使其逐步走向制度化。

根据我国对外贸易发展的需要和外贸体制改革的进程,国家还要继续扩大外贸经营者队伍;贯彻实施"以质取胜"和"市场多元化"战略;采取举办交易会、展览会等对外贸易促进措施,保证对外贸易持续、健康、快速地发展。

(三) 进一步加强进出口商会的作用

进出口商会是适应我国外经贸体制改革的需要而产生的外经贸企业自律性的行业组织。商会的组成及参加商会的条件由其章程决定,商会依照章程对其会员的对外贸易经营活动进行协调指导,提供咨询服务,向政府有关部门反映会员有关对外贸易促进方面的建议,并积极开展对外贸易促进活动。

(四) 我国的国际贸易促进组织

中国国际贸易促进委员会是一个全国性的贸易促进机构,成立于1952年。1988年经国务院批准,同时使用"中国国际商会"名称。几十年来,中国国际贸易促进委员会为我国对外经贸关系的发展作出了突出的贡献。

中国国际贸易促进委员会依照章程开展对外联系,举办展览,提供信息、咨询服务和其他对外贸易促进活动。

(五) 扶持和促进民族自治地方和经济不发达地区发展对外贸易

对民族自治地方和经济不发达地区发展对外贸易,国家给予扶持和促进。在外贸人员培训时,国家提供外贸信息;在发展基金、风险基金使用上,国家给予照顾。

(六) 扶持和促进中小企业开展对外贸易

人们对中小企业作用的认识经过了一个曲折的发展过程。1942年,美籍奥地利经济学家熊彼特指出,大规模企业在经济竞争中是最有力的发动机,它们为产出的长期增长提供了动力;与此同时,大企业技术进步带来了制度创新的变化,反过来又要求将垄断利润用于科学研究和技术进步。在第二次世界大战之后的20年中,西方工业化国家工业集中度不断提高、经济不断增长,在很大程度上支持了上述观点。但是,从20世纪60年代末70年代初期开始,越来越多的数据开始挑战通过企业规模扩大来实现效率提高的观点。由此,中小企业的发展开始受到各国的关注。

对我国而言,中小企业是我国经济增长的重要源泉,是缓解就业压力的重要途径,对促进技术进步以及国际贸易发展都有重要的作用,所以扶持和促进中小企业开展对外贸易是很有必要的。

《对外贸易法》是我国50多年对外贸易成功经验的总结,是改革开放以来外贸体制改革的结晶,是我国对外贸易与国际接轨的重要体现,是我国今后长期开展对外贸易,制定各项对外贸易法规、规章、条例,从事对外贸易管理与经营,处理国际上多边、双边经贸关系的最重要的法律依据。认真学习《对外贸易法》,加强对外贸易工作中的法制观念,重视、尊重法律,依法办事,树立外贸法的严肃性和权威性,一定会进一步促进我国对外贸易的发展。

丙烯酸酯反倾销案

【案件背景】

丙烯酸酯是重要的有机化工原料之一,以丙烯酸酯所制成的高聚合物具有优良的耐候、耐紫外光、耐热、耐水等独特性能,使其在各种化学品的改性方面具有巨大的潜力和广泛的用途。我国在1978年、1992年、1994年分别花费巨资建成北京东方化工厂、吉联(吉林)化学工业公司、上海高桥石化厂三套丙烯酸酯生产装置。自1996年以来,美国、日本、德国的化工产品巨头,以中国内地为主要目标市场,以低价倾销为手段,使大量丙烯酸酯产品涌入我国,给我国丙烯酸酯产业的生产和经营带来极大的困难。

【案情】

1999年11月8日,上海高桥石化丙烯酸厂、北京东方化学工业集团有限责任公司东方化工厂、吉联(吉林)石油化学有限公司,代表中国丙烯酸酯产业,委托北京市环中律师事务所为全权代理人,向中华人民共和国外经贸部提出了对原产于日本、美国和德国的丙烯酸酯进行反倾销调查的申请。

外经贸部与国家经贸委在审查了申请材料之后,由外经贸部于1999年12月10日正式公告立案,决定开始对原产于日本、美国和德国,进口到中华人民共和国的丙烯酸酯进行反倾销调查,并确定本案调查期为1999年1月1日至1999年12月31日。

1999年12月10日,外经贸部约见了日本、美国和德国驻中国大使馆官员,向他们正式递交了立案公告和公开部分的申请书,同时通知了申请人和已知的日本、美国和德国生产商和出口商。

2000年2月2日,外经贸部分别向日本、美国和德国政府和在立案通知规定的期间内报名应诉的生产商、出口商发出了反倾销调查问卷。在答卷截止日之前,外经贸部收到16家美国、日本、德国公司的答卷。根据需要,外经贸部发放了补充问卷并在要求的时间内收回了问卷。

国家经贸委会同有关部门组成丙烯酸酯产业损害调查小组,对日本、美国和德国向中国出口丙烯酸酯造成国内相关产业损害的情况进行初步调查。

1999年12月18日,国家经贸委反倾销、反补贴办公室向中国境内相关生产企业和进口企业发放了国家经贸委反倾销调查问卷。答卷在规定的时间内全部收回。

2000年3月至6月,国家经贸委对上海高桥石化丙烯酸厂、北京东方化工厂、吉联(吉林)石油化学有限公司3家企业进行了实地调查,并对上述企业的答卷内容进行了核实。

2000年1月至6月,日本、德国相关代表团分别拜会了国家经贸委,表明了各自对本案的观点和立场。此后,日本和德国的相关利害关系方先后向国家经贸委提交了对本案的意见和评述。

2000年底,根据国务院关税税则委员会的决定,外经贸部公告了其认定存在倾销的初步裁定和国家经贸委关于存在实质损害的初步裁定。决定自2000年11月23日,中华人民共和国海关将对原产于日本、美国和德国的进口丙烯酸酯(海关进口税则号:29161200)开始实施临时反倾销措施。进口商在进口原产于日本、美国和德国的丙烯酸酯时,应依据初步裁定所确定的倾销幅度(24%~71%)向中华人民共和国海关提供相应的现金保证金。

此后,经过进一步的调查、取证、听证,经国务院关税税则委员会批准,外经贸部于2001年6月9日正式公告,自2000年11月23日起,中华人民共和国海关对原产于日本和美国进口到中国的丙烯酸酯开始征收31%~69%不等的反倾销税。

在对美国、日本和德国的进口丙烯酸酯开展反倾销调查并采取临时反倾销措施后,原产于该三个国家的进口丙烯酸酯合计数量开始减少,价格逐渐回升。相应地,中国丙烯酸酯产业2000年的损害程度与以往相比有所减轻,2000年的税前利润比1999年上升428.06%,全行业全面扭亏为盈。

然而,在我国政府对美、日、德开展反倾销调查并采取反倾销措施的同时,来自韩国、新加坡、印度尼西亚和马来西亚的丙烯酸酯的进口又急剧增长。根据2000年和2001年的中国海关统计数据,上述四国丙烯酸酯对华出口数量占中国同类产品进口量的比例从1998年的13.34%上升到2001年4月份的81%;2000年,四国对华丙烯酸酯总出口数量比1999年上升82%,比1998年上升531%;2001年,上述四国对华丙烯酸酯出口数量继续大幅度攀升,2001年1~4月份的数量比去年同期增长116%,而且还有愈演愈烈的趋势。

国外的低价销售行为,再次给中国国内相关产业造成严重冲击。对于第一起反倾销案件的发动刚刚喘了一口气的新兴产业——中国丙烯酸酯产业又再次告急!

经分析表明:原产于印度尼西亚的丙烯酸酯进口产品的主要生产商之母公司,是日本住友株式会社控股的新加坡公司、日本触媒株式会社和日本东棉株式会社,而来自马来西亚的进口丙烯酸酯的主要生产商,则是德国巴斯夫公司的控股公司。上述两家日本公司及德国的跨国公司,恰恰又是丙烯酸酯产业第一起反倾销案件的主要应诉方。

明眼人一看便知,中国丙烯酸酯进口产品的原产地大国从美、德、日三国到韩国和东南亚三国的演变,只不过是美、德、日三国的丙烯酸酯生产商对全球制造地域策略转移的结果而已。对于实力雄厚、富可敌国的国际化工巨光而言,这种转移只需要董事会的一纸决议就已足矣。

由此可见,变化的只是原产国的名称,不变的是外国丙烯酸酯产品对中国市场源源不断的输入,化工产品生产巨头一贯采用的遏制中国幼稚和新兴产业的全球战略,以及中国花费巨资建立的新型化工产业受到不公平竞争的挤压后岌岌可危的地位!

面对外国竞争者的新攻势,为了防止我国政府对美、日、德进口丙烯酸酯反倾销的成效被蚕食和吞噬,国内丙烯酸酯产业第二次委托北京市环中律师事务所向中国政府主管部门提出了反倾销申请,2001年10月10日,外经贸部发出公告,对原产于韩国、马来西亚、新加坡和印度尼西亚的丙烯酸酯正式进行反倾销立案调查。

【问题】

如果你是一个受国内产业委托的律师,你将按照何种步骤,依照什么理由第二次代表国内产业向国家反倾销主管机关提出反倾销申请?

第三章

涉外经济合同法律制度

> **内容提要及学习要求**
>
> 本章主要围绕合同的成立,合同的效力,合同的履行,合同的转让、变更、解除和终止,以及合同争议的解决和法律适用等问题作了系统的介绍。
>
> 本章要求学生通过对涉外经济合同法律制度的了解,进一步加深理解我国涉外经贸法的精髓,并掌握有关合同的基本内容。

第一节 涉外经济合同是我国合同法律制度的重要组成部分

一、我国合同法的基本框架及其渊源

合同是当代社会进行各种经济活动的基本法律形式。无论是国内贸易还是国际贸易,都要通过订立合同来确定有关当事人的权利与义务。因此,各国都制定了关于合同的法律,用以调整合同当事人之间的关系。

我国关于合同的立法工作经历了相当长的发展过程。在20世纪70年代末到80年代期间,为了适应改革开放的要求,我国制定了《中华人民共和国民法通则》(以下简称《民法通则》),并先后制定了三项有关经济合同的单行法,即1981年公布的《中华人民共和国经济合同法》(以下简称《经济合同法》,1993年修订),1985年公布的《中华人民共和国涉外经济合同法》(以下简称《涉外经济合同法》)和1987年公布的《中华人民共和国技术合同法》(以下简称《技术合同法》)。《民法通则》和上述三项单行法确立了当时我国

合同法的基本原则和各种经济合同的法律制度。

这三部合同法在保护当事人合法权益,维护社会经济秩序,促进经济技术和对外贸易发展等方面发挥了重要作用。然而,随着改革开放的不断深入,三法并存所固有的缺陷和矛盾日益突出,给社会经济活动和司法活动带来诸多不便。根据发展社会主义市场经济的要求,1999年3月15日,九届全国人大二次会议通过并颁布了《中华人民共和国合同法》(以下简称《合同法》)。除此之外,我国还制定和公布了《中华人民共和国中外合资经营企业法》、《中华人民共和国中外合作经营企业法》、《中华人民共和国外资企业法》、《中华人民共和国担保法》、《技术引进合同管理条例》和若干关于各种经济合同的条例。这些法律、法规都是我国合同法律制度的重要组成部分,它们构成了我国现行合同法律制度的基本框架和渊源。

二、涉外经济合同的概念、种类及作用

(一)涉外经济合同的概念

涉外经济合同是指中国主体同境外主体之间订立的经济合同。其中,"中国主体"是指中华人民共和国的企业或者其他经济组织,"境外主体"是指外国及港、澳、台地区的企业及其他经济组织或个人。涉外经济合同具有合同的一般特征,属于经济合同的范畴。

(二)涉外经济合同的种类及作用

涉外经济合同种类繁多,主要包括国际货物买卖合同、中外合资经营企业合同、中外合作经营企业合同、中外合作勘探开发自然资源合同、涉外信贷合同、涉外租赁合同、涉外技术转让合同、涉外工程承包合同、涉外成套设备供应合同、涉外加工承揽合同、涉外劳务合同、补偿贸易合同、涉外科技咨询或设计合同、涉外担保合同、涉外保险合同、涉外仓储保管合同、涉外委托代理合同等。

伴随着世界经济全球化进程步伐的不断加快和我国改革开放力度的逐渐增强,特别是在我国加入WTO之后,中国比以往任何时候都更频繁、更充分地参与各种各样的国际经济交流及商事合作活动,其中绝大多数都需要借助签订涉外经济合同的途径来完成。可见,无论是微观意义上的企业,还是宏观意义上的整个国民经济,都越来越需要涉外经济合同发挥其作为国际经济活动桥梁与媒介的重要作用。

三、涉外经济合同适用《合同法》的基本原则

随着《合同法》的实施,我国合同法领域内实现了统一,涉外经济合同也处于一个新的法律环境中。这种情况就要求我们用《合同法》指导涉外经济合同的实践活动,在这一过程中,应当遵循以下几个原则:

第一,原《涉外经济合同法》中有过规定而在《合同法》中未予规定的内容,对涉外经济合同原则上不再具有约束力。

第二,原《涉外经济合同法》没有规定而《合同法》做了规定的,应当适用新《合同法》

的规定。

第三，《合同法》中保留和采纳的原《涉外经济合同法》的重要法律原则，应继续遵守。

第二节 涉外经济合同的成立

涉外经济合同与其他合同一样，是当事人之间意思表示一致的结果。合同当事人通过要约和承诺反复进行磋商，达成一致意见，合同才能最终成立。在这一过程中，当事人的意志得到了最充分的体现。各国法律对有关合同成立的规则都作出了具体的规定。

对于涉外经济合同的成立，以前《涉外经济合同法》的规定过于笼统，缺乏科学性。《合同法》第二章"合同的订立"对合同成立的规定，同过去相比有了长足的进步。这主要体现在以下几个方面：

一、完善关于合同订立过程的规定

《合同法》第13条明确规定："当事人订立合同，采取要约、承诺方式。"要约与承诺历来是合同订立的两个重要法律步骤，唯有一方的要约与另一方的承诺达成协议，合同才告成立。因此，各国合同法中要约和承诺的规则都是一项重要的内容。我国《合同法》第二章中用了22个条文规定要约和承诺规则。

（一）要约的概念

要约是希望和他人订立合同的意思表示。这种意思表示要取得法律效力，必须满足下列条件：

1. 要约是向特定的人提出的，受要约人必须是特定的一人或多人。所谓特定的人，是指能为外界所能客观确定的人。向社会公众发出的订立合同的意思表示不是要约，仅为要约邀请。要约邀请是希望他人向自己发出要约的意思表示，是订立合同的一种预备行为，性质上是一种事实行为，不会产生任何法律效果。日常生活中商家寄送的价目表、拍卖公告、招标公告、商业广告等都属于要约邀请。同时也要注意，特定情况下商业广告也可能被视为要约，我国《合同法》第15条规定，商业广告的内容符合要约规定的，视为要约。

2. 要约的内容应当具体、确定。通过要约，受要约人不仅能明确地了解要约人订立合同的意愿，而且还能知道可能订立合同的主要条款。

3. 要约必须表明经受要约人承诺，要约人即受该意思表示的约束。要约一经到达受要约人，在法律或者要约规定的期限内，要约人不得擅自撤回或者变更其要约。一旦受要约人对要约加以承诺，合同即告成立，要约人自然要受该合同的约束。

（二）要约的生效、撤回及撤销

1. 要约的生效。要约到达受要约人时生效。口头要约一般自受要约人了解时发生法律效力；非口头要约一般自要约送达受要约人时发生法律效力。为适应电子商务的发展，《合同法》规定，采用数据电文形式订立合同，收件人指定特定系统接收数据电文的,该数据电文进入该特定系统的时间视为到达时间;未指定特定系统的,该数据电文进入收件人的任何系统的首次时间视为到达时间。

2. 要约的撤回。《合同法》规定,要约可以撤回。要约撤回,是指在要约发出后、生效前,要约人使其不发生法律效力的意思表示。要约到达受要约人时即生效,因此撤回要约的通知应当在要约到达受要约人之前或者与要约同时到达受要约人。所以,撤回只能发生在书面要约的场合,口头要约是无法撤回的。而且,撤回通知往往采取比要约更迅速的通信方式。

3. 要约的撤销。要约生效后,要约人使其丧失法律效力的意思表示即为要约的撤销。原则上,只要撤销要约的通知在受要约人发出承诺通知之前到达受要约人,要约就可被撤销。但有下列情形之一的,要约不得撤销:①要约人确定了承诺期限或者以其他形式明示要约不可撤销;②受要约人有理由认为要约是不可撤销的,并且已经为履行合同做了准备工作。

(三) 要约的失效

要约的失效是指要约丧失了对要约人和受要约人的法律约束力。《合同法》规定了四种要约失效的情形。

1. 拒绝要约的通知到达要约人。要约人一旦收到受要约人不接受或不完全接受要约的通知,要约即因被拒绝而终止效力。此后,即使受要约人在承诺期限内又表示同意的,其意思表示也为发出的新要约。

2. 要约人依法撤销要约,要约即失效。

3. 承诺期限届满,受要约人未作出承诺。承诺期限是指要约的有效期限,其间受要约人未承诺的,要约即失效。该期限届满后,受要约人又表示接受要约的,该意思表示不为承诺,只应视为一个新要约。

4. 受要约人对要约的内容作出实质性变更。实质性变更要约内容的"承诺"构成对要约的拒绝,应视为受要约人对要约人发出的新要约。至于何为"实质性变更",详见下文。

(四) 承诺的概念

承诺是受要约人同意要约的意思表示。承诺作出后,一经送达,合同即成立,各方当事人均应受合同的约束。一项承诺要产生上述法律后果,必须具备以下条件:

1. 承诺必须由受要约人向要约人作出。只有受要约人才具有承诺的能力,非受要约人向要约人作出的接受要约的意思表示不是承诺,只是一项要约。而受要约人向非要约人作出的接受要约的意思表示亦不是承诺。

2. 承诺的内容应当和要约的内容一致。承诺是受要约人愿意按照要约的全部内容与要约人订立合同的意思表示,因而应该是对要约内容完全、彻底的接受。如果承诺在合同标的、数量、质量、价款或者报酬、履行期限、履行地点、履行方式、违约责任和解决争议方法等方面对要约加以变更(这就是上文提到的对要约的"实质性变更")是对要约的拒绝,这种承诺应视为一项新的要约;如果承诺对要约的内容作出非实质性变更的,除要约人及时表示反对或者要约表明承诺不得对要约的内容作出任何变更的以外,该承诺有效,合同的内容以承诺的内容为准。

3. 承诺应在要约有效期内作出。具体地讲,要约定有承诺期限的,在期限届满前作出承诺;要约未定期限的,应在要约人期待受要约人承诺的合理期限内承诺。

(五) 承诺的生效与撤回

1. 承诺的生效。原则上受要约人应将其承诺通知要约人;但根据交易习惯或者要约表明可以通过行为作出承诺的除外。在承诺生效的问题上,我国采纳了到达生效的原则,即:承诺需要通知的,该通知到达要约人时生效;承诺不需要通知的,根据交易习惯或者要约的要求作出承诺的行为时生效。

2. 承诺的撤回。由于承诺一经收到,合同立即成立,所以承诺只能在其生效前撤回,而不能撤销。根据《合同法》的规定,撤回承诺的通知只有在承诺通知到达要约人之前或者与承诺通知同时到达要约人,才能阻止承诺发生法律效力。

(六) 逾期的承诺

如果承诺通知过分迟延地到达要约人,这种承诺称为逾期的承诺。根据我国《合同法》,不同原因造成的逾期承诺,其效力亦不相同。具体地说,如果受要约人超过承诺期限发出承诺,该承诺原则上是无效的,除非要约人及时通知受要约人该承诺有效;如果受要约人在承诺期限内发出承诺,按照通常情况能够及时到达要约人,但因其他原因承诺到达要约人时超过承诺期限的,该承诺原则上有效,除非要约人及时通知受要约人因承诺超过期限而不予接受。

我国《合同法》中,要约与承诺规则基本上采纳了《联合国国际货物买卖合同公约》的规定,这不仅有利于我国合同法律制度同国际接轨,而且还极大地便利了我国主体签订涉外经济合同,参与国际商事活动。

二、调整对合同内容、形式等方面的规制

首先,我国《合同法》不再对合同的内容作硬性的规定,一方面遵循当事人意思自治原则,将确定合同内容的权利赋予当事人;另一方面,又向当事人建议使用合同示范文本,以其为参考,从而帮助当事人更好地明确各自的权利和义务。考虑到国际经济活动所固有的复杂性,我国当事人在订立涉外经济合同的过程中,最好能使用示范文本,以保证交易的安全进行。

其次,关于合同的形式,我国采纳了国际上普遍的做法,即以"不要式"为原则,只对特定种类的合同要求必须具备书面形式。《合同法》第10条规定:"当事人订立合同,有书面形式、口头形式和其他形式。法律、行政法规规定采用书面形式的,应当采用书面形式。当事人约定采用书面形式的,应当采用书面形式。"涉外经济合同是一种比较重要的合同,交易金额一般比较大,而且又具有涉外因素,因此,最好采用书面形式,以示慎重。

第三节 涉外经济合同的效力

涉外经济合同的效力,是指法律赋予依法成立的涉外经济合同具有约束当事人各方乃至第三人的强制力。这种效力是《合同法》等法律赋予涉外经济合同的,是由国家的强制力保障的,一方违约时,守约方得请求法院强制违约方承担违约责任。

一、合同的生效

合同的生效,即合同获得法律效力,是指已经成立的合同在当事人之间产生法律的约束力。应当指出,合同成立和合同生效是两个不同的概念。前者是指合同订立过程的完成,即当事人经过要约与承诺就订立合同,达成一致意见,但这并不意味着所成立的合同当然对双方当事人产生约束力;后者则是指国家对已成立的合同予以肯定,以国家强制力保证其具有约束力。合同成立并不意味着合同生效,而合同生效必定意味着合同已成立,两者之间的界限在于国家对已成立合同的评价和态度。我国原有的三部合同法对合同生效的规定过于简单且结构混乱,《合同法》对之进行了必要的调整,建立了全新的体系结构。

《合同法》第44条第一款规定:"依法成立的合同,自成立时生效。"这就表明,在一般情况下,合同生效的前提是合同依法成立。对于特殊合同的生效,《合同法》有特殊的规定。

《合同法》第44条第二款规定:"法律、行政法规规定应当办理批准、登记等手续生效的,依照其规定。"我国法律规定,某些涉外经济合同必须经过法定机关批准,这一方面是因为有些涉外经济合同的签订和履行涉及国家的主权,有些合同对国家的经济发展有重要影响,国家需要加以管理和引导,使这些合同的内容符合国家经济建设的需要;另一方面,有些涉外经济合同涉及的关系比较复杂,如需考虑土地的使用,原材料、燃料的供应等,需要许多部门和企业的配合,因此要由国家会同有关部门协商平衡。政府审批程序就是实现上述目标的一项行政措施。根据我国现行法律的规定,当事人达成协议后,须经法定机关批准方可生效的涉外经济合同主要有:中外合资经营企业合同、中外合作经营企业合同、中外合作开发自然资源合同、技术转让合同、补偿贸易合同、涉外借贷合同、涉外担保合同,以及来料加工、来样加工、来件装配合同等。这些合同成立后,只有经审批机关批准,才能正式生效。上述合同的审批机关是中华人民共和国商务部(以下简称商务部)及其授权的省级对外经济贸易主管部门。根据我国法律,订立国际货物买卖合同,无须国家批准。

《合同法》第45条第一款规定:"当事人对合同的效力可以约定附条件。附生效条件的合同,自条件成就时生效。附解除条件的合同,自条件成就时失效。"当事人可以在合同中指明一定条件,把条件的成就(发生或出现)作为合同效力发生或终止的依据,此种合同是附条件的合同。作为条件的事实必须具备以下要求:①这种事实,合同成立时没有发生,是将来的不确定的事实。②这种事实应该是可能发生的。如按正常理解,这种事实是完全不可能发生或者一定会发生的,也不能作为条件。③这种事实何时发生是无法预知的。④这种事实必须是合法的,标的违法或者严重不当的事实不能设定为条件。⑤这种事实是由当事人选定的,而不是法律直接规定的。附条件的合同可以分为附生效条件的合同和附解除条件的合同,前者的效力因条件的成就而产生,后者的效力则因条件的成就而消灭。条件是否成就,当事人应听其自然发展,不能只为自己的利益而恶意地促成或阻止条件成就。《合同法》第45条第二款规定:"当事人为自己的利益不正当地阻止条件成就的,视为条件已成就;不正当地促成条件成就的,视为条件不成就。"

根据《合同法》第46条的规定,当事人对合同的效力可以约定附期限,即在合同中指明一定的期限,把期限的到来作为合同生效或终止的根据。附期限的合同可分为附生效期限的合同和附终止期限的合同,前者自期限届至时生效,后者自期限届满时失效。

二、合同的无效

涉外经济合同的无效,是指涉外经济合同由于不符合法律规定的合同有效条件而自始不发生法律效力。我国《合同法》第40条、第52条、第53条规定了合同无效的情形。

(一)一方以欺诈、胁迫的手段订立的损害国家利益的合同无效

这里的欺诈是指一方采用故意制造假象、隐瞒事实真相或者其他欺骗手段,致使对方形成错误认识而与之订立合同;胁迫则是指一方以将来要给对方造成经济损失或其他损失为要挟,使对方产生恐惧而与之订立合同。合同是双方当事人通过互相协商,意思表示一致的结果,当事人订立合同的意思必须是真实的意思,其所签订的合同才有效。我国《合同法》历来认为一方以欺诈、胁迫手段订立的合同是无效的,但《合同法》对上述传统加以限制,即只有该种合同损害国家利益时才无效。如果合同损害的是非国家利益,则依第54条的规定属于可撤销、可变更合同,对此应格外予以注意。

(二)恶意串通,损害国家、集体或者第三人利益的合同无效

(三)以合法形式掩盖非法目的的合同无效

此类合同主要包括以下两种情形:
1. 当事人通过实施合法的行为达到其掩盖的非法目的。
2. 当事人从事的行为在形式上是合法的,但在内容上是非法的。

(四)损害社会公共利益的合同无效

不得损害社会公共利益,是指合同内容不得损害我国人民的健康、安全、道德以及风俗习惯等,否则不能发生法律效力。

(五)违反法律、行政法规的强制性规定的合同无效

(六)免责条款无效的情形

合同的免责条款,是指当事人约定的排除或限制其未来责任的条款,在性质上属于当事人的约定。实践中,免责条款在很多情况下会不合理地损害一方当事人的正当权益,有鉴于此,法律需要对免责条款的约定加以限制。根据《合同法》第53条的规定,以下两类免责条款无效:"造成对方人身伤害的"或"因故意或者重大过失造成对方财产损失的"。规定上述两种免责条款无效,主要是因为这两种行为具有一定的社会危害性和法律谴责性,不应任由当事人加以约定。而且这两种行为均可构成侵权行为,受损害一方原本可以通过追究对方的侵权行为责任而保护自己的正当权益。如果允许当事人将这些行为约定为免责,等于以合同的方式剥夺了当事人合同以外的权利。值得注意的是,法律在规制无效免责条款时,对侵犯人身权的免责条款与侵犯财产权的免责条款加以区别:对前者适用严格责任,即任何造成对方人身伤害的免责条款均为无效,无论责任方主观上是否有过错;对后者适用过错责任,即因故意或重大过失造成对方财产损失的免责条款方为无效。这体现了法律对保护当事人人身权给以更大的重视。

(七)格式条款无效的情形

1. 格式条款作为合同的一种形式,理应受上述规定的限制,即任何具有上述情形的格式条款都是无效的。

2. 鉴于格式条款的特殊性,法律对之提出了更高的要求,即某些合同内容如果以格式条款出现则无效,如果以非格式条款出现则未必无效。根据《合同法》第40条的规定,如果提供格式条款一方免除其责任、加重对方责任、排除对方主要权利的,该条款无效。如果上述三种情形发生在非格式条款的场合,很可能是有效的,至多不过是可以撤销的。涉外经济活动大量使用格式合同或格式条款,对格式条款的效力,当事人应格外予以注意。

三、可撤销、可变更的合同

可撤销、可变更的涉外经济合同与无效的涉外经济合同有所不同,无效的涉外经济合同自始不发生法律效力,而可撤销、可变更的涉外经济合同并非自始不发生法律效力,只有在一方当事人要求撤销或变更时,法院和仲裁机构才会在查明事实的基础上确认合同是否可以撤销或应予变更。因此,即使具备了可撤销、可变更的条件,但是如果当事人不向法院或仲裁机构提出撤销、变更合同的要求,则该涉外经济合同依然有效,双方当事人仍须受其约束。

根据《合同法》第54条的规定,可撤销、可变更合同主要有以下几种:

(一)因重大误解订立的合同,当事人一方有权请求人民法院或者仲裁机构予以撤销

误解,是指对合同法律关系某种因素的错误理解。换言之,误解是指当事人一方或双方对合同法律关系的主体、客体或内容有错误的理解。在一方当事人发生误解的情况下,各国法律一致认为,并不是任何由于误解而作出错误的意思表示的一方都可以请

求撤销、变更合同的,否则,交易安全就缺乏必要的保障。但与此同时,各国法律也都承认,在某些情况下,作出错误意思表示的一方可以请求撤销、变更合同,这是为了使非故意作出错误意思表示的当事人一方不要承担过重的负担。至于在什么情况下,误解的一方可以要求撤销或变更合同,在什么情况下则不可以,各国法律有不同的规定和要求。我国《合同法》认为,并非任何误解都可成为撤销、变更合同的原因,只有在重大误解的情况下,当事人撤销、变更合同的请求才会得到支持。但何谓"重大误解",法律未作具体规定。实践中,一般应由法院根据具体情况作出决定。

(二)在订立合同时显失公平的,当事人一方有权请求人民法院或者仲裁机构变更或者撤销

显失公平的涉外经济合同,是指一方当事人由于某一原因,在对自己极为不利的情况下与他人订立明显不公平的合同。显失公平的合同通常表现为双方权利、义务极不对等,经济利益极不平衡,明显违反公平原则的合同。应当指出的是,根据我国《合同法》的有关规定,唯有在订立之初即显失公平的合同方可请求撤销或变更。也就是说,如果一个合同在订立之初并非显失公平,即使此后该合同赖以存在的事实基础、法律环境等发生了当事人当初无法预料、不能避免和克服的变化,继续履行该合同势必将构成显失公平,该合同也不得依一方当事人的请求被撤销或变更。

(三)一方以欺诈、胁迫的手段或者乘人之危,使对方在违背真实意思的情况下订立的合同,受损害方有权请求人民法院或者仲裁机构变更或者撤销

关于"欺诈"、"胁迫"的定义,已在本节第二个问题"合同的无效"中有所分析,此处不再赘述。至于"乘人之危",是指当一方当事人处于紧急危难的境地,迫切需要某种救助时,行为人明知对方处于危难而有意利用这种情况,迫使对方违背自己的意志,按不公平条件与之订立合同。对于一方以欺诈、胁迫的手段或者乘人之危,使对方在违背真实意思的情况下订立的合同,我国原来的三部合同法一概认定为无效。而《合同法》在大胆借鉴发达国家通行做法的基础上,又结合我国的具体实际情况,对这一问题作出了新的规定:如果这种合同损害的是受欺诈、受胁迫的一方当事人的利益,则受损方可请求撤销、变更该合同;如果这种合同损害的是国家、集体的利益,则该合同依《合同法》第52条规定无效。这样,就能做到在保障国家、集体利益不受损害的同时,兼顾对当事人契约自由的保护。

在以上几种情形下,当事人一方有权请求法院或仲裁机构撤销、变更合同,只要有权一方不提出请求,合同就依然具有约束力。这势必使合同处于一种效力不稳定状态,不利于交易的安全。为解决这一问题,《合同法》第55条从以下两个方面对撤销权的行使加以限制:第一,具有撤销权的当事人自知道或者应当知道撤销事由之日起一年内没有行使撤销权的,撤销权消灭;第二,具有撤销权的当事人知道撤销事由后明确表示

— 59 —

或者以自己的行为放弃撤销权的,撤销权消灭。

四、效力待定的合同

所谓"效力待定的合同",是指合同缺少有效要件,尚不能发生当事人预期的法律效力。这种合同又不完全等同于无效合同,一旦经过有权人的追认,补足有效要件,合同立即生效;如果有权人不予追认,则合同归于无效。此类合同的效力取决于有权人是否追认。所谓"追认",是指权利人作出对效力待定合同认可的意思表示。这种意思表示通常以明示的方式作出,有时也可从有权人自愿履行合同的行动中推定出。追认必须是无条件的,是对合同全部内容的认可。根据《合同法》的有关规定,效力待定合同主要包括以下三种类型:

(一)限制民事行为能力人订立的合同

《合同法》第47条规定:"限制民事行为能力人订立的合同,经法定代理人追认后,该合同有效,但纯获利益的合同或者与其年龄、智力、精神健康状况相适应而订立的合同,不必经法定代理人追认。相对人可以催告法定代理人在一个月内予以追认。法定代理人未作表示的,视为拒绝追认。合同被追认之前,善意相对人有撤销的权利。撤销应当以通知的方式作出。"

(二)行为人没有代理权、超越代理权或者代理权终止后以被代理人名义订立的合同

根据《合同法》第48条、第49条、第50条的规定,行为人没有代理权、超越代理权或者代理权终止后以被代理人名义订立的合同,未经被代理人追认,对被代理人不发生效力,由行为人承担责任。相对人可以催告被代理人在一个月内予以追认。被代理人未作表示的,视为拒绝追认。合同被追认之前,善意相对人有撤销的权利。撤销应当以通知的方式作出。如果相对人相信代理人有代理权,则代理行为有效。法人或者其他组织的法定代表人、负责人超越权限订立的合同,除相对人知道或者应当知道其超越权限的以外,该代表行为有效。

(三)无处分权的人订立的合同

《合同法》第51条规定:"无处分权的人处分他人财产,经权利人追认或者无处分权的人订立合同后取得处分权的,该合同有效。"

五、涉外经济合同被确认无效或被撤销的法律后果

根据《合同法》第58条、第59条的规定,涉外经济合同被确认无效或被撤销,主要会产生以下三方面的法律后果:

(一)返还财产

合同无效或被撤销后,因该合同取得的财产,应当予以返还;不能返还或者没有必

要返还的,应当折价补偿。

(二)赔偿损失

合同无效或被撤销后,有过错的一方应当赔偿对方因此所受到的损失,双方都有过错的,应当各自承担相应的责任。

(三)行政处罚

当事人恶意串通,损害国家、集体或者第三人利益的,因此取得的财产应收归国家所有或者返还集体、第三人。

第四节 涉外经济合同的履行

一、涉外经济合同的履行

(一)涉外经济合同履行的概念和原则

涉外经济合同当事人签订合同的目的在于履行合同,因为只有履行合同,双方当事人才能实现订约时所预期的经济利益。因此,履行合同是整个合同法的中心。各国法律一致认为,合同一经签订,即对当事人有约束力,当事人都应当履行合同的规定。例如,《法国民法典》指出:"依法成立的合同,在订立合同的双方当事人之间具有相当于法律的效力。"这就是说,合同当事人都必须受合同的约束,都必须履行合同所规定的义务。

1. 涉外经济合同履行的概念。涉外经济合同的履行,是指合同当事人按照合同的规定,以适当的标的,在适当的时间和适当的地点,以适当的方式全部地完成合同约定的行为。例如,当事人按照合同规定提供约定数量和质量的货物或者某一项技术,支付约定数量的货币,完成约定数量的工作,等等。合同履行包括一方当事人的履行和另一方当事人的接受履行。换言之,不仅合同债务人应当履行合同,债权人也应当接受债务人的履行,只有这样,才能构成全部、正确的履行。

2. 涉外经济合同履行的原则。我国《合同法》第60条规定了涉外经济合同履行的两条基本原则:第一,按照合同履行义务;第二,遵循诚实信用原则。前者是指按照合同规定的标的、质量、数量、履行期限、履行地点、履行方式等内容完成自己应尽的义务。按照约定履行,既要全面履行合同义务,又要正确、适当履行合同义务。

诚实信用原则是合同法律制度乃至民事法律制度的基本原则,内涵极为丰富。值得指出的是,《合同法》第60条规定了履行合同时当事人基于诚实信用原则负有的义务,即"根据合同的性质、目的和交易习惯履行通知、协助、保密等义务"。不应当将上述规定理解为诚实信用原则在合同履行问题上的全部内涵,除此以外,至少还包括提供必要条件,防止损失扩大等义务。

（二）涉外经济合同履行的内容

前面已经说过，当事人应当按照约定全面履行自己的合同义务。对于一个已经生效的合同，如果当事人就质量、价款或者报酬、履行地点等内容没有约定或者约定不明确的，可以协议补充；不能达成协议的，按照合同有关条款或者交易习惯确定。如果当事人通过以上协商仍然不能确定合同内容，则适用以下规定：

1. 质量要求不明确的，按照国家标准、行业标准履行；没有国家标准、行业标准的，按照通常标准或者符合合同目的的特定标准履行。

2. 价款或者报酬不明确的，按照订立合同时履行地的市场价格履行；依法应当制定政府定价或者政府指导价的，按照规定履行。执行政府定价或者政府指导价的，在合同约定的交付期限内政府价格调整时，按照交付时的价格计价。逾期交付标的物的，遇价格上涨时，按照原价格执行；价格下降时，按照新价格执行。逾期提取标的物或者逾期付款的，遇价格上涨时，按照新价格执行；价格下降时，按照原价格执行。

3. 履行地点不明确，给付货币的，在接受货币一方所在地履行；交付不动产的，在不动产所在地履行；其他标的，在履行义务一方所在地履行。

4. 履行期限不明确的，债务人可以随时履行，债权人也可以随时要求履行，但应当给对方必要的准备时间。

5. 履行方式不明确的，按照有利于实现合同目的的方式履行。

6. 履行费用的负担不明确的，由履行义务一方负担。

（三）涉外经济合同履行的主体

履行合同的主体，是指履行合同义务和接受合同义务履行的人。一般来说，涉外经济合同都是通过签订合同的双方当事人履行的。因此，涉外经济合同的履行主体通常就是签订合同的双方当事人。但是，在某些情况下，合同双方当事人以外的第三人也可以作为合同的履行主体，即可以由第三人代替债务人履行合同义务，或者由第三人代替债权人接受债务人的履行。第三人作为合同履行主体无非有两种情况，即第三人作为债权人以及第三人作为债务人。《合同法》第64条、第65条分别就这两个问题加以规定。

第一，当事人约定由债务人向第三人履行债务的，债务人未向第三人履行债务或者履行债务不符合约定，应当向债权人承担违约责任。

第二，当事人约定由第三人向债权人履行债务的，第三人不履行债务或者履行债务不符合约定，债务人应当向债权人承担违约责任。

二、违约及违约责任

（一）违约

所谓违约，是指合同当事人不履行合同义务或不完全履行其合同义务的行为。例如，不交货、不付款，或不按时、按质、按量交货，或不按时付款，不按时提取货物，等等。

《合同法》与原《涉外经济合同法》都规定,当事人一方不履行合同或者履行合同义务不符合约定条件的,即为违反合同。

(二) 预期违约

当事人在履行期限届满之前的违约行为称为预期违约,《合同法》对此也做了规定。依照《合同法》第108条的规定,履行期限届满之前的违约行为有明示和默示两种情况,即当事人一方明确表示自己将不履行合同义务或者以自己的行为表明不履行合同义务。前者指当事人一方拒绝履行的行为。"以自己的行为表示",是指当事人一方通过自己的主动行为让对方有确切的证据预见到其将在履行期限届满时不履行或者不能履行合同的主要义务。

预期违约制度是《合同法》新设的一项制度。该制度起源于英美法系,其设计体现了公平、效益、安全的价值目标,使受损害方提前获得法律上的救济,防止损失的扩大。涉外经济合同在适用该条规定时应注意以下两个问题:

第一,注意区分预期违约制度与《合同法》第67条至第69条规定的不安抗辩权制度的异同。不安抗辩权仅适用于先后履行的情况,而预期违约则适用于任何履约顺序;不安抗辩权主要着眼于另一方当事人履行能力丧失的情况或者其可能性,预期违约还包括另一方当事人在准备履行或者实际履行过程当中的行为表明其在事实上将不履行。二者的法律后果也不同:不安抗辩权的行使为中止合同的履行,一旦对方提供了相应的担保,或者恢复履约能力,应当恢复履行;预期违约时,守约一方可以要求违约一方承担违约责任并采取相应的救济措施,如解除合同等。

第二,注意区分预期违约制度与《联合国国际货物销售合同公约》(以下简称《公约》)中关于预期违约的规定,特别是关于对预期违约的类型和救济措施的规定。因为《公约》与《合同法》规定不一致而我国又未保留的,《公约》有优先适用的效力。

(三) 违约责任

违约责任是指违约一方所应承担的民事法律责任。在如何确定违约责任的问题上,国际上有两种不同的处理原则:大陆法系国家以过失责任作为承担民事责任的一项基本原则,即合同的当事人只有在存在可以归责于他的过失时才承担违约的责任。与此相反,英美法系国家则认为,只要当事人没有履行其合同义务,即构成违约,应承担违约责任,而不以当事人有无过失作为是否承担违约责任的条件。

《合同法》颁布之前,不同的合同法中对确定违约责任的原则有不同的规定。例如,《经济合同法》第32条规定:"由于当事人一方的过错,造成经济合同不能履行或者不能完全履行,由有过错的一方承担违约责任;如属双方的过错,根据实际情况,由双方分别承担各自应负的违约责任。"从上述规定看,《经济合同法》显然采取的是过失责任原则,即以当事人是否有过错,作为确定其是否应承担违约责任的条件。

《涉外经济合同法》第218条和第21条则规定,当事人一方不履行合同或履行合同义务不符合约定条件,即违反合同的,另一方有权要求赔偿损失或者采取其他合理的补救措施。当事人双方都违反合同的,应当各自承担相应的违约责任。中国的大多数法学者认为,从上述规定看,《涉外经济合同法》并没有规定以"过错"作为承担违约责任的条件,只要当事人没有履行合同或者履行合同义务不符合约定条件,除属于不可抗力的原因所引起者外,不论他是否有过错,都要承担违约的责任。

《合同法》的条文与《涉外经济合同法》基本相同。《合同法》第107条和第120条规定,当事人一方不履行合同义务或履行合同义务不符合约定的,应当承担违约责任。当事人双方都违反合同的,应当各自承担相应的责任。上述条文也没有规定以"过错"作为承担违约责任的条件,从立法的行文来看,采用了与《涉外经济合同法》相同的严格责任。有的学者认为,《合同法》实际上采取的既不是过错原则,也不是严格责任原则,而是推定过错原则,即只要有违约的事实,就推定违约人有过错,违约人要否认自己有过错,必须举证证明。但是《合同法》第121条规定,当事人一方因第三人的原因造成违约的,应当向对方承担违约责任。这表明在当事人自身没有过错时,也应当为违约事实承担违约责任,由此否认了推定过错原则在《合同法》中的适用。

三、对违约的救济

对违约的救济(Remedies for Breach of Contract),是指一方违约时,法律上给予受损害一方的补偿。《合同法》统一了《经济合同法》、《涉外经济合同法》、《技术合同法》等一系列法律的相关内容,对违约的救济作出了详细的规定。当一方违反合同时,对方可以请求获得下列救济,以维护自己的利益。

(一)赔偿损失

《合同法》第107条规定:"当事人一方不履行合同义务或者履行合同义务不符合约定的,应当承担继续履行、采取补救措施或者赔偿损失等违约责任。"这一规定表明,赔偿损失是对违反合同的一种主要的救济办法。当事人要求赔偿损失的权利,不因为他已经采取其他救济方法而受到影响。《合同法》第112条规定:"当事人一方不履行合同义务或者履行义务不符合约定的,在履行义务或者采取补救措施后,对方还有其他损失的,应当赔偿损失。"例如,当一方严重违反合同时,另一方可以宣告解除合同,但在解除合同后,如果他还有其他损失得不到补偿,仍然可以请求违约的一方赔偿损失。《合同法》这一规定基本承袭了《涉外经济合同法》第18条的规定。

在如何确定损害赔偿责任范围的问题上,《合同法》第113条参照了《涉外经济合同法》第19条所规定的两项原则,但作出了更加明确的规定。

1.违约一方的赔偿责任,应当相当于另一方因此所受到的损失。这是《合同法》所确定的赔偿责任的基本原则。《涉外经济合同法》没有指出在损失当中是否包括利润损失在内。最高人民法院在《关于适用〈涉外经济合同法〉若干问题的解答》中所作的解释规定,赔偿损失的范围,一般应包括财产的毁损、减少、灭失和为减少或者消除损失所支出的费用,以及合同如能履行可以获得的利益(在国际货物销售合同中就是指利润)。换言之,违约一方的赔偿责任范围既包括实际损失,也包括预期得到的利益。《合同法》明确了损失赔偿额应当包括合同履行后可以获得的利益。这样处理的目的,是要保护没有违约的一方的经济地位不因另一方违约而受到损害,即尽管发生违约,但没有违约一方在经济上的地位仍犹如合同得到履行时的情况一样。这一原则同许多国家合同法的原则基本上是一致的。

2.违约一方的赔偿责任不得超过违约的一方在订立合同时应当预见到的因违反合同可能造成的损失。按照此项规定,违约一方的赔偿责任以其在订约时可以预见的损失为限,超过可以预见的损失,就不能要求违约的一方负责赔偿。因此,在订立合同时,如果一方认为,一旦对方违约将会给他带来非常严重的损失或在性质上异乎寻常的损失,他应当让对方知道这种严重的后果。在这种情况下,如果对方一旦违约并造成了这种损失,他就可以要求违约一方负责赔偿。在国际上,许多国家的法律和国际条约都采用这一所谓"可预见"原则来确定违约一方的赔偿责任范围。

(二)违约金

《涉外经济合同法》第20条规定:"当事人可以在合同中约定,一方违反合同时,向另一方支付一定数额的违约金。合同中约定的违约金,视为违反合同的损失赔偿;但是,约定的违约金过分高于或低于违反合同所造成的损失的,当事人可以请求仲裁机构或者法院予以适当减少或者增加。"《合同法》在基本承袭了该规定的基础上也进行了一些修改。《合同法》第114条规定,当事人可以约定一方违约时应当根据违约情况向对方支付一定数额的违约金。约定的违约金低于造成的损失的,当事人可以请求人民法院或者仲裁机构予以增加;约定的违约金过分高于造成的损失的,当事人可以请求人民法院或者仲裁机构予以适当减少。对于《合同法》关于违约金的规定,有以下几个问题需要加以说明。

1.违约金的性质。从世界各国法律的规定来看,关于违约金的性质,主要有以下两种规定:德国法认为,违约金是对当事人不履行合同的一种制裁,具有惩罚性质。因此,一方当事人不履行合同时,除非当事人另有约定,另一方在请求违约金以外,还可以请求由于违约所造成的损害赔偿。与德国法不同,法国法认为,违约金就是双方当事人事先约定,在一方违约时,应付给另一方一定的金额作为损害赔偿。由于法国法认为违约金具有预定的损害赔偿性质,所以,法国法原则上不允许一方当事人在请求违约金的同时,要求另一方再履行合同或另行提出不履行合同的损害赔偿,除非违约金是纯粹为履行延迟而约定的。如果违约金完全是针对延迟履行而规定的,则当债务人履行延迟时,债权人既可以要求债务人支付约定的违约金,也可要求继续履行合同。

英美法认为,对于违约,只能要求赔偿,不能予以惩罚。英、美两国的法院对于双方的当事人在合同中约定,当一方违约时,应当向对方支付一定金额的条款,首先要区别这一金额是作为罚金还是作为预先约定的损害赔偿金额。如果法院认为双方当事人约定支付的金额是罚金,则这种条款在法律上是无效的。当一方违约时,对方不能得到这笔金额,而只能依通常程序证明其因违约所遭受的损失,才能取得相应的损害赔偿。如果法院认为这一约定的金额是预先约定的损害赔偿,则当一方违约时,对方即可取得这一约定的金额。

《合同法》将约定的违约金和约定的损失赔偿额计算方法放在同一条款中加以规定,表明《合同法》将约定的违约金视为预先约定的损害赔偿金额,这与《涉外经济合同法》对违约金的性质确定是一样的。

《合同法》允许当事人在合同中对违约金作出预先约定,目的在于避免发生违约情况时,在确定损害赔偿数额问题上可能引起的困难。因为在没有事先约定违约金的情况下,债权人对债务人提出损害赔偿请求时,必须承担诉讼上的举证责任,证明确有损害发生,并须证明损失的多少。这种举证有时是十分困难的,而且容易引起分歧。但是,如果双方当事人预先对损害赔偿额予以约定,作为违约时应支付的违约金,则只要发生违约的事实,债权人就可以请求对方支付约定的违约金,而不必证明损害的发生及损害金额的多寡,手续比较简便。

合同中约定的违约金,可以表现为一个具体的数额。例如,在涉外工程承包合同中约定,承包方每迟延一天完成承包任务,应支付1 000美元的违约金。合同中约定的违约金也可以表现为一个百分比。例如,在涉外货物买卖合同中约定,卖方每迟延一天交货,应支付货款总额0.1%的违约金。

2. 违约金的增加或减少。关于法院和仲裁机关是否有权对当事人约定的违约金予以增加和减少的问题,各国法律的规定也不完全相同。德国法认为,法院有权根据当事人的请求判决增加或减少违约金的数额;而法国法长期以来一直否认这一点。可是近年来,法国法改变了这一态度,在《法国民法典》里增加了一个条款,即"如果赔偿数额明显过高或过低时,法官得减少或增加原约定的赔款数额"。根据这个规定,法国法院也取得了增加或减少当事人约定的违约金数额的权力。英、美法院对当事人约定的违约金有解释权和处理权。当双方当事人约定的金额过高,大大超出违约所引起的损失,或者带有威胁性质,目的在于对违约一方施加惩罚时,法院不需根据当事人的请求予以减少,而可以认为这是具有惩罚性质的罚金,对当事人约定的金额不予承认并宣告其无效。在这种情况下,受损害的一方只能按通常的程序证明其因违约所遭受的损失,并就其所遭受的损失请求赔偿。

我国《合同法》对于原《涉外经济合同法》违约金增减条文进行了修改,对约定的违约金低于和高于造成的损失的两种情况作出了区别对待。只要约定的违约金低于实际造成的损失,当事人都可以请求人民法院或者仲裁机构予以增加。当约定的违约金高于实际损失时,必须违约金"过分高于"实际损失,当事人才可以请求仲裁机构或者法院予以适当减少。在违约金低于或者过分高于违约所造成的损失时,《合同法》与《涉外经济合同法》都将增加或者适当减少违约金数额的权力赋予了法院或者仲裁机构。

3. 支付违约金并不当然免除违约方继续履行的义务。《合同法》规定,在当事人迟延履行的情况下,违约方支付违约金后,受害方要求继续履行,而违约方有继续履行能力的,必须继续履行。

(三) 中止履行合同

根据《合同法》第66条、第67条的规定,在对方不履行债务或者履行债务有瑕疵时,合同当事人可以行使抗辩权,中止履行自己的债务。涉外经济合同一般为双务合同,合同当事人双方相互负有履行的义务,此时就涉及履行顺序问题。合同当事人履行债务的顺序,可以分为同时履行和异时履行。在同时履行的情况下,一方在对方履行之前有权拒绝其履行要求;一方在对方履行债务不符合约定时,有权拒绝其相应的履行要求。在双方当事人履行债务有先后顺序时,先履行一方未履行的,后履行一方有权拒绝其履行要求;先履行一方履行债务不符合约定的,后履行一方有权拒绝其相应的履行要求。这两种中止履行抗辩权分别称为同时履行抗辩权和先履行抗辩权。

在异时履行时,先履行债务的一方不享有同时履行抗辩权,当然更不享有先履行抗辩权。法律为了避免后履行债务人的履行能力恶化给先履行一方带来损失,另行规定了先履行当事人享有不安抗辩权。《涉外经济合同法》第17条规定:"当事人一方有另一方不能履行合同的确切证据时,可以暂时中止履行合同。"这条规定包含了先履行债务人的不安抗辩权,但是规定过于笼统。《合同法》对不安抗辩权专门作出规定,并适用于包括涉外经济合同在内的所有民事合同。《合同法》第68条规定,有确切证据证明对方有下列情况之一的,可以中止履行:①经营状况严重恶化;②转移财产、抽逃资金以逃避债务;③丧失商业信誉;④有丧失或者可能丧失履行债务能力的其他情形。

此外,根据《合同法》的规定,债权人分立、合并或者变更住所没有通知债务人,致使履行债务发生困难的,债务人可以中止履行。

严格地说,中止履行合同并不是一种独立的违约救济方法,而是当事人一方在特定情况下采取的临时性措施。这里,需要注意以下两个问题:

第一,在履行瑕疵情况下,行使中止履行抗辩权的条件应当依照公平、诚实信用原则来确定。行使不安抗辩权中止履行合同的前提条件是,当事人一方有另一方丧失履行合同能力的确切证据。他不能无端怀疑对方不能履约而单方宣布中止履行合同,否则等于自身违约,须承担违约责任。因此,在采取这种补救方法时,必须持慎重态度。《合同法》列举了可以行使不安抗辩权的几种情况,并在最后一款作了概括规定,但对所谓"丧失或者可能丧失履行债务能力的其他情形"宜作严格的解释。

第二,中止履行合同是指暂时停止履行合同,而不是永远终止履行合同。行使中止履行合同权利的当事人必须立即通知另一方,让对方了解中止履行合同的事实和理由。如果对方能够提供履行合同的适当保证,中止履行合同的一方应当继续履行合同。至于何谓"适当保证",需视具体情况而定。通常如能提供银行出具的履约保证书,即可视为适当的保证;有时也可以在有关当事人的财产上设定担保物权,如抵押权、质权和留置权等,以此作为履行合同的保证。

可见,当事人一方采取中止履行合同这种临时性措施的后果有两种可能性:一是中止履行合同后,另一方对履行合同提供了适当的保证,则中止履行的一方仍应继续履行合同;二是中止合同后,另一方当事人未提供履行合同的适当保证,并且在合理期限内未恢复履行能力的,中止履行合同的一方可以解除合同或采取其他合理的补救措施。

(四)解除合同

1. 解除合同的条件。各国法律都把解除合同作为违反合同的一种补救办法,但对解除权的行使,一般都加以某种限制,即只有当一方出现重大违约时,对方才能解除合同;如果仅属轻微违约,则只能要求损害赔偿,而不能解除合同。例如,按照英国的法律,违约有违反条件(Breach of Condition)与违反担保(Breach of Warranty)两种情形,只有当一方违反条件时,对方才可以解除合同;如果仅仅违反担保,则只能要求损害赔偿,而不能要求解除合同。1980年《联合国国际货物销售合同公约》亦规定,只有当一方根本违反合同时,对方才可解除合同。

我国《合同法》对当事人解除合同的权利也有一定的限制。按照该法的规定,并不是一方出现任何违约情事,对方都可据此解除合同,而是只有当一方违反合同的后果严重时,对方才能解除合同。《合同法》第94条规定,有下列情形之一的,当事人可以解除合同。

(1)另一方在履行期限届满之前明确表示或者以自己的行为表明将不履行主要债务。这项规定针对严重的预期违约行为。一方当事人在合同履行期限届满之前的行为从本质上违反合同义务,属于违约行为。对主要债务不履行,将导致合同目的根本落空,严重违反合同。

(2)另一方迟延履行合同主要债务,经催告后在合理期限内仍不履行。这项规定是针对履行时间作出的。按照这一规定,在一般情况下,当一方不能在合同约定的期限内履行合同时,对方不能立即宣告解除合同,而应当允许推迟一段合理的时间去履行,只有当一方在被允许推迟履行的期限内仍不履行时,对方才可以解除合同。此项规定同1980年《联合国国际货物销售合同公约》的规定也有相似之处。

(3)另一方违反合同,以致严重影响订立合同所期望的经济利益。这项规定的重点是强调违约后果的严重程度,即如果违约的后果严重影响当事人订立该合同所预期得到的经济利益,对方就有权宣告解除合同;如果虽有违约行为,但后果并不严重,对当事人订立该合同所预期得到的经济利益并无重大影响,那就不能解除合同,而只能要求赔偿损失。这项规定同1980年《联合国国际货物销售合同公约》中关于根本违反合同的规定基本上是一致的。

应当注意的是:上述第(3)项规定同第(2)项规定是有联系的。如果一方当事人不按合同约定的期限履行合同,已严重影响了订立该合同所期望的经济利益,则对方就可以按第(3)项的规定,立即解除合同,而无须再给对方推迟一段合理的期限让其履约。最典型的例子是某些季节性很强的商品买卖合同,季节一过,商品即无销路,买方即无利益可言。对于这种买卖合同，如果卖方不按合同规定的时间交货，买方即可以认为卖方的违约行为已严重影响了订立合同所期望的经济利益，并据此解除合同，而不必再给卖方推迟一段合理期限。但对于一般的货物买卖合同，如卖方不能在约定的时间交货，则买方应给卖方一段合理时间，让其履行交货义务。只有在该合理时间已过，而卖方仍不交货时，买方才可以解除合同。

2. 行使解除权的方式。根据各国法律的规定，行使解除权的方式主要有两种：一种是由主张解除合同的一方当事人向法院起诉，由法院作出解除合同的判决；另一种是无须经过法院，只需向对方表示解除合同的意见即可。

法国法采取第一种方式。根据《法国民法典》的规定，债权人解除合同，必须向法院起诉；但是，如果双方当事人在合同中订有明示的解除条款，则无须向法院起诉。德国法采取第二种方式。根据《德国民法典》的规定，主张解除合同的一方当事人只需把解除合同的意见通知对方而不必经过法院的判决。

英美法认为，解除合同是一方当事人由于违约而产生的一种权利，他可以宣告自己不再受合同的约束，并认为合同已经终了，而无须经过法院的判决。

我国《合同法》采取当事人主张解除合同的方式。根据《合同法》第 96 条的规定，当法定或约定解除合同的情形出现时，当事人一方有权通知另一方解除合同。合同自通知到达对方时解除，而无须通过法院作出解除合同的裁决。对方有异议的，当事人可以请求人民法院或者仲裁机构确认解除合同的效力。《合同法》同时还规定，法律、行政法规规定解除合同应当办理批准、登记等手续的，依照其规定。

3. 解除合同权利的行使期限。法律规定了行使解除权的期限，或者双方当事人自行约定了解除权行使期限的，期限届满当事人不行使该权利，则该权利消灭。如果法律和当事人都没有约定解除权行使期限，那么在对方当事人通知询问是否解除合同之后没有在合理期限内行使该解除权的，该权利消灭。

4. 解除合同能否同时要求损害赔偿。关于在解除合同的同时能否请求损害赔偿的问题，各国法律的规定也有所不同。法国法和英美法认为，在一方违约的情况下，另一方当事人解除合同的请求权可以和损害赔偿的请求权同时提起。但按照德国法的规定，当事人只能在解除合同和损害赔偿请求权两者之间任择其一。如果要求解除合同，他就不能再要求损害赔偿；反之，如果要求损害赔偿，他就不能解除自己应承担的合同义务。

对此，我国《合同法》明确规定，合同解除后，当事人有权要求赔偿损失。这表明《合同法》是允许当事人同时提出解除合同和赔偿损失两项请求权的。

（五）其他合理的救济措施

《合同法》规定，当事人一方违反合同时，应当承担继续履行、采取补救措施或者赔偿损失等违约责任。所谓继续履行，是在违约一方未履行金钱债务时，表现为支付价款或者报酬；在违约一方未履行非金钱债务时，除非在法律上或事实上不能履行，或者债务标的不适合强制履行或费用过高,或者债权人在合理期限内未要求履行,对方可以要求实际履行。所谓采取补救措施,包括上面提到的各种补救办法以及没有列明的其他合理的补救办法。在履行质量不符合约定时,受损害方可以根据标的物的性质以及损失的大小,合理选择要求对方承担修理、更换、重做、退货、减少价款或者报酬等补救措施。至于具体可以采取哪些合理的补救措施,在很大程度上将取决于合同的类型和违约的具体情况。例如,在国际货物买卖合同中,如果卖方所交的货物有缺陷,买方可以要求卖方对有缺陷的货物进行修理,或要求减价,或要求卖方以完好的货物替换有缺陷的货物等。

此外,《合同法》还规定,因一方违约而遭受损失的当事人,有义务及时采取适当措施,以防止损失的扩大;否则,对因为没有及时采取适当措施而扩大了的损失,就无权要求赔偿。

四、不可抗力

各国法律一般都认为,如果在合同订立之后,任何一方当事人遇到不可抗力事件,致使合同部分或全部不能履行时,可免除其部分或全部责任。《合同法》对不可抗力作了明确的规定,其内容主要包括以下两个方面:

(一) 不可抗力事件的含义

《合同法》第117条给不可抗力事件下的定义是:"本法所称不可抗力,是指不能预见、不能避免并不能克服的客观情况。"根据这个规定,构成不可抗力事件必须具备的条件是:

1. 这种事件是当事人在订立合同时不能预见而在订立合同后发生的。
2. 这种事件不是任何一方当事人的过失或疏忽造成的。
3. 这种事件不是双方当事人所能控制的,即它是无法避免、无法预防的。

不可抗力事件的范围一般包括以下两类:一类是由自然原因引起的,如水灾、旱灾、地震和风灾;另一类是社会原因引起的,如发生战争、政府实行封锁禁运等。实践中,当事人一般对于自然原因引起的事件是否构成为不可抗力事件较少产生争议,但对由于社会原因引起的意外事件则争议较多,特别是由于政府干预不能取得进口许可证、计划变更、工人罢工、怠工等事件导致一方不能履行合同的情况下,往往一方认为是属于不可抗力事件,而另一方则持相反意见。对此类事件应按照上述不可抗力事件的构成要件进行具体分析。例如,就政府干预而言,如果政府对某种商品的进出口实行许可证管理或其他限制措施是在颁布于合同订立之后,不是当事人在订立合同时所能预见的,则可以作为不可抗力事件;但如果在订立合同时就有此项限制该商品进出口的法令存在,那么,承担申请、领取政府许可证义务的当事人就不能以得不到政府许可为由而要求免责,除非合同中已规定"以取得许可证为合同有效的条件"。

为了避免在这个问题上产生分歧,对于不可抗力事件的范围,当事人可以在合同中约定。这是因为各类涉外经济合同的内容和性质不尽相同,双方当事人的情况及所属国的政治经济体制也不同。针对各个当事人的具体情况和合同性质,按照法律规定的原则,由当事人根据需要自行约定不可抗力事件的具体范围,有助于双方当事人平等互利地解决合同履行中产生的问题。合同中的不可抗力条款是对法定不可抗力的补充和明确,但是不能违反法律关于不可抗力的规定。当事人约定的不可抗力条款与法律规定不一致时,其约定往往无效。合同中的不可抗力条款应尽量明确、具体。过于笼统的不可抗力条款,如仅规定"遇有不可抗力事件时,当事人可以免除责任"是不可取的。因为它没有列出哪些事件可作为不可抗力事件,一旦出现问题,双方当事人对此解释不一,很容易引起纠纷。

(二)不可抗力事件的后果

《合同法》117条规定:"因不可抗力不能履行合同的,根据不可抗力的影响,部分或者全部免除责任,但法律另有规定的除外。"根据上述法律规定,不可抗力事件的法律后果有以下三种可能性:

1. 如果发生不可抗力事件,致使合同全部义务不能履行,当事人一方有权通知另一方解除合同,免除全部责任。

2. 如果发生不可抗力事件,致使合同的部分义务不能履行,则当事人可免除部分责任。

3. 如果发生不可抗力事件不是导致合同不能履行,只是不能按约定的时间履行,则当事人一方可以延迟履行合同,并可免除延迟履行的责任。

(三)因不可抗力事件而不能履行合同的一方应承担的义务

《合同法》规定,因不可抗力事件不能履行合同而要求免责的一方,应承担以下两项义务:

1. 应当及时通知另一方,以减轻可能给另一方造成的损失。如果没有及时通知而给另一方造成损失的,因不可抗力事件而需要免责的一方应当承担这种损失责任。

2. 应在合理的时间内向另一方提供公证机关或商会(在我国,涉外经济合同纠纷应由中国国际贸易促进委员会及其分会或其他有权出证的机构)出具的证明,以证明不可抗力事件的发生。但这种证明必须在合理的时间内提供,这个合理的时间应包括取得这种证明的时间和送达这种证明的时间等。

第五节 涉外经济合同的转让、变更、解除和终止

一、涉外经济合同的转让

合同的转让指合同的主体发生转移,即由新的合同当事人代替原先的合同当事人,

— 71 —

但合同的客体(即合同的标的)并没有改变。合同的转让包括权利的转让、义务的转让、权利和义务的概括转让三种。《合同法》中对当事人转让其合同的这三种类型分别作了以下规定：

第一，当事人一方可以将合同的权利全部或者部分转让给第三者，除非根据合同的性质或者当事人的约定，或者依照法律规定不得转让。合同权利的转让应当通知合同的债务人。如果该项转让没有通知债务人，则该转让对债务人不发生效力。这就是说，在通知债务人之前，权利的转让只在债权人和受让人之间有效。但是，债权人转让合同权利的通知一旦发生效力，债权人就不得撤销，除非得到受让人的同意。债权人转让权利时，诸如担保债权之类的从权利也一并转让给受让人，例外情况是该从权利专属于债权人自身。债务人虽然不能阻止债权人转让其合同权利，但他仍然可以向权利受让人主张其对债权人享有的抗辩权；并且，如果债务人对权利受让人享有比所转让的债权更早或者同时到期的债权，债务人就可以向权利受让人主张抵消权。

第二，当事人一方将合同的义务全部或者部分转让给第三者的，则应当取得债权人的同意。这就是说，未经债权人同意，债务人不得单方面把合同的义务转让给第三者。合同债务转移之后，新债务人不仅要承担原来的主债务，还要承担与该主债务有关的其他从债务，除非该从债务专属于原债务人自身。新债务人可以向债权人主张原债务人对债权人享有的抗辩权。

第三，如果合同当事人在订立合同之后想要由第三人取代自己在合同关系中的法律地位，概括地承担自己在合同中的权利和义务，他应当就此先取得合同对方的同意，因为在合同的概括转让中也涉及合同义务的转让。合同权利和义务概括转让的法律后果与合同权利转让和合同义务转让的法律后果相同，在此不再赘述。

第四，中国法律、行政法规规定，转让权利或者转移义务应当办理批准、登记手续的，其权利和义务的转让应当依照有关的法律规定。这一点在涉外经济合同中尤其重要。许多涉外经济合同依照中国法律、行政法规规定，应当由国家批准成立，其权利和义务的转让，也应当经原审批机关批准。这种合同发生法律效力是以国家批准为条件的，这种合同的权利和义务的转让，亦须经原审批机关的批准方为有效。但是，如果已批准的合同中对该合同的转让另有规定的，可按合同所规定的方式转让，因为在这种情况下，国家审批机关在批准该合同的同时已对其规定的转让方式予以认可。

二、涉外经济合同的变更

合同的变更是指合同的内容发生修改或者变动，但不改变合同的当事人。合同的变更包括合同标的变更和履行合同的时间、地点与方式的变更等。按照《合同法》的规定，合同的变更应符合以下三个条件：

第一，合同变更必须经双方当事人协商同意，任何一方都不得擅自变更合同。

第二，合同变更的内容应当约定明确，否则将被推定为合同并未变更。

第三，凡中国法律、行政法规规定变更合同应当办理批准、登记等手续的，应当依照法律的规定。

《合同法》的规定突出了合同当事人意思自治原则。合同当事人既然可以通过协商达成合同，也应当有充分的自主权，通过协商修改合同。《合同法》不要求合同的变更必须采取书面形式，但是一般合同的变更形式应当与合同的订立形式一致，书面成立的合同应当通过书面形式进行变更。

中外合资企业、中外合营企业、外商独资企业合同等涉外经济合同在成立时应当由国家有关机构进行审批，其变更也应当经原审批机关批准，并办理相应的变更登记手续。

三、涉外经济合同的解除以及法律后果

根据《合同法》的规定，解除合同的原因可以分为约定解除与法定解除两种情形：

约定解除是当事人基于双方约定而解除合同，包括通过行使双方事先约定的解除权和双方协商一致决定解除合同两种方式。

《合同法》第94条规定了法定解除合同的五种情况：

第一，因不可抗力致使不能实现合同目的的；

第二，在合同履行期限届满之前，当事人一方明确表示或者以自己的行为表明不履行主要债务的；

第三，当事人一方迟延履行主要债务，经催告后在合理期限内仍然没有履行的；

第四，当事人一方迟延履行债务或者有其他违约行为致使不能实现合同目的的；

第五，法律规定的其他情形。

关于解除合同的前四种法定情况，本章第四节已作为违约的补救措施和免责事项作过一些介绍。第五项所称法律规定的其他情形是对其他法定解除合同情况的概括。例如，在《中外合资经营企业合资各方出资的若干规定》第7条第一款规定："合营一方未按照合营合同的规定如期缴付或者缴清出资的，即构成违约。守约方应当催告违约方在一个月内缴付或者缴清出资。预期仍未缴付或者缴清的，视同违约方放弃在合营合同中的一切权利，自动退出合营企业。守约方应当……向原审批机关申请批准解散合营企业……这实际就是一种法定解除合同的情况。"

关于解除合同的问题，《合同法》还有以下几项规定：

第一，法律规定或者当事人约定解除权行使期限，期限届满当事人不行使的，该权利消灭；法律没有规定或者当事人没有约定解除权行使期限，经过对方催告后在合理期限内不行使的，该权利也消灭。

第二，除了双方协商解除合同的情况之外，依据《合同法》规定，主张解除合同的一方当事人应当通知对方，合同自通知到达对方时解除；对方有异议的，可以请求人民法院或者仲裁机构确认解除合同的效力。

第三，凡是依据中国法律、行政法规规定，解除合同应当办理批准、登记等手续的，其解除应当按照该法律规定。

合同解除之后，基于合同发生的债权债务关系归于消灭，因此，合同如果尚未得到履行，双方可以终止履行。如果合同已经部分或者全部得到履行，就会发生合同解除是否具有溯及力的问题。对解除合同的溯及力，《合同法》根据履行情况和合同性质作出区别对待。当事人可以在约定解除合同时对解除合同有无溯及力作出相应规定。在合同的解除具有溯及力时，当事人可以要求恢复原状的救济。在某些情况下，例如原物是特定物而灭失的，恢复原状无法实现时，当事人只能要求其他补救措施。

但是，无论如何，合同的解除不影响合同当事人要求赔偿损失的权利。这项规定同大多数国家的法律规定是相似的，但同某些国家法律的规定有所不同。例如，按照《德国民法典》的规定，当事人只能在解除合同与损害赔偿请求权二者间选择其中一种，如果他要求解除合同，就不能要求损害赔偿，因而不能在宣告解除合同的同时又要求损害赔偿。中国《合同法》则明确规定，合同解除不影响当事人要求赔偿损失的权利。

此外，解除合同并不影响合同约定的解决争议条款的效力。例如：如果合同中定有仲裁条款或诉讼条款，则尽管该合同已被解除，但这类条款仍然有效；如果双方当事人之间有争议，仍须按照仲裁条款或诉讼条款的规定，提交仲裁或通过诉讼解决。这项规定实际上是把解决争议的条款视为独立于合同之外的一项协议，使它不因合同的终止而失效，以便当事人能据以解决他们之间的争端。

四、涉外经济合同的终止与法律后果

根据《合同法》第91条的规定，除了合同解除的情况，合同终止的原因主要有以下六种情形：

第一，合同已按约定条件得到履行，即所谓自然终止。例如，在买卖合同中，如果卖方已按时、按质、按量交货，买方亦已按时支付约定的价金，双方的合同权利、义务即归于消灭，合同即自然终止。这是普遍的情况。

第二，债务相互抵消。合同当事人相互负有到期债务，并且债务的标的物种类、品质相同，任何一方可以主张将自己的债务与对方的债务相互抵消，除非法律规定或者合同的性质不允许。当事人主张抵消的，应当通知对方当事人。债务的标的物种类、品质不相同时，如果双方当事人协商一致，也可以进行抵消。

第三，在出现债权人无正当理由拒绝受领，或者债权人下落不明等法律规定的情况，使得债务人难以履行债务的，债务人可以依法将标的物提存，视为债务已经履行，合同关系终止。标的物不适合提存或者提存费用过高的，债务人可以依法拍卖或者变卖标的物，将所得价款提存。

第四，债权人对债务给予全部或者部分免除时，就该免除部分合同的权利义务终止。

第五,债权债务归于同一个人时,合同的权利义务终止。但是,合同的权利义务涉及第三人利益时,为了保护该第三人的利益,债权债务不因此消灭。

第六,法律规定或者当事人约定终止的其他情形。例如,仲裁机构裁决或者法院判决终止合同,即当事人发生争议时,将争议提交法院或仲裁机构处理,由法院或仲裁机构作出判决或裁决终止该合同的效力。

按照《合同法》第98条的规定,合同约定的结算和清理条款不因合同的终止而失去效力。在合同终止后,双方当事人往往需要对合同所涉及的金钱或其他财产进行清理或结算。例如,预付的货款是否应予退回;未付的技术使用费是否仍需照付等。这项规定的目的是为了让当事人在合同终止之后,据以进行结算或清理,以取得公平合理的结果。

根据《合同法》,在合同终止之后,当事人还应当遵循诚实信用的原则,根据交易习惯履行通知、协助、保密的义务。

第六节 涉外经济合同争议的解决和法律的适用

一、涉外经济合同争议的解决

根据《合同法》第128条的规定,在发生合同争议时,当事人可以通过协商和解、调解、仲裁或诉讼等方式解决,现分别说明如下:

(一)协商和解

协商和解是指在争议发生后,由双方当事人在没有第三者参加的情况下直接进行磋商,自行解决纠纷。通过协商,双方都作出一定的让步,并在双方都认为可以接受的基础上私下达成和解,消弭纷争。这种做法的好处是可以节省仲裁和诉讼费用,而且气氛比较友好,有利于双方贸易关系的顺利发展。在实务中,大多数涉外经济合同纠纷都是由双方当事人通过友好协商求得解决的。

(二)调解

调解是指由中立的第三方以调解员的身份出面调停,促使双方当事人在互谅互让的基础上达成和解协议,消除他们之间的纠纷。调解可以在仲裁或诉讼过程中由仲裁庭或法庭主持进行,也可以在提起仲裁或诉讼之前由调解机构主持进行。但无论在何种情况下,调解都应当坚持合法、自愿的原则,在查明事实、分清是非的基础上促成双方当事人达成和解,解决他们之间的争议。在中国,中国国际贸易促进委员会设有北京调解中心,专门负责涉外经济合同纠纷的调解工作。

(三)仲裁

仲裁是指双方当事人在争议发生之前或在争议发生之后,达成书面仲裁协议,自愿把他们之间的争议交给他们所指定的仲裁庭裁决。仲裁庭的裁决是终局性的，对双方当事人均有约束力。如果败诉一方不自动执行裁决，胜诉一方有权申请法院强制执行。在国际贸易中，当争议双方通过友好协商或调解不能解决问题时，一般都乐意采用仲裁的方式来解决他们之间的争议。我国的涉外经济贸易仲裁机构是中国国际经济贸易仲裁委员会和海事仲裁委员会，地点在北京。中国国际经济贸易仲裁委员会下设四个分支机构，分别是：上海分会、华南分会、西南分会和天津国际金融仲裁中心。

（四）诉讼

如果双方当事人在合同中没有订立仲裁条款，在争议发生之后又不能达成仲裁协议，则任何一方当事人都可以向中国人民法院起诉，请求人民法院依法审理，对双方的争议事项作出判决；也可以向其他有管辖权的法院起诉。

此外，《合同法》第129条还规定，因国际货物买卖合同和技术进出口合同争议提起诉讼或者申请仲裁的期限为4年，自当事人知道或应当知道其权利受到侵害之时起计算。合同法没有对其他各类涉外经济合同的诉讼时效作出具体规定，只规定因其他合同争议提起诉讼或者申请仲裁的期限依照有关法律的规定。

二、涉外经济合同法律的适用

涉外经济合同是一种具有涉外因素的合同，不可避免地会遇到法律适用问题，即合同的双方当事人发生争议时，应当适用哪一个国家法律对该合同的争议做出处理的问题。1985年《涉外经济合同法》第5条及第6条对涉外经济合同的法律适用问题作出了几项规定，这些规定基本上为《合同法》所继承，并在《合同法》第126条中得到了体现。

（一）涉外合同的当事人可以选择处理合同争议所适用的法律，但法律另有规定的除外

这项规定确认了当事人意思自治的原则。根据最高人民法院《关于适用〈涉外经济合同法〉若干问题的解答》，本条所说的"合同争议"应作广义的理解，凡是双方当事人对合同是否成立，合同成立的时间，合同内容的解释，合同的履行及违约的责任，合同的变更、中止、转让、解除、终止等发生的争议，均应包括在内。尽管原则上《关于适用〈涉外经济合同法〉若干问题的解答》应当随原《涉外经济合同法》一同废止，但是上述关于"合同争议"的解释，以及其他一些关于涉外经济合同法律适用原则的规定，与我国目前理论、实践的通常做法相一致，因此上述规定在涉外经济合同实践中仍具有重要意义。

凡当事人在订立合同时或者在发生争议之后，对于合同所运用法律已有选择的，我国人民法院或仲裁机构在审理该项合同纠纷案件时，应以当事人选择的法律为依据，除非中国法律另有规定。当事人所选择的法律，可以是中国法，也可以是港澳地区的法律或外国法，但是当事人的选择必须经双方协商一致并以书面方式做出。

（二）当事人对合同所适用的法律没有作出选择的,适用与合同有最密切联系的国家的法律

此条规定是国际上普遍采用的原则。按照许多国家的法律,如果双方当事人对合同所适用的法律没有作出选择,在发生争议时,应由受理该案件的法院或仲裁机构,依照他们所在国的法律冲突规则,或依照他们认为适当的法律冲突规则来确定合同的准据法。在这种情况下,许多国家都主张适用与合同具有最密切联系的国家的法律,如合同的成立地法、合同的履行地法、争议所涉及的财产所在地法、双方约定的仲裁地法或法院地法,等等。根据上文说明的理由,最高人民法院在《关于适用〈涉外经济合同法〉若干问题的解答》中对"最密切联系原则"所作的解释也依然具有重大意义。人民法院在按照"最密切联系原则"确定涉外经济合同所适用的法律时,一般还适用下列规则:

1. 国际货物买卖合同,适用合同订立时卖方营业所所在地的法律。如果合同是在买方营业所所在地谈判并订立的,或者合同主要是依买方确定的条件并应买方发出的招标订立的,或者合同明确规定卖方须在买方营业所所在地履行交货义务的,则适用合同订立时买方营业所所在地的法律。

2. 银行贷款或者担保合同,适用贷款银行或者担保银行所在地的法律。

3. 保险合同,适用保险人营业所所在地的法律。

4. 加工承揽合同,适用加工承揽人营业所所在地的法律。

5. 技术转让合同,适用受让人营业所所在地的法律。

6. 工程承包合同,适用工程所在地的法律。

7. 科技咨询或设计合同,适用委托人营业所所在地的法律。

8. 劳务合同,适用劳务实施地的法律。

9. 成套设备供应合同,适用设备安装运转地的法律。

10. 代理合同,适用代理人营业所所在地的法律。

11. 关于不动产租赁、买卖或者抵押的合同,适用不动产所在地的法律。

12. 动产租赁合同,适用出租人营业所所在地的法律。

13. 仓储保管合同,适用仓储保管人营业所所在地的法律。

但是,如果合同明显地与另一国家或地区的法律具有更密切的联系,人民法院应以另一国家或地区的法律作为处理合同争议的依据。如果当事人有一个以上营业所的,应以与该合同有最密切关系的营业所为准;如果当事人没有营业所的,应以其住所为准。

（三）中外合资经营企业合同、中外合作经营企业合同、中外合作勘探开发自然资源合同应适用中华人民共和国的法律

在我国境内履行的中外合资经营企业合同、中外合作经营企业合同、中外合作勘探开发自然资源合同,应适用中华人民共和国的法律,不允许双方当事人选择适用外国法。如果当事人在上述三类合同中订有选择适用外国法的条款,该条款无效。凡拟来我国投资的外国客商,对这一点要有所了解,不必在谈判投资合同时花费太多的时间来讨论法律适用条款。

此外,根据《民法通则》第 142 条和 150 条的规定,还应注意以下几个问题:

第一,我国缔结或者参加的有关国际条约,如果同我国法律有不同规定的,适用国际条约的规定;但是,我国声明保留的条款除外。这项规定的目的是使我国的法律与我国参加的有关国际条约尽可能协调一致,尽量减少法律歧义。采取这种做法将对发展我国与世界各国的经济贸易往来产生积极的作用。目前,中国、美国、法国、德国、意大利、加拿大等 70 多个国家已经加入了 1980 年《联合国国际货物销售合同公约》,因此,我国的公司、企业同营业地设立在公约其他成员国的公司之间订立的国际货物买卖合同应适用该公约。

第二,我国法律和我国缔结或者参加的国际条约没有规定的,可以适用国际惯例。在国际上,有些国家的法律和国际公约都规定,法院有权按照有关的贸易惯例来解释当事人之间的合同。接受国际惯例已成为当前的一种普遍趋势。适用国际贸易惯例不仅是解决各国法律分歧的一种办法,而且也是使本国的合同不受外国法律支配的一种办法。国际贸易惯例是各国在长期经济贸易交往中逐渐形成的,如国际商会制定的《国际贸易术语解释通则》和《跟单信用证统一惯例》等。

第三,人民法院或仲裁机构在处理合同争议时,如果该合同应适用的法律为外国法,则该外国法的适用不能违反我国法律的基本原则和我国的社会公共利益,否则将不予适用,而应适用我国相应的法律。这是我国对适用外国法的一项限制,这种做法同世界上大多数国家的做法基本上是一致的。

第四,还应指出的是:无论是当事人在合同中选择适用的法律,或者是由人民法院或仲裁机构按照"最密切联系原则"确定的处理合同争议所适用的法律,都是指现行的实体法,而不包括冲突规范的程序法。

第四章

国际货物买卖法[①]

> **内容提要及学习要求**
>
> 本章主要介绍与国际货物买卖有关的国际公约、国际惯例及国内法；重要介绍由联合国国际贸易法委员会制定的《联合国国际货物销售合同公约》的主要内容，包括国际货物买卖合同成立、卖方和买方的义务，违反买卖合同的补救方法等；比较、介绍了世界一些主要国家有关货物买卖的法律。
>
> 本章要求学生重点掌握国际货物买卖合同的概念、卖方的义务和违反买卖合同的补救方法。

第一节 概　述

国际货物买卖法的主要渊源有国际条约、国际贸易惯例和有关的国内法。

一、国际条约

国际条约是国际货物买卖法的重要渊源。有关国际货物买卖的国际条约主要有：1980年《联合国国际货物销售合同公约》(以下简称《公约》)、《国际货物买卖合同时效公约》、《国际货物买卖合同法律适用公约》、1924年《关于统一提单若干法律规则的公约》、《维斯比规则》、1978年《国际海上货物运输公约》，等等。其中，《公约》是迄今为止有关国际货物买卖合同的一项最为重要的国际条约，它是由联合国国际贸易法委员会主持制定的，于1980年在维也纳举行的外交会议上获得通过，并于1988年1月1日

[①] 本章内容主要参考冯大同、焦津洪合著的《国际货物买卖法》。

正式生效。截至2009年8月,核准和参加该公约的共有73个国家,其中包括:阿根廷、澳大利亚、奥地利、中国、白俄罗斯、保加利亚、加拿大、古巴、波塞尼亚—黑塞哥维那、智利、捷克、丹麦、厄瓜多尔、爱沙尼亚、埃及、芬兰、法国、格鲁吉亚、德国、几内亚、匈牙利、伊拉克、意大利、莱索托、立陶宛、摩尔多瓦、墨西哥、荷兰、新西兰、挪威、罗马尼亚、俄罗斯、新加坡、斯洛伐克、斯洛文尼亚、西班牙、瑞典、瑞士、叙利亚、乌干达、乌克兰、美国、南斯拉夫、赞比亚、比利时、布隆迪、希腊、冰岛、吉尔吉斯斯坦、拉脱维亚、卢森堡、毛里塔尼亚、蒙古、秘鲁、乌拉圭、乌兹别克斯坦、波兰、圣文森和格林纳丁斯、塞尔维亚、韩国、黑山、利比里亚、黎巴嫩、日本、以色列、冰岛、洪都拉斯、加蓬、萨尔瓦多、塞浦路斯、哥伦比亚、亚美尼亚、阿尔巴尼亚。

我国是该公约的成员国之一。我国对该公约的态度是:基本上赞同《公约》的内容,但在《公约》允许的范围,根据我国的具体情况,提出了以下两项保留:

第一,关于国际货物买卖合同必须采用书面形式的保留。按照该公约的规定,国际货物买卖合同不一定要以书面方式订立或以书面来证明,在形式方面不受限制。这就是说,无论采用书面形式、口头形式或其他形式都认为是有效的。这一规定同我国原《涉外经济合同法》中关于涉外经济合同(包括国际货物买卖合同)必须采用书面方式订立的规定是有抵触的。因此,我国在批准该公约时对此提出了保留。我国坚持认为,国际货物买卖合同必须采用书面形式,不采用书面形式的国际货物买卖合同是无效的。但是,1999年10月1日生效的《中华人民共和国合同法》已不再要求合同必须采取书面形式订立。我国政府目前尚未撤销对《公约》的上述保留。

第二,关于《公约》适用范围的保留。《公约》在确定其适用范围时,是以当事人的营业所处于不同国家为标准的,对当事人的国籍不予考虑。按照《公约》的规定,如果合同双方当事人的营业地是处于不同的国家,而且这些国家又都是该公约的缔约国,该公约就适用于这些当事人间订立的货物买卖合同,即《公约》适用于营业地处于不同的缔约国的当事人之间订立的买卖合同。对于这一点,我国是同意的。但是,《公约》又规定,只要当事人们的营业地点是分处于不同的国家,即使他们的营业地的所属国家不是《公约》的缔约国,但如果按照国际私法的规则指向适用某个缔约国的法律,则《公约》亦将适用于这些当事人之间订立的买卖合同。这一规定的目的是要扩大《公约》的适用范围,使它在某些情况下也可适用于营业地处于非缔约国的当事人之间所订立的买卖合同。对于这一点,我国在核准该公约时亦提出了保留。根据这项保留,在我国,该公约的适用范围仅限于营业地点分处于不同缔约国的当事人之间订立的货物买卖合同。

由于我国是该公约的缔约国,而且参加该公约的国家日益增多,该公约在国际货物买卖中所起的作用肯定会越来越大。因此,本章在介绍国际货物买卖法时将以该公约作为重点。

二、国际贸易惯例

国际贸易惯例是国际货物买卖法的另一个重要渊源。在国际货物买卖中,如果双方当事人在合同内规定采用某项惯例,它对双方当事人就具有约束力。在发生争议时,法院和仲裁机构也可以参照国际贸易惯例来确定当事人的权利与义务。关于国际货物买卖的国际惯例主要有以下几种:

(一)《国际贸易术语解释通则》

Incoterms 来自于 International Commercial Terms,全称为 International Rules for the Interpretation of Trade Terms。它的宗旨是为国际贸易中普遍使用的贸易术语提供一套解释的国际规则,以避免或减少各国不同解释而出现的不确定性。它是由国际商会制订的,几经修改,最新的版本是 2000 年 1 月 1 日生效的《2000 年国际贸易术语解释通则》,即 Incoterms2000。

(二)《华沙—牛津规则》

《华沙—牛津规则》是国际法协会于1932年针对CIF合同制定的,它对CIF合同中买卖双方所应承担的责任、风险与费用作了详细的规定,在国际上有相当大的影响。

(三)《跟单信用证统一惯例》和《托收统一规则》

国际商会制定的《跟单信用证统一惯例》(2006年修订本,简称 UCP 600)和《托收统一规则》是两项有关国际贸易支付方面的重要惯例,它们确定了在采用信用证和托收方式时,银行与有关当事人之间的责任与义务,在国际上有很大的影响,我国在外贸业务中也普遍使用。

三、关于货物买卖的国内法

尽管有关国际货物买卖的国际公约、惯例正日益增多和完善,但离国际货物买卖法的统一还有相当大的距离。各国法院或仲裁机构在处理国际货物买卖合同争议时,仍需借助国际私法规则,选择适用某个国家的国内法。因此,各国有关货物买卖的国内法仍是国际货物买卖法的重要渊源之一。

(一)大陆法系国家货物买卖法

在大陆法系国家,买卖法一般作为债编的组成部分编入民法典,如《法国民法典》第三编第二章、《德国民法典》第二编第二章。这些法典通常没有专门针对货物买卖的法律条款,而把货物买卖视为动产买卖的一种统一加以规定。

(二)英美法系国家货物买卖法

英美法系国家的货物买卖法一般由两部分组成:

1. 普通法。它是由法院以判例形式确立的法律原则,属于不成文法或判例法(Case Law)。

2. 成文法,或称制定法(Statute)。它是由立法机关制定的法律,其中具有代表性的是英国《1893年货物买卖法》(Sale of Goods Act,1893),这是英国在总结法院数百年来有关货物买卖案件所作出的判决的基础上制定的买卖法。该法于1979年进行过修订,现在有效的是1994年的修订本(以下称《英国货物买卖法》)。英国《1893年货物买卖法》为英美法系各国制定各自的买卖法提供了一个样板。美国《1906年统一货物买卖法》(Uniform Sale of Goods Act,1906)就是以其为蓝本制定的。该法曾被美国36个州所采用。但是,随着时间的推移,该法已不能适应美国经济发展的要求。因此,从1942年起,美国统一州法委员会和美国法学会即着手起草美国《统一商法典》(Uniform Commercial Code,简称UCC)。该法典于1952年公布,其后曾作过多次修订。该法典第二编的标题就称为"买卖"(Sale),对货物买卖的有关事项作出了具体的规定,其内容在世界各国的买卖法中是最为详尽的。但是,美国《统一商法典》与大陆法国家的商法典有所不同,后者是由立法机关制定并通过的法律,而前者却只是由一些法律团体起草,供美国各州自由采用的一部法律样本,它的法律效力完全取决于各州的立法机关是否予以采纳。由于美国《统一商法典》能适应当代美国经济发展的要求,因此,到1990年,美国各州都通过各自的州的立法程序,采用了美国《统一商法典》,使它成为本州的法律。但有的州并不是全部采用,而只是部分采用。由此可见,美国《统一商法典》是由各州赋予其法律效力的,而不是美国联邦的立法,所以,它是州法而不是联邦法。自美国《统一商法典》施行后,《1906年统一货物买卖法》即被废止。

(三) 我国货物买卖法

我国有关货物买卖的法律主要见诸《中华人民共和国合同法》(以下简称《合同法》)。《合同法》分则第九章专门对买卖合同做了规定,从130条~174条,共计44条。除此之外,《合同法》总则的各项规定也可适用于买卖合同。《合同法》没有对国内的经济合同和涉外的经济合同加以区别,因此,其规定应适用国际货物买卖合同。

第二节 国际货物买卖合同的成立

国际货物买卖合同是双方当事人意思表示一致的产物,是通过一方提出要约,另一方对要约表示承诺而成立的。各国法律对要约和承诺的法律规则,都在民法或合同法中作出规定,但并不一致,特别是英美法系各国和大陆法系各国分歧很大。下面介绍英美法和大陆法在这个问题上的主要分歧。

一、要约

(一) 要约的概念

《公约》第14条规定,凡向一个或几个以上的特定人(Specific Person)提出的关于订立合同的建议,如果其内容十分确定并且表明要约人有在其要约一旦得到承诺就将受其约束的意思，即构成要约。根据这项规定，要约应符合以下条件：

1. 要约应向一个或一个以上特定的人提出。要约是由要约人（Offeror）向受要约人（Offeree）发出的。所谓特定的人，是指受要约人须为特定人，即在要约中应指明受要约人的姓名或公司名称，如某先生或某公司等。这项规定的目的是把刊登普通商业广告以及向公众散发商品目录（Catalogues）、价目表（Price List）等行为与要约区别开来。前者是向广大公众发出的，其对象是广大公众，而不是向某一个或某几个特定的人发出的，即不是以特定的人为其对象的。按照许多国家的法律，普通的商业广告并不具有要约的效力；但是有些国家，如英国的判例则认为，商业广告原则上虽然不是一项要约，但如果广告的内容十分明确、肯定，在某些例外的情况下，也可以视为一项要约，一旦看到该广告的人作出承诺的行为，刊登广告的人就须受其约束。对于这个问题，《公约》基本上是采取折中的办法来处理的。按照《公约》第14条第2款的规定，凡不是向一个或一个以上特定的人提出建议，仅应视为要约邀请，而不是一项要约。但是，如果该项建议符合作为要约的其他要求，而且提出该项建议的人明确表示有相反的意向，即明确表示他的这项广告是作为一项要约提出来的，则这项建议也得视为一项要约。

2. 要约的内容必须十分确定。要约一般应包括拟将订立的合同的主要条件，如商品的名称、价格、数量、品质或规格、交货日期、交货地点以及付款的方式等，以便一旦为对方承诺，就足以成立一项有效的合同，不致由于欠缺某项重要条件而影响合同的有效成立。但是，要约人无须在其要约中详细载明合同的全部条款，只要达到足以确定合同内容的程度即可。根据《公约》第14条的规定，一项关于订立合同的建议要成为一项要约，其内容必须十分确定。所谓十分确定（Sufficiently Definite），是指在订约的建议中至少应当包括以下内容：

（1）建议应载明货物的名称。

（2）建议应明示或默示地规定货物的数量或规定如何确定数量的方法。例如，在要约中可以明确规定"东北大豆1 000吨"或"铁矿砂100 000吨"等。建议也可以不规定具体的数量，而只规定某种确定数量的方法。例如，可在要约中规定"拟出售某铁矿在某段时间内所生产的全部铁矿砂"，或规定"拟购买某钢铁厂在某段时间内生产所需要的全部铁矿砂"，等等。前者称为供应全部产出（Output）的要约，后者称为购买全部需求（Requirement）的要约。这种做法虽然没有具体规定货物的数量，但按照厂矿企业的生产规模和规定的期间，仍然可以推算出所需或所供商品的数量。美国的《统一商法典》也有类似的规定。

（3）建议应明示或默示地规定货物的价格或规定如何确定价格的方法。在对外贸易业务中，前者称为固定价或板价（Fixed Price），后者称为活价或开口价（Open Price）。由于国际市场的价格经常发生波动，因此，在国际贸易中，当事人对于某些敏感性的商品交易和长期大宗供货合同，往往愿意采用活价的做法，以减少风险。

按照《公约》的规定，一项订约建议，如果包含了以上三项内容，便应当认为是"十分确定"的,就是一项要约;如果它被对方承诺,买卖合同即告成立。至于要约中没有规定的其他事项,在买卖合同成立后,可按有关的贸易惯例或按该公约的第三部分"关于买卖双方权利义务的有关规定"来处理。例如,如果在要约中对交货时间没有作出具体规定,则按照《公约》第33条的规定,卖方应在订立合同后的一段合理时间内交货;如果在要约中对买方支付货款的时间没有作出具体规定,则按照《公约》第58条的规定,买方应于卖方把货物或代表货物所有权的单据交给买方支配时支付货款。

(二)要约生效的时间

《公约》第15条第1款规定,要约于其到达受要约人时生效。在这个问题上,各国法律是一致的。因为要约是一种意思表示,受要约人必须在收到要约后才能决定是否予以承诺。因此,如果一方仅凭以往的交易经验或经由其他途径,预计对方有可能向他发出要约,而在收到要约之前即主动向对方作出"承诺",那么,即使此项"承诺"的内容与对方提出的要约内容完全巧合,也不能认为双方达成了协议,订立了合同。这种情况在法律上只能看做是两个交互的要约(Cross Offer),即上述一方作出的所谓"承诺",实质上不能算是承诺,而只是一项要约,除非它能得到对方的承诺,否则合同是不能成立的。

(三)要约的撤回与撤销

要约的撤回(Withdrawal)与撤销(Revocability)是两个既有联系又有区别的概念。要约的撤回是指要约人在发出要约之后,在其尚未到达受要约人之前,即在要约尚未生效之前,将该项要约取消,使其失去作用。而要约的撤销则是指要约人在其要约已经送达受要约人之后,即在要约已经生效之后,将该项要约取消,从而使要约的效力归于消灭。这个问题在国际贸易实务中有时是有重要意义的。因为要约人在发出要约之后,如遇国际市场价格发生波动或外汇汇率发生变化,要约人可能想改变主意,要求撤回或撤销其要约,或要求在价格或其他条款上做相应的调整,而受要约人则可能不同意撤销要约,或不同意对要约的内容做任何修改,双方就可能因此而引起争议。

对于要约可否撤回或撤销的问题,《公约》和各国法律都有一些不同的规定,现分别说明如下:

1. 要约的撤回。根据《公约》第15条第2款的规定,一项要约,即使是不可撤销的要约,都可以撤回,只要撤回的通知于该要约到达受要约人之前或与该要约同时送达受要约人。这项规定包含以下几层意思:

(1)它所针对的是指要约人已经发出了要约,但该要约尚未到达受要约人之前这一段时间,即要约生效前这段时间。

(2)《公约》允许撤回要约的理由是因为要约尚未生效,所以要约人可以将其撤回。

(3)要约人如欲撤回其要约,必须将撤回通知在该要约到达受要约人之前送达受要约人,或者至少也应与该要约同时送达受要约人,这样才能阻止要约生效。例如,以平邮发出要约之后,要约人若想改变主意,则可在该要约寄到受要约人之前,用电报、电传或空邮等更为快捷的通信方式把该项要约撤回。

(4)《公约》的上述规定适用于一切要约,包括注明不可撤销的要约,在其没有到达受要约人之前,统统都可以撤回。在要约撤回问题上,各国法律同《公约》的上述规定基本上是一致的。

2. 要约的撤销。关于要约生效之后,要约人能否将其撤销的问题是一个比较复杂的问题。在这个问题上,各国法律特别是英美法和大陆法存在着严重的分歧。现将两个法系的主要分歧及《公约》的有关规定分别介绍如下:

(1)英美法。英美普通法[①]认为,要约原则上对要约人没有拘束力。不论要约是否已经送达受要约人,要约人在受要约人对要约作出承诺之前,任何时候都可以撤销其要约或变更要约的内容。即使要约人在要约中已经规定了有效期限,但他也不受这项期限的约束,只要受要约人尚未作出承诺,他仍然可以在有效期内随时将其要约撤销。

(2)大陆法。德国的法律认为,要约原则上对要约人具有拘束力。《德国民法典》规定,除非要约人在要约中已表明不受拘束,否则要约一旦生效,要约人就要受其拘束,不得随意将其撤销。如果要约中规定了有效期,则在有效期间内不得撤销或变更其要约;如果在要约中没有规定有效期,则依通常情形,在可望得到对方答复之前,不得撤销或变更其要约[②],瑞士、希腊、巴西等国的法律也有类似的规定。按照这些国家的法律,要约人可以采用"不受拘束"等文句来表示要约对要约人没有拘束力。但如果在要约中使用了这种排除拘束力的文句,它在法律上就不是要约而只是一项要约邀请或要约引诱,其效力与要约有所不同。

(3)《公约》的有关规定。《公约》对撤销要约的问题主要有以下两项规定:

①《公约》第16条第1款规定,在合同成立以前,要约得予撤销,但撤销通知须于受要约人发出承诺之前送达受要约人。这项规定包含以下几层意思:第一,它所针对的是要约已经送达受要约人,即要约已生效但合同尚未成立之前的这一段时间。第二,这里所说的"合同成立以前",是指受要约人作出承诺以前(即要约人只要在受要约人作出承诺之前),及时将撤销要约的通知送达受要约人,便可将其要约撤销。但是一旦受要约人发出了承诺通知,要约人撤销要约的权利即告终止,而不是等到承诺通知生效时(即承诺通知送达要约人之时)才告终止。第三,此项规定的适用范围是有一定局限性的,并非对任何要约都能撤销。如果某项要约已经注明它是不可撤销的,则一旦该要约送达受要约人之后(即要约生效之后),要约人就不得将其撤销或加以变更。

②《公约》第16条第2款规定,在下列两种情形下,要约一旦生效,即不得撤销。第一,在要约中已经载明了承诺的期限,或以其他方式表示它是不可撤销的。第二,受要约人有理由信赖该项要约是不可撤销的,并已本着对该要约的信赖行事。

---

① 英美法有普通法(Common Law)和衡平法(Equity)之分。
② 《德国民法典》,第145条、146条、147条。

(四) 要约的终止或失效

《公约》第17条规定："一项要约，即使是不可撤销的要约，应于拒绝该要约的通知送达要约人时终止。"要约一旦终止，即丧失其效力，要约人就不再受其约束。

拒绝要约可以采取两种不同的方式：一种是明白表示拒绝接受要约；另一种是对要约人在要约中所提出的交易条件进行讨价还价，例如，要求降低价格，增加或减少数量，以及改变交货期限或支付方式等等。这种做法应认为是对要约的拒绝，并构成反要约。按照《公约》的规定，要约终止的时间应当是在受要约人把拒绝要约的通知送达要约人的时候。

此外，按照许多国家的法律，如有下列情况，要约亦将失效。

1. 要约得因期间已过而失效。如果要约规定了有效期限，则在该项期限终了时，要约即自行失效。如果要约人在要约中没有规定有效期，则有两种情况：第一，如果双方当事人是以对话方式进行交易谈判的，对于在对话中提出的要约，受要约人必须立即予以承诺，如不即时承诺，要约即失去其效力；第二，如果双方当事人分处异地，以函电等非对话的方式发出要约，而在要约中又未规定有效期，则受要约人应于合理的时间（Reasonable Time）内作出承诺，否则要约就告失效。至于何谓合理时间，这是一个事实问题，应由法院根据具体案情来确定。

2. 要约得因要约人的撤销而失效。如果要约被要约人撤销，其效力即告终止。

二、承诺

(一) 承诺的概念

按照《公约》第18条的规定，受要约人作出声明或以其他行为对一项要约表示同意，即为承诺。

承诺的实质是对要约表示同意。这种同意的意思必须以某种方式向要约人表示出来。按照《公约》的规定，受要约人既可以用向要约人发出声明的方式（口头或书面均可）表示同意其要约，也可以用其他行为来表示同意。例如，受要约人按要约的要求发运货物或支付货款等行为，也是同意要约的一种表示方式，也可构成承诺。

但是，受要约人在收到要约后，仅仅表示缄默，不采取任何行动对要约作出反应，这就不能认为是对要约的同意或承诺。因为从法律上说，受要约人并没有必须对要约作出答复的义务。但在某些例外情况下，如果根据交易双方的约定或按照双方已经确认的习惯做法和惯例，受要约人保持缄默也可能构成承诺。例如，买卖双方是老客户关系，多年来卖方都是按买方的订单准备发货，不再另行通知买方表示他已接受其订单。如果其中有一次，卖方在收到买方的订单后，既不发货，也不通知买方表示拒绝其订单。在这种情况下，卖方的缄默可以构成承诺，如果他不履行发货义务，买方可以指控他违约。因为双方在多年的交易中已经确认了这样一种习惯做法：卖方在收到买方订单之后即可按此办理交货，无须向买方发出通知，表示接受其订单。

(二) 承诺生效的时间

承诺从什么时候起生效是合同法中一个十分重要的问题。因为按照各国的法律，承诺一旦生效，合同即告成立，双方当事人就要受合同的约束，承担由合同所产生的权利与义务。在这个问题上，英美法与大陆法特别是与德国法分歧很大。英美法采取所谓"投邮生效的原则"（Mailbox Rule），大陆法则采取所谓"到达生效的原则"（Received of the Letter of Acceptance Rule）。现将各国有关的法律原则和《公约》，对这个问题的解决办法分别介绍如下：

1. 英美法认为，凡以信件、电报作出承诺时，承诺的函电一经投邮或交发，立即生效，合同即告成立。只要受要约人把载有承诺内容的信件投入邮筒或把电报交到电报局发出，承诺即于此时生效，即使此项函电在传递过程中被遗失或延误，但只要受要约人能证明他已在函电上写明了收件人的姓名、地址，付足了邮资并交到了邮电局，合同仍可有效成立。

2. 德国法在承诺生效时间的问题上，采取了与英美法不同的原则。《德国民法典》对承诺生效的时间虽然没有作出具体的规定，但按照德国法，要约和承诺都是一种意思表示，应适用有关意思表示的规定。《德国民法典》第130条规定："对于相对人所做的意思表示，于意思表示到达相对人时发生效力。"据此，承诺的通知必须于其到达相对人时才生效，合同亦于此时才能成立。

3. 《公约》对承诺生效的时间，原则上是采用到达生效的原则。根据《公约》第18条第2款的规定，对要约所作的承诺，应于表示同意的通知送达要约人时生效。如果表示同意的通知在要约人所规定的时间内，或者如果要约人没有规定期间，则在一段合理的时间内未曾送达要约人，承诺即为无效，但须适当考虑交易的情况，包括要约人所使用的通信方法的迅速程度。对口头要约必须立即予以承诺，但情况表明有不同要求者除外。按照这项规定，如果由于邮递失误，致使承诺通知在传递过程中遗失或未能在要约规定的期限内（或在合理时间内）送达要约人，则除了属于《公约》第21条规定的情况外，该项承诺即属无效，合同不成立。换言之，按照《公约》的规定，承诺通知在传递中可能发生的失误风险应由受要约人承担，而不是由要约人承担。

(三) 以某种行为对要约作出承诺

按照《公约》第18条第3款的规定，如果根据要约或依照当事人间已确立的习惯做法或惯例，受要约人可以作出某种行为。例如，以发运货物或支付货款的行为来表示接受要约，而无须向要约人发出承诺通知，则在作出这种行为时承诺即告生效，而不是在货物或付款到达要约人时才生效。这一点与上述第18条第2款关于承诺须于表示同意的通知送达要约人时才生效的要求是有所不同的。这一区别的实际意义在于：一旦受要约人根据本款规定，以作出装运货物或支付货款的行为表示承诺之后，即使没有向要约人发出承诺的通知，承诺亦视为已经生效，要约人即须受其约束，不得再撤销其要约，这对保护以行为作出承诺的人是有一定作用的。

(四) 对要约的条件作了变更的承诺的效力

按照各国法律,承诺是同意接受要约的一种意思表示,因此,承诺的内容必须与要约相同,即必须接受要约所提出的各项条件。如果承诺与要约不一致,那就不是承诺而是反要约。《公约》基本上采纳了这一传统的法律原则。按照《公约》第19条第1款的规定,对要约表示承诺时,如载有添加、限制或其他更改,应视为对要约的拒绝,并构成反要约。但是,为了避免由于承诺的内容与要约稍有出入而影响到整个合同的有效成立,《公约》在第19条第2款中规定,对要约表示承诺但载有添加或不同条件的答复,如所载有的添加或不同条件在实质上并不变更该项要约的条件,则除要约人在不过分延迟的期间内以口头或书面方式提出异议外,仍可作为承诺,合同仍可有效成立。

在适用上述规定时,最重要的问题是要确定承诺中所附加或变更的条件,哪些是在实质上变更了要约的条件,哪些是没有在实质上改变要约的条件。对此,《公约》第19条第3款作了明确的回答。按照该款规定,凡在承诺中对货物的价格和付款、货物的质量与数量、交货的地点和时间、当事人的责任范围、解决争议的方法等事项有所添加或变更者,均视为在实质上变更了要约的条件。如果在承诺中添加或改变其中任何一项条件,都不能再认为是承诺,而应认为是反要约,合同不能成立。

(五) 逾期承诺

逾期承诺又称为迟到的承诺(Late Acceptance),是指承诺通知到达要约人的时间已经超过了要约所规定的有效期,或者在要约未规定有效期时,已经超过了合理的时间。按照各国法律,逾期承诺不能认为是有效的承诺,而只是一项新要约或反要约。《公约》亦认为逾期承诺无效,但有一些灵活的处理方法。按照《公约》第21条第1款的规定,逾期承诺仍可具有承诺的效力。如果要约人毫不迟延地用口头或书面形式将这种意思通知受要约人,例如,卖方于4月10日以电报向买方发出一项要约,其中规定,"承诺通知须于4月20日前送达卖方"。买方于4月21日回电报给卖方表示接受其要约,该电报于4月21日送达卖方。这时,如果卖方仍愿意同买方订约,他就应当毫不迟延地通知买方,表明尽管买方的承诺已逾期,但他仍视之为有效的承诺,合同仍可有效成立。合同成立的时间就是该项逾期承诺到达卖方的时间(即4月21日)。但是,如果卖方明确表示拒绝接受逾期的承诺,或不向买方作出表示接受其逾期承诺的通知,则该项迟到的承诺就不具有承诺的效力,合同就不能成立。

《公约》第21条第2款还规定,如果载有逾期承诺的信件或其他书面文件表明,依照它寄发时的情况,只要邮递正常,它本应是能够及时送达要约人的,则此项逾期承诺应认为具有承诺的效力,除非要约人毫不迟延地用口头或书面形式通知受要约人,认为他的要约已因逾期而失效。这项规定同前项规定的区别在于:本项规定所指的是由于邮递延误所造成的承诺迟到,而不是由于受要约人(即承诺人)发出的承诺时间太迟而造成的,不能归咎于受要约人,所以,在处理上与前一种情况略有不同。

(六)承诺的撤回

根据《公约》的规定,承诺是可以撤回的,只要撤回的通知能在承诺生效之前或与其同时送达要约人。撤回承诺是承诺人阻止其承诺发生法律效力的一种意思表示。承诺人在发出承诺之后,如果发现不妥,则在该承诺生效之前,可以将其撤回,但一旦承诺生效,合同即告成立,承诺人就不得撤销其承诺。在这个问题上,各国法律(特别是英美法与大陆法)是有分歧的。按照英美法国家的审判实践,由于他们认为承诺的函电一经投邮发出就立即生效,因此,受要约人只要发出了承诺通知之后,就不能将其承诺撤回。但按照德国的法律,由于它对承诺采取到达生效的原则,所以,受要约人发出承诺通知后,在其到达要约人之前,仍可设法将其承诺撤回。

三、我国《合同法》对"要约"和"承诺"的规定

我国《合同法》对"要约"和"承诺"的含义以及其他有关问题作出了完整、系统的规定。《合同法》第13条规定:"当事人订立合同,采取要约、承诺方式。"

关于要约构成的条件,《合同法》第14条规定,要约是希望和他人订立合同的意思表示,构成要约必须符合两个条件:①内容具体确定;②表明经受要约人承诺,要约人即受意思表示约束。值得注意的是:《合同法》并没有要求要约必须是向特定人发出的。这与"公约"的规定有所区别。

关于要约的撤回和撤销问题,《合同法》基本上借鉴了"公约"的规定。在承诺的生效时间,我国《合同法》原则上采取了"到达主义"。

第三节 卖方和买方的义务

《公约》和各国的买卖法对买卖双方的权利与义务都有具体的规定,但是,这类规定大多数是任意性的规定,而不是强制性的规定。因此,在国际交易中,买卖双方按照契约自由的原则,可以在合同中规定他们的权利与义务,即使合同的某些规定与《公约》或买卖法的规定有所不同,但只要它与强制性的法律规定不相抵触,这是完全允许的。《公约》第6条就明确规定,当事人可以减削《公约》的任何规定或改变其效力。可见,合同中的规定是至关重要的,凡双方在买卖合同中已经明确规定的权利与义务,双方都必须按合同的规定执行。只有当买卖合同对某些事项没有作出规定或规定不明确时,才需援引《公约》和有关国家国内买卖法的规定来确定双方当事人的权利与义务。

一、卖方的义务

卖方的主要义务是按照买卖合同的规定交货。根据有些国家的买卖法的规定,所谓交货(Delivery),是指自愿地移转货物的占有,即由卖方把对货物的占有权移转给买

方。在国际贸易中,卖方的交货义务主要包括以下内容:①按合同规定的时间、地点交货;②交付与货物有关的装运单据;③对货物品质瑕疵的担保;④对货物的权利担保。

《公约》第三部分第二章对卖方的义务作了详细的规定。按照《公约》的规定,卖方的主要义务有以下三项:①交付货物;②移交一切有关货物的单据;③把货物的所有权移转于买方。现按《公约》的有关规定,将卖方的义务具体说明如下:

(一)关于卖方交货的地点和时间

1. 交货的地点。如果买卖合同对交货地点已有具体规定,卖方应按合同规定的地点交货;如果合同对交货地点没有作出规定,根据《公约》第 31 条的规定,卖方应按下述三种不同情况履行其交货义务:

(1)如果合同没有规定具体的交货地点,而该合同又涉及货物的运输,即要求卖方把货物运送给买方(如经由铁路或海运运交买方等),则卖方的交货义务就是把货物交给第一承运人。即使这批货物需要经过两个以上的承运人才能运到买方,卖方也只需把货物交给第一个承运人,即认为已履行交货义务。不仅如此,根据《公约》第 67 条的规定,在这种情况下,从货物按照合同规定交付给第一承运人时起,风险即由卖方转移于买方。

(2)如果买卖合同既没有规定具体的交货地点,又不要求卖方把货物运送给买方,即合同中没有涉及卖方应负责运输的事宜,则按照《公约》的规定,如果该合同出售的货物是特定物,或者是从某批特定的存货中提取的货物(如指定从存放在某地的小麦仓库中提取 100 吨小麦备交货之用),或者是尚待加工生产或制造的未经特定化的货物(如买方的订货将在某地某个工厂加工制造),而双方当事人在订立买卖合同时已经知道这些货物存放在某个地方,或者已经知道它们将在某个地方生产或制造,则卖方应在该地点把货物交给买方处置。

(3)除上述情况外,在其他的情况下,卖方的交货义务是在其订立买卖合同时的营业地点把货物交给买方处置。所谓交给买方处置(At the Buyer's Disposal),是指卖方采取一切必要的行为,让买方能够取得货物。例如,做好交货前的准备工作,将货物适当包装,刷上必要的标志,并向买方发出通知,让其提取货物,等等。如果卖方已把货物交给仓库或承运人照管,则卖方将有关单据(如提单或仓库单据)交给买方,即认为已将货物交给买方处置。

但是,《公约》的上述规定只有在买卖合同对交货地点没有作出规定时才适用。如果双方当事人已经使用某种贸易术语,明确规定了交货的地点,则卖方的义务就不是交到第一承运人或在特定货物的所在地交货,而是应当把货物交到指定地点。例如,如果双方当事人在合同中规定交货的条件是"FOB 上海",即使货物需要从内地(如郑州)用火车运到上海,再由上海装船运往国外,但卖方的义务是把货物交到上海的指定船舶上,而不是把货物交到内地(如郑州)开往上海的火车上就算是完成交货义务。

《公约》第 32 条还规定,如果买卖合同涉及货物运输事宜时,即合同要求卖方通过

承运人把货物运交买方时,卖方还应承担下述义务:

第一,如果按照合同或《公约》的规定,卖方要把货物交付给承运人以便运交买方,但货物并未打上标志,也未以填写装运单据的方式或以其他方式将货物确定在该合同项下(Identified to the Contract),则卖方必须向买方发出具体注明此项货物的发货通知。这项规定,实质上是涉及把货物特定化的问题。所谓把货物确定在合同项下,就是把货物特定化,指定以该项货物作为履行某一合同的标的。一般来说,卖方可以采取下列办法将货物特定化:①在货物上标明买方的姓名和地址;②在提单上载明以买方为收货人或载明货物运到目的地时应通知某一买方。如果卖方未按上述办法或其他办法将货物确定在合同项下,他就必须向买方发出一份具体指明货物情况的发货通知。

卖方把货物特定化是一项具有重大法律意义的行为。按照许多国家的法律,卖方将货物特定化,乃是货物的风险和所有权由卖方移转于买方的必要条件。在货物特定化之前,其风险和所有权原则上不转移于买方。

第二,如果卖方有义务安排货物的运输,他必须负责订立必要的运输合同,用适当的运输工具,按照通常的运输条件,将货物运到指定地点。具体来说,当卖方按 CFR, CIF 等条件订立合同时,卖方就要承担安排运输的义务,但如果双方是按 FOB 条件成交,则除合同另有规定外,卖方一般没有义务安排货物的运输,其义务仅限于将货物送到指定的装运港口,装上买方派来的运输工具。

第三,如果卖方没有义务对货物的运输办理保险(如 FOB 或 CFR 合同),他必须在买方提出要求时,向买方提供一切可供买方投保这种保险之用的必要资料,使买方能够投保这种保险。《公约》并没有把这一点作为卖方的一项一般性的义务,因为按照《公约》的规定,只有当买方提出要求时,卖方才须提供这类资料。但是,按照某些国际贸易惯例,即使买方没有提出要求,卖方也应当提供这类资料;否则,如果因为卖方不提供这类资料而导致买方不能及时投保,卖方就可能要对货物在运输过程中的风险负责。

2. 交货的时间。《公约》第 23 条对如何确定卖方交货的时间作了如下几项规定:

(1) 如果合同中规定了交货的日期(如 1 月 30 日),或从合同中可以确定交货的日期(如买方开出信用证后 30 天),则卖方应在该日期交货。

(2) 如果合同中规定了一段交货的期间(如 6 月或 7~8 月等),或从合同中可以确定一段期间,则除情况表明买方有权选定一个具体日期外,卖方有权决定在这段期间内的任何一天交货。例如,如果合同规定交货期为 7~8 月,则卖方可以在 7 月 1 日至 8 月 31 日之间选择任何一个日子交货。

(3) 在其他情况下,卖方应在订立合同后的一段合理的时间内交货。至于何谓合理时间,应根据交易的具体情况来确定。

(二) 提交有关货物的单据

在国际货物买卖中,装运单据(Shipping Documents)具有十分重要的作用。它们是买方提取货物、办理报关手续、转售货物以及向承运人或保险公司请求赔偿所必不可少的文件。按照国际贸易惯例，在大多数情况下，卖方都有义务向买方提交有关货物的各种单据。而且，买卖合同也往往规定，以卖方移交装运单据作为买方支付货款的对流条件(Concurrent Condition)。《公约》明确规定，移交有关货物的单据是卖方的一项主要义务。

（三）卖方的品质担保义务

关于卖方对货物的品质担保义务，各国法律和《公约》都有具体的规定。一般来说，如果买卖合同对货物的品质规格已有具体的规定，卖方应按合同规定的品质规格交货；如果合同对货物的品质规格没有作出具体规定，则卖方应按合同应适用的法律的有关规定负责。现将《公约》中有关卖方对货物品质的担保义务的规定介绍如下：

按照《公约》第35条的规定，卖方交付的货物必须与合同所规定的数量、质量和规格相符，并须按照合同所规定的方式装箱或包装。除双方当事人另有协议外，卖方所交的货物应当符合下列要求，否则即认为其货物与合同不符。

1. 货物应适用于同一规格货物通常使用的用途。

2. 货物应适用于订立合同时买方曾明示或默示地通知卖方的任何特定用途，除非情况表明买方并不依赖卖方的技能和判断力，或者这种依赖对他来说是不合理的。例如，如果买方是凭他指定的商标选购货物，或者使用高度技术性的规格来描述他所需要的货物，那就可以认为买方是凭对自己的自信来选购货物，而不是依赖卖方的技能和判断力来为他提供货物。在这种情况下，卖方就不承担提供适合特定用途的货物的义务。

3. 货物的质量应与卖方向买方提供的货物样品或模型相同。

4. 货物应按同类货物通用的方式装入容器或包装，如无此种通用方式，则应按足以保全和保护货物的方式装进容器或包装。

以上四项义务，是在双方当事人没有其他约定的情况下，由《公约》加诸卖方身上的义务。它们反映了买方在正常交易中对购买的货物所抱有的合理期望[①]。因此，只要双方当事人在合同中没有作出与此相反的规定，《公约》的上述规定就适用于他们之间的合同。

《公约》还对卖方承担上述义务的时间作了明确的规定。例如，《公约》第36条规定，卖方应对货物的风险转移于买方时所存在的任何不符合的情形承担责任，即使这种不符合合同的情况是在风险移转于买方之后才明显表现出来的。这就是说，《公约》认为，卖方对货物应负符合合同要求的责任，原则上虽然是以风险转移的时间为衡量标准，即只要货物在风险转移于买方的时候符合合同的要求，卖方就算是履行了他的义务。如果在风险转移于买方之后，货物发生腐烂、变质、生锈等情况，以至与合同的要求不符，卖方不承担责任。但是，也有例外的情况，即货物与合同的要求不符需要在风险

---

① 联合国国际贸易法委员会核准的《联合国国际货物销售合同公约（草案）》原文及秘书处编写的评注。

转移于买方之后的一段时间才能发现或显露出来。例如,有些货物需要经过科学鉴定,甚至需要经过使用一段时间后才能显示其是否与合同的要求相符。在这种情况下,尽管风险已经转移于买方,但如果货物的缺陷在风险转移于买方之前就已经存在,则卖方仍应承担责任。

《公约》还规定,在某些情况下,卖方对货物在风险转移于买方之后发生的任何不符合合同要求的情形亦应承担责任,如果这种不符合合同情况的发生是由于卖方违反了他的某项义务,包括违反关于货物在一定期间内将继续适合于其通常用途或某种特定用途的保证。在这方面,最明显的例子是在机械设备交易中,如合同规定卖方对其提交的机械设备产品的保证期为一年,尽管该设备的风险早已转移于买方,而且在风险转移的时候该设备是符合合同要求的,但如果在一年的保证期内,买方发现该设备的质量与合同的要求不符,则卖方仍须对此负责。

(四)卖方对货物的权利担保义务

权利担保是指卖方应保证对其所出售的货物享有合法的权利,没有侵犯任何第三方的权利,并且任何第三方都不会就该项货物向买方主张任何权利。在货物买卖中,卖方最重要的义务就是保证他确实享有出售货物的权利(Seller's Right to Sell the Goods)。例如,卖方系货物的所有人,或者卖方是受货主的委托,作为代理人替货主出售货物等,这都可以认为卖方享有出售货物的合法权利。具体来说,卖方的权利担保义务主要包括以下三个方面的内容:①卖方保证对其出售的货物享有合法的权利;②卖方保证在其出售的货物上不存在任何未曾向买方透露的担保物权,如抵押权、留置权等;③卖方应保证他所出售的货物没有侵犯他人的权利,包括商标权、专利权等。按照各国的法律,上述权利担保义务是卖方的一项法定义务,即使在买卖合同中对此没有作出规定,卖方依法亦应承担此项义务。

《公约》对卖方的权利担保义务主要有以下两项规定:

1. 卖方所交付的货物必须是第三方不能提出任何权利或请求的货物。《公约》第41条规定,卖方所交付的货物必须是第三方不能提出任何权利或请求的货物,除非买方同意在受制于这种权利或请求的条件下收取这些货物。

这项规定实质上就是要求卖方保证对所售货物享有合法权益。如果有任何第三方对货物提出权利主张或请求,卖方应对买方承担责任。这往往涉及货物的所有权或担保物权方面的问题。这里应当注意的是:根据《公约》第4条的规定,该公约是不涉及买卖合同对货物所有权产生的影响等问题的。因此,如果卖方把不属于他所有或未经货主合法授权出售的货物卖给了买方,而买方由于不知情而买受了这批货物,一旦这批货物的真正所有人向买方提出权利请求时,该善意的买方是否能在法律上受到保护,真正的所有人能否把这批货物追夺回来,这些问题是不能按照《公约》来处理的,因为《公约》没有涉及这方面的问题。如果出现这种情况,只能按照该合同所应适用的国内法来处理。《公约》第41条仅限于规定买卖双方之间的权利与义务,即如果一旦发生这类问题时,买方对卖方享有什么权利,以及卖方对买方应当承担什么义务的问题。至于第三方对货物是否可以行使权力的问题,则不在本条的范围之内,也不是《公约》所能解决的问题。

2. 卖方所交付的货物不得侵犯任何第三方的工业产权或其他知识产权。根据《公约》第42条的规定,卖方所交付的货物必须是第三方不能根据工业产权或其他知识产权提出任何权利或请求的货物。这一规定同某些国家国内法的规定差不多,但国际买卖比国内买卖更为复杂。因为在国内买卖中,一般只涉及侵犯本国的工业产权或其他知识产权,而在国际交易中,侵犯工业产权(如商标权、专利权)或其他知识产权(如版权)大都涉及卖方国家以外的其他国家(如进口国或转售国)。例如,卖方所交付的货物可能既没有侵犯卖方国家的工业产权,也没有侵犯买方国家的工业产权,但由于买方把这批货物转销往第三国而侵犯了该国的工业产权或知识产权。因为工业产权或知识产权是具有地域性的,各国授予的工业产权或知识产权是相互独立的,同一种商品在甲国认为没有侵犯他人的工业产权,但在乙国却可能会被认为是侵犯了他人的工业产权。基于上述复杂情况,《公约》并不是绝对地要求卖方必须保证他所交付的货物不得侵犯任何第三方的工业产权或其他知识产权,而是有一定的条件限制的。其条件如下:

(1)卖方只有当其在订立合同时已经知道或不可能不知道第三方对其货物会提出这些方面的权利或请求时,才对买方承担责任。

(2)卖方并不是对第三方依据任何一国的法律所提出的工业产权或知识产权的权利或请求都要向买方承担责任,而只是在下列情况下才需向买方负责:①如果卖方在订立合同时已知买方打算把该项货物转售到某一个国家,则卖方对于第三方依据该国法律(如专利法、商标法、版权法等)所提出的有关工业产权或知识产权的权利或请求,应对买方承担责任。因为卖方在订约时既然已经知道货物将转销该国,他就不应当让其货物侵犯该国的工业产权或知识产权。②在任何其他情况下,卖方对第三方依据买方营业地所在国法律所提出的有关工业产权和知识产权方面的请求,应对买方承担责任。

(3)如果买方在订立合同时,已经知道或不可能不知道第三方对货物会提出有关工业产权或知识产权的权利或请求,则卖方对买方就不承担由此而引起的责任。

(4)如果第三方所提出的有关工业产权或知识产权的权利或请求是由于卖方遵照买方所提供的技术图纸、图案或其他规格为其制造产品而引起的,则应由买方对此负责,卖方对此不承担责任。

二、买方的义务

买方的主要义务有两项:一是支付货款;二是受领货物。现将《公约》有关买方义务的规定介绍如下:

(一)支付货款

按照《公约》的规定,买方支付货款的义务涉及许多方面的问题,如履行必要的付款手续,合理确定货物的价格,确定付款的时间和地点等。对这些问题,《公约》的规定比许多国家的国内法都更为详细和具体。

1. 履行必要的付款手续。《公约》第 54 条规定,买方支付货款的义务包括采取合同或任何法律、规章所要求的步骤及手续,以便使货款得以支付。这一点在国际贸易中是十分重要的,因为国际贸易的付款程序远比国内贸易复杂,并且涉及外汇的使用问题,如果买方不履行必要的付款手续,到时就有可能付不了货款。《公约》这项规定的目的,是把买方为付款所必须采取的准备行动作为其付款义务的一个组成部分。所谓"依照合同或法律、规章的要求采取为支付货款所必需的步骤及手续",主要是指按照买卖合同的规定,申请银行开出信用证或银行保函;在实行外汇管制的国家,还必须根据有关法律或规章的规定,向政府申请取得为支付货款所必需的外汇。

如果买方没有办理上述各种必要的手续,使货款得以支付,即构成违反合同。在这种情况下,卖方可以规定一段合理的额外时间,让买方履行其上述义务。如果买方在这段额外时间内仍不履行其义务,卖方即有权宣告撤销合同。如果买方不办理上述手续,其本身即已构成根本违反合同,则卖方可立即宣告撤销合同。

2. 确定货物的价格。如果买卖合同已经规定了货物的价格或规定了确定价格的方法,买方应当按合同规定的价格付款,这是毫无疑问的。但是,如果合同没有明示或默示地规定货物的价格或规定确定价格的方法,在这种情况下,如果合同已有效成立,则应当认为双方当事人已默示引用订立合同的时候,这种货物在有关贸易中在类似情况下出售的通常价格。例如,买方以电报向卖方订购某种型号的机床若干台,要求立即装运,但没有规定价格或计价方法。卖方收到电报后,即按其要求将机床装船运给买方。在这种情况下,买卖合同在卖方装运机床时就告成立,至于机床的价格,则可按同类机床在合同成立时在类似交易中的通常价格来计算。《公约》这项规定的目的是为了使合同不致由于没有规定价格或作价方法而不能履行。

《公约》第 56 条还规定,如果货物的价格是按照货物的重量(如吨、公斤等)来确定的话,有疑问时,应按货物的净重量来确定。

3. 支付货款的地点。在国际货物买卖中,在什么地方支付货款,对买卖双方,特别是对卖方来说,是一个不可忽视的问题。因为一旦遇到约定的支付地点实行外汇管制,或因外汇短缺而限制外汇的汇出,买方就无法履行其付款义务,卖方也不能取得货款。如果双方在买卖合同中对付款的地点已有明确的规定,买方应在合同规定的地点付款。

如果买卖合同对付款地点没有作出具体的规定,买方应按《公约》第 57 条的规定,在下列地点向卖方支付货款:

(1) 在卖方的营业地付款。如果卖方有一个以上的营业地点,则买方应在与该合同及合同的履行关系最为密切的那个营业地点向卖方支付货款。

(2) 如果是凭移交货物或单据支付货款,则买方应在移交货物或单据的地点支付货款。在国际货物买卖中,如果采用 CIF,CFR 和 FOB 等条件成交时,通常都是凭卖方提交装运单据支付货款。无论是采用信用证付款方式还是跟单托收的支付方式,都是以卖方提交装运单据作为买方付款的必要条件,所以,交单的地点就是付款的地点。

4. 支付货款的时间。《公约》第 58 条规定了买方支付货款的时间与条件,它包括以下三项内容:

(1) 根据《公约》第 58 条第 1 款的规定,如果买卖合同没有规定买方应当在什么时候付款,则买方应当在卖方按合同和《公约》的要求把货物或代表货物所有权的装运单据(如提单)移交给买方处置时支付货款。卖方可以把支付货款作为移交单据的条件,即付款与交单互为条件。如果买方不付款,卖方就没有义务把货物或单据交给买方;反之,如果卖方不把货物或单据交给买方,买方也没有义务支付货款。

(2) 如果合同涉及货物的运输,卖方可以在发货时订明条件,规定必须在买方支付货款时方可把货物或代表货物所有权的装运单据交给买方。

(3) 《公约》规定,买方在未有机会检验货物以前,没有义务支付货款,除非这种检验的机会与双方当事人约定的交货或支付程序相抵触。这项规定同国际贸易的做法有时是不一致的。因为在国际货物买卖中,买方不一定能够在支付货款之前就有机会对货物进行检验。特别是采用 CIF 条件订立合同并采用信用证或托收方式付款时,通常都是凭单付款在前,货到检验在后,买方不能要求先对货物进行检验,然后才支付货款,而必须先凭卖方提交的装运单据付款,等货物运到目的港后再对货物进行检验。为了适应国际贸易的这种惯例做法,《公约》明确指出,如果买方在付款之前要求对货物进行检验的权利与双方约定的交货或付款程序相抵触,买方就无权要求在付款以前先检验货物。但这并不是说买方就放弃了检验货物的权利,因为即使买方已付了货款,但货到目的地后,买方仍有权对货物进行检验,如果发现货物与合同不符,买方仍有权要求卖方赔偿损失,或采取《公约》所规定的其他补救办法来维护其正当权益。

(二) 收取货物

买方的另一项基本义务是收取货物。根据《公约》第 60 条的规定,买方收取货物的义务主要包括以下两项内容:

1. 采取一切理应采取的行动,以便卖方能交付货物。这项规定主要是要求买方合作,采取必要的行动,例如,及时指定交货地点或按合同规定安排有关运输事宜,以便使卖方能履行其交货义务。特别是在采用 FOB 条件成交时,买方的配合更是必不可少的。因为在 FOB 条件下,装运货物的运输工具是由买方负责指派的,如果买方不按合同规定的时间将运输工具派往装货地点,卖方就无法履行其交货义务。对此,买方应承担责任。

2. 接收货物。买方有义务在卖方交货时接收货物,如果买方不及时接收货物,有时可能会对卖方的利益产生直接影响。因为当卖方有义务将货物运送给买方时,卖方一般都要求买方及时卸货并提走货物,如果买方不及时提货,卖方可能要支付滞期费及仓储费、保险费等额外费用,对此,买方亦应承担责任。

第四节　对违反买卖合同的补救方法

买卖合同订立以后，卖方和买方都有可能发生违约行为。有时是卖方违约，如不交货、延迟交货或所交货物与合同规定不符等；有时是买方违约，如无理拒收货物或拒绝支付货款等。按照各国法律的规定，当一方违约使对方的权利受到损害时，受损害的一方有权采取补救措施，以维护其合法的权益。这种措施在法律上称为救济方法(Remedies)。

《国际货物销售合同公约》在第三部分第一章、第二章、第三章及第五章中分别对违反买卖合同的救济方法作了具体的规定。第一章主要涉及根本违反合同的定义；第二章和第三章分别对卖方违反合同时买方的救济方法，以及买方违反合同时卖方的救济方法作了详细的规定；第五章则对买卖双方都可以采用的救济方法作了若干规定。现分别介绍如下。为了叙述上的方便，拟首先介绍根本违反合同的定义和买卖双方都可以采取的救济方法，然后再分别介绍卖方和买方各自的救济方法。

一、根本违反合同的定义及其后果

(一) 根本违反合同的定义

《公约》在具体规定卖方和买方的救济方法之前，首先对"根本违反合同"(Fundamental Breach of Contract)下了一个定义，因为是否构成根本违反合同对当事人可能采取何种救济方法有直接的关系。如果某种违约行为已经构成根本违反合同，受损害的一方就有权宣告撤销合同，并有权要求赔偿损失或采取其他救济办法；如果不构成根本违反合同，则受损害的一方不能撤销合同，而只能要求损害赔偿或采取其他救济方法。

(二) 根本违反合同的后果

《公约》第25条规定："如果一方当事人违反合同的结果，使另一方当事人蒙受损害，以至于实际上剥夺了他根据合同有权期待得到的东西，即属于根本违反合同，除非违反合同的一方并不预知，而且同样一个通情达理的人处于相同情况下也没有理由预知会发生这种结果。"《公约》对根本违反合同所采取的衡量标准是看违反合同的后果是否使对方蒙受重大的损害，即违约后果的严重程度。至于损害是否重大，应根据每个案件的具体情况来确定。例如，违反合同所造成的损失金额的大小，或者违反合同对受害一方其他活动所产生的消极影响的程度等。但是，如果违反合同的一方能够证明他并没有预见到会产生这种严重后果，而且也没有理由会预见到这种严重后果，他就可以不承担根本违反合同的责任。

二、买卖双方都可以采取的救济方法

(一) 损害赔偿

根据《公约》的规定，损害赔偿是一种主要的救济方法。当一方违反合同时，对方就有权利要求赔偿损失,而且要求损害赔偿的权利并不因其已采取其他救济方法而丧失。例如,当卖方违反合同时,即使买方已宣告撤销合同,或者已允许卖方推迟交货,但买方对由于卖方违约所遭受的损失,仍有请求损害赔偿的权利。

《公约》第74~77条对损害赔偿的责任范围和计算办法作了具体的规定。

1. 损害赔偿的原则及责任范围。《公约》第74条规定:"一方当事人违反合同应负责的损害赔偿额,应与另一方当事人因他违反合同而遭受的包括利润在内的损失额相等。但这种损害赔偿不得超过违反合同一方在订立合同时依照他当时已知道或理应知道的事实和情况,对违反合同预料到或理应预料到的可能损失。"

这项规定对买方或卖方所提出的损害赔偿请求都同样适用,而且适用于因各种不同的违约情况所提出的损害赔偿要求。对于这项规定有以下四点需要加以说明:

(1)《公约》明确规定损害赔偿的责任范围应与对方因其违约而遭受的包括利润在内的损失额相等。这从损害赔偿的法理上说,就是要使受损害一方的经济状况与合同假如得到履行时他本应得到的经济状况相同。《公约》特别指明应当包括利润损失,这一点同大多数国家的法律是一致的。

(2)《公约》对损害赔偿的责任范围有一个很重要的限制,这就是"不得超过违约一方在订立合同时,依照他当时已知道或理应知道的事实和情况,对违反合同预料到的或理应预料到的损失"。即违约一方的赔偿责任仅以其在订立合同时可以预见到的损失为限。对于那些在订约时不可能预见到的损失,违约的一方可以不承担责任。在这一点上,我国《合同法》的规定与《公约》的规定基本上是一致的。

(3)《公约》没有采用过失责任原则。根据《公约》的规定,当一方请求损害赔偿时,无须证明违约的一方有过失,只要一方违反合同并给对方造成了损失,对方就可以要求其赔偿损失。这一点同某些国家的法律规定有所不同。许多大陆法系国家在民法中都采取过失责任原则,即只有当违约一方有过失并给对方造成损害时,违约方才承担损害赔偿责任。

(4)《公约》认为,损害赔偿的请求权不因当事人采取其他救济方法而受到影响。根据《公约》第45条第2款和第61条第2款的规定,当卖方或买方违反合同时,买方或卖方可能享有的要求损害赔偿的任何权利并不因为他已采取其他救济方法而丧失。这就是说,即使他已采取了撤销合同或其他救济方法,他仍然可以要求违约的一方给予损害赔偿,即两种救济方法可以同时行使。这一点同某些大陆法系国家的法律是有所不同的。例如,根据《德国民法典》的规定,债权人只能在解除合同与损害赔偿请求权二者之间选择行使其中一项权利,而不能同时行使两种权利,即两者不能就同一债务关系并存。

2. 减轻损失的义务。当一方当事人违反合同时,没有违反合同的他方有义务采取必要的措施,以减轻因违约而引起的损失。《公约》第77条规定:"声称另一方违反合同的一方,必须按情况采取合理措施,减轻由于另一方违反合同而引起的损失,包括利润方面的损失。如果他不采取这种措施，违反合同一方可以要求从损害赔偿中扣除原应可以减轻的损失数额。"这项规定适用于买方或卖方的各种违约索赔情况。我国《合同法》和其他一些国家的国内法也有类似的规定。

（二）预期违约

所谓预期违约，是指在合同规定的履行期到来以前，已有根据预示合同的一方当事人将不会履行其合同义务。由于这种预期违约的情况，既可能出现在买方身上，也可能出现在卖方身上，因此，《公约》把对预期违约的救济方法作为买卖双方都可以采用的救济方法专列一条加以规定。

1.《公约》第71条第1款规定，如果订立合同后，一方当事人由于下列原因显然将不履行其大部分重要义务，对方当事人可以中止履行义务。

一方履行义务的能力或他的信用有严重缺陷，或者他在准备履行合同或履行合同中的行为显示他将不履行其主要的义务。

上述规定主要包含两个内容：

(1)对预期违约的救济方法。按照《公约》第71条的规定，对预期违约的救济方法是中止履行合同的义务，即当一方当事人已明显地显示他将不履行其大部分重要义务时，对方有权暂停履行自己的合同义务。但是，根据《公约》第72条的规定，如果在履行合同的日期到来之前已明显看出一方当事人将根本违反合同，则另一方当事人不仅有权中止履行合同，而且可以宣告撤销合同。所以，对预期违约须视其是否构成根本违反合同而分别采用中止合同或撤销合同这两种不同的救济方法。

(2)援引中止履行合同这种救济方法时必须具备的条件。一方当事人只有在对方显然将不会履行其大部分重要义务的条件下，方可中止履行自己的合同义务。《公约》对何谓"显然将不履行其大部分重要义务"提出了两种情形：一是当事人的履约能力或信用严重下降。例如，买方在订立合同后失去偿付能力或已宣告破产等。二是当事人在准备履行合同或履行合同中的行为已显然显示出他将不履行其大部分重要义务。

2.《公约》规定了在援用中止履行合同时所必须采取的通知程序。根据《公约》第71条第3款的规定，宣告中止履行义务的一方当事人必须立即通知另一方当事人；如果另一方当事人对履行义务提供了充分的保证，则必须继续履行义务。因为中止合同只是暂时停止履行合同，而不是使合同告终，所以，只要另一方当事人提供了充分的履约担保，例如，当买方信用下降时，可由银行为其提供信用担保（如银行保函），在这种情况下，宣告中止履行的一方仍须继续履行其合同义务。这一点同我国《合同法》的规定基本上是一致的。

（三）对分批交货合同发生违约的救济方法

分批交货合同是指一个合同项下的货物分成若干批交货。例如，一项购买10万吨小麦的合同，可以分为5批交货，每批交2万吨。在这种情况下，如果一方当事人对其中一批货物没有履行合同的义务并构成根本违反合同,对方能否宣告撤销整个合同,或不能撤销整个合同而只能宣告合同对这一批货物无效。这种情况买卖双方都有可能遇到,因此,《公约》第73条专门就此做了规定,主要有以下三种情况:

1. 在分批交货合同中,如果一方当事人不履行对其中任何一批货物的义务,便已对该批货物构成根本违反合同,则对方可以宣告合同对该批货物无效,即宣告撤销合同对这一批货物的效力,但不能撤销整个合同。

2. 如果一方当事人不履行对其中任何一批货物的义务,使另一方当事人有充分理由断定今后各批货物亦将会发生根本违反合同的情况,则该另一方当事人可以在一段合理时间内宣告合同今后无效,即撤销合同对今后各批货物的效力;但对在此以前已经履行义务的各批货物不能予以撤销。

3. 当买方宣告合同对某一批交货无效时,如果合同项下的各批货物是互相依存、不可分割的,不能将任何其中的一批货物单独用于双方当事人在订立合同时所设想的目的(如大型设备分批装运交货),则买方可以同时宣告合同对已经交付或今后将交付的各批货物均为无效,即可以宣告撤销整个合同。

三、卖方违反合同时买方的救济方法

卖方违反合同主要有以下几种情况:①不交货;②延迟交货;③交付的货物与合同规定不符。《公约》没有分别就每一种违约情况规定相应的救济方法,而是从总的方面对卖方违反合同时买方可以采取的各种救济方法作出规定。根据《公约》第三部分第二章第三节的规定,如果卖方不履行他在合同和该公约中的任何义务,买方可以采取下列救济方法。

(一)要求卖方履行其合同义务

《公约》第46条规定,如果卖方不履行合同的义务,买方可以要求卖方履行其合同或《公约》中规定的义务。例如,如果卖方不交货,买方可以要求他按合同规定交货。但是,如果买方已经采取了与这一要求相抵触的其他救济方法,他就不能采取这种救济方法。例如,如果买方已经宣告撤销合同,就不能再要求卖方履行其合同义务。因为撤销合同与要求卖方履行合同义务二者是有抵触的。《公约》所规定的这种救济方法同各国法律中所规定的实际履行(Specific Performance)的救济方法基本上是一样的,都是旨在要求卖方依照合同规定履行其义务。

但是,根据《公约》第28条的规定,当一方当事人要求另一方当事人履行某项义务时,法院没有义务作出要求具体履行此项义务的判决,除非法院依照其本身的法律对不属于该公约范围的类似销售合同愿意这样做。按照这项规定,当卖方违反合同不履行其合同义务时,买方有权要求卖方依照合同规定具体履行其合同义务,即向法院对卖方提起实际履行之诉讼;但是,法院却没有义务作出实际履行的判决,判令卖方实际履行其合同义务,除非法院根据其本身的法律,即根据法院所在地国的法律对不属于该公约

范围的类似销售合同也会作出实际履行的判决。《公约》之所以作出这样的规定,是因为各国法律对实际履行的态度不一致,《公约》需要调和各国法律的分歧,特别是调和英美法和大陆法在实际履行问题上存在的分歧。

(二)要求卖方交付替代货物

《公约》第46条第2款规定,如果卖方所交付的货物与合同规定不符,而且这种不符合合同的情形已构成根本违反合同,买方有权要求卖方另外再交一批符合合同要求的货物,以替代原来那批不符合合同的货物。但是,买方在采用这种救济方法时,须受一项条件的限制,即只有当卖方所交货物不符合合同的情形严重,业已构成根本违反合同时,买方才可以要求卖方交付替代货物。如果卖方所交付的货物与合同不符,但情况并不严重,尚未构成根本违反合同时,买方就不能要求卖方交付替代货物,而只能要求卖方赔偿损失或对货物与合同不符之处进行弥补等。

(三)要求卖方对货物不符合合同之处进行弥补

《公约》第46条第3款规定,如果卖方所交的货物与合同规定不符,买方可以要求卖方通过修理(Repair)对不符合合同之处做出补救。这项规定适用于货物不符合合同的情况并不严重,尚未构成根本违反合同,只需卖方加以修理,即可使之符合合同要求的情形。这样做对买卖双方都是比较方便的。

(四)给卖方一段合理的额外时间,让其履行合同义务

《公约》第47条第1款规定,如果卖方不按合同规定的时间履行其义务,买方可以规定一段合理的额外时间,让卖方履行其义务。对于这项规定,分别说明如下:

1. 这是《公约》针对卖方延迟交货而规定的一种救济方法。例如,如果买卖合同规定卖方应于2001年9月交货,届时卖方未能交货,则买方可以给卖方规定一段合理的额外时间,如1个月,让其在10月份交货。

2. 本条规定的实际意义是为买方日后宣告撤销买卖合同创造条件。因为根据《公约》第49条第1款(b)项的规定,如果卖方不按买方规定的合理的额外期限交货,或声明他将不在上述额外期限交货,买方就有权宣告撤销合同。在上面的例子中,如果卖方不在10月份交货,或声明他将不会在10月份交货,买方就可以宣告撤销合同。

按照《公约》的规定,在通常情况下,当卖方不按期交货时,买方都要给他一段合理的额外期间,让卖方在此期间内履行其义务;但不是绝对的。如果卖方不按合同规定的时间交货的本身已经构成根本违反合同,则按照《公约》第49条的规定,买方可以不给卖方规定额外的合理期限,就可以立即宣告撤销合同。

(五)撤销合同

根据《公约》第49条的规定,当卖方违反合同时,买方在下述情况下可以宣告撤销合同。

1. 卖方不履行其在合同中或《公约》中规定的任何义务,已构成根本违反合同。

2. 如果发生不交货的情况,卖方在买方规定的合理的额外时间内仍不交货,或卖方声明他将不在买方规定的合理的额外时间内交货。

从上述规定看,《公约》对买方撤销合同的权利是有一定限制的,并不是卖方的任何违约行为都可以使买方有权撤销合同。

（六）要求减价

按照《公约》第50条的规定,如果卖方所交的货物与合同不符,不论买方是否已经支付货款,他都可以要求减低价格。减价按实际交付的货物在交货时的价值与符合合同的货物在当时的价值两者间的比例计算。但是,如果卖方已按《公约》规定对其任何不履行合同义务之处做出了补救,或者买方拒绝接受卖方对此做出补救,买方就不得要求减低价格。

（七）当卖方只交付部分货物或所交货物只有一部分符合合同规定时,买方可采取的救济方法

根据《公约》第51条的规定,当卖方只交付一部分货物,或者卖方所交付的货物中只有一部分与合同的要求相符合时,买方只能对漏交的货物或对与合同要求不符的那一部分货物采取上述第46～50条所规定的救济方法（如退货、减价及要求损害赔偿等）,但一般不能宣告撤销整个合同或拒收全部货物,除非卖方完全不交货,或者不按合同规定交货,已构成根本违反合同时,买方才可以宣告撤销整个合同。[①]

（八）当卖方提前交货或超量交货时,买方可以采取的补救方法

《公约》第52条规定,如果卖方在合同规定的日期以前交货,买方可以收取货物,也可以拒绝收取货物。但在后一种情况下,如果卖方把货物暂存下来,等到合同规定的交货期到达的时候再次向买方提交货物,则买方仍须收取这批货物。

《公约》还规定,如果卖方所交货物的数量大于合同规定的数量,买方可以收取全部货物,也可以拒绝收取多交部分的货物而只收取合同规定数量的货物,但不能拒收全部货物。如果买方收取多交部分的货物,他就必须按合同规定的价格付款。

（九）请求损害赔偿

《公约》认为,损害赔偿是一种主要的救济方法。根据《公约》第45条的规定,如果卖方违反合同,买方可以要求损害赔偿,而且买方要求损害赔偿的权利不因其已采取其他补救方法而丧失。这就是说,即使买方已经采取了撤销合同、拒收货物、要求交付替代货物等救济方法,但他仍然有权要求卖方赔偿因其违反合同所造成的损失。《公约》第75条、第76条对在撤销合同的情况下,如何计算损害赔偿额的具体办法做了规定,主要有以下两种情形:

1. 如果买方已宣告撤销合同,而在宣告撤销合同后的一段合理时间内,买方已以合

[①] 《联合国国际货物销售合同公约》,第51条第2款。

理方式购买替代货物,则买方可以取得合同价格和替代货物的交易价格之间的差额,以及因卖方违约而造成的其他损害赔偿。[①] 这种做法叫做实际补进(Cover)。例如,当卖方不交货物或所交货物与合同不符已构成根本违反合同时,买方可以宣告撤销合同,并在市场上买进一批同样的货物以替代合同项下的货物。如果合同的价格为 100 万美元,补进同样货物的交易价格为 120 万美元,则在各种交易条件相同的条件下,买方可以向卖方索赔两者之间的差价,即 20 万美元。但是,如果两者的交易地点或其他交易条件不尽相同,则损害赔偿的金额应根据具体情况做适当的调整。但买方在购进替代货物时,应当在宣告撤销合同后的一段合理的时间内进行,而且应当以合理的方式和合理的价格购进。

在上述情况下,买方除了可以取得合同价格和补进交易价格之间的差额以外,还可以索赔由于卖方违反合同所造成的其他损失。例如,由于卖方所交货物与合同不符而必须购买替代货物所引起的额外开支,以及因临时购买的替代货物不能按原合同规定的日期交货而造成的损失等。

2. 如果买方在撤销合同之后,没有实际补进原来合同项下的货物,而此项货物又有时价的话,则买方可以取得原合同规定的价格和宣告撤销合同时的时价之间的差额,以及因卖方违约而造成的任何其他损害赔偿。但是,如果买方在接收货物之后才宣告撤销合同,则应按接收货物时的时价与合同规定的价格之间的差额计算,而不是按宣告撤销合同时的时价计算。这里所说的时价,是指合同原定交货地点的现行价格。如果该地点没有时价,则指另一合理替代地点的现行价格,但在这种情况下,应适当考虑货物运输费用的差额。[②]

四、买方违反合同时卖方的救济方法

买方违反合同主要有以下几种情形:①不付款;②延迟付款;③不收取货物;④延迟收取货物。

现根据《公约》第三章第三节的有关规定,对买方出现上述违约情事时,卖方可以采取的各种救济方法分别介绍如下:

(一)要求买方实际履行其合同义务

当买方不支付货款、不收取货物或不履行其他义务时,卖方可以要求买方实际履行其合同义务,除非卖方已采取了与这些要求相抵触的救济方法。例如,卖方已宣告撤销合同,他就不能要求买方依照合同接受货物或支付货款,因为这种要求与撤销合同是有抵触的。但是,根据《公约》第 28 条的规定,当一方当事人要求对方实际履行其合同义务时,法院并没有义务判令对方实际履行其义务,除非法院依照其他国的法律对不属于

---

① 《联合国国际货物销售合同公约》,第 75 条。
② 《联合国国际货物销售合同公约》,第 76 条。

该公约范围的类似合同亦将作出实际履行的判决。

(二)卖方可以规定一段合理的额外时间让买方履行其义务

如果买方没有在合同规定的时间内履行其合同义务,卖方可以规定一段合理期限的额外时间让买方履行其义务。但是在这种情况下,除非卖方已收到买方的通知,表明他将不在卖方所规定的额外时间内履行其义务,否则,卖方不得在这段时间内对买方采取任何救济方法。但是,卖方并不因此而丧失其对买方延迟履行合同可能享有的要求损害赔偿的权利。

(三)卖方在下列情况下可以宣告撤销合同

1. 如果买方不履行合同或《公约》规定的义务,已经构成根本违反合同,即买方的违约行为使卖方遭到重大损失,以至实质上剥夺了卖方根据合同有权得到的东西,在这种情况下,卖方可以宣告撤销合同。但是,在大多数情况下,买方不按合同规定履行支付货款或收取货物的义务,并不一定达到根本违反合同的程度,在这种情况下,卖方就不能立即宣告撤销合同,而应当给买方规定一段合同的额外时间,让买方履行其合同义务。

2. 如果卖方已经给买方规定了一段合理的额外时间,让买方履行其义务,但买方不在这段时间内履行其义务,或买方声明他将不在所规定的时间内履行其义务,则卖方亦可宣告撤销合同。

3. 撤销合同的后果。根据《公约》第81~84条的规定,当卖方或买方宣告撤销合同后,就解除了双方在合同中规定的义务。但是,按照《公约》的规定,撤销合同并不终止违约一方对其违约所引起的一切损害赔偿责任,也不终止合同中关于解决争议的任何规定。例如,合同中的仲裁条款不会因为撤销合同而终止其效力,如果双方有争议,仍应按照仲裁条款的规定进行仲裁。

(四)卖方可以自行确定货物的具体规格

根据《公约》第65条的规定,如果买卖合同对货物的具体规格(如形状、大小、尺码等)没有作出具体规定,而只规定买方有权在一定日期内提出具体规格要求或在收到卖方通知后提出具体的规格要求,在这种情况下,如果买方在合同规定的时间内或在收到卖方要求后的一段合理时间内没有提出具体规格要求,则卖方在不损害其可能享有的权利(如请求损害赔偿的权利)的情况下,可以依照他所知道的买方的要求,自行确定货物的具体规格。这项规定的目的,是使这种合同不因买方不指定具体规格而不能执行。

(五)请求赔偿

当买方违反其合同义务或《公约》所规定的义务时,卖方有权请求损害赔偿。而且根据《公约》的规定,卖方请求损害赔偿的权利,不因其已采取上述其他补救方法而受到影响。

(六) 要求支付利息

如果买方没有支付价款或任何其他拖欠金额,卖方有权对这些款额收取利息,但这并不妨碍卖方根据《公约》第 74 条规定可以取得的损害赔偿。

案例

货物买卖合同纠纷案

【案情】

申请人(一家中国外贸公司)与被申请人(一家美国公司)于 1995 年 9 月 22 日在中国签订订购合同。由被申请人向申请人出售铝箔 40 吨,其中规格为 0.006 mm × 800 mm × 10 000 m/roll 与 0.006 mm × 7 880 mm × 10 000 m/roll 的铝箔各 20 吨,合同总价为 218 000 美元,价格条件为 CIF 中国汕头,装运期限为 1995 年 10 月 20 日前,付款条款以信用证见单后 60 天支付。关于异议索赔,合同规定:双方同意本合同所订的商品之品质应以货物到达目的口岸后 90 天内经中国商品检验机构检验并以该机构所签发之检验证书为最后依据,双方必须遵守。经中国商品检验机构检验,如发现品质或数量或重量与本合同规定不符的,除属于保险公司或船行负责者外,买方应拒绝收货并凭商检证书向卖方索赔。卖方应收回不合格货物,并赔偿买方货款、运输、储藏、保险、利息、检验等费用。

合同签订后,被申请人于 1995 年 10 月 20 日将货物装船,并于同日向申请人开出商业发票。发票载明:被申请人共向申请人交付货物 40.103 5 吨,总金额为 218 546.07 美元。1995 年 10 月 27 日,货物运抵汕头港。申请人收到货物后,经开箱查验,发现被申请人运交的两个货柜的货物中共短少货物 4 木箱,并有部分货物存在部分铝箔有氧化皱纹质量问题。申请人于 1995 年 11 月 4 日、11 月 9 日及 11 月 27 日三次致函被申请人,将货物存在的短重及质量问题告知被申请人并要求给予解决。1995 年 12 月 26 日,申请人再次致函被申请人,要求被申请人对如何解决货物存在的问题如何解决给予答复。被申请人于同日回函称:"①短重问题:请贵公司尽快出具有船务公司或海关等权威公证机构签署的理货证明,我方将根据此证明进一步核实……要求正确的解决办法。②质量问题:……我方无法确认质量问题的事,贵公司如有适当的解决办法,请贵公司明确提出,我方会郑重考虑,妥善处理此事……"此后,申请人通知银行,将其开立的信用证项下 218 564.07 美元的货款支付给被申请人;同时,申请人申请中国某进出口商品检验局对被申请人交付的货物进行检验。该商品检验局出具的检验证书认定:货物短少 4 木箱,共计 2 087.5 公斤;47 卷铝箔表面存在皱纹、划痕,共计净重 3 582.5

公斤。鉴于到货封条、包装完好,上述货物短少是发货时漏装所致;上述品质情况系原厂生产缺陷。依据上述检验证书,申请人于1996年1月23日向被申请人发出《索赔通知书》及索赔清单。双方对此协商未果,申请人遂向仲裁委员会申请仲裁。

申请人称:货物短缺及质量问题完全是由被申请人造成的,被申请人违反了合同约定,给申请人造成损失。申请人提出仲裁请求如下:

1. 被申请人返还货物短缺部分的货款11 376.87美元;
2. 被申请人收回有品质缺陷的货物,并承担由此产生的一切费用;
3. 被申请人返还有品质缺陷的货物款项共19 524.62美元;
4. 被申请人返还上列第1,2项货款的利息(从1995年12月29日至1996年5月1日,以年息8%计)共846.61美元;
5. 被申请人返还上列第1,2项货物的进关税费15 636.89美元及利息(从1995年12月29日至1996年5月1日,以年息8%计)640.89美元;
6. 被申请人返还货物的商检费用人民币4 585美元;
7. 被申请人承担本案仲裁费用。

被申请人针对申请人的仲裁申请进行如下答辩:

本案的货物在装运之时不存在质量和数量问题。1995年10月17日,美国某检验机构出具的检验证书以及1995年10月20日另一公司检验证书均证明货物在装船之时,质量和数量符合合同要求;1995年10月19日,保险公司也在对货物确认后出具了保险单,同时,被申请人也出具了货物装箱单。由此,被申请人有理由和依据确信此批货物装运时不存在质量、数量问题,因此,被申请人已履行了在CIF条款下作为卖方所承担的全部义务。申请人若认为确有问题存在,可凭被申请人向其提供的保险单向保险公司索赔,而越过船舷后的风险与被申请人无关。

被申请人同时提出,根据申请人提供的中国某港务公司的证明证实,1995年11月1日经中国海关批准拆封开箱查验,开箱时受货人、海关查验人员及码头仓管员均在场,但对货物数量及质量均未提异议。而申请人在货到目的港大约一周后,将其移至异地才发现货物短缺。申请人提供的某进出口商品检验局的检验证书是1996年1月16日出具的,而商检机构的检验是在货物已经开箱并移至他地较长时间后出具的。因此,申请人据以索赔的主要依据——中国商检广东检验局的检验证书存在诸多问题,不足以作为有效证据。

经仲裁庭查明,被申请人所称情况属实。

【问题】

如果你是本案仲裁员,你将如何处理此案?请说明其理由。

第五章

外商投资企业法

> **内容提要及学习要求**
>
> 本章围绕外商投资企业法的基本内容进行了系统的介绍，阐述了中外合资经营企业的法律制度、中外合作经营企业的法律制度、外资企业的法律制度、设立外商投资企业的法定程序以及我国关于保护外资的有关法律规定等。
>
> 本章要求学生重点掌握我国颁布的《中华人民共和国中外合资经营企业法》、《中华人民共和国中外合作经营企业法》和《中华人民共和国外资企业法》的主要内容，加深理解我国外商投资企业法的基本含义。

第一节 外商投资企业法的概念

我国的外商投资企业，又称三资企业，是中外合资经营企业、中外合作经营企业、外商独资企业的简称。由于我国特殊的历史和现实情况，外商投资企业中的外商还包括港澳及台湾同胞。

我国的外商投资企业法，又称三资企业法，是指规定外商投资企业的设立、经营、终止和解散，以及解决中外双方争议的各类法律规则的总称。它还包括我国对外商投资企业的优惠措施及其法律保护。对该定义，需要特别说明的是：

第一，外商投资企业是我国在改革开放过程中出现的一种特殊的商业组织，其特殊性就在于这类商业组织都具有涉外因素，即在其资本构成中都具有境外资本成分，在业主(股东)成分中都有境外人士参加。基于这种特殊性，我国对其采用了特别的政策和特别的法律来调整、规范它们。

第二,自从我国在1979年颁布了举世瞩目的《中华人民共和国中外合资经营企业法》(以下简称《中外合资经营企业法》)以来,经过十多年的实践和努力,我国的涉外经济立法已经粗具规模,关于三资企业的法律制度已经基本配套,并正在不断地健全和完善。与外商投资企业相关的税法、外汇管理条例、劳动法、海关法以及工商行政管理条例都已相继颁布。可以这么说,我国的外商投资企业基本上已经有法可依、有章可循了。

第三,我国的外商投资企业法是国际投资法的一个重要组成部分。国际投资法,广义上是指调整国家之间生产要素流动的各种法律制度和法律规则的总称。具体来说,国际投资法主要是指管辖外国直接投资的各种法律制度。它的主要内容包括外国资本的进入,对外资的管理和监督,以及对外资的法律保护这三个方面。其中,以法律手段创造较好的投资环境,对外资进行有效的鼓励和保护,同时对外资进行必要的监督和控制,使其既能促进国际经济合作的发展,又能将其纳入各国经济发展的轨道,这是国际投资法的核心内容,也是我国外商投资企业法的宗旨所在。因此,我国必须把研究国际投资法的重点,放在研究我国有关投资立法和不断地总结我国利用外国投资的经验和教训之上,使我国的三资企业法既与国际投资法的原则和惯例相符,又保持其自身的特点,从而使我国的三资企业法更有成效地为社会主义四个现代化服务。

第四,作为完整的外商投资企业法,除了国内专门的涉及外商投资企业的特别立法之外,还应包括与此有密切关系的其他法规和国际条约,尤其是如《公司法》、《合同法》等国内立法及 WTO 中的《TRIMS 协议》,以及我国与其他国家之间签订的相互鼓励和保护投资协定等。其中,关于《公司法》及《TRIMS 协议》与三资企业法的关系问题,将在本章专门介绍。

外商投资企业作为我国利用外商直接投资的主要形式,经过20多年的实践,已经积累了丰富的经验,这方面的法律、法规已经成龙配套,基本可以做到有法可依。目前,我国的外商直接投资数额日益扩大,三资企业不断发展,截至2000年底,全国外商直接投资协议金额已超过6 600亿美元,实际投入金额已超过3 500亿美元,全国累计批准的外商投资项目约为40万个,在三资企业工作的人员已超过2 000万人。世界上500家最大的跨国公司中,有400多家已在中国投资。目前,全国50%以上的进出口额是由三资企业完成的。显然,外商投资企业在中国20多年间所形成的上述规模是与我国的法制建设成就密不可分的。

第二节 中外合资经营企业的法律制度

一、中外合资经营企业的企业形式及其法律特征

(一)中外合资经营企业的定义

中外合资经营企业(以下简称"合营企业")是依照《中外合资经营企业法》及《中

外合资经营企业法实施条例》的规定而设立的。它是由外国的公司、企业或其他经济组织或个人,按照平等互利的原则,经我国政府批准,在中华人民共和国境内,同一个或几个中国的公司、企业或其他经济组织共同举办、共同经营和共负盈亏的企业。经中国政府批准并经注册登记的合营企业是中国的法人,应遵守中国的法律,受中国法律的管辖与保护。

(二)合营企业的企业形式①

《中外合资经营企业法》第4条第1款规定:"合营企业的形式为有限责任公司。"其特点如下:

1. 合营企业作为有限责任公司,具有自己独立的财产,属于独立的企业法人,即中外合营各方对合营企业所承担的责任仅以其认缴的出资额为限;合营企业对其债务所负的责任以其全部资产为限。合营各方的财产与合营企业的财产是相分离的,合营各方对合营企业的债务不承担责任,更不承担连带责任。

2. 合营企业作为有限责任公司,不得向社会公开发行股票。中外合营各方的出资额不得自由转让,其转让须受严格的限制(详见"合营各方缴资的法律规定")。

3. 合营企业的股东(投资者)人数较少,不设立股东大会,直接实行董事会领导下的经理负责制。董事由中外合营各方各自委派。

(三)合营企业的法律特点

合营企业主要的特点,就是它属于股权式的合营企业(Equity Joint Venture)。根据国际惯例,所有合营企业大体上可以划分成股权式的合营企业和契约式的合营企业两大类。所谓股权式的合营企业,是指对合营各方的所有投资以货币形式进行估价,然后以此折合成股份,并计算出其在整个注册资本中所占的比例(称为股权比例),再按此股权比例分担企业的收益和风险、盈利和亏损。股权式的合营企业通常是一个具有法人资格的公司企业,实际上就是以公司形式进行的一种直接投资方式。中外合营企业属于股权式的合营企业,这是其主要的法律特征。

二、对中外合营企业资金来源的法律规定

(一)中外合营企业的投资总额

根据《中外合资经营企业法》及其实施条例的规定,合营企业的投资总额,从其来源分析,由中外投资各方各自的投资额和以合营企业的名义的借款这两部分组成,它等于合营企业的自有资金及该企业的借贷资金之和。从合营企业所需要的资金总额分析,所谓合营企业投资总额,是指按照合营企业合同、章程规定的生产规模需要投入的基本建设资金和生产流动资金的总和。换言之,投资总额是指按照合营企业合同、章程

---

① 中外合资经营企业的主要形式为有限责任公司,这是《中外合资经营企业法》规定的,但随着国内经济改革的深入以及中外合营企业自身发展的需要,又出现了采取股份有限公司形式的合营企业。

规定的生产规模需要投入的基本建设资金和生产流动资金的总和。(见《中外合资经营企业法实施条例》第17条)。

(二)合营企业的注册资本

根据《中外合资经营企业法实施条例》第18条第1款的规定,合营企业的注册资本,是指为设立合营企业在登记管理机构登记的资本总额,应为合资各方认缴的出资额之和。这个定义包括了两层意思:其一,合营企业的注册资本是合营企业双方投资者在我国登记管理机构注册登记的自有资本的总额,这里不包括合营企业的借款;其二,合营企业的注册资本必须是投资各方认缴的出资额之和。这里的"认缴"(Subscription)一词是指投资者已经允诺以现金、实物、知识产权或专有技术进行实际投资的法律行为。通俗地说,注册资本是投资者已经承担了法律责任,必须缴付的各自出资额。因此,注册资本不等于实付资本。所谓实付资本(Paid-up Capital),是指投资者实际上已经支付了的资本额。一般来说,在资本分次投入企业的情况下,在一段时间内,实收资本少于注册资本;但当双方分次按期付足资本后,两者又趋于一致了。

按照《中外合资经营企业法实施条例》的规定,如果要增加、转让或以其他方式处置注册资本,必须由董事会通过决议,并报原审批机构批准,向原登记管理机构办理变更登记手续。

关于合营企业不得任意减少注册资本这一立法的原因,主要是为了更好地保护合资企业债权人的利益,同时也是防止合资企业在存续期间缩小规模,不利于我国吸引外国投资工作的正常发展。

(三)合营企业的注册资本与借款比例

如上所述,投资总额从资金来源角度分析,是由合营企业的注册资本(自有资本或股本)与借款(以合营企业名义获得的贷款)所构成。因此,我国合营企业的注册资本与借款之比,相当于国际上通行的公司法中的股与债之比。这个比例在公司法中以及社会经济生活中是一个十分敏感和重要的问题。因为债在公司经营活动中的杠杆作用是十分明显的。但如果这个比例太高(即债太多),就会直接影响对债权人和第三人的利益的保护以及整个社会经济秩序的稳定。因此,不少国家通过银行法、证券交易法,有的直接通过公司法,对此比例作了限制性规定。此外,当公司企业在进行具体借债业务时,往往由债权人(主要是银行)通过实际业务对此比例进行控制。

我国经过近9年的实践之后,由国家工商行政管理总局制定,国务院于1987年3月1日颁布了《关于中外合资经营企业注册资本与投资总额比例的暂行规定》。它以法规的形式明确了中外合资经营企业注册资本与投资总额的比例,实际上也确立了合营企业借款额与注册资本的比例。这个条例的主要规定如下:

1. 合营企业的投资总额在300万美元以下(含300万美元)的,其注册资本至少应占投资总额的7/10,即股与债之比为7∶3。

2. 合营企业的投资总额在300万美元以上到1 000万美元的,其注册资本至少应占投资总额的1/2,即股与债之比为1:1;但投资总额在420万美元以下的,注册资本(即股本)不得少于210万美元。

3. 合营企业的投资总额在1 000万美元以上到3 000万美元的,其注册资本至少应占投资总额的2/5,即股与债之比为2:3;但投资总额在1 250万美元以下的,注册资本不得低于500万美元。

4. 合营企业的投资总额在3 000万美元以上的,其注册资本至少应占投资总额的1/3,即股与债之比为1:2(债可为股的2倍),但投资总额在3 600万美元以下的,注册资本不得低于1 200万美元。

《中外合资经营企业法实施条例》还规定,凡合营企业增加投资的,其追加的注册资本与增加的投资比例,即股与债之比须按上述所规定的比例执行。

最后,《中外合资经营企业法实施条例》规定,合作经营企业、外资企业的注册资本与投资总额的比例,也应参照上述规定执行。我国之所以对合营企业的股与债作出此规定,主要是考虑到如果合营企业的债务太多,注册资本甚少,势必造成该企业经营风险过大,这无论对双方投资者来说,还是对国内外的债权人来说,都是不适当的。尤其是合营企业位于中国境内,是中国的法人,一旦合营企业亏损,其偿还债务的风险极易转嫁到中方。总之,这个规定是从中国的实际情况出发,参照国际惯例而制定的,目的是为了保护中外双方投资者的利益以及债权人的利益。

(四)合营企业内合资各方的投资比例

合营企业的投资比例,是指中外合营各方投入的股权资本在注册资本中所占的各自份额,以表示其在合营企业中拥有股本的份额。合营者在合营企业中的持股比例意义重大,它直接关系到合营者对企业利润的分配和企业结束时对剩余资产的分配,关系到合营各方对企业的管理权等重大问题。

在国际直接投资领域,各个东道国对外国投资者在合资经营企业中投资比例的数额,一般都在其公司法或投资法中作出规定。各国根据其经济发展的需要,在各个时期、各个部门对外国合营者的投资比例往往有不同的规定。至于西方国家,对于外国合营者投资于合营企业的资本的股份比例基本没限制,外资可占多数股份,合营双方也可以各占半数股份。但在实践中,通常以本国合营者占有多数股份者居多。

《中外合资经营企业法》第4条规定,在合营企业的注册资本中,外国合营者的投资比例一般不低于25%,即我国的法律只规定了外国合营方投资的最低限额,没有规定外资所占比例的最高限额。

我们建立合资经营企业,主要目的是吸收外国投资,引进先进技术,学习其科学的管理经验,真正做到与外国合营者共担风险、共享利润。因此,如果外国合营者的投资比例太小,如少于25%,则起不到吸收外国直接投资所要达到的目的。国际货币基金组织调查报告声称,这个投资比例,是较能满足东道国利用外资的目的的。

那么,为什么我国对外国投资方的投资比例不规定最高比例(即不规定上限)?这样是否会对我国的政治和经济造成不利影响？我们认为这是不会的。首先,我国的经济体制使外资无法形成对我国经济或某个产业部门的控制。我国正在建立社会主义市场经济,利用外资虽然是国民经济计划的一个组成部分,但国家对外商直接投资项目制定出指导性计划,明确投资方向和重点,通过审批登记制,引导外商投资企业的设立和经营。在这种情况下,虽然允许外国合营者在合营企业中的投资比例可以较大,也绝不会影响国家主权和经济独立。其次,根据我国的合营企业法及其实施条例的规定,合营企业在经营管理上并不完全按股份大小来决定控制权,对经营上的重大决策须由中外合营各方根据平等互利原则协商解决。总之,只规定合营企业中外资比例的下限而不规定上限,有利于我们在具体项目上灵活掌握中外双方的投资比例,更好地起到鼓励外商积极投资的作用。

(五) 合营企业内合资各方的投资方式

合营各方用什么方式投资入股,这是一个重要的问题,它涉及这个企业的自有流动资金的数额、机器设备的水平和运转能力、技术的先进程度以及合营企业的空间规模(占地面积)。因此,《中外合资经营企业法》第5条以及《中外合资经营企业法实施条例》第四章22~29条对这一问题作了较为详细的专门规定。根据上述条文规定,合营企业各方可以现金、实物、工业产权等进行投资。

1. 现金投资。以现金投资,可以是人民币(一般均限于中方),也可以是外币。以现金投资,特别要注意的是在合同中要明确规定投资方交款的具体金额和时间。如果是分期交款,应将每期交款的正确金额和时间加以详细规定,并应按时把金额汇入企业所在地的中国银行户头,因为作为投资的现金直接构成企业的自有资金,如果延迟缴付,势必影响企业的开业及其正常的经营活动。因此,法律规定,凡逾期未缴或未缴清现金的,应按合同规定支付延迟利息并赔偿损失。以现金投资还要注意外国合营者用以投资的外币应按其投资交款当日国家外汇管理总局公布的外汇牌价折算成人民币或套算成约定的外币。同样,中国合营者出资的人民币现金,如需折合成外币,也应按交款当日的国家外汇管理总局公布的外币牌价折算。一般来说,我方应尽量争取外方多投入一些现金。

2. 实物投资。它是指以有形资产投资。其范围较广,包括建筑物、厂房、机器设备或其他物料。以实物投资要注意的是对外方出资的机器设备或其他物料必须符合下列条件:一是合营企业生产所必不可少的;二是中国不能生产,或虽然能生产但价格过高,或在技术性能和供应时间上不能保证需要的;三是作价不得高于同类机器设备或其他物料当时的国际市场价格。

合营各方以实物投资时,对实物的作价是一个非常复杂也非常重要的问题。对实物作价的总的原则是要公平合理,应由合营各方友好协商,一致同意后予以确定。如经各方同意,也可聘请各方同意的第三者参加对实物的评估。《中外合资经营企业所得税法施行细则》第11条规定,"作为投资的固定资产,以投资时各方议定的价格作为原价"，购进的固定资产，以进价加运费、安装费和使用前发生的有关费用作为原价，"自制、自进的固定资产，以制造、建造过程中所发生的实际支付为原价"。

外国合营者投资的设备，一般按国际市场的价格作价。外方投入的设备物资，一般要求附带一套修理用的备品、备件。外方以新购的设备投资的，应由外方提供制造厂商的发票及有关使用说明、维修说明，以及购买该设备的全部证明单据。外国合营者如以旧的机器设备投资，其作价一般不应高于国际市场上同样的新设备的价格减去应折旧以后的余额，或者按照规定的使用年数与尚可使用年数的比例计算其净值后，再由合营双方协商确定。

中方投入的厂房、设备等应按重置完全价值、使用年限和新旧程度进行重新估价。重新估价时，既要考虑到该设备的折旧问题，又要考虑到该设备可能的升值。因为我国企业的固定资产因职工工资较低，耗用的材料、物资按调拨价格供应，与国际价格相比成本偏低。

3. 工业产权和专有技术设备投资。工业产权和专有技术都属于不具有实物形态的无形资产。这种投资的特点是：尽管投入的是无形物，但它们能为企业提供权益，因而其本身就具有了价值而作为资本的一部分。所以，工业产权和专有技术的作价完全取决于它们能为企业带来多大的实际经济效益。《中外合资经营企业法实施条例》规定，外国合营方作为投资的工业产权和专有技术，至少必须符合以下三项条件：

(1) 能生产我国急需的新产品或出口适销产品；
(2) 能显著改进现有产品性能及质量，提高生产效率；
(3) 能显著节约原材料、燃料和动力。

外国合营方以工业产权和专有技术投资时，应由外方提供有关的详细资料，如专利证书或商标注册证书的复印件；工业产权和专有技术的有效状况及技术特性、实用价值、作价的计算依据等。中方应考虑到该项投资的价值不应超过企业因利用此项专有技术可能增加的经济效益。

中方如有先进技术、独特的生产方法等，也应考虑作为对合营企业的投资，或者向合营企业收取一定的技术转让费。

当投资双方研究此类投资时，应注意我国《公司法》第 27 条的规定，对作为出资的非货币资产须为可以用货币估价并可以依法转让的资产，在出资前须作评估核定，而且全体股东的货币出资金额不得低于有限责任公司注册资本的 30%，根据这些规定，可以推算出：中外双方工业产权非专利技术作价出资的资产法定最高比例为 70%。

必须注意，外国合营方作为出资的机器设备或其他物料、工业产权或专有技术，均应经中方的主管部门审查同意，报审批机构批准。

4. 场地使用权投资。我国的有关法律规定，中国合营方的投资可包括为合营企业经营期间提供的场地使用权，其作价金额与取得同类场地使用权应缴纳的使用费相同。具体来说，场地使用费标准是根据中方为取得该场地而应支付的土地出让金，以及根据该场地的地理环境条件、征地拆迁安置费、对基础设施的要求、使用年限,并按不同地区、不同行业和我国政府规定的场地使用费标准综合计算的,其具体价值应由中外合营各方协商确定。

以场地使用费作为中国合营者投资时,如果合同规定经营期限,则按合同规定的合营期限一次预收计算;如果合同未规定经营期限,则按15年一次预收计算。

要注意的一点是:根据我国宪法总纲的规定,我国的土地属于国家所有。因此,合营企业对于获准使用的场地,只有使用权,没有所有权,而且这种所有权不能转让。

5. 出资证明书。出资证明书是合营各方缴付出资额后,由中国注册的会计师验证并出具验资报告后,由合营企业发给合营各方的用以证明其投资数额的书面凭证。根据《中外合资经营企业法实施条例》规定,出资证明书应载明下列事项:合营企业的名称;合营企业成立的年、月、日;合营者的名称(或姓名)及其出资额;出资的年、月、日;发给出资证明书的年、月、日。

还应说明的是,合营一方未经合营他方同意并经合营企业和审批机关批准,不得将出资证明书转让、抵押或以其他方式处理。

当我们在研究合资各方的出资方式时,应特别注意《公司法》对这一问题所作出的重要补充,尤其需要提到的有:

(1)凡股东以实物、工业产权、非专利技术或者土地使用权出资的,应当依法办理其财产权利的转移手续(见新《公司法》第28条第1款)。

(2)凡股东不按照前款规定缴纳应认缴的出资,则应向已足额缴纳出资的股东承担违约责任(见新《公司法》第28条第2款)。

(3)公司成立后,发现作为出资的实物、工业产权、非专利技术、土地使用权的实际价额显著低于公司章程所定的价额时,该出资的股东应当补交其差额,公司设立时的其他股东对其承担连带责任(见新《公司法》第31条)。

此外,在实践中,人们往往对合营合同中关于一方在投资问题上违约,守约方有权获得的补偿的理解上有很大的分歧。

(六)合营企业内合资各方缴付出资额的法律规定

合营企业的存在是通过合营各方按合营合同的规定真正地实施投资而实现的,因此合营各方能否依法实际缴付其出资额,直接关系到合营企业的存亡及其发展。在实践中,这个问题一直是合营企业资金来源的一个重要问题。

经国务院批准,由外经贸部、国家工商行政管理总局1988年1月1日颁布,同年3月1日开始实施的《中外合资经营企业合营各方出资的若干规定》(以下简称《规定》),总结了我国9年多来举办合营企业的经验和教训,借鉴了国外公司法方面的规定,参照了国际直接投资的某些惯常做法,对合营各方出资的性质、期限及违约的责任都作了具体的规定,它对保护中外合营各方的合法权益,减少投资风险,促进合营企业的顺利、正常发展以及维护我国的社会经济秩序,都具有一定的现实意义。

《规定》颁布9年后,1997年9月2日经国务院批准,于同年9月29日由外经贸部和国家工商行政管理总局发布了《中外合资经营企业合营各方出资的若干规定的补充规定》(以下简称《补充规定》)。

《规定》和《补充规定》明确了合营各方缴付出资额必须遵循的下列主要法律原则:

1. 合营各方的出资必须是自己所有的现金、实物、工业产权和专有技术等。合营企业任何一方不得用以合营企业名义取得的贷款或以合营其他方的财产和权益作为担保的贷款作为其出资,也不得用以合营企业名义租赁的设备或者其他财产以及合营者以外的他人财产作为自己的投资。

参加合营企业是一种直接投资,外方投资者应以自己的名义投入资金,不管这是他的自有资金还是以他的名义从银行借来的资金。如果投入的资金是从银行借来的,那么,该项借款的债务人只应是作为借款人的外方投资者。合营企业与中方对这样的借款在法律上不负有任何义务,因为提供投资资金是外方投资者应该和必须承担的责任。

如果由中方合作者或其上级主管部门作为外方投资者的借款担保人,在法律上中方合作者就成了该项借款的连带债务人。在这样的情况下,合营企业有利可图时,外方投资者便得益;一旦合营企业经营不善,外方投资者还不起银行的贷款,中方担保人就要向银行偿还该笔贷款,而外方投资者就可以逃避责任或以破产的方式解除责任,将经营风险全部转嫁到中方合作者身上。显然,这种做法是完全违背国际投资中公认的国际惯例的。

2. 合营各方凡是以实物、工业产权和专有技术出资的,不允许在它们上面设立任何担保物权。出资者应当出具对其出资具有所有权和处置权的有效证明。

所谓担保物权,是指在物(不管是有形物还是无形物)上所存在的一种担保权利,即存在由物来承担债务清偿的保证权利,最常见的是在物上设立抵押权、质权或留置权等。因此,凡设立有担保物权的物,其真正所有权并不在卖方或投资者手里,至少第三人能对该物提出权利要求。《规定》明确了合营各方作为出资的实物或无形资产上面不得设有任何担保物权,就是指合营各方对作为出资的物必须保证享有绝对的所有权,任何第三人无权对该物提出任何权利和请求。凡出现这种现象时,出资者对此应承担法律责任。此外,我们还要指出,出资者保证其出资的物上不设立任何担保权利,还应包括他必须承担的义务,即合营一方对其作为出资的物不得侵犯任何第三方的工业产权或其他知识产权。之所以有上述规定,主要是考虑到有的合营方把已设立有担保抵押权的机器设备进行投资,从而把自己的债务风险转嫁到合营企业身上,最终导致合营企业的注册资本无法落实,使合营另一方的风险加大,给合营企业的正常运转造成极大的困难。

因此,新的条例明确规定:"出资者应当出具对其他的实物、工业产权和专有技术具有所有权和处置权的有效证明。"

3. 合营各方必须严格按出资期限缴清各自的出资额。这条规定的总原则是合营各方应当在合营合同中订明出资期限,并且应当按照合营合同规定的期限缴清各自的出资。

此外,凡合营合同中没有具体规定出资期限,但规定一次缴清出资的,合营各方应当从营业执照签发之日起6个月内缴清。

合营合同中规定分期缴付出资的,合营各方的第一期出资不得低于各自认缴出资额的15%,并应当在营业执照签发之日起3个月内缴清。

4. 合营一方未按照合营合同的规定如期缴付或者缴清其出资的,即构成违约。守约方应当要求违约方在1个月内缴付或者缴清出资,逾期仍未缴付或者缴清的,视同违约方放弃在合营合同中的一切权利,自动退出合营企业。守约方应当在逾期后1个月内,向原审批机关申请批准解散合营企业或者申请批准另找合营者。守约方可以依法要求违约方赔偿因未缴付或者缴清出资造成的经济损失。

如违约方已经按照合营合同规定缴付部分出资的,由合营企业对该出资进行清理。《规定》还对在其实施前已经生效的合营企业和合作企业的出资问题作了合理的规定。

5. 关于出资问题的补充规定,还对通过收购股权方式或通过收购资产方式成立的合资企业的外国投资者支付投资额作了专门的规定;此外,还对合资企业的中外投资者如何按合同规定的比例和期限,同步缴付其认缴的出资问题作了具体规定。

(七)合营企业股份的转让

股份的转让是指合营企业中合营一方将其全部出资额或部分出资额转让给合营企业的另一方或合营各方以外的第三人。

1. 股份的转让原则。关于股份的转让,《中外合资经营企业法实施条例》第20条作出了具体的规定。其总原则是:合营企业的股份转让是依法享有的权利,但在具体的转让中,还应遵守以下几个具体的法律原则:

(1)合营的任何一方转让其出资,必须经合营他方同意。

(2)合营一方转让其部分或全部出资额时,合营他方在同等条件下有优先购买权。

(3)合营企业的股份转让必须经原审批机关批准并在工商行政管理机构办理相关的登记手续。

2. 股份转让的类型。股份的转让主要有以下两种类型:

(1)全部股权的转让。这种转让又可分为三种具体情况:①中方将自己的全部出资额卖给另一个中国企业,自己不再作为中国合营者而退出合营企业,但企业仍作为合营企业继续存在。②外方将其全部出资额卖给中方,则企业成为纯粹的中国企业。③如果外方将其全部出资额卖给另一个外方,则企业仍作为合营企业继续存在。

(2)部分股权的转让。这种转让的常见方式是合营企业中的一方(或各方)将自己出资额的一部分转让给第三者(往往是同合营企业业务往来密切的企业),而自己继续作为合营者参加合营企业。

3. 股权转让的具体价格问题。它是一个很敏感和复杂的问题,至今我国法律对此尚无明文规定。目前对此具体问题有三种解决意见:第一种是转让价格按投资当时的投资数额计算;第二种是以被转让股份在股份转让时所代表的实际价值为基数确定;第三种意见认为,投资者在合营企业的投资额只是初始资本,企业成立后,该初始资本马上转化为与此出资额相对应的股东权益。因此,当合营企业成立后,特别是经营一段时间后,出资额的转让已变成一种投资权益的转让,而非单纯原投资额的转让。这一投资权益的实际价值决定于该企业当时的净资产额的大小及其发展前景。如果企业经营得好,有发展前途,这种权益的实际价值就高于原出资额,因为受益人可以凭此权益不断地从企业中获得利益;反之,如果企业经营连年亏损,发展前景不佳,则投资权益的实际价值低于原出资额。当然,也有可能两者相等,但这种情况是较少的。

三、合营企业的行政管理制度

(一)合营企业的管理原则

合营企业是由中外合营各方在中国境内共同投资、共同经营的独立的中国法人。因此,其管理原则既要符合国际惯例,又要结合中国的实际情况。它不能完全运用我国或外国的一套管理原则,而应充分发挥中外双方(尤其是外方)在经营管理中的优势,确定一套新型的管理方法和组织方法,建立起新型的组织机构。根据《中外合资经营企业法》及其实施条例的规定,合营企业应由中外双方根据各自的出资比例,共同承担管理的责任,共同参与企业的决策和管理活动。

(二)合营企业的董事会制度

合营企业设立董事会,实行董事会领导下的经理负责制,这是合营企业管理体制的核心内容。由于中外合营企业不设立股东大会,因此董事会成为合营企业的最高权力机构,而且兼具决策机构和领导监督机构的双重职能。这是因为:

第一,它是由合营各方代表组成的,在工作中要反映合营各方的利益和要求,并以董事会的名义领导和监督企业的经营活动。

第二,从企业内部关系看,董事会又是合营企业的最高决策机构,讨论决定企业的一切重大问题。

在横向经济活动中,董事会作为合营企业的法人机构(董事长为法人代表)授权董事或总经理,实现合营企业的权利能力和行为能力,包括对外谈判签约,进行诉讼活动等,所以,在合营企业中,董事会集企业最高权力机构、决策机构及领导监督机构三种重大职责于一身,具有特殊重要的地位和作用。

1. 董事会的职权。根据《中外合资经营企业法》及其实施条例的规定,合营企业的董事会具有如下重要职权:

(1)决策权。董事会讨论决定企业的发展规划和生产经营方针,讨论决定合营企业合同及章程的修改,讨论决定企业注册资本的增加或转让,讨论决定合营企业的合并、解散和清算。

(2)经营领导权。董事会讨论决定企业的年度生产经营计划,批准本企业的财务预算、决算及年度会计报告,决定企业超过一定金额以上的高额贷款或重大合同,决定企业的利润分配方案,决定企业的三项基金(即储备基金、职工奖励及福利基金、企业发展基金)的比例和用途。

(3)人事管理权。董事会聘任和解除总经理、副总经理、总工程师、总会计师、审计师、高级顾问及其他需经董事会任命的高级职员,并讨论决定他们的报酬、工资待遇;审批总经理提出的机构设置和人员编制。

(4)监督权。检查董事会各项决议的执行情况,撤换渎职或不称职的总经理、副总经理等高级职员。

以上是董事会总的职权范围。合营企业应该根据各自的不同情况,具体地确定本企业董事会的职责,并在章程中作出明确的规定。

2. 董事会的组成和结构。

(1)董事的产生和人数。根据《中外合资经营企业法》的规定,董事由合营各方自行委派,至于各方委派的董事名额比例,原则上参照合营各方的出资比例协商解决。董事会的董事人数一般为奇数,实践中,已举办的合营企业的董事人数在7~11人之间的较多。

(2)董事长人选由合营各方协商产生。根据经修改后的《中外合资经营企业法》规定,董事长可以由中方担任,也可以由外方担任。

(3)董事任期。董事任期一般为4年,但经合营各方继续委派可以连任。为了总结经验,搞好企业管理,在同一任期内,合营企业的董事长、董事要有相对的稳定性,不要轻易更换。

3. 董事会的议事规则。如前所述,董事会拥有对合营企业的领导权和监督权,又是企业的最高权力机构。董事会对以上职能的实施,主要是由董事会这个集体来进行的,董事会采取集体领导的主要方式就是通过董事们参加董事会议并在会议上就各项决议进行讨论和表决来实现的。因此,董事会会议是董事会实现对公司具体领导和监督的关键所在。董事会的议事规则主要是董事会会议的议事规则。

(1)董事会会议的类别。根据《中外合资经营企业法实施条例》的规定,合营企业董事会可分为例会和临时会议两类。例会是指董事会每年至少需要召开一次的会议;临时会议则是指经过1/3以上董事提议,由董事长召开的董事会会议,它是不定期的,一般是为讨论决定合营企业的应急事务而召开的。

董事会例会由董事长负责召集和主持。董事长不在时,由董事长委托副董事长或其他董事负责召集并主持董事会会议。董事会临时会议则由董事长召开。

(2)董事会会议的法定人数。董事会会议的法定人数是各国公司法中的一个重要概念,是指法律规定参加董事会会议的最低董事人数。《中外合资经营企业法实施条例》第35条第2款规定,董事会会议应有2/3以上董事出席方能举行,即法定人数为全体董事人数的2/3多数,而不是简单多数(即一半以上多数)。

(3)董事会会议的表决规则。董事会会议研究、讨论和通过决议,总的原则是在平等互利的基础上友好协商决定。但在董事会会议表决时,每个出席会议的董事对每个决定仅有一票表决权;而且规定,凡董事不能出席董事会的,可出具委托书委托他人代表其出席和表决。至于决议以出席会议的多少董事表决后才能通过,《中外合资经营企业法》从考虑保护少数股权者的利益出发,尤其是在重大决策问题上,从保护合营各方的利益出发,规定了对重大问题和一般问题的决议采取不同的表决方式。

对于重大问题的决议,应以出席董事会会议的董事或其委托的代理人一致同意才能通过。《中外合资经营企业法实施条例》规定,凡属下列事项,均须一致同意通过:合营企业章程的修改;合营企业的中止、解散;合营企业注册资本的增加、减少;合营企业的合并、分立。此外,合营双方在谈判签约或制定公司章程时,也可以根据具体情况,再增加需要一致同意的重大问题的内容。

对一般问题的决议,以出席董事会会议的董事或其委托的代理人的多数同意就能通过。所谓"一般的问题",就是指除重大问题之外而又需要由董事会通过决议的问题。所谓"多数",可以是出席会议的董事人数的2/3多数,也可以是出席会议的董事人数的简单多数,究竟是哪一个多数,应在合营企业章程中予以确定。

(三)合营企业的经营管理机构

合营企业在董事会的领导下,建立常设经营管理机构,负责日常的经营管理工作。根据《中外合资经营企业法》及其实施条例的规定,合营企业应设立正、副总经理,全面主持企业的日常管理工作。正副总经理的聘请、解聘、职权和待遇都由董事会决定。《中外合资经营企业法实施条例》规定,正副总经理可以由中国公民担任,也可以由外国公民担任,但在实践中,正副总经理的人选有许多不同的确定方法:第一,董事会聘请中方合营方推荐的人员担任总经理,再聘请外国合营方推荐的人员担任副总经理;第二,中外合营方轮流担任总经理,一般在合营初期,由外方人员担任总经理,中方人员担任副总经理,而到了后期,再由中方人员担任总经理,外方人员担任副总经理;第三,由外方人员担任总经理,由中方人员担任副总经理。实践证明,在现阶段,采取第二种和第三种方式,对提高企业的生产管理水平,增强企业的竞争能力和提高经济效益都比较有利,也有利于我们学习外国先进的管理方法。

总经理的主要职责是执行董事会会议的各项决议,组织领导日常的经营管理工作。在董事会授权范围内,总经理对外代表合营企业,对内任免下属人员,行使董事会授予的其他职权。副总经理应协助总经理工作。总经理处理重要问题时,应同副总经理协商。

总经理或副总经理不得兼任其他经济组织的总经理或副总经理,不得参与其他经济组织对本企业的商业竞争。如果总经理、副总经理及其他管理人员有营私舞弊或严重失职行为的,经董事会通过决议可随时将其解聘。

合营企业按职能部门设置部门经理。各部门经理领导本部门的人员管理日常经营活动,相互配合,相互协助,以企业为服务对象,向总经理负责。部门经理的人选可根据企业的具体情况和工作需要,由中方或外方胜任的人员担任。

(四)合营企业内中方管理人员和职工的管理制度

关于合营企业内中方管理人员和职工的管理制度,包括中方董事、高级管理人员、专业技术人员以及职工的聘任和解聘等重要事项的规定,是合营企业行政管理制度的重要组成部分。《中外合资经营企业法》及其实施条例和其他有关条例,对这个问题都作了较为完整的原则性的规定。需要强调的是,原劳动人事部根据上述原则,也制定了关于中外合资经营企业内中方干部的具体管理办法,进一步落实了上述法律原则。经国务院批准的上述办法和措施的主要内容有:

1. 合营企业董事会内由中方干部担任的董事长、董事,由中方合营者委派;按照合同规定由中方干部担任的总经理和副总经理,经中方合营者推荐人选,由董事会聘任。

2. 合营企业需要的工人、专业技术人员和经营管理人员(包括高级管理人员),由企业面向社会公开招聘,也可以从中方合营者推荐的人员中选聘。在本地区招聘职工不能满足需要时,可以跨地区招聘。

3. 合营企业对在本企业内担任正副总经理、总工程师、总会计师、审计师以及其他职务的中方干部,一律实行聘用合同制。

4. 合营企业根据国家有关法律、法规和政策规定,通过协商,同被聘用人员签订聘用合同。合同中应明确规定双方的责任、义务和权利,合同的有效期限、变更、终止和解除合同的条件,以及违反合同应承担的责任等。

5. 合营企业从在职职工中招聘所需人员时,有关部门和单位应当积极支持,允许流动,不得采用不合理收费、收回住房等手段加以限制。

6. 由中方委派的董事长、董事和由中方推荐的正副总经理、总工程师、总会计师、审计师等高级管理人员必须具备一定的条件。

7. 凡准备委派和推荐到合营企业担任高级管理职务的中方干部,必须经过培训(培训内容包括国家对外开放的方针、政策、涉外经济法规、对外贸易和利用外资的基本知识等),以提高他们的思想、业务、技术管理水平;专业技术人员也必须经过专业培训才能任职。

8. 对在中外合资经营企业担任董事长、董事的中方人员,在任期内不得擅自调动他们的工作,如需调动时,委派单位应征求该企业的审批机构和合营他方的意见。

中外合资企业聘用的中方高级管理人员,在其聘用合同期内,未经企业董事会和总经理同意,任何部门和单位均无权调动他们的工作。

第三节 中外合作经营企业的法律制度

一、中外合作经营企业的概念

中外合作经营企业（以下简称合作企业）是外国企业和其他经济组织或者个人（简称外国合作者）同中国的企业或者其他经济组织（简称中国合作者），按照平等互利的原则，根据《中华人民共和国中外合作经营企业法》（以下简称《中外合作经营企业法》）、《中外合作经营企业法实施条例》及中国其他有关法规，用书面合同约定合作条件，并经国家批准的在中国境内共同设立的经济组织。

对上述定义应强调以下两点：

（一）合作企业属于契约式的合营企业

合作企业与股权式的合营企业是有明显区别的。在合作企业中，中外双方的投资一般允许不以货物单位进行计算，也可以不按股份比例分享利润和承担风险。它们各自的权利和义务是由他们自愿协商，用书面合同规定的。而在合营企业中，合营各方的投资必须以货物形式作价，折算成股份，并以此股份比例来分享利润和承担风险。因此，《中外合作经营企业法》规定，中外合作者依法在合作企业合同中约定投资或者合作条件、收益或者产品的分配、风险和亏损的分担、经营管理方式和合作企业终止时的财产归属等事项。这是合作企业区别于合营企业最主要的法律特征。

（二）举办合作企业的主体

外国合作方，可以是企业、经济组织或者个人。其中：外国企业一般包括具有法人资格的公司企业，也可以是合伙企业和个人企业；经济组织，则是指除企业形式之外的其他经济组织体，如合作企业；此外还包括个人。因此，外国合作方的范围是十分广泛的，不仅包括具有法人资格的企业，还包括不具有法人资格的企业以及纯粹的个人，其目的是为了吸引外国最广泛的社会面到我国举办合作企业。法律规定，中方合作者可以是我国的企业或其他经济组织。在现阶段，我国的企业呈现出多元化的特点，既有传统意义上的国有企业和集体企业，还有越来越多的股份有限公司、有限责任公司、合伙企业等，它们都具有与外商合作的权利。其他经济组织则主要是指各种类型的横向经济联合体，包括大型的企业集团。根据《中华人民共和国私营企业暂行条例》的规定，我国的私营企业也有权与外商组织合作企业。

二、合作各方的出资方式

《中外合作经营企业法》规定，中外合作者的投资或者提供的合作条件可以是现金、实物、场地使用权、工业产权、非专利技术和其他财产权利。所谓其他财产权利，是指公司的股份（票）、债券或公司的其他收益，还包括对金钱的请求权，以及法律允许的经营特许权。① 这个规定,总结了合作企业实践的具体做法,照顾了中外合作者提供投资或者合作条件的能力,从而使中外合作者的投资方式更加广泛和多样化。这也符合我国与其他国家签订的保护投资双边协定中关于投资定义的规定。对于合作各方的出资方式,还需要强调如下三点:

第一,中外合作各方的投资,作为合作条件的可以不必作价,也不必折成具体的股份,这就减少了对实物和工业产权等投资进行估算和作价的困难和麻烦,便于加速合作企业的建立。

第二,合作各方都应严格按照合同的规定如期缴足投资和提供合作条件,否则,企业投产后就会缺乏资金,有的甚至无法投产,造成企业的重大损失。为此,《中外合作经营企业法》规定了有关的惩处条款。凡逾期不履行缴足投资义务的,由工商行政管理机关限期履行,限期届满并无正当理由仍未履行的,工商行政管理机关有权吊销其营业执照,由此造成的经济损失由违约方承担。这个规定,有利于合作各方自觉地履行合同,也有利于合作企业的正常开业和经营。

第三,合作各方用作投资的贷款和贷款的担保,由各方自行解决,这就把外商本身的贷款与合作企业各方的贷款划清了界线,有利于防止有的外商借我国的法制尚不健全,将其投资风险全部转移至我方的做法。这些规定,都是对我国以往有关涉外法规,尤其是《中外合资经营企业法》的重大发展和补充,具有重要的现实意义和指导意义。

三、合作企业法人资格的可选择性

所谓法人资格的可选择性,主要是指合作企业不一定都具有法人资格,它们可以办成法人形式的企业,也可以办成非法人形式的经济实体。《中外合作经营企业法》规定:"合作企业符合中国法律关于法人条件的规定的,依法取得法人资格。"这就意味着法律允许合作企业办成企业法人,也允许其办成不具备法人条件的联营式企业。这里必须指出的是:首先,合作企业法人要符合中国法律关于法人条件的规定。《民法通则》第37条关于取得法人资格的具体条件为:①依法成立;②有必要的财产或者经费;③有自己的名称、组织机构和场所;④能够独立承担民事责任。凡符合上述四个条件的合作企业,依法经工商行政管理机关核准登记,可取得中国法人的资格。其次,在实践中,合作企业也可以办成如《民法通则》第52条所规定的不具备法人条件的联营式企业。这类企业的特点是:①中外合作各方之间联营、共同经营,但不具备法人条件。②中外企业间的合作各方按照合作合同的约定,以各自经营管理的财产承担民事责任。③合作各方按照协议,可以约定相互承担连带责任。④合作企业可以不成立董事会,而

---

① 在《中外合作经营企业法》及其实施条例中,没有把"其他财产权利"具体化,但笔者根据我国与一些西方国家政府签订的《关于促进和相互保护投资的协定》,对投资定义作了如上的解释,仅供参考。详见我国与英国、德国、瑞士等国政府签订的投资保护协定。

设立联合管理机构或委托管理机构。⑤在实践中,有的合作企业的合同规定,全部注册资本由外方以现金出资构成,中方的合作条件则是土地使用权,但未规定该土地使用权是否可以作为合作企业向外承担其责任的基础,尤其是当合作企业清算时,应如何处理该资产,这是一个十分复杂的问题,而且应从法律上予以解决。

我国法律之所以在合作企业法人资格问题上采取灵活的规定,主要是考虑到中外合作经营项目的范围很广,尤其是考虑到许多项目具有特殊性,例如,关于开采矿产资源的项目,举办联营式非法人的合作企业更能产生效益。此外,有些外商习惯于合伙式企业的经营方式,他们往往希望在他们的投资以及对企业的经营管理方面具有更大的自主权,这是合作企业区别于合营企业的一个重要特征。事实上,采取非法人资格的合伙企业是国际直接投资活动中常见的企业法律形式,因此,这个灵活规定是符合国际通行做法的。

四、合作各方利润的分配

《中外合作经营企业法》第 21 条规定了合作各方分配利润的原则,即合作各方按照合作企业合同的约定,分配收益或者产品,承担风险和亏损。这一规定说明合作企业的利润分配可以具有其自身的灵活性,即由合作各方在合同中约定和订明。这与《中外合资经营企业法》规定的"合营各方按注册资本比例分享利润和分担风险及亏损"是不一样的。合营企业分配利润的规定属于强制性条款,即必须采取上述分配原则,不能再采取其他变通方法;但合作企业的具体分配原则,可以在中外合作者之间协商。当然,由于合作企业合同必须遵循"平等互利"的原则,也必须遵守其他法律,如税法、外汇管理条例及海关法等。因此,互相协商并不等于可以随意或任意地决定分配方案,它必须在我国法律允许的范围内进行,并且必须经我国政府批准方能生效。实践中,合作各方利润的分配方式是多种多样的,比较常见的有以下几种:

第一,首先确定一个外商投资回收期或确定一个外商投资回收额,在此期限内或在回收该投资额前,规定一个固定的利润分配百分比(外方可多分);超过了这个期限或达到了这个投资回收额后,再按另一个比例(我方多分)在中外双方间分配利润。这种分配方式既能使外商较早地收回投资,又能使中方从一开始就能分得利润。

第二,确定合作期的前几年为外商投资的回收期,在此期间内中方不分配利润,所得利润全部归外方,用以偿还其投资,以后各年的利润,双方再按一定的比例分配。这种分配方式能使外商较快地回收其投资;但中国合作方分得利润较晚,可能出现企业短期化行为,还可能出现回收期利润大于外商投资额而使其多分利润的现象。

合作企业采取上述灵活的分配方式,是吸引广大外商来华建立合作企业的关键因素。当然,合作企业的利润分配还有其他的方式,对于所有方式,在具体实践中应权衡其利弊,从中挑选出一种能为双方接受,为我国法律所允许的公平合理、平等互利的分配方式。《中外合作经营企业法》确认了合作双方可以在合同中约定各种分配利润的做法。

五、合作企业的组织管理形式

合作企业的管理机构及其管理方式同样具有其自身的灵活性。《中外合作经营企业法》规定,合作企业应当设立董事会或者联合管理机构,按照合同和章程的规定,决定企业的一切重大问题,并可以任命总经理负责企业的日常经营管理工作。也就是说,合作企业可以采取董事会负责制,也可以采取联合管理制,在实践中,还有采取委托管理制等其他形式的,这与合营企业只采取董事会管理制是不同的。

(一) 董事会管理制

凡采取董事会管理制的合作企业,一般都属于具有独立法人资格的经济实体,因此,基本上是参照《中外合作经营企业法》关于董事会制度的规定来组建董事会,实行董事会领导下的经理负责制。但合作企业董事的产生、董事长的选定,与合营企业有所不同,都是由合作双方协商决定。合作企业采取一切都由双方约定的方式予以决定,充分体现了其特有的灵活性。

(二) 联合管理制

不组成法人形式的合作企业,一般采取联合管理的领导体制,即由合作各方选派代表组成统一的联合管理机构(或称联合管理委员会),作为企业的最高领导和决策机构,决定企业的重大问题,任命或选派总经理对项目进行管理。这类合作企业的各方都把其参加合作项目的财产交联合管理机构管理和使用,与此同时,它们仍可分别对这些财产具有所有权。

(三) 委托管理制

除了上述两种管理方式外,在实践中,还有一种较为常见的管理制度,即委托管理制。它是指合作企业委托合作一方或中外合作方以外的第三方进行管理。所谓委托合作一方管理,是指中外合作双方同意,完全委托合作一方(一般是外国合作方)具体管理,合作另一方(一般是中方)基本上不参与管理。所谓委托第三方管理,一般是指合作企业的中外合作方共同同意,由合作企业与第三方(一般是外国合作方介绍的外方)订立委托管理合同,由第三方独立行使企业管理权,合作各方则不加入经营管理,而只收取投资利润。

《中外合作经营企业法》第12条第2款充分肯定了这一管理方式,并规定了实行这种管理方式的条件,即"必须经董事会或者联合管理机构一致同意,报审查批准机关批准,并向工商行政管理机关办理变更登记手续"。这样规定的主要原因,是由于委托管理制属于合作企业合同的重大变更,应当报审查批准机关批准。

六、合作企业结业时财产的处置

《中外合作经营企业法》规定,合作企业期满结业时,应当依照法定程序对企业的资产和债权债务进行清算。在此基础上,中外合作者应当依照合作企业合同的约定,确定合作企业财产的归属。在实践中,合作企业合同通常规定,合作期满时,合作企业的全部固定资产都无偿地归中方所有。《中外合作经营企业法》肯定了这一点,但同时规定,如果中外合作方约定这一点,则可在合作企业合同中约定外国合作者在合作期限内先行回收投资的办法。这与合营企业终止时进行清算后,必须按各方的投资比例再次分配剩余资产是不一样的。因此在合作企业中,外国合作者在合作期内基本上已回收了其投资的本金,而且获得了利润分成。如上所述,其投资本金实际上是从我方让出的部分收益中获得的,其利润往往要高于其投资额的贷款利息。因此,合作企业结业时如有剩余资产,实践中往往都归中国合作者所有,这是合理的,是符合平等互利原则的。

第四节 外资企业的法律制度

一、外资企业的概念及其法律特征

(一)外资企业的概念

外资企业(Wholly Foreign-owned Enterprise),又称外商独资企业。它是由外商拥有全部资本并独立经营的企业。这类企业是按照东道国的法律注册登记而成立的,属于投资东道国的法人或经济实体。外资企业的历史较为悠久,是国际上广泛采用的一种直接投资方式。

《中华人民共和国外资企业法》(以下简称《外资企业法》)第2条指出,中国的外资企业,"是指依照中国有关法律在中国境内设立的全部资本由外国投资者投资的企业","不包括外国的企业和其他经济组织在中国境内的分支机构"。同时,第8条规定:"外资企业符合中国法律关于法人条件的规定,依法取得中国法人资格。"所谓"符合中国法律关于法人条件的规定",主要是指符合我国《民法通则》第37条关于法人资格的4个基本条件:依法设立;有必要的财产和经费;有自己的名称、组织机构和场所;能够独立承担民事责任。只有符合这些规定的,才能成为具有中国法人资格的企业;不符合规定的,只能是中国的非法人企业。据统计,到目前为止,我国所有批准设立的外资企业都采取有限责任公司形式,具有法人资格。概括地说,外资企业是一个独立的经济实体,自主经营、自负盈亏、独立核算、独立承担法律责任。

(二)外资企业的法律特征

外资企业在法律上具有以下特征:

1. 投资主体只有外方,全部资本都由外国投资者投入。投资主体只有外方是相对中外合资经营企业和中外合作经营企业而言的,即外资企业设立时不能包括中方的投资者而只能由外国的企业、其他经济组织或个人出资设立。这是外资企业的基本特征。外资企业的资本只能来源于外国投资者的投资,中方是不能出资的,否则就不是外商独资企业了。既然投资主体只有外方,那么全部资本也只能由外方投资。至于设立外资企业的外国投资者是一方还是多方,并不影响外资企业的性质。目前,在我国已经设立的外资企业,既有由一个外国投资者设立的,也有由几个外国投资者共同投资设立的。

2. 外国投资者对外资企业的经营管理拥有绝对控制权。外资企业的投资主体只有外方,全部资本由外方投入的这一根本特征决定了外国投资者对其投资设立的外资企业拥有绝对的控制权,可以独立对有关企业经营的任何重大事项作出决策。比如,章程的修改,企业的中止或解散,注册资本的增加、减少或转让及企业的合并、分离等。而所有上述事项在我国《中外合资经营企业法》和《中外合作经营企业法》中都要求必须由中外双方投资方组成的董事会中参加董事会会议的董事一致通过。这与合资、合作企业中外双方共同经营、共同管理有着明显的区别。

3. 外资企业是按中国法律设立的企业。外资企业是外国投资者按照《外资企业法》、《外资企业法实施细则》及与之有关的配套法律,经批准在中国境内注册成立的企业,因此具有中国的国籍,其合法权益受到中国法律的保护。凡符合我国法人资格的法定条件,均能取得中国法人的地位。外资企业作为中国的法人企业或非法人企业,它们与中国的其他公司、企业或经济组织之间在经济交往中处于平等的法律地位,因此所发生的各种经济关系只能适用《合同法》。外国企业是在外国根据外国法律组建的,只能具有外国国籍。尽管外国企业可以在我国设立分支机构,如办事处、分公司等,但这些分支机构本身在法律上和经济上都没有独立性,只是外国企业的一个组成部分,不具备成为独立企业的必备条件。例如,其不具备独立的公司章程、独立的财产,对生产经营没有决策权等。因此,外国企业在中国的分支机构在中国境内进行的经营活动而引起的民事责任,应由设立的外国公司承担,且外国公司的解散将直接导致其国外分支机构的解散。我国《外资企业法》也正是基于此原因而规定外资企业不包括外国的企业和其他经济组织在中国境内的分支机构。

4. 外资企业的设立条件更为严格。外国投资者之所以在中国设立外资企业,最直接的目的是为了获取投资回报,而且回报率越高、越快则越好。因此,外国投资者在作出经营决策时,往往只考虑企业一方的利益,只从自己获取回报的角度出发,而对东道国的整个社会经济、公共利益、相关产业的发展是不会更多的考虑的。这种追求高回报的目的,我国市场经济是允许的。只要是不违背中国的法律,外国投资者则有权就其投资设立的外资企业的经营管理问题作出任何决策,而不是向合资或合作企业那样,还必须征求中方的意见。但正是由于外资企业一旦设立,其外国投资者在不违背中国法律的前提下对企业的管理就拥有绝对的自由权,因此必须对其设立的条件加以严格的控制,使外资企业的进入只会更有利于我国市场经济的发展而不会影响我国产业结构的均衡或造成对我国相关产业的冲击。我国法律对允许设立外资企业的行业及设立的条件都有严格的规定,这将在本节的第五部分"设立外资企业的基本条件"中详细论述。

总的来说,设立外资企业必须有利于中国国民经济的发展,必须采用先进的技术或设备,产品必须全部或部分出口。

二、外资企业的基本权利

前面已经论述过外资企业是按照中国的法律设立的,拥有中国的国籍,不论是外资法人或非法人企业都受中国法律的管辖和保护,依法享有广泛的民事权利。其民事权主要包括生产经营自主权、财产所有权和解决争议权。

(一)生产经营自主权

《外资企业法实施细则》对外资企业在经营管理方面的自主权作了明确的规定,具体内容包括外资企业在产、购、销、人、财、物等方面的权利。只要是在中国法律、法规及外资企业的合同、章程范围内,外资企业可以自行制定生产经营计划,包括经营范围、产品品种、生产规模、投资总额、注册资本、资金来源、出资方式和期限,以及产品销售的方向、地区、渠道;可以自行确定企业的组织形式;可以依照中国法律签订雇佣合同,有权自行决定招聘和解聘员工。外资企业有进出口经营权,对经批准的经营范围内需要的原材料、燃料等物资,可以在中国购买,也可以在国际市场上购买。在产品销售方式上,外资企业可以自行在国际上销售或在我国国内销售。需要注意的是,随着我国改革开放的不断深入和国民经济的不断发展,为适应我国加入世界贸易组织的进程,使这三部法律的规定与我国改革开放的新形势更加相适应,建立符合国际惯例和规则的社会主义市场经济法律体系,我国于2000年、2001年分别修订了《外资企业法》及其实施细则,删除原《外资企业法》第18条第3款关于出口外汇平衡的要求:"外资企业应当自行解决外汇收支平衡。外资企业的产品经有关主管机关批准在中国市场销售的,因而造成企业外汇收支不平衡的,由批准其在中国市场销售的机关负责解决。"在当地含量条款上,《外资企业法》原第15条修改为"外资企业在批准的经营范围内需要的原材料、燃料等物资,按照公平、合理的原则,可以在国内市场或者在国际市场购买。"删除了关于"在同等条件下,应当尽先在中国购买"的规定。关于出口业绩要求,《外资企业法》第3条第1款修改为:"设立外资企业,必须有利于中国国民经济的发展。国家鼓励举办产品出口或者技术先进的外资企业。"删除了关于设立外资企业,必须"采用先进的技术和设备,或者产品全部出口或者大部分出口。"关于企业生产计划备案条款,删除《外资企业法》第11条第1款规定:"外资企业的生产经营计划应当报其主管部门备案。"经批准,外资企业可以在中国境外或中国香港等地设立分支机构。

(二)财产所有权

财产所有权是民事权利中最基本的权利之一,它是指所有人依法对自己的财产享有占有、使用、收益和处分的权利。外资企业的财产所有权就是它们对其在中国的各类投资以及由投资产生的新的收益都具有占有权、使用权、收益权和处分权。这里所说的财产,不仅包括它们所拥有的货币、设备、产品等有形资产,还包括属于它们的工业产权、专利、商标权、版权和专有技术等无形资产。外资企业对其财产享有的所有权还体现在国家对外资企业不实行国有化和征收,即使在特殊情况下,出于社会公共利益的需要依法对外资企业实行征收,也应给予相应的补偿。

(三)解决争议权

外资企业在我国可能涉及的争议,主要是与我国有关企业、其他经济组织或个人之间的争议。作为争议一方的外资企业,它与争议另一方有同等的权利参与调解、仲裁或诉讼,尤其是当外资企业与争议一方未就经济争议达成谅解或未就仲裁达成协议,或者有的国内企业或个人侵犯外资企业的合法权利而引起纠纷时,外资企业有权直接向中国法院起诉。如果不服一审判决,外资企业还有权依法上诉。

三、对外资企业的法律保护

《外资企业法》规定,外国投资者从外资企业获得的合法利润、其他合法收入和清算后的资金,可以汇往国外;外资企业的外籍职工的工资收入和其他正常收入,依法缴纳所得税后可以汇往国外。此外,外资企业的独立生产经营权、人事权、物资采购权、产品出口权等都受到中国法律的保护;外资企业在经营活动中的民事权利也受中国法律的保护。

外国投资者在中国投资,最担心的问题就是企业被国有化或征收。我国外资企业法规定,国家对外资企业不实行国有化和征收,即使在特殊情况下,出于社会公共利益的需要依法对外资企业实行征收,也应给予相应的补偿,这是我国法律对外资企业实现其资产所有权的另一项具体保护措施。此外,我国还先后同美国、加拿大、德国、法国等20多个国家签订了双边或多边投资保护协定,保证了外国投资者的投资安全。

四、外资企业的基本法规及现状

允许外商在我国境内举办独资企业,这是我国实行对外开放政策,吸引外国直接投资的一个重要组成部分。我国1982年《宪法》第18条对此作了原则的规定。1986年4月12日,六届四次人大会议通过的《中华人民共和国外资企业法》,1990年12月12日国务院又颁布了《外资企业法实施细则》(于2001年4月12日修订),为我国外资企业的设立、经营、税收、外汇以及解散、清算等主要事宜提供了法律依据。《外资企业法》及《外资企业法实施细则》的颁布、修订,以及与之相配套的工商、海关、外汇、金融、税收、劳动、技术管理、仲裁等其他涉外经营法规的不断完善,使我国外资企业的法律制度日臻完备。因此,在我国投资设立外资企业的趋势日渐增加,外资企业的数目及投资金额也迅速增长。截至1997年止,在我国的外资企业的投资项目共计772 892项,实际使用外资金额587.39亿美元,1997年,新批准的外资企业达9 602家,实际使用外资金额为161.88亿美元,比1996年增加28.1%。根据有关部门的统计数字,从1992年至1997年上半年,经批准设立的外资企业逐年上升,而合资企业则每年出现相对下降的趋势,这说明外资企业越来越受到欢迎。改革开放之初,外资企业在外商投资企业中只占极少部分,几乎可以忽略不计,而现在,它已是外商投资企业中不可缺少并日益壮大的一部分。在1997年批准设立的外商投资企业中,中外合资经营企业9 001家,合作经营企业2 373家,外资企业9 602家,分别占新批企业数的44.86%,11.30%和45.72%;中外合资经营企业合同外资金额为207.26亿美元,合作经营企业合同外资金额为120.66亿美元,外资企业合同外资金额为176.58亿美元,分别占合同外资金额的40.63%,23.66%和34.62%;中外合资经营企业实际使用外资金额为194.95亿美元,合作经营企业实际使用外资金额为89.30亿美元,外资企业实际使用外资金额为161.88亿美元,分别占实际使用外资金额的40.07%,19.73%和35.77%。

外资企业的投资区域已从主要集中在多个经济特区和几个大城市发展到中西部地区,它们独特的风格和特殊的作用,已经成为我国外商投资企业中一朵艳丽的鲜花。

五、设立外资企业的基本条件

外资企业虽然有利于我国吸收外资,增加外汇收入及解决就业问题,但是为了有利于国民经济的发展,使各产业结构比例均衡,保护及扶持国内相关产业,维护国家的主权,不能把所有行业都开放,必须对可以设立外资企业的行业进行控制,并且要求符合一定的条件,这也是世界各国包括发展中国家普遍采用的方式。例如,美国的石油管道铺设和联邦政府矿业开采,加拿大的广播、报纸、银行、保险、金融业等则禁止外商投资。在我国,设立外资企业的两大前提是:禁止外商投资的行业和禁止外商独资的行业都不准设立外资企业。

禁止外商投资的行业,是指任何形式的外资介入都是禁止的,包括采取中外合资和合作企业形式的外资,当然,外商独资企业自然包括在内。目前,我国禁止外商投资的行业有13大类。概括地说,农、林、牧、渔业中凡涉及中国特有的珍稀动植物、自然保护区建设及绿茶、特种茶加工的行业;轻工业中传统工业品的加工制造;电力及公用事业中的电网建设、经营及城市排水、两气管道的建设、经营;矿业中放射性矿产的开采、选矿、冶炼及加工;石油、化学工业中的硼镁石、天青石的开采、加工;医药业中属于国家保护资源的中药材及其炮制技术,以及秘方产品;交通运输、邮电通信业中的邮政电信业务的经营、管理及空中交通管制;贸易金融业中的商品期货、金融期货及其衍生业务;广播影视业中各级广播电台、电视台、发射转播台,以及广播、电视、电影节目的制作、发行、播放;新闻业;武器制造业;危害军事设施安全和使用的项目;致癌、致畸、致突变原料及加工;跑马场、赌博、色情服务等其他行业;它国和我国缔结的以及我国参加的国际条约所规定禁止的行业。

禁止设立外商独资企业的行业,是指除外商独资以外,合资、合作或其他形式的引进外资都是允许的。根据《外资企业法实施细则》第4条的规定,按照国家指导外商投资方向的规定及外商投资产业指导目录执行。这类行业主要包括新闻、出版、广播、电视、电影、国内商业、对外贸易、保险、邮电通信及中国政府规定禁止设立外资企业的其他行业。不过,其中一些领域已逐步开放,如保险,加入世界贸易组织以来,中国政府认真履行入世承诺,逐步取消了对外资保险公司的限制。外资保险公司数量从入世前的18家公司44家总分支公司,增加到2005年底的40家公司99家总分支公司。保险业已对外资保险公司放开了全部地域和除有关法定保险以外的全部业务。截止2005年底,外资保险公司的市场份额已经达到6.92%。

六、设立外资企业的方式

(一)外商直接投资

由外商直接投资建立外资企业,这是较普遍的做法。

(二)外商收购现有合资企业的中方投资

随着外资企业在中国的日渐发展,外商还通过购买自己作为出资一方的合资企业中中方的出资份额,使原来的合资企业成为独资企业,或者购买已经设立为外资企业的出资一方或多方或所有出资方的出资份额来取得现存的外资企业。但是,通过这种方式设立的外商独资企业必须符合两个前提条件,即:上面所述的不允许外商独资的行业,不能以这种方式导致外国投资者拥有企业的全部股权;此外,因这种方式使企业变成外资企业的,还必须符合外资企业设立的两个条件之一。

(三)外商先在国内成立独资控股公司,然后由该独资控股公司在国内投资成立外资企业

这是利用外资的一种新形式,将在下面进行详细阐述。

七、外商独资投资性公司

随着改革开放的不断发展,市场经济的层层深入,外商来华投资的迅猛发展,原有的利用外资的形式已不能满足一些投资者的需要了,于是新的利用外资的形式也应运而生。例如,外商投资股份有限公司、外商投资对外贸易公司和外商独资投资性公司,对这些新形式进行规范的法规也相继出台。但到目前为止,允许外商独资的只有投资性公司。

投资性公司(Investment Company),又称投资公司,国外称为控股公司(Holding Company)、伞形公司(Umbrella Company),是当今世界上非常流行的一种投资形式。通过举办投资公司,投资者不仅可以享受到本国的一些税收优惠,而且可以通过控股,对由投资公司投资设立的企业实行中央管理,统一经营,统一支配人力和财力,从而可以大量地节省费用。最关键的是,对于一些大型多国公司(Multinationals),通过设立投资公司,可以避免一定要与中方合资或合作,从而达到独立控制其所投资企业的目的。1995年4月4日,外经贸部公布了《关于外商投资举办投资性公司的暂行规定》,2004年11月3日经由中华人民共和国商务部修订通过了《关于外商投资举办投资性公司的

规定》(以下简称《投资性公司规定》),2006年5月17日商务部审议通过了《关于外商举办投资性公司的补充规定》,对外商投资举办投资性公司的设立条件、程序、出资、经营范围进行了规定。由于《投资性公司规定》是根据中国目前的现实制定的,在某些方面尤其是关于外资企业的经营范围,突破了《外资企业法》的有关规定,有其特殊的一面,因此,很有必要进行介绍。

(一) 定义

投资性公司系指外国投资者在中国以独资或与中国投资者合资的形式设立的从事直接投资的公司。公司的形式是有限责任公司。从定义可以看出,投资性公司可以采取独资的形式。由于是在中国设立,公司的形式为有限责任公司,因此投资性公司是中国的法人,而且必须符合《公司法》中关于有限责任公司的规定。

(二) 设立条件

根据《投资性公司规定》,符合条件在中国设立外商独资投资性公司的外国投资者有两类:①申请的前一年,资产总额不低于4亿美元,已在中国设立了外商投资企业,实际缴付注册资本的出资超过1 000万美元;②在中国境内已设立10个外商投资企业,其实际缴付的注册资本的出资额超过3 000万美元。不论外国投资者属于哪一类,都必须具备良好的资信。

从以上两类投资者可以看出,第一类为具有较强资金实力的投资者。实际上4亿美元总资产的要求对许多实力雄厚的多国公司来说是很容易达到的。事实上,该规定出台后,许多原来不得不在中国设立合资公司的实力较强的外国投资者,纷纷设立投资性公司,并根据有关规定,通过购买合资中方的股权,使原来的合资公司成为投资公司独家投资的企业,从而避免了与中方合资或合作可能产生的某些不足,达到独家控制的目的。这在前面设立外资企业的方式中已有介绍。美国Kimberly Clark个人卫生用品公司,就是以这种方式将原来分别设于沈阳、广州等地的7家合资公司变为一家投资公司下的7个独资企业。另一类则为实力较弱的国外投资者,只要已经在中国境内设立了10个外商投资企业,且已缴付超过3 000万美元的出资即可,对其总资产并不要求。这是我国允许设立投资性公司的原因之一,因为这在一定程度上鼓励了国外投资者对外商投资企业投资。

(三) 程序

不论投资性公司在哪个省设立,在经拟设立投资性公司所在地省、自治区、直辖市、计划单列市商务主管部门审核同意后,都需报商务部审查批准。

(四) 出资

投资公司的注册资本不得低于3 000万美元。《投资性公司规定》第7条规定,外国投资者必须以可自由兑换的货币或其在中国境内所获得的人民币利润或因转股、清算等活动获得的人民币合法收益作为其向投资性公司注册资本的合法出资。修订之前的《投资性公司规定》不允许外国投资者以人民币作为注册资本的出资,即使是在我国投资的外商投资企业中分配的人民币利润,也不能作为注册资本中的出资。而由于《合资企业法》和《合作企业法》中是允许外国投资者以人民币利润进行再投资的,因此,2004年商务部对此做出了修订,即外国投资者以其人民币合法收益作为其向投资性公司注册资本出资的,应当提交相关证明文件及税务凭证。这极大地鼓励了外国投资者将人民币利润再投资。这种鼓励在《外商投资企业和外国企业所得税法》中也有反映:对外商投资企业的外国投资者,以企业取得的利润直接再投资,开办其他外商投资企业的,允许退还再投资部分已缴纳所得税的40%的税款。

(五)投资性公司的特殊规定

1. 经营范围。投资性公司除了可以在国家允许的外商投资的领域投资外,还可以为其所投资的企业提供协助或代理购销;经外汇管理部门批准为其所投资的企业平衡外汇;为其所投资的企业招聘和培训人员、开发市场、提供咨询及售后服务;为其所投资的企业寻求贷款及提供担保;为其投资者提供咨询服务。可以看出,外商独资投资性公司的经营范围已经不限于《外资企业法》中所规定的出口型和先进技术型了,而是可以从事非生产性行业。例如,作为代理人为其所投资的企业在国内或国际市场销售产品;为其投资者提供咨询服务等。这是对《外资企业法》的一个突破,也是独资投资性公司的特殊规定。

2. 特殊待遇。投资性公司依照中国法律在中国境内设立,目前必须采取有限责任公司的形式,因而是中国的法人。从法理上说,由其在中国境内投资设立的企业应该是一中国企业。但是,《投资性公司规定》第12条规定,投资公司投资设立的企业,只要投资公司与其他外国投资者的外汇投资比例不低于其所投资设立企业注册资本的25%,其所投资的企业享受外商投资企业的待遇,发给外商投资企业批准证书及外商投资企业营业执照。

此外,投资性公司对由其投资设立的企业的出资不得低于该企业注册资本的10%,这实际是对投资性公司的分公司的要求。只有投资性公司对其设立的企业的注册资本出资超过10%,该企业才能成为投资性公司的分公司,并不是任何投资性公司投资的企业都能成为该投资公司的分公司而被纳入其"大伞"之下。

八、我国对外资企业的监督管理

加强对外资企业的监督管理,使其在中国境内的经营活动纳入我国国民经济发展的轨道,这是《外资企业法》及《外资企业法实施细则》的另一项重要内容。其规定的对外资企业依法进行监督管理的具体措施有:

第一,外资企业"必须遵守中国的法规,不得损害中国的公共利益"。尽管外资企业的资本全部出自外商,但由于外资企业在中国境内依照中国法律成立,因此,根据确认的国际法原则,它必须遵守我国一切法律和条例,受我国政府的管辖。外资企业的一切行为都不得损害我国的公共利益,这是我国实施对外资企业进行监督管理的前提条件。

第二,外资企业的设立,必须经过我国对外经贸部门的审查批准,并到工商行政管理机关注册登记,领取营业执照。营业执照的签发日期为该企业成立的日期。若经批准后30天内不向工商行政管理机关申请登记,则外资企业的批准证书自动失效。此外,外资企业还应在企业成立之日起30天内办理税务登记。

第三,工商行政管理机关有权对外资企业的投资情况进行检查和监督,即外资企业应在审查批准机关核准的期限内在中国境内投资,逾期不投资且不办理注销登记手续的,工商行政管理机关有权吊销其营业执照。外资企业的出资也必须聘请中国的注册会计师验证并出具验资报告,报审批机关和行政管理机关备案。

第四,我国财政税务机关有权监督外资企业的财务情况。外资企业必须在中国境内设置会计账簿,进行独立核算,并按照规定报送会计报表。外资企业拒绝在中国境内设置会计账簿的,财政税务机关可以处以罚款,工商行政管理机关可以责令其停止营业或者吊销其营业执照。

第五,外资企业的各项保险应当向中国境内的保险公司投保。外资企业应当在中国银行或者外汇管理机关规定的银行开户。外资企业的外汇事宜,依照我国外汇管理规定办理,这是因为我国目前仍属于外汇短缺的发展中国家,必须对外汇实行管理所致。

第六,外资企业的分立、合并或者终止,以及其他重要事项变更,必须报审批机关批准,并经行政管理机关办理变更登记手续。

第七,外资企业应当缴纳税款。外资企业的技术人员以及职工,应当缴纳个人所得税。

总之,对外资企业进行必要而有效的管理和监督,这是我国外资企业工作中的重要一环,也是我国有关外资企业法规中不可分离的组成部分。

九、外商选择外资企业的主要原因

由于外资企业相对合资企业和合营企业而言,具有其特殊性,而这些特殊性对许多外商来说则是难得的投资机会,从而激发起在中国内地投资的热情。这是因为:

(一)节省了寻求中方合作方的破费,避免了与中方合作者共同经营的磨合期

在目前成立的合资、合作企业中,除了按《外商投资企业产业指导目录》规定的必须有国有资产占控股或主导地位的产业外,真正具备足够的资金、技术实力与外方合资的中方企业为数不多,而且合资公司成立后,中方不按照合资合同及章程的规定履行义务的现象也时有发生,因此,要寻找到合适的中方合作伙伴并不容易,往往会因此而贻误商机,甚至干脆放弃。另外,由于中外双方在政治信仰、文化背景、工作方式的差异也决定了中外双方在思考问题上、管理手段和方式上,以及在处理问题方式上的差异。这种差异往往会导致中外双方意见不合,直接影响到企业的经济利益。外资企业也有外国投资者是多方的情况,也会出现各方意见不合的情况,但外国投资者投资设立外资企业的目的无非是更多、更快地获得投资回报,因此即使有分歧,最终也会统一到这个总目标上来,很快达成一致。

(二)能独自管理控制外资企业,充分发挥其经营特长

根据《中外合资经营企业法实施条例》的有关规定,合资企业的董事会必须由中外双方根据出资比例组成,决定合营企业的一切重大事宜。凡涉及合营企业章程的修改,合营企业的中止、解散,合营企业注册资本的增加、转让以及合营企业与其他经济组织的合并必须由出席董事会议的董事一致通过方可作出决议。然而,由于中外双方进行合资的目的和着重点不一致,外方着眼于企业的长期发展和长远利益,而中方则侧重于短期利益,希望通过合资能使中方的企业早日摆脱困境,因此造成了在现实管理过程中,中外双方在投资、信贷、融资、产品开发、生产规模、市场销售、企业经营规划、劳动管理与社会保障,甚至人事安排等涉及企业发展的重大决策方面的不一致。这些不一致之处交由董事会表决时,也往往不能达到外方预期的决议,《中外合作经营企业法实施细则》也有类似规定,而这些问题对外商独资企业是不存在的。

(三)有利于保持其商业和技术秘密

虽然合资、合作合同中可以规定保密条款,规定中方合作者对外方提供的技术的保密义务,但对泄密的发生,外方也无可奈何,因此外方更倾向于使用独资企业模式以保证其核心技术及专有技术不致泄露。

(四)相关法规上存在的缺漏,使外资企业在经营上有更多的回旋余地

如前所述,《中外合资经营企业法实施细则》虽然规定了设立外资企业的条件,必须是先进技术型或出口型,但是对先进技术却没有明确规定,外商为了谋求更大的利润而又不至于与中方分享,逐渐倾向于向利润高、回收快的行业进行独资经营。事实证明,已有大量生产消费类产品的外资企业存在。

十、外资企业的作用

外资企业深受外商的欢迎,同时也给我国的经济发展带来了益处,这主要表现在以下几方面:

(一)有利于学习外商的先进技术和管理经验

外资企业由外商独资经营,自负盈亏,为了增强其产品在市场上的竞争能力,赚取更多的利润,势必采取先进的技术,使用先进的设备,实行有效的管理方式,这就为我们学习、掌握和吸收世界先进技术和管理经验提供场所和机会。

(二)有利于增强企业改革的活力

外资企业的建立和发展,给我国企业在管理和经营方面提供了一个窗口,起着一定

的借鉴和示范作用,增强了我国企业改革的活力。

(三)可以增加我国的外汇和财政收入

由于外资企业的全部或大部分产品出口,而它又在我国境内生产,势必要购买它们所需的一部分原料,支付职工工资和外籍管理人员的消费都需支付外汇;同时,外资企业必须在我国缴纳各类税金。这些都增加了我国的外汇和财政收入。

(四)有利于提高我国管理人员、专业人才和职工的工作素质

外资企业为了增强其工作效益,一定会加紧培训它所雇用的中方员工,从而可以提高我国职工的业务能力。

综上所述,兴办外资企业不仅有利于我国的经济发展,而且不需要中方投入,不会增加我国的经济负担。因此,不断完善外资企业的法律制度,创造更好的投资环境,举办更多的外资企业是我国对外开放中的一个重要组成部分。

第五节 设立外商投资企业的法定程序

我国的外商投资企业,按外商投资方式的不同有三类形式,即合资经营企业(股权式合营企业)、合作经营企业(契约式合营企业)、外商独资企业(外资企业)。不同形式的企业,在设立程序上是有所差别的,但合营企业和合作企业在设立程序上基本一致,外资企业则有其一定的特点。

一、设立合营企业和合作企业的法定程序

(一)设立合营企业和合作企业的步骤

1. 由中国合作方向其上级政府主管部门呈报合营或合作项目建议书,经审核同意后报送审批机关审批。其目的是审查所提出的项目是否符合国家或地方经济发展的需要,以及审核中方是否具备同外国合作方经营、合作的必要条件。

2. 项目建议书被批准后,中方可与外方对合营、合作的具体内容进行谈判。双方在原则上取得一致后,共同制订经济技术可行性研究报告,经中方的上级政府主管部门审核同意后,报送审批机关审批,其目的是审查可行性研究报告中提出的各项经济和技术措施是否合理、可靠,预期的经济效益如何。

3. 项目可行性研究报告经批准后,中外各方即可谈判签订合营或合作企业合同和章程。经中外各方同意并签字的合同和章程,必须经中方的上级政府部门审核同意后,报送审批机关审批。审批机关主要审查合同和章程内容是否符合中国法律的规定,是否同已批准的项目可行性研究报告所确定的基本原则相一致。审批机关从收到合同、章程和其他法律规定的文件之日起,对合营企业在 3 个月内,对合作企业在 45 天内,决定批准或不批准。如果发现合同章程的内容有不符合中国法律规定的,或不符合平等互利原则的,或改变了可行性研究报告确定的某些原则的,将要求双方当事人协商并进

行修改。对批准设立的合资或合作经营企业,由审批机关发给批准证书。

申请人在领到批准证书1个月内,应向工商行政管理机关办理登记手续,领取营业执照。

(二)项目建议书、可行性研究报告、协议、合同和章程的法律地位及其起草

项目建议书(Project Proposal)、可行性研究报告(Feasibility Study Report)、协议(Agreement)、合同(Contract)和章程(Articles)是构成合营企业和合作企业的基本文件。尤其是合同和章程,可以说是上述企业的法律基础。因此,作为这类企业的举办者,必须从理论和实践的结合上,明确它们在法律上的地位以及起草它们的原则和方法。

1. 项目建议书。

(1)项目建议书的概念。项目建议书是由中方向其主管部门呈报的同外国合营者或合作者举办合营企业或合作企业的书面建议书。编制项目建议书是利用外资项目过程中的第一个重要环节,它是项目主办单位通过初步的可行性研究,把项目的规划设想具体化,向上级主管部门提出的一个大致的投资建议。其重要性在于:①项目建议书是编制投资规划的依据,各级计划部门通过审批项目建议书,把利用外资项目纳入计划,从而避免工作中的盲目性。②项目建议书又是开展可行性研究工作的依据,它为进一步进行深入的可行性研究指出了方向和重点。③项目建议书还是对外开展工作的依据,一经主管单位批准,即可正式对外洽谈,开展以项目可行性研究为中心的各项工作。

项目建议书主要从宏观上论述项目设立的必要性和可能性。其主要内容是对建议的项目的国内外市场、生产(营业)规模、建设条件、生产条件、技术水平、外方合营者、资金来源、经济效益和外汇平衡等情况作出初步的估算和建议。

(2)项目建议书的主要内容与要求。

①中方合营单位,包括中方合营单位的名称,生产经营概况,法定地址,法定代表的姓名、职务,主管单位的名称。

②合营目的,要着重说明出口创汇、引进技术等的必要性和可能性。

③合营对象,包括外商的名称、注册国家、法定地址、法定代表的姓名、职务、国籍。

④合营范围和规模,要着重说明项目设立的必要性,产品的国内外需求和生产情况以及产品的销售地区。

⑤投资估算,指合营项目需要投入的固定资金和流动资金之总和。

⑥投资方式和资金来源,包括合营各方投资的比例和资金构成的比例。

⑦生产技术和主要设备,主要说明技术和设备的先进性、适用性和可靠性,以及重要技术经济指标。

⑧主要原材料,水、电、汽、运输等的需要量和来源。

⑨人员的数量、构成和来源。

⑩经济效益,着重说明外汇收支的安排。

⑪主要附件：
  a. 合营各方合作的意向书；
  b. 外商资信调查情况表；
  c. 国内外市场需求情况的初步调研和预测报告或有关主管部门对产品安排的意见；
  d. 有关主管部门对主要物料（包括能源、交通等）安排的意向书；
  e. 有关部门对资金安排的意向书。

  需要说明的是，项目建议书的内容与要求一般是按照已经选定了合营外商而考虑的。如果项目很好，为了选择更好的外商投资者，也可暂不定合营对象，可以先批准立项，而项目建议书中有关外商的部分待选定合营对象后再补报备案。审批机关在收到外商资信调查情况后1月内不作答复，则视为无异议认可，即可进入可行性研究报告的工作阶段。

  2. 可行性研究报告。

  (1) 可行性研究报告的概念。可行性研究报告是中外合营各方对举办的项目在经济上、技术上、财务上，以及在生产设施、管理结构、合作条件等方面完全达成一致意见后向我国审批机关上报的文件。可行性研究报告主要是在批准的项目建议书的基础上，对项目的各要素进行认真、全面调查的详细的测算分析，具体论述项目设立在经济上的必要性、合理性、现实性，技术和设备的先进性、适用性、可靠性及财务上的盈利性（包括项目外汇收支的平衡情况）和合法性。对合营企业和合作企业进行可行性研究是保证中外投资双方实现最佳经济效果的必要措施，它是设立合营企业和合作企业过程中的重要一环。但只有当中方提出的项目建议书经主管部门审查同意并转报国务院主管部门或其委托的审批机构批准后，合作各方才能共同开展可行性研究。同时，也只有通过经济技术和法律等方面综合性的可行性研究，确定了合作项目会对合作各方带来明显的经济效益，其报告再次得到批准后，才能转入签订协议、合同和章程的谈判。

  可行性研究包括项目实施条件的评价和经济效益的评价。可行性研究的目的是通过全面、细致、深刻的分析研究，向项目的决策者提供这个项目可行还是不可行的科学论证，以确保这个项目实施以后能取得最佳经济效益，减少不必要的经济损失。可行性研究的范围、内容及其对象因项目性质不同而有所不同，但是作为整个可行性研究，一般要分析解决投资项目的三个问题，即项目的合法性、可能性和效益性。

  所谓投资项目的合法性，实际上就是分析这个投资项目或建立这个合资企业是否符合国家的法律、条例，是否符合国家的公共秩序和公共利益。因此，这个问题实际上就是关于法律和政策的研究和分析。

  所谓投资项目的可能性，是指举办这个投资项目或者要建立的这个合营或合作企业，是否具备了必须具备的条件，包括主观条件和客观条件两个方面。

  所谓投资项目的效益性，就是经济效益分析。效益研究既是可行性研究的出发点，也是它的归宿。一个投资项目或一个合营或合作企业举办的最终目的,就是要使这个项目取得经济效益。对经济效益的分析研究,更需要用数字来表示,即表示投资项目经过多少年后能为我国赢得多少利润,也就是解决投资的具体效益问题,即投入多少？承担的风险有多大？可能的收益是多少？这些都需要进行具体的财务分析和各种经济效益项目的研究。

因此,这里所指的可行性研究报告,就是由中外合作各方在实施合作项目前共同编制的,目的在于论证项目的合法性、可能性和效益性的一个综合研究的书面报告。

(2) 可行性研究报告的主要内容和要求：

① 基本概况：

a. 合营企业的名称、法定地址、宗旨、经营范围和规模；

b. 合营各方的名称、注册国家、法定地址和法定代表的姓名、职务、国籍(中方要说明主管部门)；

c. 合资企业总投资、注册资本和合营各方的出资比例、出资方式和股本缴付期限；

d. 合营期限,以及合营各方利润分配和亏损分担的比例；

e. 项目建议书的审批文件；

f. 可行性研究报告负责人的名单；

g. 可行性研究报告总的概况、结论、问题和建议。

② 产品生产安排及其依据,要说明国内外市场需求的情况和市场预测的方法,以及国内外目前已有和在建的生产装置能力。

③ 物料供应安排(包括能源和交通等)及其依据。

④ 项目地址的选择及其依据。

⑤ 技术设备和工艺过程的选择及其依据(包括国内外设备分批装运交货的安排)。

⑥ 生产组织安排(包括职工总数、构成、来源及经营管理)及其依据。

⑦ 环境污染的治理和劳动安全、卫生设施及其依据。

⑧ 建设方式、建设进度安排及其依据。

⑨ 资金筹措及其依据(包括原厂房、设备入股计算的依据)。

⑩ 外汇收支安排及其依据。

⑪ 综合分析(包括经济、技术、财务和法律等方面的分析),要采用动态法和风险法(或敏感度分析法)等方法分析项目的效益和外汇收支等情况。

⑫ 主要附件：

a. 合营各方所在国(或地区)政府主管部门发给的营业执照副本。

b. 合营各方法定代表证明书。

c. 合营各方资产负债表、损益表等财务报表。

d. 国内外市场需求情况调研、预测报告以及产品外销比例。

e. 有关主管部门对主要物料(包括原材料、辅料、配套件、元器件国产化及能源、交通等)安排的意见书。

　　f. 有关主管部门对设备分批装运交货安排的意见。
　　g. 有关主管部门对产品以产顶进安排的意见。
　　h. 有关主管部门对资金安排的意见。
　　i. 有关主管部门对地址安排的意见。
　　j. 有关主管部门对环境保护、消防、劳动安全、卫生设施和地震的意见。
　　k. 有关主管部门对外汇收支安排的意见。
　　l. 有关主管部门对项目的预审或评估报告。其主要附件有：项目建议书及批件；有关部门对主要原材料、供水电、土地征用等问题的意见书；合作各方签订的意向书、备忘录等文件；与外商技术交流及询价的有关资料等。
　　3. 协议。在此主要论述合营企业的协议，而合作企业的协议与之基本相同。
　　(1)合营企业协议的定义。《中外合资经营企业法实施条例》第13条第1款对合营企业的协议所下的定义是：合营企业的协议是指合营各方对设立合营企业的某些要点和原则达成一致意见而订立的书面文件。这个定义强调了合营企业协议必须采取书面形式，而不能采取口头或其他非书面形式。合营企业协议是合营各方就举办合营企业的要点和原则而达成的协议，同时还表达了各方对举办合营企业的愿望、兴趣和诚意，以及各自的基本立场。所以，合营企业协议相当于国外的意向性协议(Letter of Intent)，内容属于粗线条的。根据《中外合资经营企业法实施条例》的规定，经合营企业各方同意可以不订协议，直接签订合同，即是说，要不要签订协议是可以选择的，法律上没有硬性的规定。
　　(2)合营企业协议的作用。合营企业协议有如下作用：
　　①为谈判合同提供一个框架，尤其当某个项目金额很大、内容复杂、合同期限较长时，首先签订协议或意向书，有利于合同谈判的深入进行，因为协议既是前一阶段谈判成果的总结，也为下一阶段合同谈判提供了现成的大纲。
　　②可在协议上规定一些条款，以利于双方将合同的谈判顺利地进行下去。
　　③可以使我们与外商合营的步子迈得更加稳妥，因为通过协议的形式，可以使我们对合同的最后决策留有余地。
　　(3)合营企业协议的主要内容和审批程序。关于合营企业协议的主要内容，尽管现行法律没有作出具体规定，但一般应该包括下述几个主要方面：
　　①合营各方的名称、各方所属的国籍及法定地址；
　　②合营企业的名称、经营目的和范围，以及生产规模；
　　③合营企业的主要管理机构的情况，包括董事会成员的组成比例，董事长、副董事长、总经理及副总经理在各方之间的分配情况；
　　④合营企业的投资总额、注册资本，各方的投资方式、投资比例以及以合营企业名义贷款的数目；

⑤利润分配的原则和方法;

⑥为使进一步谈判签约能够顺利进行,需要在协议中规定的其他条款。

合营企业的协议经合营各方代表签字后,由中方合营者报送审批机构,经审批机构同意后,就可以同外商正式谈判和签订合营企业合同了。

4. 合同。在此,主要论述合营企业的合同,而合作企业的合同与之基本相同。

(1)合营企业合同的定义及其特点。根据《中外合资经营企业法实施条例》第13条第2款的规定,所谓合营企业的合同,是指合营各方为设立合营企业就相互的权利和义务关系达成一致意见而订立的文件。该定义的实质是:合营合同是合营各方就举办合营企业问题,以书面方式合理地分配他们之间的权利和义务、风险和收益的协议。根据平等互利原则,风险和收益应该成比例,权利和义务也应相等。我们强调的是在合营各方之间平等合理地分配风险和收益、权利和义务,要做到这一点,需要双方相互理解、相互配合,尤其需要耐心地、反复友好地协商,以取得一致意见。

合营企业合同作为涉外经济合同的一种,除具有所有涉外经济合同的一般特点外,还具有如下特点:

①合营企业合同期限长、连续性强。合营企业期限一般都在10年左右,多的可达20年、30年,甚至可以高于50年。在这么漫长的时间内,企业经营活动是持续进行的,不像通常的货物买卖合同执行期限那样短。一个履行期长达30多年的合同,可能要经过几代人的共同努力,在此期间,国际政治、经济形势都可能发生很大的变化。因此,起草和签订合营企业合同必须有长期观点,不但要着眼于当前,还要预见未来,要经得住长时间形势的变化和人事变迁的考验。

②合营企业合同内容复杂、涉及面广、灵活性大。它包括的内容十分复杂,涉及贷款、资产(包括无形资产)评估、技术引进、市场、计划、贸易、海关、外汇管理、税收和劳务等一系列经济和法律问题,合作对象又往往来自不同的国家,这又有个相互了解的问题,因此要有全面的观点,要周密考虑合同的内容。

③政策、法律性强。由于合营各方分属具有不同的社会政治制度的国家,各自的经济结构、文化传统、习惯观念以及思考方式都不一样,加上合营企业涉及法律问题面十分广泛,因此,我们不仅要熟悉和掌握我国各项有关的政策和法律,同时也要懂得对方国家的有关政策、法律,才能把合同建立在可靠的政策、法律基础之上。

(2)合营企业合同的重要性。合营企业合同十分重要,主要体现在:

①合营企业合同是合营企业设立和经营的基础,整个合营企业是建立在合同这个基础之上的,因此合营企业合同的内容是否恰到好处就显得尤为重要。

②合营企业合同一经我国政府机关批准就具有法律效力。所谓法律效力,就是对双方都有法律拘束力,任何一方必须认真地履行合同,如果一方违反了合同中已经规定的条款,就得承担违约责任。

③合营企业合同是解决双方争议的基本依据,如果发生争议,即对条款解释上出现

分歧或在具体执行中产生分歧,须根据合同条款的规定,通过协商调解、仲裁或诉讼的方式解决。

④合营企业合同在合营企业所有文件中所处的地位最重要。根据我国法律规定,合营企业合同与协议相比,合同是主要的,当它们的内容发生不一致以至发生冲突时,必须以合同为主。此外,合同与章程相比,合同是章程的基础,章程必须根据合同的原则和内容起草。

(3)合营企业合同的内容和主要条款。关于合营企业合同的内容和主要条款,《中外合资经营企业法实施条例》第14条有明确规定,它包括下列主要内容：

①合营各方的名称、注册国家、法定地址和法定代表的姓名、职务和国籍；
②合营企业的名称、法定地址、宗旨、经营范围和规模；
③合营企业的投资总额、注册资本,合营各方的出资额、出资比例、出资方式、出资的缴付期限以及出资额的欠缴和转让；
④合营各方利润分配和亏损分担的比例；
⑤合营企业董事会的组成,董事名额的分配,总经理、副总经理及其他高级管理人员的职责、权限和聘用办法；
⑥采用的主要生产设备、生产技术及其来源；
⑦原材料购买和产品销售的方式,产品在中国境内和境外销售的比例；
⑧外汇资金收支的安排；
⑨财务、会计、审计的处理原则；
⑩有关劳动管理、工资、福利、劳动保险等事项的规定；
⑪合营企业期限、解散及清算程序；
⑫违反合同的责任；
⑬解决合营各方之间争议的方式和程序；
⑭合同文本采用的文字和合同生效的条件。

此外,由原外经贸部条法司起草的"中外合资经营企业合同参考格式"对起草合同具有一定的参考价值。

5.章程。

(1)合营企业章程的定义。关于合营企业章程的定义,《中外合资经营企业法实施条例》第13条第3款有明确的规定。合营企业章程是按照合营企业合同规定的原则,经合营各方一致同意,规定合营企业的宗旨、组织原则和经营管理方法等事项的文件。这个定义高度概括了章程的如下特征：

①合营企业章程是合营企业向社会公开树立起来的一面旗帜,它向公众明确表明合营企业的宗旨、经营范围、资本状况、企业董事会、总经理的职权范围及企业的管理原则。章程是公开的,合同则是保密的。章程是根据合同确定的原则而制定的,它把合同中可以而且必须公开的内容向外界加以公开,以便公众更好地了解它。

②合营企业章程是调整合营企业内部各机构之间和各主要成员之间关系的准则。

③合营企业章程必须提交工商行政管理机构批准并备案。章程一旦被批准,即具有法律效力。这种效力主要表现在:一方面政府审批机构和登记管理机构对合营企业章程的履行创造条件加以保证,具有监督检查的责任;另一方面,合营企业章程对企业本身也具有法律拘束力,一旦公司违反章程,与企业有业务往来的第三者有权根据公司章程向合营企业提起仲裁或诉讼。

需要指出的是,目前几乎所有国家的公司法都把公司章程作为成立公司企业的必备文件。在我国,除《中外合资经营企业法》及《中外合资经营企业法实施条例》把章程放在重要的地位外,我国《公司法》以及相关法规都明确规定,向工商部门提交公司章程是成立公司的基本条件。

(2)合营企业章程的内容。《中外合资经营企业法实施条例》第16条对合营企业章程的主要内容和基本条款作了如下明确的规定:

①合营企业名称及法定地址;

②合营企业的宗旨、经营范围和合营期限;

③合营各方的名称、注册国家、法定地址,以及法定代表的姓名、职务、国籍;

④合营企业的投资总额、注册资本,合营各方的出资额、出资比例、出资额转让的规定、利润分配和亏损分担的比例;

⑤董事会的组成、职权和议事规则,董事的任期,董事长、副董事长的职责;

⑥管理机构的设置、办事规则,总经理、副总经理及其他高级人员的职责和任免方法;

⑦财务、会计、审计制度的原则;

⑧解散和清算;

⑨章程修改的程序。

此外,由原外经贸部条法司起草的关于《中外合资经营企业章程参考格式》对于合营企业章程内容作了详细的介绍,对章程的起草具有一定的参考价值。

二、设立外资企业的法定程序

根据《外资企业法》的规定,设立外资企业的程序与设立合营企业和合作企业的程序基本相同。由于外资企业全部是由外国投资者投资并经营的,不需要与中方合营者谈判及签订合营协议和合同,因而设立外资企业的手续相对要简单一些。依据我国的法律和实践,设立外资企业必须遵守如下程序:

(一)外资企业的申请

外国投资者应向拟设立外资企业所在地的对外经济贸易委员会报送如下文件:

1. 设立企业申请书。其主要内容必须包括:

(1)申请设立外资企业的投资者(自然人或公司)的概况。其中包括公司的名称、法定地址；公司成立地（国家或区域）、成立日期；法定代表的姓名及国籍；公司的经营范围、生产规模、资本总额、注册资本、开户银行和已进行投资的国家；公司近三年的资产负债表、损益表及相关财务报表（如果公司成立尚未满三年，请附母公司情况）；公司在华联系人的姓名、地址和电话。这是管理当局需要了解投资者的历史、近况、资本数额和经营能力的基本资料。

（2）拟在中国设立的外资企业的设想（规划）。其中包括该外资企业的名称、宗旨、经营范围和规模；外资企业的注册资本、出资方式和缴付期限；外资企业的外汇平衡计划和产品在境内外的销售比例；外资企业的主要生产设备和技术的来源及其先进程度的评价。

（3）外资企业的期限。

（4）外资企业的主管单位。

（5）中国职工的培训计划。

需要说明的是，各省、市外资管理部门都存有由国务院主管部门统一印发的《设立外资企业申请表》。这个申请表是外商在中国设立外资企业必须呈报的报表。

2. 初步可行性研究报告。该报告内容与中外合营企业的可行性研究报告的内容基本相同。

3. 拟设立的外资企业章程（草案）。关于章程的重要性及其主要内容，在讨论合营企业的章程时已作过介绍，在此不再细述。

4. 拟设立的外资企业董事会的人选名单。该名单必须包括董事的姓名、国籍和法定地址等。

5. 外国投资者的资信证明文件。该文件应由外国投资者的开户银行或所属国的官方资信调查机构出具，以证明该外国投资者在《设立外资企业申请书》中所填写的内容。

上述5个文件经外资企业所在地的经贸部门签署意见后，报送国务院主管部门或国务院授权的机关审查批准。

（二）外资企业的批准

审查批准机关在接到外资企业的申请之日起90天内决定批准或者不批准。审批机关如果发现前述文件有不妥之处，要求申请者限期修改，否则不予批准。批准后发给批准证书。

（三）外资企业的登记

设立外资企业的申请经批准后，外国投资者应当在接到批准证书之日起30天内向工商行政管理机关申请登记，领取营业执照。外资企业的营业执照签发日期为该企业成立日期。

三、外商投资企业的注册登记

设立公司必须在所在地国家注册登记，这是各国公司法的共同规定。在我国境内的外商投资企业,同样需要根据《中华人民共和国企业法人登记管理条例》(以下简称《企业法人登记管理条例》)及其实施细则的规定,严格地进行注册登记。这对于确认外商投资企业的法人资格,保障它们的合法权益,维护社会经济秩序,促进三资企业按照法制的轨道健康发展,都有着重大的意义。

(一)登记主管机关

按照《企业法人登记管理条例实施细则》的规定,我国的工商行政管理总局是企业法人登记和营业登记的主管机关。登记主管机关依法独立行使职权,实行分级登记管理原则,对外商投资企业实行国家工商行政管理总局登记管理和授权登记管理的原则。

国家工商行政管理总局授权的地方工商行政管理总局负责以下外商投资企业的登记管理:

1. 省、自治区、直辖市人民政府授权机关批准的及其呈报上级审批机关批准的外商投资企业,由国家工商行政管理总局授权的省、自治区、直辖市工商行政管理局登记管理。

2. 省市以下地方人民政府或政府授权的机关批准的及其呈报上级审批机关批准的外商投资企业,由国家工商行政管理总局授权的地方工商行政管理局登记管理。

根据《企业法人登记管理条例》规定,作为企业法人登记主管机关的国家工商行政管理总局和地方各级工商行政管理局,其主要职责是贯彻执行企业法人登记的各项法律、法规和政策,依法进行登记管理,保护合法经营,取缔非法经营,维护正常的经济秩序。其具体任务是:确认企业法人资格;保护企业法人的合法权益,维护企业法人的名称、财产、经营权和法人证件等不受侵犯;监督管理企业法人遵守《企业法人登记管理条例》的各项规定,查处违反《企业法人登记管理条例》的行为;建立企业法人登记档案和统计制度;根据社会需要,向公众提供企业法人登记资料和有关法律、法规、政策的咨询服务。

(二)外商投资企业的企业法人登记

外商投资企业申请企业法人的登记,应当具备如下条件:

1. 有符合规定的名称。根据1985年9月4日国家工商行政管理局公布的《关于外国企业、外商投资企业名称登记问题的通知》以及《企业法人登记管理条例》的有关规定,外商投资企业的名称不得冠以国家联名、国家与地区联名(例如中美、中日、中法等),也不可冠以行政区划名称;在全国范围内,同行业企业的名称不得混同。此外,凡省、自治区、直辖市以下(含省、自治区、直辖市)的利用外资项目开办的外商投资企业不得冠以"中国"、"中华"字样。国务院各部、委、局的利用外资项目开办的外资企业拟冠以"中国"、"中华"字样,需经国家工商行政管理局核定。最后,外商投资企业可申请中文名称,同时也可以申请外文名称。对名称字号为国家或地区联名简称的外文名称,应音译,不得意译。例如,华美……公司,应音译为"Huamei"而不得译为"China-America"或"Sino-America"。为了保证外商投资企业的名称在我国同行业中不重名,可依照有关法规的规定,预先进行名称登记。

2. 有审批机关批准的合同和章程。关于外商投资企业的合同和章程的法律地位及其主要内容,请参考本节"设立合营企业和合作企业的法定程序"中的有关内容。

3. 有固定经营场所、必要的设施和从业人员。

4. 有符合国家规定的注册资本。关于外商投资企业的注册资本的概念已在第五章第二节中做了必要的论述。由于注册资本既反映了企业法人经营能力的物质基础,又是企业法人承担民事责任的依据。加强注册资金管理,可以防止无资金或资金明显不足的企业骗取法人资格,给国家和企业造成经济损失。为此,法律把注册资本作为企业法人登记的主要事项。为了确保注册资本的可靠性,法律还作出了相应的制约规定:申请企业法人开业登记,应当提交资金信用证明、验资证明或者资金担保;注册资本发生变化(增加),应当申请办理变更登记;抽逃、转移资金,隐匿财产,逃避债务的,登记主管机关可以根据情况分别给予处罚,从而为注册资本能够真正成为外商投资企业承担民事责任的依据提供了保证。

5. 有符合国家法律、法规和政策规定的经营范围。企业的经营范围就是指该企业的经营内容,它一经核定,企业就享有在核定的范围内从事生产经营的权利和承担不超范围经营的义务。如果擅自超出核准登记的经营范围而从事经营活动的,登记主管机关可以给予处罚。由于我国实行的是社会主义的市场经济,即要做到对外开放搞活经济,又要加强宏观调控和监督管理。因此,企业能生产经营什么,不能生产经营什么,必须受国家法律、法规、政策的制约。登记主管机关根据国家法律、法规、政策的规定和企业的申请,考虑企业具备的条件,相应核定企业的经营范围,把外商投资企业纳入我国国民经济发展的轨道,保障企业的合法权益,保持经济秩序的稳定。

6. 有健全的财会制度,能够独立核算,自负盈亏,独立编制资产负债表等财务报表。

外商投资企业登记注册的主要事项有:名称、住所、经营范围、投资总额、注册资本、企业类别、董事长、副董事长、总经理、副总经理、经营期限、分支机构。

外商投资企业申请企业法人登记,应提交下列文件和证件:

(1)由董事长、副董事长签署的外商投资企业登记申请书;

(2)合同、章程以及审批机关的批准文件和批准证书;

(3)项目建议书、可行性研究报告及其批准文件;

(4)投资者的合法开业证明;

(5)投资者的资信证明;

(6)董事会名单以及董事会成员、总经理、副总经理的委派(任职)文件和上述中方人员的身份证明;

(7)其他有关文件和证件。

此外,外商投资企业还应当按照规定缴纳登记费。登记费的标准为注册资本总额的 0.1%；注册资本超过 1 000 万元的，超过部分按 0.05% 缴纳；注册资本超过 1 亿元的，超过部分不再缴纳。注册登记费最低额为 50 元。登记注册主管部门对具备企业法人条件的企业，核发企业法人营业执照。

（三）变更登记

外商投资企业改变其名称、住所、经营场所、法定代表人、经济性质、经营范围、经营方式、注册资金、经营期限以及增设或撤销分支机构，应当申请变更登记。

（四）注销登记

外商投资企业应当自经营期满之日或者终止营业之日、批准证书自动失效之日、原审批机关批准终止合同之日起 3 个月内，向原登记主管机关申请注销登记并提交下列文件和证件：

1. 由董事长、副董事长签署的注销登记申请书。
2. 董事会的决议。
3. 清理债权债务完结的报告或者清算组织负责的清理债权债务的文件。
4. 税务机关、海关出具的完税证明。

法律、法规规定必须经原审批机关批准的，还应提交原审批机关的批准文件。

登记主管机关核准注销登记或者吊销执照，应当同时撤销注册号，收缴执照正、副本和公章并通知开户银行。

第六节 我国关于保护外资的法律规定

我国自 1979 年实行对外开放政策以来，为了更好地吸引外国直接投资，扩大国际经济和技术合作，非常重视法制建设，十分注意对外资的法律保护。多年来，我国已经建立起日益完备的经济法体系，同时与不少国家签订了相互促进和保护投资协定，并积极地研究有关保护外国投资的国际公约，采取了切实的步骤，对外商投资企业提供了有效的法律保护措施。

一、健全涉外经济法制，做到有法可依、有法必依

众所周知，保护外国投资者的合法权益在《中华人民共和国宪法》（以下简称《宪法》）中已得到了确认。这集中体现在《宪法》第 18 条、第 32 条的内容中。例如，《宪法》第 18 条明确规定："中华人民共和国允许外国的企业和其他经济组织或者个人依照中华人民共和国法律的规定在中国投资，同中国的企业或者其他经济组织进行各种形式的经济合作。在中国境内的外国企业和其他经济组织以及中外合资经营的企业，都必须遵守中国的法律。它们的合法权利和利益受中华人民共和国法律的保护。"国家用根本大法的形式把外国投资列入中国法律保护的范围之内，从而肯定了外国投资者在我国的正常营业及其正当权益的合法性。《宪法》在统一全国人民的思想和行动，

确立涉外经济法规的立法原则等方面都具有决定性的影响和作用。

此外,为了保护对外开放政策的贯彻执行,有效地保护外商投资,我国也十分重视各项具体的经济立法工作。目前,我国涉外法律、法规涉及中外合资经营企业、中外合作经营企业、外商独资企业、海上石油资源开发、涉外税收、涉外经济合同、技术引进、外汇管理、劳动管理、涉外工商行政管理、海关、商检、银行信贷、商标、专利、经济特区、诉讼、仲裁等诸多方面的内容。这表明具有中国特色的、比较完备的涉外经济法制体系已经形成。这给外商投资企业的法律保护提供了有效的保障,因为只有具备了有法可依的局面,才谈得上法律保护。在这里,特别要提到的是我国的《中外合资经营企业法》及其实施条例、《中外合作经营企业法》、《外资企业法》以及《合同法》等法律和法规,对保护外国投资者的利益作了具体和明确的规定,并确立了如下一些原则:

(一)依法保护外国合营者的财产所有权和处置权

《中外合资经营企业法》第2条规定:"中国政府依法保护外国合营者按照经中国政府批准的协议、合同、章程在合营企业的投资,应分得的利润和其他合法权益。"只要外国合营者遵守我国的法律和规定,他们的合法财产是受我国法律保护的,任何人不得侵犯。《中外合资经营企业法实施条例》还规定,外国合营方有权依法向中国合营方或第三者转让部分或全部出资额。这表明在我国法律允许的范围内,外国合营者可以自由处理他们投资的财产。值得说明的是,外商在中国的有形资产可以得到中国法律的保护,他们的无形资产也受到法律的保护。1982年、1984年和1990年,中国分别颁布的《中华人民共和国商标法》、《中华人民共和国专利法》和《中华人民共和国著作权法》以及后来颁布的有关条例和规定中,都有对外商无形资产进行有效保护的规定。总之,保护在华外商的无形资产已基本上实现了有法可依。

(二)保护外国投资者对其所得利润的处理权和汇出权

外商来我国投资,其目的是为了获取利润,并能将其利润汇出境外。《中外合资经营企业法》规定,"合营企业的外国投资者所得利润可用于在中国境内的再投资",也"可按合营企业合同规定的货币,通过银行按外汇管理条例汇往国外"。《中外合资经营企业法实施条例》还规定:"合营企业的外籍职工的工资收入和其他正当收入,依法缴税后,减去在中国境内使用的花费,其剩余部分可以向中国银行申请全部汇出。"另外,外籍职工从合营企业中获得的股息、红利可以享受免税待遇。《中外合作经营企业法》及《外资企业法》也都有类似规定。由此可见,外国投资者对其所得利润具有充分的处理权并受我国法律保护。

(三)承认合营企业合同及合作企业合同等涉外投资合同具有特殊的效力

一般来说,国家制定并公布的新的法律或修改的法律,该国的所有人(自然人和法人)都应当无条件遵守。为了保护外国投资者的正当权益,我国原《涉外经济合同法》

第40条规定:"在中国境内履行,经国家批准的中外合资经营企业合同、中外合作经营企业合同、合作勘探开发自然资源合同,在法律有新的规定时,可以仍然按照合同的规定执行。"这项规定表明,中外各方当事人可以在上述三类合同范围内,对当时无法律根据的有关问题进行协商,并订立具体的书面合同。该合同一经国家批准,即产生法律效力。若后来颁布的新法律的有关规定同已获得批准的合同中的某些条款产生了冲突,合同当事人可以自由选择依照原合同执行或依照新的法律、规定执行。显然,这是对外商投资的一项特殊的法律保护措施。

为了保护广大外国投资者的利益,根据原《涉外经济合同法》的规定,合作各方仍可按原合同行事,从而使外商利益得到了有效的保护。同时,我国对载有下述有关特殊保护投资者利益条款的中外合作勘探开发海上石油合同都予以批准,并赋予法律效力。这类条款的内容一般为:凡是中国颁布了新的法规、法令或对适用的法规、法令等进行了修改,使合同当事人的经济利益发生了重要变化的,双方应立即协商,并对合同做必要的修改和调整,以保证订约双方在合同中的正常经济利益。

(四)对外商投资企业不实行国有化和征收

我国的《中外合资企业法》第2条及《外资企业法》第5条明确规定,国家对合营企业及外资企业不实行国有化和征收;在特殊情况下,根据社会公共利益的需要,对外资企业依照法律程序实行征收,给予相应的补偿。① 在实践中,上述规定不仅适用于外资企业,同样适用于所有外国在华的投资。所谓对外资实行国有化,就是指主权国家依据法律程序将外国投资者在东道国的资产转移到自己国家手中,并由国家加以控制和管理的一种法律行为。国有化是各国投资法中常用的一个概念和术语。在一国的法律中,甚至在一国的宪法中公开宣布"对外资不实行国有化或征用",这是发展中国家保护外国投资的常见的法律保护措施。实践证明,这对解除外商顾虑,吸收大量外资是有积极效果的。我国在立法中公开宣布"对外资不实行国有化",这并不是盲目照搬外国经验,而是建立在我国客观的物质条件基础之上的,是有科学根据的,是由我国所处的社会主义初级阶段的总方针所决定的,因而是可以信赖的。

二、签订保护投资协定,切实维护外商合法权益

我国的对外开放政策,对外商投资的法律保护,不仅体现在加强国内的涉外经济立法方面,而且体现在签订或参加各项国际条约方面。截止到2000年底,我国已分别与瑞典、罗马尼亚、德国、法国、比利时—卢森堡经济联盟、芬兰、挪威、奥地利、泰国、意大利、丹麦、荷兰、科威特、斯里兰卡、英国、新加坡、马来西亚等近80个国家签订了双边投资保护协定;同美国和加拿大还分别通过换文,订立了投资保险协议;同日本、美国、法

---

① 外经贸部外资司.利用外资法规文件汇编(1998~1999).北京:中国人事出版社,1999年6月版,第3页,第37页。

国、英国、德国、比利时、马来西亚、挪威、丹麦、瑞典、芬兰、加拿大、新加坡、新西兰、泰国、意大利、荷兰等国家签订了避免双重征税和防止偷税、漏税协定。我国还参加了若干多边条约或公约,并已于1980年恢复了国际货币基金组织和世界银行的成员国席位。我国已于1984年参加了保护工业产权的《巴黎公约》,1986年又加入了《纽约公约》,并批准了《国际货物销售合同公约》,还参加了海牙、东京、蒙特利尔等三个国际航空公约。我国已签订或参加的上述协定、条约和公约,对我国都具有法律效力。所有这些都是我国为进一步实施对外开放政策,完善涉外经济法制建设所作出的重大努力,为有关国家的公民和企业在中国的投资提供了有力的法律保障。

我国同外国签订的相互促进和保护投资协定的内容,充分体现了我国对外商投资的法律保护原则和措施。

相互鼓励和保护协定是国际投资法的一个重要渊源。它是从事国际直接投资活动的两国之间为了保护各自国民(包括企业)在对方投资的一种有效的政府间的双边协议。双边投资保护协定作为主权国家间缔结的一类条约,只要不是非法的(即不是侵略性、奴役性和不平等条约),缔结各方必须善意履行。国际法上有所谓"条约必须遵守原则(Pacts Sunt Servanda)",就是指缔结条约以后,缔约各方必须按照协定的规定行使自己的权利,承担各自的义务。这个具有进步意义的原则在我国1985年和1986年颁布的《涉外经济合同法》和《民法通则》中已经得到确认。我国的法律规定,凡中国缔结或参加的国际条约(包括多边的和双边的)同中国的民事法律有不同规定时,适用条约的规定(声明保留的条款除外)。

我国同有关国家签订的相互保护投资协定的结构与世界上其他国家间的这类协定大致相同,主要包括投资、收益和投资者(国民和公司)的定义;投资和与投资活动有关的待遇;征收(包括国有化和与征收或国有化效力相同的其他措施)和补偿;投资和收益的返回;代位求偿权;争议的解决;协定的生效、期限和终止等等。我国是发展中的社会主义国家,我国的社会制度、经济体制和法律制度与发达的资本主义国家有本质的差别,因此我国已签订的协定中某些条款的内容也与其他国家之间签订的协定不尽相同。

(一) 投资和与投资活动有关的待遇

到目前为止,我国与发达国家、发展中国家,或者与社会主义国家签订的投资保护的协定中,都只规定给予外国投资及与投资有关的活动以"最惠国待遇",而没有规定"国民待遇"。例如,我国与瑞士王国政府签订的保护投资的协定第2条第2款规定:"缔约任何一方的投资者在缔约另一方境内的投资所享受的待遇,不应低于第三国投资者的投资所享受的待遇。"又如,我国与德国签订的保护投资协定第3条也规定:"缔约一方投资者在缔约另一方境内的投资及与投资有关的活动所享受的待遇,不应低于同缔约另一方订有同类协定的第三国投资者的投资及与投资活动所享受的待遇。"此外,我国与其他发达国家、发展中国家和社会主义国家签订的保护投资协定,也都有上述"最惠国待遇"的规定,但没有"国民待遇"的条款。对于市场经济国家,除在某些行业或领域限制外国投资外，一般都相互给予"国民待遇"。至于西方发达国家与其他社会主义国家的保护投资协定中，许多条约也只订有"最惠国待遇"。因此，我国签订的保护投资协定中没有"国民待遇"绝不是什么独出心裁。特别需要指出的是，我国签订的协定中只规定"最惠国待遇"条款，决不等于我们给予外资的优惠少、待遇低，而只是说明外商投资企业与国内企业性质不同，适用的法律也须不同。事实上，根据我国法律规定，外商投资企业在其经营活动中很多方面都能享受"国民待遇"。例如，中国人民银行在1986年7月颁发了《关于三资企业享受国营企业流动资金贷款等待遇的通知》就是一例。该通知对三资企业申请流动资金贷款、社会集资等方面享受国营企业同等待遇做了规定。不仅如此，在许多方面，外商享有远比中国国有企业更为优惠的待遇。例如，外商享受的关于所得税的低税率及减免税措施，进出口物资、人员的招聘等方面的待遇都要大大优于我国国有企业。因此，有些学者称之为"超国民待遇"。

（二）关于征收、国有化及类似措施的补偿问题

我国对外资一般采取不征收和不实行国有化的立场和原则，这在前面已经提到过。根据公认的国际法原则及国际惯例，我国所签订的保护投资协定同样规定了一旦对外资进行征收或国有化时必须具备的条件。这些条件就是：只有为了公共利益，按照国内一定的法律程序并给予补偿，而且是在非歧视的条件下方可对外资实行征收或国有化。我国与德国签订的保护投资协定第4条第1款作了类似规定："缔约一方的投资者在缔约另一方境内的投资应受到保护，其安全应予保障。只有为了公共利益，依照法律程序并给予补偿，缔约另一方可对缔约一方投资者在其境内的投资进行征收。"关于补偿的标准，在协定中我们没有采用发达国家一贯坚持要求的"及时、充分、有效"的补偿原则。因为征收和国有化是一国的主权行为，而发达国家的这一补偿标准的实质，是针对发展中国家对外资实行征收或国有化的。比如，按西方国家的解释，所谓"充分"原则，是指投资财产在被征收前一刻的市场价值，还应包括"期望价值"，即该投资在未来几年可以获得的利润，"代表该企业的市场价值与该企业继续营业所得的市场价值的数额之和"。显然，这种标准是广大发展中国家无法接受的，也是不适合国际惯例的。历史表明，几乎所有的东道国家都没有对被国有化的外国资产做过"充分"的赔偿，包括西方国家对外资实行征用时也一样。联合国1974年通过的《各国经济权利和义务宪章》已明确提出给予"适当的补偿"。我国对这个宪章是投票赞成的。因此，在我国政府签订的保护投资协定中，我们坚持补偿应相当于投资被征收的价值，它们在实际上应能兑换和自由转移，而且不得不适当地迟延；对补偿额的争议，如果通过协商不能解决，可应投资者的请求，由采取征收一方有管辖权的法院或特设国际仲裁庭审理。我们认为，这样的规定对双方来说都是合情合理的，也是能够充分保护投资者利益的。

（三）关于投资和收益的返回

资本和利润的转移是投资保护协定中又一个重要的问题。外国投资者来华投资，是为了开拓我国这个具有巨大潜力的市场，以获取利润。他们关心资本和利润能否转

移出去,这是可以理解的。我国是国际货币基金组织的成员国,我国并不反对资金"自由转移"的原则,但任何主权国家维护其现行的外汇管理法规的立场也应该受到尊重。我国是实行外汇管理的国家,这是因为我国是一个发展中国家,出口额不大,进口量较大,外汇积余很有限。根据《中华人民共和国外汇管理条例》的规定,中外合资经营企业、中外合作经营企业和外资企业的一切外汇支出,应当按照国务院外汇管理部门关于付汇与购汇的管理规定,凭有效单证以自有外汇支付或者向经营结汇、售汇业务的金融机构购汇支付。为了保护外国投资者合法的权利和利益。我国政府采取灵活措施,在协定中规定,不论企业的外汇存款是否够,凡属投资的资本金、被征收的补偿金、投资的转让或清算所得的金额、由中国银行担保的贷款,以及经中国政府批准对在中国市场销售产品获得的人民币允许给予兑换外币的,中国政府都将保证其自由转移。这样的规定兼顾了双方的利益。当时,在我国外汇还严重短缺的情况下,对三资企业采取上述灵活措施,不能不说是一个优惠的措施。

第七节 外商投资企业适用《公司法》的若干问题

1994年7月1日,原《中华人民共和国公司法》开始在中国境内全面实施,这对促进我国市场经济的发展,建立现代企业制度,规范市场经济微观基础,具有重要的意义。同时,《公司法》的实施,也对外商投资企业在国内的发展提供了更为有效的法律保障和法律依据。此后《公司法》在2004年和2005年经全国人大常委会两次修订,《公司法》最新修订本自2006年1月1日起施行,本节就外商投资企业如何适用《公司法》的若干问题进行一些探讨和研究。[①]

一、外商投资企业适用《公司法》的原则

外商投资企业适用《公司法》的原则,《公司法》第218条作出如下规定:外商投资的有限责任公司、股份有限公司适用本法;有关外商投资的法律另有特别规定的,适用其规定。

根据该条的规定,外商投资企业在适用《公司法》上应遵循如下两条原则:

(一)外商投资的有限责任公司,应适用《公司法》

1.《公司法》是规范全国范围内所有公司的设立、管理、运行及其终止、解散等重要事宜的,它无疑是规范全国所有公司企业的最具权威的法律。外商投资企业是在中国

[①] 本节研究的是具有外商投资的采取有限责任公司形式的企业如何适用公司法的问题。本节讨论中提到的外商投资企业法,是指管辖采取有限责任公司形式(主要是指中外合资企业)的法律条例及其有关规定的简称,而不包括管辖所有外商投资企业的全部法规。

境内投资设立的公司,属于中国的法人,应该遵守中国的法律,理应受《公司法》的管辖。

2.外商投资企业适用《公司法》是国家主权的要求。法律作为行使国家主权的重要工具,对其境内的所有自然人和法人都具有管辖权,对于在中国境内注册登记的具有中国法人资格的外商投资企业,接受中国《公司法》的管辖,遵守中国《公司法》的规定,这是理所当然、无可非议的。

3.外商投资企业法是作为我国专门规范具有外商投资因素的企业的法规。最早的《中外合资经营企业法》颁布于1979年,以后陆续出台的法规,基本上属于出现什么具体问题就解决什么具体问题的立法方式,因此,难免存在不够全面、不够系统之处。《公司法》则具有全面和系统的特点。《公司法》的颁布和实施,毫无疑问是对外商投资企业法的有益补充。外商投资企业适用《公司法》的规定,有利于其进一步法制化和规范化,有利于我国投资软环境的进一步完善。

(二)外商投资企业法另有特别规定的,适用该法的特别规定

1.我国以《中外合资经营企业法》及《中外合资经营企业法实施条例》、《中外合作经营企业法》以及《外资企业法》为基本内容的外商投资企业法,奠定了我国外商投资企业的法律基础,使我国外商投资企业基本上能做到有法可依。它们对鼓励吸引以及规范外商来华投资起到了重要的作用。事实证明,这些法规是行之有效的,是基本符合我国外商投资企业的需要的,是应该而且可以继续实施的。

2.外商投资企业是具有涉外因素的企业,在我国目前情况下具有一定的特殊性,而外商投资企业法则较有效地解决了这一特殊问题。在目前情况下,《公司法》还难以全部照顾到这一点。

3.外商投资企业法属于我国公司法规的一个组成部分,属于解决具有涉外因素的一种特别法。《公司法》则是管辖国内所有公司企业的一般法。根据公认的法律原则,即特别法优先一般法的原则,如果两法的规定发生不一致,外商投资企业应首先遵守外商投资企业法的规定。

二、《公司法》与外商投资企业法的不同规定

外商投资企业应优先适用外商投资企业法,其前提必然是外商投资企业法中有些规定与《公司法》中的规定具有不一致之处。纵观外商投资企业法及《公司法》的各自规定,我们可以发现,外商投资企业法与《公司法》在许多重要概念的规定上是确有区别的。

(一)注册资本的概念

公司的注册资本在公司中的意义是举足轻重的,这是因为注册资本是公司全部资产的基础,是公司据以设立的基石。公司的全部资产来自于两个方面:一是公司的注册资本(股东自有的);二是公司的债务(借贷资本)。二者构成了公司的总资产,但后者

是以前者为前提的。因此，注册资本是公司承担亏损风险的基本保证，也是划分股东权益的依据，股东在公司中所占的股东权益比例就是根据其在公司注册资本的比例而予以确定的。

按照《中外合资经营企业法实施条例》第18条规定，合资企业的注册资本，是指为设立合营企业而在登记管理机构登记的资本总额，应为合营企业各方认缴的出资额之和（Subscribed Capital）。《外资企业法实施细则》对注册资本的定义，与《中外合作经营企业法》的规定基本上是一致的，其20条规定，外资企业的注册资本，是指为设立外资企业在工商行政管理机关登记的资本总额，即外国投资者认缴的全部出资额。上述注册资本定义的共同点，都是指投资者认缴（Subscription）的资本额。但我国原《公司法》对注册资本的定义，强调的是投资者实缴的（Paid-up）的资本额，有限责任公司的注册资本为在公司登记机关登记的全体股东实缴的出资。由此可见，关于注册资本的概念，外商投资企业法强调的是认缴额，原《公司法》强调的是实缴额，尽管双方强调的只有一字之差，但法律上的意义却大不相同。所谓认缴，它是指投资各方已经承担了法律责任，必须（但可能尚未）缴付出资的一种法律上的承诺（Promise）行为；而实缴，是指投资者实际上已经缴付出资额的行为。显然，认缴的资本不等于实缴资本。原《公司法》第23条规定，注册资本必须是实缴资本。而外商投资企业法之所以作此规定，一是为了给投资者以更大的灵活性，使投资者的投资时间有一个选择的余地，即只有当其所投资的项目必须投入资金时，资金才真正到位；二是为了使该定义更好地与国际惯例接轨。目前，世界上许多国家的公司法，尤其是大陆法系国家的公司法对注册资本所下的定义都采取"认缴资本"的概念。我国原《公司法》的规定，则是从我国目前国情出发，为了从法律上杜绝国内公司采取虚假出资，乃至干脆不出资的现象。针对某些外商投资企业利用注册资本的概念，拖延出资、部分出资、抽逃出资、虚假出资，甚至干脆不出资的现象，工商管理局、外经贸部和财政部等部委曾三令五申地对此问题作出规定。但是，经过2005年全国人大常委会第二次修订的新《公司法》则采纳了大多数国家的"认缴资本"理念，取消了实缴资本制度。

（二）关于减少注册资本

《中外合资经营企业法实施条例》第22条明确规定，中外合资经营企业在合营期内不得减少其注册资本。《外资企业法实施细则》第22条也同样规定，外资企业在经营期内不得减少其注册资本。财政部在此基础上，又于1992年6月24日颁发了《中华人民共和国外商投资企业财务管理规定》，该规定强调了外商投资企业不得减少注册资本。该规定还明确指出，合营企业和外资企业在经营期内，投资人不得以任何名义和方式抽回其注册资本。外商投资企业法之所以强调注册资本不得减少，其主要原因在于注册资本是外商投资企业向外承担债务和对内确定投资各方享有权利、承担义务的基础，从宏观上考虑，这也是我国掌握外商投资总规模的必要条件。因此，到目前为止，对外商投资企业减少注册资本是加以禁止的。[①]

我国的《公司法》原则上允许公司（包括有限责任公司和股份有限公司）在其经营期内减少注册资本，《公司法》第38、47、104条对有限责任公司减资都有明确的规定。按上述规定，凡有限责任公司减少注册资本，首先应有股东会通过的减资决议（不少于2/3表决权赞成）；接着应有董事会制定减少注册资本的具体方案。《公司法》第178条还规定了公司减少注册资本的具体程序，包括编制资产负债表及财产清单，向债权人发出书面通告，在报纸上作公告等等。减少注册资本是一项严肃的工作，因此，《公司法》还明确规定，减少资本后的注册资本不得低于法定的最低限额。

总之，外商投资企业法和《公司法》对于注册资本能否减少的问题的规定可以说是不同的。但根据《公司法》第218条规定的原则，在目前，外商投资企业必须严格遵守不得减少注册资本的法律规定。

（三）关于股东出资额的转让问题

外商投资企业法对投资者（股东）出资额的转让相对于《公司法》的规定要严格一些，它强调投资者的一致同意原则、优先购买权原则和政府机关批准原则。例如，《中外合资经营企业法实施条例》第20条第1款规定，合营一方如果向第三者转让其全部或部分出资额，须经合营他方同意，并经审批机构批准；同时规定，如果合营一方向第三者转让出资额时，在同等条件下，原有股东具有优先购买权。又如，《中外合作经营企业法》第10条规定，中外合作者的一方转让其在合作企业合同中的全部或者部分权利、义务的，必须经他方同意，并报审查批准机关批准。《外资企业法实施细则》第22条同样规定，外资企业注册资本的转让，须经审批机关的批准。由此来看，外商投资企业法对出资额的转让特别强调其他投资者的一致同意及审批机关的批准，这一点是和《公司法》关于有限责任公司的股东（投资者）转让其股份所规定的条件是不同的。《公司法》并未强调上述两条原则，或者说，《公司法》并未把股东的一致同意原则和政府审批原则作为转让生效的前提条件。《公司法》对有限责任公司股东转让其出资额的规定比外商投资企业法要灵活得多，这集中体现在第72条及第76条的规定之中，其主要意思为：股东之间可以自由转让其全部或部分出资额，而无须经其他股东的同意。向股东以外的人转让其出资时，必须凭全体股东过半数同意；但不同意转让的股东应当购买该转让的出资，如果不购买应转让的出资，视为同意转让。股东同意转让的出资，在同

[①] 对于注册资本减少的问题，国家工商行政管理局和对外贸易经济合作部于1994年11月3日和1995年5月25日分别下达了《关于进一步加强外商投资企业审批和登记管理有关问题的通知》（工商企字[1994]第305号）和《关于外商投资企业调整投资总额和注册资本有关规定及程序的通知》（[1995]外经贸法发第366号）两个文件，这些文件规定了外商投资企业可在特殊条件下，并在符合文件规定的要求下，可以调整企业的规模，包括减少注册资本的数量。此外，《中外合作企业法实施条例》第16条对此也作出了灵活的处理，即规定"合作企业注册资本在合作期限内不得减少。但是，因投资总额和生产经营规模等变化确需减少的，须经审查批准机关批准"。

等条件下,其他股东对该出资有优先购买权。

因此,我们可以说,《公司法》在转让股份问题上的规定更加灵活些,也更接近于国际惯例。外商投资企业法之所以有不同的规定,主要是由于其具有涉外因素,强调了政府对外资的管理,外资在企业中的转移必须经政府部门的许可和批准。

(四)关于公司经营管理制度

外商投资企业在公司经营管理问题上已经形成了一套既体现国际上较先进的科学管理方法,又具有中国特色的传统管理经验的管理制度,并且以法规的形式予以肯定下来。当然,外商投资企业的上述管理制度是反映这类企业特有的经验和需要的,在这方面,与《公司法》的有关规定比较,具有明显的不同:

1. 关于股东会。我国的外商投资企业一律不设股东会,只设立董事会,并且规定,董事会是合营企业的最高权力机构,决定合营企业的一切重大问题。外商投资企业法还具体规定了董事会的职权范围。但《公司法》规定公司要设股东会。外商投资企业法中关于董事会的职权与《公司法》在第38条所规定的有限责任公司股东会的职权是基本一致的。至于《公司法》所规定的董事会的职权范围则与外商投资企业法规定的其他职权基本上是一致的。因此可以说,外商投资企业董事会兼备了《公司法》中股东会和董事会的双重职权,其权力要明显大于《公司法》中规定的董事会的权力。

2. 董事会会议的法定人数及其任期。董事会的法定人数是指法律规定参加董事会议的最低董事人数。按《中外合资经营企业法实施条例》第32条规定,董事会会议应有2/3以上董事出席才能举行。《公司法》则在第112条规定,董事会会议应由1/2以上的董事出席方可举行。由此看来,合营企业董事会会议的法定人数要高于《公司法》的规定。另外,两个法律关于董事的任期的规定也是不同的。

3. 关于监事会。外商投资企业法没有规定外商投资企业应该设立监事会,但《公司法》规定,凡经营规模较大的有限责任公司都应设立监事会,即使股东人数较少和规模较小的,也必须设1名或2名监事。《公司法》在第54条规定了监事会及监事应行使的职权范围,而且规定,监事可列席董事会会议。外商投资企业法尽管没有监事会的规定,但监事会的有些职责由董事会所承担。《公司法》关于监事及监事会的规定,显然是加强了股东及职工对董事及经理层的监督力度,这在《公司法》上是必备的,但外商投资企业法则无此规定。实践证明,公司设立监事会是有利于公司加强管理的。

(五)关于公司的设立问题

《公司法》规定,在中国境内设立有限责任公司,采取登记制,即只要公司的发起人符合公司设立的法定条件,就可直接到工商行政部门注册登记,从而直接设立公司。《公司法》第23条至第36条对此作了具体的规定。

但外商投资企业法则规定,凡在中国境内设立外商投资企业(采取有限责任公司形式),首先必须经外经贸部或其在各地方机关(对外经济贸易委员会)的批准,然后再凭批准件到工商行政管理部门注册登记并领取营业执照。

三、《公司法》对外商投资企业法的补充和发展

外商投资企业应遵守外商投资企业法的规定,如果该法对某些事项未作规定,而《公司法》已作出了明确规定的,应遵守《公司法》的规定,这是外商投资企业适用《公司法》的一条重要原则。《公司法》作为管辖全国范围内的所有公司企业的最具权威的法律,具有其自身特有的全面性和系统性,它的内容构成了对外商投资企业法的有益补充。它的颁布和实施,使外商投资企业的设立和运作更趋于有法可依,在客观上为外商投资企业的进一步规范化和法制化创造了更加有利的条件。《公司法》对外商投资企业法补充的内容是十分丰富的,现择其要点,简析如下:

(一)公司的主要权利和义务

外商投资企业法虽然规定了我国境内设立的合营企业应采取有限责任公司的形式,合作企业及外资企业也可采取有限责任公司的形式,但对有限责任公司作为企业法人应具有的权利和义务基本上未作系统的规定。随着经济体制改革的深入和社会主义市场经济的建立,迫切需要把公司(企业法人)的基本权利和义务以法律的形式正式地确立下来。《公司法》顺应了我国经济改革的需要,在其总则中作出了具体的规定,这些规定同样适用在中国注册并采取公司形式的外商投资企业。

(二)关于分公司和子公司的法律概念

外商投资企业的有关法规规定了外商投资企业经批准,可以在境内外设立分公司或子公司,但对这两类公司的概念、性质及法律地位没有作出规定。《公司法》在总则的第14条中除明确了公司可以设立分公司或子公司外,还第一次以法规形式规定了分公司及子公司的法律地位。《公司法》关于分公司与子公司的规定,无疑是对外商投资企业法的重要补充。

(三)关于公司董事及总经理等高级管理人员的义务及其法律责任

外商投资企业法仅对外商投资企业的总经理、副总经理等高级管理人员在工作中应遵循的义务及其法律责任作出了较为原则的规定,但《公司法》对公司的董事、监事及总经理必须遵守的义务及其法律责任规定得较详细、具体和系统。关于上述人员应遵守的义务,《公司法》第147条至153条作了较全面的规定,这些规定把公司的主要决策人员、管理人员及其监督人员应遵守的原则具体化了。可以说,我国《公司法》把董事、监事和经理的义务具体化,是使我国公司的组建和运作规范化和制度化的重大举措,也是强化外商投资企业经营管理的重要措施。在外商投资企业工作的董事及其高级管理人员,理所应当遵守《公司法》的上述规定。此外,为了能确保本法上述义务得到实施,《公司法》还专辟一章"法律责任",该章规定了公司本身、法定代表、公司发起人,尤其是董事、监事及经理违反其应承担的义务而必须承担的责任。其责任主要分为行政责任、经济赔偿责任及刑事责任三类。

(四)关于董事长的职权问题

外商投资企业法规定了董事长是企业的法定代表人,但没有规定董事长的具体职权。因此在实践中,各种企业对董事长究竟承担什么样的法定职权理解不同,往往习惯地认为董事长相当于国内企业的第一把手,理应行使第一把手的职权。这与外商的理解不同,也与国际上的惯例不同,因此中外双方经常在这个问题上产生严重的分歧。我国的《公司法》参照国际惯例,借鉴外国公司法的规定,用法定条款和任意条款相结合的方式,妥善地解决了这个问题,为外商投资企业提供了明确的法律依据(详见《公司法》第 110 条)。

(五)关于中外合资企业从税后利润中提取三项基金的比例问题

关于中外合资企业从税后利润中提取三项基金(即储备基金、职工奖励及福利基金、企业发展基金之总称)的比例问题,历来是中外双方谈判签约(合资企业合同)时的重点之一。《中外合资经营企业法实施条例》规定,该比例应由董事会确定。由于法规没有规定具体的提取比例,因此往往会出现中方想多提,外方想尽量少提的局面。对此,《公司法》在第 167 条作了具体规定,成为确定三项基金比例的十分重要的数额依据。

《公司法》还在许多方面把散见于外商投资企业法规之中的规定系统化了。此外,《公司法》中关于股东的权利和义务,债权人的权利和义务,董事会的职权范围,企业董事、经理的任职条件和具体职权等规定,都为外商投资企业的进一步法制化奠定了基础。

第八节 《与贸易有关的投资措施协议》对我国三资企业法的影响

一、与贸易有关的投资措施的概念

作为 WTO 附件一 A 中的重要组成部分的《与贸易有关的投资措施协议》(以下简称《TRIMS 协议》),是乌拉圭回合多边贸易谈判的重要成果,是迄今为止国际社会制定和实施的第一个具有全球性的有关国际直接投资措施方面的协议。与贸易有关的投资措施的产生是有其深刻的历史背景的:一是各国间的直接投资迅速发展;二是东道国政府对外国直接投资都采取了相应的措施,其中有的投资措施对国际贸易和投资自由化起到了促进作用,但也有的却使国际贸易受到了一定程度的损害。《TRIMS 协议》就是在这种情况下提出的。

《TRIMS 协议》是 1986 年 6 月首先由美国提出建议,并被纳入乌拉圭回合谈判得以通过。在《TRIMS 协议》中,所谓投资措施,是指一国(通常是指东道国)政府为贯彻本国的外资政策,针对外国直接投资的特点及本国各个时期的发展水平及其需要所采取的各种法律和行政措施。对这一概念特别要指出以下几点:

第一，《TRIMS 协议》中的投资措施，仅仅是指东道国限制性的投资措施，而不包括东道国对外资的鼓励措施。目前，世界各国为吸引外资并使之纳入本国的经济发展轨道，往往都要制定和实施投资措施。这些投资措施一般分成两类：一类是优惠鼓励措施；另一类是限制性的投资措施。

我国对外商的投资鼓励措施主要体现在税收（包括关税）、工商管理、外汇及国内资源（包括土地）的使用等方面，即在上述各方面对外商都给予较为优惠的待遇。当然，上述优惠又往往是有附加条件的。例如，只有对两类企业——出口型企业和技术先进企业才给予某些特殊的税收优惠。又如，对只有设立在较为边远的经济不发达的地区的三资企业才给予优惠等。

对外资进入方面的限制措施，即对外资进行管理方面的措施。例如，我国将外资项目分为四类，即禁止外资进入类以及限制、允许和鼓励外资进入类。此外，还有对外资企业内销限制和外汇自身平衡方面的限制。但《TRIMS 协议》的主要目的是要求成员国统一取消对外资的限制措施，对各成员方政府为吸引外资而采取的优惠措施则不予干预。

第二，《TRIMS 协议》需要统一的投资措施仅限于与货物买卖（即有形物买卖）有关的投资措施。它目前尚不包括服务贸易和技术贸易，具体来说，它只限于对国际货物贸易产生扭曲或限制的投资措施。

对国际贸易产生扭曲，是指能改变国际贸易的正常流向；对国际贸易的限制，则是指阻碍国际贸易活动的进行。它们的直接后果都是损害国际贸易的正常进行。但发达国家和发展中国家对什么样的投资措施会对国际贸易产生扭曲，什么样的投资措施会对国际贸易产生限制的观点往往针锋相对，即便是发达国家，也是依照各国的经济发展情况，在不同的历史时期而产生不同的主张。但《TRIMS 协议》对这一概念作出了初步的统一。

第三，《TRIMS 协议》要求世贸组织成员限期取消其所禁止的投资措施具有明确的时间概念。考虑到世贸组织的成员众多，各成员的经济发展水平参差不齐，利用外资的程度不同，有关利用外资的政策法规以及采取的措施也各有区别。因此，《TRIMS 协议》特别规定，凡与《TRIMS 协议》不相符合的各成员方的投资措施，发达国家成员应在《WTO 协定》生效之日起 2 年内取消，发展中国家成员应在 5 年内取消，最不发达国家成员在 7 年内取消。

二、《TRIMS 协议》的主要内容

如前所述，《TRIMS 协议》是乌拉圭回合多边贸易谈判的新议题之一，是迄今为止国际社会制定和实施的第一个具有全球性的有关国际直接投资措施方面的协议。它包括一个序言、九个条款，还有一个清单，可以简单概括为一个宗旨、两个原则、五个"不得"，加上透明度原则。

（一）一个宗旨

一个宗旨是指：使世界贸易得到进一步的扩大，并逐步实现自由化；便利跨国投资，保证自由竞争。要达到这个目的，各国采取的投资措施不能对国际货物贸易产生扭曲和限制。

（二）两个原则

两个原则是指国民待遇原则和禁止一般数量限制原则。

1. 国民待遇原则。依照国民待遇原则，东道国对外国直接投资的待遇应与本国的同类投资待遇相同。也就是说，对与外国投资利益相关的诸如税收、销售市场、投资领域、外汇以及争议解决途径等方面，内、外资企业应该是一致的。国民待遇提供了确切的、可比照的平台，并使外国投资者与本国投资者在同等的条件下竞争。

2. 禁止一般数量限制原则。关于禁止一般数量限制原则，主要指采取投资措施时不得设立或维持配额、进出口许可证，或采取其他措施以限制禁止其他成员方的进口或出口。这里的其他措施是指外汇管制，对内、外销比例规定等措施。

（三）五个"不得"

五个"不得"是列举在 TRIMS 清单上的五项内容，即规定在各国投资法规中不得有以下五个方面的投资措施：

1. 当地成分要求，即不能要求外国投资企业尽可能地利用当地原材料或半成品来进行生产，而应由企业自主从国外或国内市场选择。

2. 贸易平衡要求，即要求一个企业进口产品的数量和价值与出口产品的数量和价值基本上一致，以达到平衡。

3. 进口替代要求，是指以购买国内的产品来代替进口。例如，有些成员国政府法律规定的国产化要求及"以产顶进"的规定等。

4. 进口用汇要求。进口用汇限制是指将企业可以使用的外汇限制在该企业自身的外销收入范围内，要求该企业自身达到外汇平衡。

5. 国内销售要求，是指企业产品只能在国内销售，限制其出口。

（四）透明度原则

透明度原则要求各成员将有效实施的有关管理对外贸易的各项法律、法规、行政规章、司法判决等迅速加以公布，以使其他成员政府和贸易经营者加以熟悉；各成员政府之间或政府机构之间签署的影响国际贸易政策的现行协定和条约也应加以公布；各成员应在其境内统一、公正和合理地实施各项法律、法规、行政规章、司法判决等。同时，要求成员政府自查法律，若发现其与《TRIMS 协议》不一致的地方，即与前述的"两个原则"、"五个不得"相冲突的内容，则在加入 WTO 后 90 天内必须正式通知 WTO 的有关组织，说明有哪些规定不符合 WTO 规则，并按不同类型的国家分别规定出不同的过渡期，其中发达国家为 2 年，发展中国家为 5 年，最不发达国家为 7 年。各国在此期限内予以改正。同时,通过贸易政策审议机制对各国贸易政策进行定期监督,是 WTO 敦促各国增加政策透明度的另一种重要方式。这一机制不仅要求我国的贸易政策是透明的,而且要求经贸政策符合国际规范。

《TRIMS 协议》反映了世界各国要求逐步统一国际直接投资方面的利益和要求,也在一定程度上反映了国际投资的规律。为了使我国利用外资与国际上的趋势保持一致,尤其是为了不断优化我国的投资环境,使我国的三资企业法能与《TRIMS 协议》和国际惯例更加接近,我国正在逐步采取下述措施:①修改和完善我国外商投资企业法;②使全国性和地方性的利用外资的法规趋于一致;③加强对外商投资企业法的执行和监督。

我国加入 WTO 后,按照 WTO 的规则,对现存的外资法律进行自查,在规定的期限内修改和废除与《TRIMS 协议》的"两个原则"、"五个不得"相冲突的内容。在今后订立和修改外资法律时,除了其内容应该符合《TRIMS 协议》外,在程序上也应该符合透明度原则的要求。透明度原则反映了法治的要求,也符合国际惯例,这就要求有关部门在思想上转变观念,树立法制观念,并在立法过程中付诸实施。同时需要指出的是,目前的《TRIMS 协议》只是一个过渡性协议,发达国家远不满足目前协议上的内容,协议迟早要修改,我国必须意识到这一点,并应做好充分准备。

三、我国的外商投资企业法已做出的重大修改

为了表明我国能切实履行自己的"入世"承诺,全国人大常委会在 2000 年 10 月 31 日以绝对多数票通过了《中外合作经营企业法》和《外资企业法》的两法修正案,又大幅度地取消了对这些企业的限制性规定。紧接着,又在 2001 年 3 月召开的全国人民代表大会第九届四次会议上[①],通过了对《中外合资经营企业法》的修改决议。上述修改主要集中在以下几方面。

(一)取消了要求《中外合作企业法》、《外资企业法》中关于"自行解决外汇收支平衡"的规定

在制定上述法律的时候,由于当时我国严重缺乏外汇,这样的规定对适应当时的情况是必要的,但到了 90 年代后期,我国外汇储备比较充足,已基本实现了人民币经常项目下可兑换,也就是说已基本具备取消该条款的条件。《TRIMS 协议》所附《解释性清单》第 2 项,明确规定了各成员不得通过外汇平衡要求限制企业进口,因此,取消有关外汇平衡的规定是我国履行加入 WTO 所作出的承诺。

(二)取消了外商投资企业在购买原材料、燃料或其他半成品等物资时优先在中国购买的规定

这也是为了履行《TRIMS 协议》禁止采取"当地含量要求"规定的承诺而采取的一

---

① 中国法律(CHINA LAW).2001 年 6 月号,第 42 页、43 页。

个重要措施。《TRIMS 协议》规定,各成员不得以任何形式限制企业购买和使用当地生产的或来自当地的产品。因此,原三资企业法关于这方面的规定与《TRIMS 协议》明显相悖,应予修改。

(三)修改了《外资企业法》中规定对外资企业应当将年出口产品的产值达到其全部产品产值的 50% 以上,实现外汇收支平衡或者有余的规定

这条规定明显违反了 WTO 的基本原则和《TRIMS 协议》的具体规定。其主要原因是:①该规定不符合市场经济原则,企业的产品应自由寻找市场;②是否出口产品是企业行为,政府不宜干预;③外资企业应与国内企业享有同等国民待遇原则;④要求外资企业产品必须全部或大部分出口,属于 WTO 禁止出口的实际要求及《TRIMS 协议》中《解释性清单》第 2 项的规定:"各成员不得限制企业出口的数量、价值或者份额"。

(四)取消了现行法律中涉及合营企业和外资企业生产经营计划报主管部门备案的规定

此外,还对原《合营企业法》中的职工、保险、工会以及合营各方争议解决等问题做了修改。

所有这些修改,从立法的角度保证了中国现行的利用外资的法律和法规不与 WTO 的《与贸易有关的投资措施协议》的规定相抵触。

案例

中外合资企业收购协议争议案

【案情】

1995 年末,申请人与第一被申请人(中国的一家中外合资经营企业)就申请人收购第一被申请人的某一项目达成协议。该项目是第一被申请人开发建设的项目,所有权及经营权属第一被申请人,已办理了开发、建设到销售的全部合法手续。第一被申请人为解决公司存在的问题,经董事会会议讨论,将该项目出售及转让给申请人。双方为此签订了《收购协议》,就物业现状、申请人保证、物业的收购、物业交割、各方义务、税费及费用的负担、违约责任、法律适用及争议的解决、其他等九个方面作了约定。其中,与本案纠纷有关的内容如下:

第 4 条 物业交割

交割工作包括将有关物业的合同、账目、政府批文及证书,以及物业的所有权及实际控制权交给申请人。协议签订之日为正式交割日,交割工作应在 1996 年 9 月 30 日前完成。

第 5 条　各方义务

第一被申请人的义务：

(1)负责办理与本物业收购有关的全部法定手续,包括(但不限于):向××市计划经济委员会、××市房产管理局、××市规划土地管理局及其他有关政府部门申请全部土地使用权、物业销售权的更名及转让手续。

(2)前述(1)所述的全部转让手续应在本协议签订之日起4个月内完成。第一被申请人应安排人员(主要是此项目具体操作人员)在本协议履行完毕之前参与并协助申请人完成与物业收购和履行本合同有关的工作。

申请人的权利与义务:依照本协议第3条第3款的规定,向第一被申请人支付物业价款,等等。

《收购协议》签订后,申请人依据《收购协议》履行了自己的义务,第一被申请人未在《收购协议》规定的时间内完成与本物业收购有关的全部法定手续,未办好土地使用权、物业销售权等的更名手续,即因第一被申请人未在《收购协议》规定的期限内完成《收购协议》第5条第2款规定的义务,给申请人造成了经济损失,申请人要求第一被申请人赔偿损失并提供保证人。第一被申请人邀请第二被申请人(境外的一家企业)担保,申请人表示接受。

1997年初,申请人、第一被申请人、第二被申请人鉴于《收购协议》的上述履行情况,三方签署了《补充条款》,其内容如下：

(1)第一被申请人因未在《收购协议》规定的时间内完成与本物业收购有关的全部法定手续,已构成违约,根据《收购协议》第7条违约责任的规定,第一被申请人需赔偿申请人的经济损失,三方同意以《收购协议》确认的投资总额55 320万元的0.5%为第一被申请人按月计算支付的违约金。

(2)第一被申请人给申请人支付违约金的起算日为1997年初,但第一被申请人在1997年×月×日前完成了与本物业收购有关的全部法定手续,申请人同意免除第一被申请人的违约责任及损失赔偿。

(3)第一被申请人因违约支付违约金给申请人或赔偿其损失,由第二被申请人承担保证责任,即第二被申请人承担第一被申请人支付违约金或赔偿损失的连带责任。第二被申请人不承担除此之外的其他责任。

三方在履行《补充条款》中发生争议,经协商未果。申请人依据《补充条款》中的仲裁条款向中国国际经济贸易仲裁委员会提起仲裁。

其仲裁请求包括(但不限于)如下内容：

第一,裁定《收购协议》为有效合约,第一被申请人应履行办理与物业收购有关的全部法定手续的义务。

第二,裁定第一被申请人按《补充条款》的规定向申请人赔偿900万元违约金。

第三，裁定第二被申请人承担第一被申请人向申请人赔偿900万元违约金的连带责任。

申请人称，《收购协议》及《补充条款》是签约各方真实的意思表示，是平等互利、公平协商的结果，没有违反中国法律的内容，没有损害社会公共利益及第三者的合法权益，应属有效协议。《收购协议》约定自签字之日起对双方具有约束力；《收购协议》应自签字之日起生效。其理由如下：

(1)《收购协议》明确约定本协议自签字之日起对双方具有约束力，这一约定不违反中国法律。

(2)《收购协议》的内容没有违反中国法律，项目转让符合中国法律法规的有关内容，即没有违反《中华人民共和国城市房地产管理法》第37条规定的不得转让房地产的7种情况中的任何一种情况，也符合该法第38条规定的以出让方式取得土地使用权转让房地产的条件。

(3)工程项目的转让符合第一被申请人与××市国土局签订的《国有土地使用权出让合同》规定的条件。

(4)《收购协议》签订后，申请人依约履行了自己的全部义务。

(5)第一被申请人未依约负责办理土地使用证等法律手续，已构成违约，不能以未办成手续为由，反而称合同还未生效，可不予履行。

被申请人辩称，《收购协议》未办理土地使用权更名手续，并未生效，还属于应不予履行之协议。《收购协议》是与土地使用权转让相关的在建工程项目转让协议。该协议规定了第一被申请人办理与物业收购有关的全部法定手续，另约定全部转让手续应在规定的时间内完成。这一约定在法律上存在矛盾，即这一约定应依法从何时开始履行，或这一约定何时开始具有法律效力不能确定。根据《收购协议》第9条"本协议自签字之日起对双方具有约束力"的规定，第一被申请人应于1996年×月×日开始履行这一约定的义务，即负责办理与本物业收购有关的全部法定手续，并于4个月内完成，否则违约。但根据中国政府有关房地产转让的法律规定，办理土地使用权更名和转让手续属于房产项目转让行为的一个重要组成部分，未办理更名手续，说明转让还未成立，因此，《收购协议》还属于应不予履行之协议，第一被申请人未在协议约定的期限内办理土地使用权及物业销售权更名手续，还没构成违约。

被申请人又辩称，《收购协议》应为无效协议，除上面所述理由外，补充事实如下：第一被申请人属中外合资房地产开发公司，根据中外合资企业法及第一被申请人合同和章程，合资公司的重大权益问题的处理"需经董事会一致通过"，第一被申请人有9名董事，董事会于1996年召开了会议，作出了《1996年第二次董事会决议》。此次董事会会议有3名董事未出席，出席董事会会议并签字同意的只有6名董事，虽达到了法定人数，符合董事会会议的召开必须达到2/3董事出席的规定，但所作出的董事会会议决议违反了"需经董事会一致通过"的原则，因而应属无效协议。第一被申请人签署《收购协议》是依据此次董事会会议决议的精神,既然董事会决议无效,依据此决议对外签署的相关文件——《收购协议》亦应无效。

申请人认为被申请人的上述意见缺乏事实及法律根据,并进一步阐述:

(1)第一被申请人召开1996年第二届董事会会议,因3人缺席致使决议无效,被申请人对此并没有提供任何证据及法律依据。合资公司9名董事中6名出席了会议并一致同意签字,3名弃权,符合合资公司章程及中国法律董事会会议召开的法定人数。根据《中外合资经营企业法实施条例》规定的合资公司重大权益问题须经出席董事会会议的董事一致同意的原则,并非是被申请人认为的需经由9名董事一致通过,故这份董事会决议应属有效协议。

(2)《中华人民共和国城市房地产管理法》关于房地产转让的规定中,并没有规定须经转让方或受让方内部董事会决议通过才能签订转让协议,即转让方和受让方内部董事会是否决议通过,不是相互之间签订转让协议发生转让行为的必要条件,即不管第一被申请人董事会会议是否有效,均不影响《收购协议》的合法有效。

(3)《收购协议》注明:"第一被申请人为解决公司存在的问题,经董事会会议讨论,决定将物业出售及转让给申请人……"这就说明,第一被申请人董事会决议早在签订《收购协议》时就已向申请人披露,从未有过董事会决议无效的说法。在申请人向其追究违约责任的今天,第一被申请人突然以董事会决议无效的理由来否认《收购协议》的效力是不能成立的。

被申请人辩称,被申请人配合申请人办理土地使用证的更名手续,××市国土局未予办理,因而就无法办理该项目物业销售权的更名手续,这属于政府行为,企业无法控制,应属不可抗力,责任不在第一被申请人。第一被申请人一直在催促××市国土局办理土地使用证,已经对《收购协议》的履行尽到责任。

申请人则认为,第一被申请人关于不可抗力可以免除责任的理由不能成立。其理由如下:

(1)《收购协议》约定第一被申请人负责办理与物业收购有关的全部法定手续是有明确的时间限制的,《收购协议》规定的4个月的限定就是根据其需要规定的,已将政府审批的时间考虑在内。

(2)《补充条款》约定的时间又给予了4个月的宽限。

(3)市政府未予办理土地使用证手续不属于不可抗力,第一被申请人以此为理由推卸责任是没有法律依据的。因为政府未予批准有关更名手续并非不可预见、不可避免及不可克服的,不符合不可抗力的三个特征,况且被申请人并没有提出必要证据证明不可抗力的存在。

第一被申请人认为,"负责办理与本物业收购有关的全部法定手续"的含义应该是:向政府部门申报收购有关的法律手续,递交有关的申报文件。如果申报手续及申报文件正确、齐备,应视为完成自己的义务。至于政府部门是否批复或批准,不在第一被申请人的义务范围。在《收购协议》签订之后,第一被申请人及时向××市计委递交1996年度基本建设计划指标更名的报告,及时向××市国土局填报了《××市国有土地使用权注销登记申报书》,均被上述相关部门受理,并未被退回。因此,第一被申请人已经依约履行了自己的义务,不存在没有履约或没有完全履约的情况。至于物业销售证等更名手续的申报材料,需待土地使用证更名后方能申报,未报责任亦不在第一被申请人。

而申请人认为被申请人的辩解不符合《收购协议》的本意,并主张第一被申请人要负责办理并按期完成与物业收购有关的全部法定手续,包括递交正确、齐备的申报材料,以及通过解释、沟通、催促等方法促使政府有关部门批准,直到政府实际批准了全部手续,发给相关权属书为止。第一被申请人对这一解释是认同的,在《补充条款》中就已承认还没有完成这些法律手续而构成违约。

申请人提出因为第一被申请人未能在《收购协议》和《补充条款》规定的时间内完成土地使用权、物业销售权的更名及转让手续,给申请人造成建筑物业未能销售的重大经济损失(截止1997年7月10日)远远超过900万元,而且提供了相应的计算根据。另外,申请人还要求赔偿自1997年7月10日起至完成土地使用权及物业销售权更名手续止的经济损失,并由第二被申请人对第一被申请人承担上述两项经济赔偿的连带责任。申请人在重新明确的仲裁请求中又对其第二项经济损失的赔偿予以取消。申请人认为,之所以未办好有关的土地使用权的法律手续而导致重大经济损失,是因为申请人缺乏该项目的土地使用证等法律文件,因而产生了两大问题:一是销售的合法性问题;二是外商担心所购物业是否能办到房地产证的问题。由于这一问题未能解决,该项目的第四层及第五层至今未能对外销售,因此造成了经济损失。

被申请人辩称,项目中第四层、第五层没有销售出去,并非因为土地使用证及物业销售证更名未成,因为该项目通过申请后已销售了很多摊位,业户均办成了房地产权证书。如果销售中遇到权属证书的困难,完全可以与第一被申请人联系,以其名义来签订销售合同,担任名义上的出售人。但是,申请人从未向第一被申请人提出过此种要求或建议。部分物业未能销售出去,责任不在第一被申请人,完全是由于市场原因所造成。近两年来中国房地产市场属于低潮时期,这也是有目共睹的。

在仲裁过程中,第二被申请人对本案的事实和理由没有做更深入的陈述。

【问题】

1. 本案是围绕哪几个关键问题展开辩论的?你同意双方辩论中的哪些观点,为什么?

2. 第一被申请人内部的规定,即其对法定代表人签约能力的限制,能否用以对抗申请人的主张?

3. 申请人对第一被申请人内部的规定,即对其法定代表人签约能力的限制,是否理应知道?

4. 第一被申请人作为合营企业，其合同及章程的规定与《中外合资经营企业法》的规定不一致时，应以什么规定为准？第一被申请人依合同章程的规定而通过的董事会决议，能否构成对其法定代表签约能力的限制？

5. 第一被申请人确实按《收购协议》的规定向政府申请办理项目转让的各种手续，但政府部门一直拖着不办。这能否构成不可抗力而使之免责？

外资企业合同纠纷案

【案情】

1995年初，申请人与两个被申请人商议共同投资兴办饲料企业。考虑到××市政府颁布了鼓励出国留学人员来××市投资创办企业的优惠政策，留学人员可以参照华侨和港、澳、台胞投资的有关规定开办外商投资企业，于是三方商定，由被申请人（境外留学生）以其个人名义到××市注册，成立留学生性质的外资企业，并由申请人和两个被申请人共同投资经营。经××市人民政府批准，该市工商行政管理局给该被申请人颁布了外资企业法人营业执照。一周之后，被申请人（甲方）、（丙方）和申请人（乙方）签署了《×××有限公司共同投资合同》（以下简称《共同投资合同》）。

在本案《共同投资合同》的履行过程中，申请人和被申请人发生争议，双方的争议主要围绕着以下几个问题：

一、关于《共同投资合同》的有效性问题

1. 申请人认为：

(1) 建立×××外资企业（以下称 A 公司）的基础是《共同投资合同》。1995年初，申请人与两个被申请人达成如下共识：①三人共同投资兴办饲料企业，其中甲方投资50%，申请人与丙方各投资25%，三方按比例分享盈利及承担风险。②以甲方名义搞外资企业，便于宣传推广产品。③选择××市注册公司，因为××市政府出台了鼓励留学人员办公司的政策，且注册资金最低额可为6万美元（一般外资企业注册资金最低额为20万美元）。④公司成立后，甲任董事长，申请人任总经理，丙任副总经理，并由申请人与丙经营管理，甲仍回美国公司任职。当时的上述约定，构成了本案《共同投资合同》的基础。1995年7月12日，A 公司获准成立后召开了董事会，三方签署了《共同投资合同》。在此次股东会暨董事会上，甲和丙提议将投资总额由人民币140万元缩减为100万元，由此，三方在 A 公司内的实际投资总额为人民币100万元。其中：甲出资50万元，占50%；丙出资25万元，占25%；乙出资25万元，占25%。以上事实说明，A 公司是按《共同投资合同》建立起来的，没有三方共同投资的行为，便不会有 A 公司的成立。

(2) A 公司的经营过程就是《共同投资合同》的履行过程。在名义上为外商独资企业的 A 公司获准成立的同时，合同三方根据《共同投资合同》的规定，先后对 A 公司进

行了投资,使公司运转起来。A 公司在经营过程中,甲投入的 4 万美元实际上一直没有使用,而是全靠乙和丙共同投入的 64 万元人民币在运转。8 万美元注册资金中的另 4 万美元甲也未投入,而是从 1995 年公司盈利中经审计、报批后折合成美元冲抵的。显而易见,如果没有乙、丙两方按《共同投资合同》投资,A 公司将因无法开展经营而关闭。在 A 公司的经营过程中,三方当事人严格按照《共同投资合同》的约定和董事会的决议办理。A 公司一切重大决定均由全体股东以董事会决议或一致协商通过的方式作出。A 公司在财务管理上由三方互相监督,在涉及建厂、买房等重大投资问题上需由几位股东协商一致。在公司利润分配的问题上,严格按投资比例分红,并由股东一致通过决议予以执行。上述事实均有力地说明三方共同签订的《共同投资合同》是一份有效的合同。

2. 对申请人的上述主张,被申请人反驳称:申请人与被申请人订立的《共同投资合同》是无效的合同。

被申请人认为,申请人提出仲裁请求的主要依据是申请人与被申请人签订的《共同投资合同》,然而,事实上该《共同投资合同》是一个无效的合同。其理由如下:

(1) 申请人不具备订立《共同投资合同》合法的主体资格。订立涉外经济合同,当事人要有合法的主体资格,这是涉外经济合同有效成立的条件之一。

(2)《共同投资合同》因未获国家批准而应被确认无效。《共同投资合同》在第 43 条中规定,该合同及其附件自合营公司经中华人民共和国对外经济贸易合作部或其他委托的审批机构批准,自批准之日生效。

(3)《共同投资合同》因改变了 A 公司外商独资企业的法律地位而应被确认无效。A 公司是一家根据中国有关法律、法规设立,并在国家工商行政管理局注册登记的外商独资企业。

《共同投资合同》在实质上是要对已经依法设立的外商独资企业 A 公司的股权构成作出变更,因此,该合同的有效成立必须得到审批机构的批准。然而,事实上此合同并未经过审批机构的批准,所以应该认定该合同无效。

综上所述,《共同投资合同》是一个无效的合同,也就是说,申请人提出的仲裁请求是缺乏根据的。由此,被申请人恳请仲裁庭驳回申请人提出的缺乏根据的仲裁请求。

二、关于 A 公司的企业性质

申请人认为:《共同投资合同》是一份意思表示明确的合伙协议,而以被申请人甲的名义设立的所谓外商独资企业 A 公司是三方按《共同投资合同》设立的合伙型企业。因为:①《共同投资合同》第三章第二条明确规定:"公司以甲的名义注册为外商独资企业,投资及拥有权三方按比例分担。"②申请人与被申请人为实现这一约定,都在行动上予以落实,即按此约定分别进行相关工作。例如,申请人办理可行性报告;甲起草《共同投资合同》;丙办理公司章程。③三方对公司的资本都按约定进行了实际投入。这一切都表明,以甲名义设立的独资企业实质上是由本案三方共同设立经营的合伙企业。从其内容而言,《共同投资合同》完全符合我国《民法通则》中关于公民个人合伙的有关规定,符合合伙企业的法律特性。签约各方都是中国公民,无一外籍公民,并且约定适用中国法律。中国法律的基本原则是"以事实为依据,以法律为准绳",而本案的客观事实是:申请人与被申请人之间签订的《共同投资合同》实质上是合伙合同,实际履行的也是合伙合同,所谓的"外商投资企业",实际上是本案当事人为了利用××市为鼓励留学生投资,参照给予享受外资企业优惠政策的行政措施而设立的。所谓的"外商投资"只是形式,并不能说明三方共同设立经营 A 公司的实质内容。尽管本案当事人为利用××市的优惠政策,将 A 公司登记为"外商独资企业",但各方当事人从未按外商独资企业的章程进行过活动,因此,不能否认三方合伙的客观真实性。

被申请人认为,尽管三方建立的合伙关系在形式上与法律的规定不完全相符,但这一事实合伙行为并不侵害社会利益,实际上有利于社会财富的创造,当事人之间的这一事实合伙关系也不涉及法律的禁止性条款。我国最高人民法院在 1996 年 11 月 13 日法复(1996)16 号的批复中,第 1 条明确解答"当事人签订的经济合同虽具有明确、规范的名称,但合同约定的权利、义务内容与名称不一致的,应当以该合同约定的权利、义务内容确定合同的性质。"而本案的《共同投资合同》中各方约定的权利、义务内容完全反映了合伙经营的特征,应以此确定本案合同的法律性质,而体现适用法律的正确性。

申请人有必要提请仲裁庭注意本案的一个特殊的法律问题,即有关"隐名合伙"的问题。隐名合伙作为国际上通行的一种合伙形式,各国立法都有相应的规定。由于我国处于建立市场经济的初期,对隐名合伙暂时未能以明确的立法形式予以体现,但我国《民法通则》的有关合伙条款也未予禁止,原则上也予认可。本案的合伙形式存在客观事实与形式名义不同,具有隐名合伙的属性,在法理上可借鉴隐名合伙的原则处理,而申请人的合伙行为不同于一般的隐名合伙,承担着全部的利益和风险,对其利益更应予以保护。

被申请人反驳称:《中华人民共和国合伙企业法》(以下简称《合伙企业法》)第 2 条规定:"本法所称合伙企业,是指依照本法在中国境内设立的由合伙人……对合伙企业债务承担无限连带责任的营利性组织。"该法第 5 条规定:"合伙企业在其名称中不得使用'有限'或者'有限责任'字样。"而 A 公司的全称是"×××科技饲料有限公司",事实上承担的也是"有限责任"而不是"无限连带责任",而且在《共同投资合同》中也没有规定"无限连带责任。"

申请人的代理人援引了我国最高人民法院法复(1996)第 16 号批复,但《共同投资合同》明确约定成立中外合资公司,依据的是《中外合资经营企业法》,所有权利义务内容均按中外合资企业约定。合同约定的权利、义务内容以及依据的法律完全一致,反映不出丝毫合伙的特性,A 公司事实上也从未按合伙企业操作过。所谓"隐名合伙"也于法无据,根本不适用于本案。

三、关于申请人与两个被申请人在 A 公司的经营过程中的争议

1. 申请人认为:就在申请人和其他投资各方的努力之下,公司迅速发展之际,1996 年 9 月 17 日,甲方由美国回沪召开董事会,突然提出他要退出公司,还要在 3 个月内撤销公司。申请人不同意3个月内撤销公司，提出可在6个月内撤销，以便善后处理。后来，在申请人辞去总经理职务的情况下，三方仅就申请人的辞职、新任总经理的任务及待遇等匆匆进行了讨论，并签署了《第二次董事会会议决议》，争议方才平息，公司才得到幸存。

申请人从1997年3月起不再担任公司的任何实质性职务，完全不参与公司的日常经营管理工作，不拿公司一分钱工资，不享受公司的任何福利待遇，实际上成了一名待业人员，仅作为公司的一名投资人保持股东的权利和义务。

被申请人从1997年6月起不再向作为公司投资人的申请人报送财务报表，并从1997年7月起断绝了同申请人的一切联系。这样，申请人在A公司包括投资本金在内的逾100万元人民币的资产被被申请人扣留，被申请人以不正当的方式把申请人完全排斥在公司之外，彻底剥夺了申请人在A公司应有的全部权益。

被申请人的上述行为，完全违反了三方《共同投资合同》中第2条、第5条、第29条的约定，剥夺了申请人作为投资人在A公司中"以出资比例分享盈利、分担风险及亏损"的权利及其他各项权利，极大地损害了申请人在A公司的利益。在仲裁尚未进行，争议尚未解决的情况下，被申请人停止向申请人报送财务报表，断绝同申请人的一切联系，并向公司员工宣布申请人已离开A公司。

2. 基于上述事实和理由，申请人提出如下主要仲裁请求：

（1）裁决终止申请人与两个被申请人签订的《共同投资合同》；

（2）裁决依法对A公司进行清算，返还申请人在A公司投资本金人民币；

（3）裁决在《共同投资合同》履行期间，属于申请人所有的可计算的盈利部分共计人民币872 588.09元归申请人所有；

（4）裁决从1997年6月至《共同投资合同》依法终止时，经清算属于申请人的盈利也应为申请人所有。

3. 对申请人的上述主张，被申请人反驳称：

（1）申请人无权要求解散A公司，更无权要求对A公司进行清算。

第一，A公司成立在前，《共同投资合同》签订在后，《共同投资合同》与A公司之间无任何关系。A公司早在1995年7月13日就已经获得了中国国家工商行政管理局颁发的营业执照而依法成立了，而《共同投资合同》是于1995年7月22日才签订的，因此，A公司在《共同投资合同》签订之前就已经依法成立了，所以，A公司的成立与《共同投资合同》没有关系，那么又如何以《共同投资合同》为依据，要求对A公司进行清算呢？

第二，正如被申请人在前所述，《共同投资合同》根本是一个无效的合同，合同从一开始就没有效力，根本不存在终止的问题。既然合同无效，又怎么能够以一个没有法律效力的合同作为根据，要求解散A公司并对其进行清算呢？

第三，退一步说，如果A公司在某一天需要解散并对其进行清算的话，只能根据A公司《章程》的有关规定，以及有关外商独资企业的法律、法规进行，与申请人提出的

《共同投资合同》没有关系。而且更为重要的是,正在运作中的A公司目前没有任何需要解散的事由。

通过以上分析,可以得出结论:申请人无权要求解散A公司,更无权要求对A公司进行清算。

(2)申请人要求支付其应得的盈利缺乏根据。申请人主张在《共同投资合同》履行期间,把A公司的872 588.09元人民币归申请人所有。由于《共同投资合同》是个无效合同,申请人不是股东,因此,申请人的上述主张缺乏法律依据,是无理的主张,不应该予以支持。

(3)申请人应返还其从独资公司中获取的盈利。由于《共同投资合同》是无效的合同,所以申请人应该返还A公司取得的所有利益及利息,尤其是在1996年9月20日以前所谓的"按资分配"的原则分得的利润25万元人民币及其利息。

(4)申请人作为A公司的前任总经理,违反了其对A公司的诚信义务。申请人在仲裁申请书中所陈述的事实与真实情况完全相悖。被申请人之所以要解除申请人在A公司中的职务,是因为申请人违反了他作为A公司执行董事、总经理的诚信义务,侵害了A公司的合法权利,并且给A公司造成了重大的经济损失。

根据《公司法》第61条以及A公司《章程》第39条的规定,总经理、副总经理不得兼任其他经济组织的总经理或副总经理,不得参与其他经济组织对本公司的商业竞争行为。然而,事实上申请人私自于1996年12月27日注册成立了×××有限公司,并担任该公司的法定代表人。该公司注册的经营范围同样以研制各种饲料产品为主,显然与A公司的经营形成竞争,并且在事实上对A公司造成了经济上的损失。

根据《公司法》第62条的规定,董事、监事、经理,除依照法律规定或者经股东同意外,不得泄露公司的秘密。申请人在其任职期间,利用其职务上的便利,将A公司的技术资料和商业机密盗卖给他人,并从中牟取私利。申请人的此种行为,严重地损害了A公司的利益,并且给公司造成了难以计算的经济损失。

根据公司《章程》第34条的规定,总经理如有营私舞弊等严重失职行为的,经董事会决议,可以随时解聘。由于申请人首先违反了其作为执行董事和总经理的诚信义务,被申请人只是出于A公司的利益考虑才解除了申请人在A公司中的职务,而且,解聘的决定是由A公司第二次董事会会议决议的形式作出的,所以被申请人的做法是合情合理的。

鉴于申请人的上述侵犯A公司合法权益的行为,根据《公司法》第61条、第63条的规定,申请人应当对其侵权行为给A公司造成的损害承担赔偿责任,并且应当将其从事与A公司竞争营业所得收入归A公司所有。

(5)被申请人的反请求。根据被申请人在以上答辩中所述的事实和理由,提出如下主要反请求:①由申请人向被申请人退回其在A公司获得的25万元人民币的利润及其利息。②由申请人承担被申请人因本案仲裁而支付的一切有关费用。

4.对被申请人的上述主张,申请人反驳称:

(1)被申请人指责申请人违反诚信义务纯属无中生有,解聘申请人总经理职务实属蓄意排挤。被申请人指责申请人利用职务之便,盗卖A公司的技术资料和商业机密,其依据是所谓的调查笔录,但该笔录采用了诱供的手法,也说不出这些资料和机密是何物,是一份没有法律效力的伪证。

申请人在1996年9月20日被被申请人甲无理解除了A公司总经理职务,申请人作为一个失业者,合法任职,守法经营,无可非议。申请人在被无理解聘总经理职务后,尤其是在1997年1月1日离开A公司工作岗位后,在A公司便失去了任何实际的职务。自此之后,申请人从未从A公司领取工资,未享受福利待遇,未参加过一次董事会会议,未参与过公司一次重大决策,申请人究竟还算什么董事?

(2)申请人从A公司获取的完全是合法收入,返还之说不能成立。正如申请人前面所言,A公司的全部活动都是建立在《共同投资合同》基础之上的。申请人按照甲方的要求,根据《共同投资合同》向A公司投入资金,并作为公司的主要经营管理者进行工作,付出了巨大的心血和劳动。申请人从A公司获取的一切收入都是自己的劳动所得,都是经过董事会批准的,是合法的收入。《最高人民法院关于贯彻执行〈中华人民共和国民法通则〉若干问题的意见》第85条规定:"财产所有权合法转移后,一方翻悔的,不予支持。"因此被申请人甲要求申请人退还A公司人民币25万元利润及利息的反请求有悖客观事实,违背法律规定,不应予以支持。

(3)A公司应当进行清算并予以解散。

第一,A公司从筹备、报批、组建到经营的全过程,自始至终都是建立在《共同投资合同》基础之上的,既然被申请人甲现在撕毁《共同投资合同》,宣布该合同无效,而该合同实际已经完全得到履行且仍在履行中,那就应该终止履行,对依据该无效合同的A公司进行清算,按《民法通则》关于合伙经营的规定,以及公平合理、等价有偿的原则,对该公司的财产进行分割,投资各方按比例分担债权债务,并将申请人应得的那部分财产返还给申请人。

第二,A公司既为外商独资企业,而被申请人甲主导制定并亲笔签署的《共同投资合同》上却明明写着:"公司以甲的名义注册为外资独资公司,投资及拥有权由三方按比例分担。"A公司的全部经营过程就是《共同投资合同》的履行过程,这是欺骗政府、规避法律的行为。我国《民法通则》第58条规定,以合法形式掩盖非法目的的民事行为无效。因此A公司的成立应认为无效,A公司的经营和盈利也应认为无效,并应依法对A公司及其法定代表人甲予以追究,令其进行清算并予以解散。

第三,被申请人甲主导制定并亲笔签署《共同投资合同》,且一再督促申请人等切实履行《共同投资合同》,现在他竟出尔反尔,公然宣布《共同投资合同》无效,侵吞申请人等按他的要求向A公司投入的资金及由于申请人等的投资和辛勤劳动所积累的财产。他先是通过欺骗政府成立一个A公司,继而则以A公司为工具对申请人等进行赤裸裸的经济欺诈,作为甲欺诈工具的A公司,理当进行清算,并予以解散。A公司中属于被申请人甲的那部分财产全属不义之财,应当予以没收。

四、关于申请人在A公司的投资

1. 被申请人认为:申请人从来没有对A公司做出过任何实际的出资行为。因为A公司在成立之初,被申请人甲即缴付了一半的注册资本40 000美元,并经过会计师事务所的验资。而且从A公司1995年末的资产负债表来看,所有者权益部分也仅仅只有被申请人出资的40 000美元折合成的人民币332 016元,根本没有申请人所称的人民币250 000元的出资款。实际上,申请人的该250 000元人民币款项,从A公司1995年末和1996年末的资产负债表上来看,一直是将其列为"其他应付款"项目的。在一个公司的资本结构中,负债与所有者权益是性质截然不同的两种筹资方式,申请人试图抹杀两者之间的区别,这是没有事实依据的。

2. 对被申请人的上述主张,申请人反驳称:正如申请人所述,大量的事实证明,A公司形式上虽为外商独资企业,但实质上是合伙企业。上述特点决定了它只能向税务机构和审计部门提供虚假的财务报表,这些报表不能反映A公司的真实财务情况,包括投资、负债、利润、所有者权益等情况。申请人在A公司投了资,有着充分的事实和确凿的证据为凭,这就是:

(1)三方在《共同投资合同》中作出的出资约定;
(2)申请人的交款证明;
(3)董事会分红决议;
(4)甲1996年7月3日、7月21日、8月7日的三封信;
(5)执行分红证据。所有这些都证明了申请人对A公司投了资。

【问题】

1. 作为仲裁员,你认为处理本案的关键问题是什么?为什么?

2. 请对申请人的主要仲裁请求以及被申请人的主要反请求提出自己的主张并列明理由?

3. 请特别注意以下问题:

(1)外资企业的股东能否由境内人士担任?

(2)在本案中,A公司已被批准并登记注册为外资企业,能否再通过订立合资合同或其他形式的合同的方式,将其转化成合资企业或合伙企业?能否按合同确定的原则来决定各方的权利和义务?为什么?

(3)外资企业与合营企业的主要区别是否在于前者只能有一个境外商人(自然人或企业)作为投资者,而后者必须有两个或两个以上的投资者,而且其中至少必须有一个境内企业和一个境外商人?

第六章

涉外投资的有关法律

> **内容提要及学习要求**
>
> 本章主要涉及涉外投资领域有关双边及多边条约的规定和实践,对中外双边投资保护协定的主要方面、具体内容以及中国加入多边投资公约作了较详细的阐述。
>
> 本章要求学生深入理解涉外投资的有关法律法规。

第一节 概 述

一、国际投资和投资环境

商品、资本、技术和人才是联系各国经济发展和合作的四大要素。商品在国家之间的流动是历史上最早固定下来的国际经济交往方式。商品交往的日益频繁,带动了资本、技术和人才在不同国家间的流动。其中,资本的跨国流动已成为当今社会最重要的经济现象之一。

(一) 国际投资

国际投资是指资本在不同国家间的流动以及由此产生的各种投资关系。例如,资本输出国与资本输入国的关系;投资者与上述国家的关系;资本输出国的投资者与资本输入国的投资者因共同投资而形成的关系;等等。从资本输出国的角度来看,国际投资的目的是为了追逐较高的海外利润,这是资本的本质使然;从资本输入国特别是广大发展中国家的角度来看,国际投资不仅带来了资金,而且带来了技术、人才、管理经验和知识,如果利用得当,可以带动本国经济的发展。

1. 国际投资的分类。按照不同的标准,可以将国际投资按下列方式进行分类。

(1) 按投资的主体不同,将国际投资分成政府投资和私人投资。

政府投资的主体是国家,因其到其他国家投资的目的多从政治上考虑,不以获益为其唯一追求的目标,这种投资又称为经济援助。例如,一国向另一国提供优惠贷款,投资于特定项目,扶持该国特定行业或产业的发展。

私人投资的主体范围很广,一个国家的自然人、法人及其他经济组织,都可以成为国际投资的主体。国家也可以通过设立公司(国有企业)或向私人企业参股的形式加入国际投资的行列,分配相应的利润。国家和国家投资的法人是彼此独立的主体,因此,在国际投资活动中,后者一般不享有主权国家享有的豁免权。在各种私人投资主体中,跨国公司越来越引起各国的重视。实力雄厚的跨国公司凭借其技术、资金和人才优势,成为国际投资活动中最重要、最活跃的分子。早在70年代,联合国在关于《建立国际经济新秩序宣言》和《各国经济权利和义务宪章》等国际性文件中,就充分注意到跨国公司对一国经济发展的影响和作用,要求各国管理和监督跨国公司的活动,并经过联合国经济及社会发展理事会的努力,草拟了《联合国跨国公司行动守则》。由于发达国家和发展中国家对跨国公司的性质、管理,以及在国际投资中的权利、义务等重大问题分歧严重,因而该"行动守则"最终未能形成正式的法律文件,但跨国公司在国际投资领域一直成为世界各国注意的焦点。

除了国家和私人投资者外,世界性和区域性国际组织在国际投资活动中也扮演着不可或缺的角色。它们的作用表现在以下几个方面:

第一,主持制定有关的国际公约或区域性国际协定,规范国际投资活动。比如,世界银行主持制定的《多边投资担保机构公约》、《解决国家和他国国民之间的投资争端公约》。这些公约早已成为国际投资法的重要渊源。

第二,直接或间接地参与国际投资活动,实现各自的职能。许多全球性国际组织和区域性国际组织以促进各国经济交流合作和共同发展作为宗旨,为实现这一宗旨,它们向各国提供各种支持和便利,例如,直接参股投资,提供投资贷款、项目咨询、技术专家服务、保险和再保险业务,等等。另外,它们对发展中国家的经济独立和发展也给予了格外的关注。

第三,国际组织为消除南北对抗,解决各国因投资引发的争端提供了新的场合。本章第三节将详细介绍解决投资争端国际中心的情况。

(2) 按投资的方式和目的不同,可将国际投资分为直接投资和间接投资。

直接投资(Direct Investment)是投资者以投资控股方式,直接参与企业经营管理为目的的投资形式。狭义的国际投资就是指私人的直接投资。

间接投资(Indirect Investment)也叫证券投资(Portfolio Investment)。投资者以股票、债券等形式参与海外投资,获取相应的收益,但并不以持有企业的控制权(Commercial Control)为目的。

事实上,近年来对直接投资与间接投资具体界线的划分,人们的看法已发生了很大的改变。过去,各国的立法人士和理论界普遍认为,50%以上的绝对控股权是判断的界线,但当今的企业实践已经证明,在一个企业当中,股份远远低于这一下限的股东仍可行使企业控制权。特别是在大型的、跨国的股份有限公司中,持有公司10%甚至是5%股份的股东已经是股东中的"大户"了,通过和其他股东的联合,足以调动和支配公司的资金。

本章以下所涉及的国际投资和涉外投资,主要针对私人的直接投资。

2. 资本输入国和资本输出国。国际投资中,资本从一个国家流向另一个国家。我们按资本流动的方向,分别将这两个国家称为资本输出国(又称为投资国)和资本输入国(又称为东道国)。一个国家可能同时具有这两种身份。比如美国,它一度是世界上最大的资本输出国,也是最大的资本输入国。从国际投资发展的历史来看,自第二次世界大战后,资本输出和输入首先是在发达国家之间进行的,随着各主要资本主义国家国内市场和它们之间的市场饱和,资本又转向发展中国家。当时,发展中国家往往只具有东道国这一单一身份,成为发达国家的农产品、初级产品及加工产品的供应地。进入20世纪六七十年代,以亚洲为代表的新兴工业化国家迅速崛起,它们也纷纷走上对外投资的道路,在发达国家和发展中国家之间寻找资本市场。从此,国际资本流动不再是发达国家之间的"对流"以及发达国家向发展中国家的"单向"流动,而是出现了发展中国家与发达国家的"双向"流动和发展中国家之间的"对流"。可见,一国的资本流入和输出,也从一个侧面反映了这个国家的开放程度、经济适应能力和实力地位。我国已在20世纪80年代有了"两条腿走路"的能力,即同时具有投资国和东道国的身份。

3. 国际投资的效益和好处。国际投资活动带来的效益和好处是双向的。

(1) 从投资国来看,鼓励私人向国外投资,可从以下几个方面缓解本国的矛盾和压力。

第一,可以避免本国资本的浪费,发挥资本的最大收效。实现人、财、物的最佳组合和最大效益是各国发展经济普遍追求的目标,当国内市场趋于饱和时,国内资本必然寻找国外市场,追逐高额利润。

第二,可以避开其他国家对产品进口设置的种种障碍。通过产品的当地化,降低成本,增强产品的竞争力,有利于占领新的市场。

第三,可以寻找低廉的劳动力资源,将国内的劳动密集型产业移往国外。

第四,可以选择新的原材料产地和资源储存地。

(2) 对于东道国,特别是发展中国家来说,合理利用外资,可以对发展本国经济产生积极的作用。

第一,外国资本可以补充国内资金的不足。资金不足是许多发展中国家共同面临的问题,而合理地利用国外的闲散资金,争取将其引向本国急需发展的产业和部门,可加快本国经济发展的步伐。

第二,外国资本可以同时带来技术、管理经验和竞争意识,这可以给发展中国家的企业带来新的机遇和挑战。

第三,可以培训和锻炼本地的技术人员和工人,扩大就业和提高国内生活水平。

第四,国家可以因此获得新的出口创汇的机会。

(二)投资环境

投资环境是对一个国家容纳外国投资的程度的评价,它是包括政治、经济、法律、文化和社会种种因素的综合指标。

东道国的投资环境直接影响到投资者可能遇到的投资风险,因而直接关系到投资者的未来利润。所以,投资者在进入另一个市场之前,必须充分分析东道国的投资环境并归纳出各种潜在的风险。例如,东道国的政局是否稳定,经济发展状况如何,产业布局是否合理,立法是否完备,对外资有否保护性措施,甚至一般公众对外资的态度,等等。

在影响外资的各种环境因素中,法律因素是最重要的,它反映了一个国家对待外资的基本态度和立场,这些态度和立场包含国家对外资的禁止、限制、许可和鼓励等内容,这些内容都可以通过对一个国家有关法律的调查和分析得出结论。东道国也可以通过改变相应的立法来改变投资环境。因此,东道国的立法格外引起投资者和投资国的重视。

二、我国的涉外投资和有关的法律

我国的涉外投资包括两个部分:一是引进外资;二是到海外投资。

我国引进外资的工作是在20世纪70年代末期才大规模展开的。其实,早在20世纪50年代,我国就已经开始了与前苏联及东欧国家联合投资办厂的实践。

我国涉外投资的法律由两大部分组成:一是国内法,主要是以单行法构成的体系,涉及外国私人直接投资的形式选择、审批制度、税收、外汇、工商管理、争议解决,等等。因本书第五章已专门讲述外商投资法律制度,此处不再赘述。二是我国缔结和加入的国际条约,其中包括双边投资保护协议和多边投资公约。这些将分别在本章第二节和第三节中介绍。

第二节 中外投资保护协定

我国与外国签订的第一个双边投资保护协定是1980年的中美《关于投资保险和保证的鼓励投资协议》,至今已和世界上100多个国家签订了双边投资保护协议,既包括美、英、法、德、日这样的经济发达国家,也包括新加坡、泰国、马来西亚等新兴工业化国家,还有斯里兰卡、柬埔寨、巴基斯坦等发展中国家,范围广泛。下面,结合上述双边协议的规定,介绍其中的几项主要内容。

一、关于投资者及其待遇问题

（一）投资者的定义

在双边投资保护协议中的"投资者"，指的是具有某一缔约国国籍的国民。从我国已签订的保护协议现状来看，我国对"投资者"的定义还有以下几种不同的情况：

1. "投资者"不包括自然人和其他非法人组织。例如，1984年中国与罗马尼亚《关于相互促进和保护投资协定》，其"投资者"指的是"缔约国各方具有法人资格的，按照该方法律有权同外国进行经济合作的经济组织"。

2. "投资者"不包括非法人的组织形式。以1982年中国和瑞典《关于相互保护投资协定》为例，"投资者"是指经我国政府核准进行投资的公司、其他法人或公民。

3. 将公司的外延扩大到非法人组织形式。以1986年中国和英国《关于促进和相互保护投资协定》为例，公司是指包括在我国境内任何地方依照有效法律设立或组建的公司、商号或社团。

4. 将"投资者"定义为自然人和经济组织。以1996年中国和柬埔寨《关于促进和保护投资协定》为例，"投资者"分成两大类：一类是具有某一缔约国国籍的自然人；另一类是依某一缔约国法设立，在该国有住所的经济组织。这些经济组织包括公司、企业和其他经济组织。随着《中华人民共和国个人独资企业法》、《中华人民共和国公司法》和《中华人民共和国合伙企业法》的实施，我国对经济活动主体的分类趋向国际上普遍承认的分类方法。

（二）投资者的待遇

投资者的待遇一直是国际投资领域争议不断的一个问题，集中体现了发达的投资国和发展中的东道国之间的冲突。发达国家坚持为本国投资者要求"国民待遇"或"国际标准"，实质上是要求"超国民待遇"，将一般的海外私人投资上升到国际法的高度，为发达国家行使外交保护权提供法律依据。发达国家的这些要求遭到了发展中国家的普遍抵制，也与联合国大会通过的《各国经济权利和义务宪章》的基本精神背道而驰。

我国与外国签订的双边投资保护协定主要规定了几种待遇标准：

1. 最惠国待遇。这是我国对待外国投资者的基本态度，也是我国与其他国家在双边投资领域彼此设定的基本的条约义务。按此标准，判断外国投资者在我国的地位和待遇是与第三国国民比较，即给予缔约国国民的待遇不低于给予第三国投资者的待遇。如果今后对第三国投资者的待遇有所提高，则给予缔约国方投资者的待遇也要相应提高。

以中英《关于促进和相互保护投资协定》为例：

"缔约任何一方在其领土内给予缔约另一方国民或公司的投资（或收益）的待遇不应低于其给予任何第三国国民或公民的投资（或收益）的待遇。"

"缔约任何一方在其领土内给予缔约另一方国民或公司在管理、使用、享有或处置他们的投资的待遇,不应低于其他给予任何第三国国民或公司的待遇。"

2.公正与公平待遇。这一标准在一些多边投资公约和双边投资协议中都有所规定。如《多边投资担保机构公约》第12条d项,机构判断东道国对投资者待遇的标准就是"公平与公正的待遇"。我国与法国、英国、柬埔寨的双边投资协议中都有公平与公正待遇的约定。以《中英双边投资协议》为例:"缔约任何一方的国民或公司在缔约另一方领土内投资,应始终受到公正和公平的待遇和持久的保护和保障。缔约各方同意,在不损害其法律和法规规定的条件下,对缔约另一方的国民或公司在其领土内对投资的管理、维持、使用、享有或处置,不得采取不合理的或歧视性的措施。缔约各方应遵守其对缔约另一方国民或公司投资可能已同意的义务。"

我国对"公正和公平待遇"的立场是:

第一,"公正和公平待遇"与"歧视性待遇"相对而言,即按照前一标准,我国不对特定缔约国的投资者实行歧视性的差别待遇,进而造成某一国投资者的地位和待遇比照其他第三国投资者有所下降。

第二,"公正和公平待遇"与"最惠国待遇"共同使用。

第三,"公正和公平待遇"不得凌驾于我国的国内法之上,不得与我国引进外资的立法的基本原则和立场冲突。我国不承担超越国家主权的"国际义务",也不要求其他缔约国作出这样的承诺。

对于"公正和公平待遇"的理解,发达国家和发展中国家仍有分歧。

3.优惠待遇。所谓优惠待遇,是指国家之间依据共同的关税同盟、自由贸易区、经济联盟、避免双重征税协定,以及边境贸易协议中给予彼此之间在关税、税收、商品进出境、外汇等方面的保护和便利措施。我国与其他国家签订的双方投资保护协定一般都约定,最惠国待遇不包括上述的优惠待遇,即不以给予特定国家的国民的优惠待遇作为"第三国"国民待遇的判定标准。

以中国和马来西亚政府1990年《关于相互鼓励和保护投资协定》为例:

"第四条 例外

本协定中有关不低于给予任何缔约国投资者待遇的条款,不应解释为缔约任何一方有义务因下述情况而产生的投资利益、特惠或特权给予缔约另一方的投资者。

(一)缔约任何一方已经或可能参加的任何现存或将来的关税同盟、自由贸易区、共同对外关税、货币联盟或类似的国际协议或其他形式的区域合作;

(二)接受旨在合理时间内组成或扩大上述同盟或区域的协议;

(三)主要或全部是关于税收的国际协议或安排,或主要或全部是关于税收的国内立法;

(四)有关边境贸易的安排。"

至于我国与一些国家签订的"国民待遇"条款,因为彼此约定在国内法中"尽量给予他国投资者",所以并不是缔约国的条约义务。不过,我国为了鼓励外商来华投资,加快对外开放的步伐,在国内税收、工商管理、外汇、土地使用等方面的立法,给予外商极其优惠的待遇,有些方面超过了国内投资者所享受的待遇。近几年来,有些内地和沿海地区为吸引外商向特定地区和产业投资,通过地方规章,在过去一些外国投资者未享受国民待遇的方面给予其国民待遇。

我国现已加入了世界贸易组织(以下简称世贸组织),将按照世贸组织有关协定的国民待遇原则,有计划地对现有的法律进行调整,在与投资有关的方面给予外国投资者国民待遇,在更加规范的体制下使中外投资者平等参与竞争。

二、对"投资"的理解

所谓投资,在中外投资保护协议中最常见的表述方式如下:

第一,动产、不动产和任何其他财产权利,如抵押权、留置权或质权;

第二,公司的股份、股票和债券或该公司财产中的权益;

第三,对金钱的请求权或通过合同具有财政价值的行为请求权;

第四,著作权、工业产权、专有技术和商誉;

第五,法律或法律允许通过合同赋予的经营特许权,包括勘探、耕作、提炼或开发自然资源的特许权。

总之,"投资"包括缔约国国民在另一国依照当地法律和法规进行投资的所有资产。所投资产的形式可以变化,但不影响其性质。

三、征收及补偿

(一)征收

征收、国有化或其他效果相同的措施必须符合下列条件:

1. 有与国内需要相关的公共目的;
2. 依照国内法律程序;
3. 必须是非歧视性的;
4. 应给予补偿。

(二)补偿

所谓补偿必须是合理的,具体表现为:

1. 补偿的范围包括缔约国宣布征收前一刻被征收的投资财产的价值。
2. 补偿金可以兑换并自由汇往投资者的居住国。补偿金包括按正常利率计算的利息。
3. 补偿金的支付不得不合理地被拖延。

有关征收及补偿价值的争议由东道国法院或仲裁机构依国内法进行审理。

四、投资收益

一国投资者的收益能否按投资者的意愿兑换成可自由流通的货币并汇出东道国，这确实关系到投资者的利益。外汇兑换风险属于一国的政治风险之一，在与其他国家的双边投资保护协定中，我国都表明了以下的态度和立场：

首先，外汇政策和外汇管理体制是我国主权的表现，外国投资者在我国投资过程中应遵循我国外汇立法的规定。

其次，我国法律保护外国投资者在我国取得的合法收入和利润，允许其将上述收入和利润汇出我国。这些收益包括：

第一，投资的资金、清算全部（或部分）转让投资的所得；

第二，投资所产生的利润和其他日常收入；

第三，缔约双方都承认的作为投资的贷款及其利息的偿付款；

第四，被允许在缔约另一方领土投资项目中工作的缔约一方的公民的报酬。

最后，上述收益的汇出应在投资者履行了法定义务之后进行。例如，依法缴纳税款，偿付到期债务，支付相应的汇付费用等。

五、代位权

中外投资保护协议中的代位权主要包括两项内容：

（一）代位权的承认

如果缔约一方或其指定的代理机构，依照其对在缔约另一方领土内某项投资的保证向其国民做了支付，缔约另一方应承认被保证的对方国民的全部权利和请求权，依照法律转让给了缔约一方或其指定的代理机构，并承认缔约一方或其指定的代理机构由于代位权而有权行使和执行与被保证的国民或公司同样程度的权利及请求权。

（二）代位权的限度

缔约一方或其指定的代理机构通过转让取得的权利和请求权，以及实行这种请求权时得到的支付所享受的待遇，在任何情况下，应与被保证的国民或公司依照有关投资保护协定有权享有的待遇相同。

缔约一方或其指定的代理机构可承担与投资有关的义务。

六、争议的解决

争议的解决分为两种情况：

（一）东道国与投资者之间投资争议的解决

东道国与投资者之间的投资争议可通过以下几种方式解决。

1. 双方友好协商解决。

2. 投资者依据东道国国内法寻求国内救济，这主要是针对征收补偿金的。

3. 在争议提出之后一定期限内(如半年),如果双方未能达成解决方案,可提交国际仲裁。双方可选择独任仲裁员,根据协议指定的专门仲裁庭进行仲裁,仲裁规则可以依照《联合国国际贸易法委员会仲裁规则》或委托仲裁庭设立的仲裁规则进行。

(二)缔约国双方因投资保护协议的解释和适用发生争端的解决

国家之间的争端应尽可能通过友好协商解决。如果中外两国无法达成共识,可提交国际仲裁庭解决。国际仲裁庭是专门设立的临时仲裁机构,其组成、仲裁员的选任由双边协议中加以规定。仲裁规则由仲裁庭确立。仲裁裁决依多数仲裁员的意见作出,对双方缔约国有拘束力。

第三节 国际投资公约

除上节所述的我国和其他国家签订的双边投资保护协定外,我国还加入了世界银行主持订立的《多边投资担保机构公约》和《解决国家与他国国民间投资争端公约》,力图通过多种途径,完善保护外国投资者合法权益的措施,充分表明中国鼓励和吸引外资的决心和诚意。

下面结合上述两个国际投资公约的规定,介绍其主要内容。

一、《多边投资担保机构公约》(以下简称《机构公约》)

(一)《机构公约》出台的背景

《机构公约》是世界银行多年努力的成果。早在80年代之前,世界银行集团已经拥有四个承担不同职能的机构,即世界银行、国际金融公司、国际开发协会和解决国际投资争端的国际中心。这些机构的成员通过各自和共同的活动,力求实现各成员国经济共同增长的目标。与此同时,世界银行一直致力于寻求一种新的、有效的途径,鼓励发达国家的资本流向发展中国家,以进行生产性资源的开发,并希望通过提供担保或参加私人投资者的贷款和其他投资活动来实现这一目标。按《机构公约》设立的多边投资担保机构(MIGA,以下简称"机构"),成为世界银行集团旗下的第五个成员。

《机构公约》的拟定逐渐得到发达国家和发展中国家的共同认可。早在《机构公约》生效和"机构"设立之前,许多发达国家纷纷投资建立本国的海外投资保护机构,为本国投资者在国外的直接投资提供担保业务。其中,美国的海外私人投资公司(又称OPIC)最有代表性。但是,这些经营性机构和公司受本国法律和政策因素的影响,兼或考虑自身的经营风险和财力,往往拒绝承保或限制承保非商业性风险,而且限定其承保金额。可见,这些现存的机构无法满足投资者对非商业性风险寻求保证的需求,甚至由于其审查投保项目的繁琐手续和种种要求,在客观上反而加深了投资者的顾虑。"机构"的业务主要涉及非商业性风险的承保工作,弥补了国内保险机构业务范围的不足。从发展中国家的角度看,经历了国有化和征收的浪潮之后,外国投资者带入本国的资金、技术、管理经验和就业机会仍然具有无法替代的吸引力。发展中国家逐渐意识到，实现本国的经济独立发展和保护外国投资者的合法权益并不矛盾，特别是到了80年代，许多发展中国家背负着沉重的债务负担，严峻的经济形势促使这些国家从内、外两个环节入手，以求摆脱困境。内部环节是指发展中国家纷纷从本国实际出发，利用各国资源和人力优势，寻找振兴民族经济的切入点；外部环节是指发展中国家修订外资立法，改善投资环境，再次掀起利用外资的高潮，借助外来资金，刺激和带动本国经济的腾飞。世界银行构建"机构"的方案也是为了鼓励资本向发展中国家流动。参加多边投资保护公约，可以从一个侧面验证发展中国家引进外资的决心，打消外国投资者的顾虑。

上述种种因素的结合，最终促成《机构公约》的生效以及"机构"的设立，世界银行多年的努力也有了比较圆满的结果。

（二）《机构公约》的宗旨

按照该公约的有关规定，其宗旨可归纳如下：

1. 设立多边投资担保机构，主要为投资者提供与非商业性风险有关的担保业务；
2. 通过"机构"的业务活动，促进和鼓励外国的资金和技术流向发展中国家；
3. 加强国际合作，以推动各国经济的发展。

总之，《机构公约》为未来的"机构"提供了法律依据，明确了"机构"的现实工作内容和长远目标。这一目标与世界银行的宗旨是一致的，它也完全符合联合国《各国经济权利和义务宪章》中关于建立国际经济新秩序的要求。

（三）"机构"的业务

《机构公约》第三章专门规定了"机构"的业务。其业务主要分为承保和促进投资两个部分。

1. 承保业务。

(1) 承保范围。按照《机构公约》第11条的规定，"机构"的承保范围包括以下几个方面：

①货币汇兑险，也叫货币不能兑险。投资者选定某一东道国，将资金带进该国，其目的在于通过其国内和国外市场获取利润。如果不能将该利润汇出东道国，投资者的切实利益便无法实现。在考察东道国的投资环境时，投资者必须考虑该国的外汇政策和法律制度，并对其中潜在的风险加以判断。外汇风险是属于政治风险的一种，许多国内的保险机构不开展此类承保业务，"机构"却将此作为其承保的第一个业务范围。

由于东道国政府的责任而采取的任何措施，限制将其货币转换成可自由使用的货币或投保人可接受的另一种货币并汇出东道国境外，包括东道国政府未能在合理的时间内对该投保人提出此类汇兑申请做出行动。

可见，"机构"承保的外汇险，既可由东道国积极采取限制汇兑的措施所致，也可由其消极的不作为引发。这些措施应有归责于东道国的原因。

②征收险。其保险范围是由于东道国政府的责任而采取的任何立法或行政措施或懈怠行为,其作用为剥夺投保人对其投资的所有权或控制权,或剥夺其投资中产生的大量效益。

国有化和征收的性质及补偿办法,一直是国际投资领域发达国家和发展中国家争议的焦点之一。对于征收的法律依据及限度,两类国家至今未能达成共识。《机构公约》无意对上述国家行为作出第三种评断,只要符合征收险的条件,"机构"即视其为适合的险别。但"机构"对被大多数国家普遍接受的为管理本国境内经济活动而通常采取的非歧视性措施,不接受投保申请。这些措施包括"税收、环境、劳动立法和保护公共安全的通常措施"①。

③违约险。发展中国家自然资源的勘探、开采,基础产业项目的开发建设,经常通过特许协议的方式进行,即合同的一方当事人为东道国政府或经其授权的专营公司,另一方为外国投资者。这些投资项目资金需求大,投资期限长,东道国政府多通过法律、行政规定或合同本身的内容给予投资者较多的优惠待遇。但因为政府作为合同一方当事人的特殊性,一旦政府一方违反其在合同中作出的承诺,投资者面临的风险也是巨大的。对于这种东道国政府违约的风险,投资国国内的保险机构一般拒绝承保。

"机构"在下面三种情况下接受违约险的投保申请:

第一,投保人无法求助于司法或仲裁机构对违约索赔作出裁决;

第二,该司法或仲裁部门未能根据"机构"的规则在担保合同上规定的合理期限内作出裁决,或此期限从投资人提起诉讼或仲裁开始起到该机构作出裁决止,不应少于两年;

第三,该裁决无法执行,即从投保人向有关机构申请执行开始90天内,或在担保合同可能规定的期限内未能执行。

④战争和内乱险。除会员国向"机构"作出书面声明外,在东道国管辖下的所有领土或负有责任的地区发生的任何军事行动或内乱,属"机构"承保之列。

⑤其他非商业性风险。如果投资者与东道国共同提出申请,经"机构"董事会特别多数票同意,"机构"也对上述四种险别以外的特定的非商业风险承保。例如,劳工、学生或其他行业的行动和针对投保人的恐怖活动、绑架或类似行为。

前述①至④项险别是《机构公约》详细筛选的,《多边投资担保机构运营细则》分别解释其各自的要求。第⑤项是变通性的补充。

另外,《机构公约》还规定了不合格的(即不属于承保范围的)风险和损失。

第一,投保人负有责任的损失;

第二,保险合同签订以前发生的东道国的作为或不作为引致的投保人的损失;

第三,货币的贬值或降低定值。

---

① 姚梅镇.比较外资法.武汉:武汉大学出版社,1993年9月第1版,第810页.

(2)合格投资。《机构公约》将合格投资限定为以下三种情况：

第一，产权投资；

第二，经"机构"董事会特别多数票通过，与"机构"承保或将要承保的特定投资项目有关的中长期贷款；

第三，"机构"董事会确定的其他直接投资形式。

为了有效利用"机构"的资金，确保投资项目的顺利实施，兼顾东道国和投资者的利益，在接到投保申请后，"机构"将对该投资项目及与该项目有关的东道国的情况做彻底调查。例如：该投资项目的可行性及对东道国的贡献；该投资项目是否符合东道国的法律；该投资项目与东道国宣布的发展目标和重点是否相符；该投资项目在东道国能否得到公正、平等的待遇和法律保护。

(3)合格投资者。投资者包括个人（自然人）和法人。

合格的个人投资者是东道国以外某一会员国的国民，即国籍为非东道国的会员国。如果该个人具有两个或两个以上国籍，则会员国国籍优于非会员国国籍，东道国国籍优于其他任何会员国国籍。

判断法人的国籍，《机构公约》采用了多重标准：其一，注册地加主营业所所在地标准，即该法人应在一会员国注册并在该国设有主要业务地点；其二，资本实际控制原则，即该法人的主要资本为某一会员国或几个会员国或这些会员国国民的。从中可以看出，"机构"并不限定资本必须由外国的私人投资者所拥有，外国的国家参股投资或具有"公法"性质的其他法人投资，只要投资的法人具有在商业基础上营业的特征，都视为合格投资者。

在某些情况下，合格投资者的范围可以扩大到东道国的自然人或法人，包括在东道国注册或多数资本由东道国国民所有的法人。但是，这些投资者须满足下述条件：

第一，投资者和东道国联合向"机构"提出申请；

第二，"机构"董事会经特别多数票同意；

第三，投资者的资本是从东道国国外引入的。

(4)代位求偿权。在"机构"承保的非商业风险发生之后，"机构"总裁应在董事会指导下，根据担保合同和董事会所能采用的政策，对投保人进行索赔支付。投保人在申请支付之前，应先采取必要的国内补救手段。按《机构公约》的要求，投保人应首先寻求合适的、依东道国法可随时利用的行政补救方法。具体的担保合同会规定相应的国内救济期限，超过此期限，投保人再向"机构"申请索赔支付。

"机构"的代位权是由全体会员国承认的，而且规定在每一个担保合同之中。

在对投保人支付或同意支付赔偿时，投保人对东道国其他债务人所拥有的有关投资的权利或索赔权，应由机构代位享有。按照代位求偿权的一般惯例，代位求偿人的权利和享有的待遇不高于原投资者在东道国因投资所获得的权利和待遇。

2. 促进投资。"机构"一贯的宗旨是加强国际合作，以促进经济发展。帮助发展中国家改善投资环境是从根本上减少非商业风险的途径,为实现这一目标,"机构"不局限于与具体投资项目的投资者签订担保合同,而且在以下几方面促进和推动资本流向发展中国家。

(1)研究并散发有关发展中国家投资机会的信息;

(2)就如何改善投资环境问题,向有关国家提供技术建议和援助;

(3)努力消除发达国家和发展中国家会员国间存在着的投资障碍,促成投资者和东道国就其投资争议取得和解;

(4)推动和促进会员国之间缔结有关促进和保护投资的协议;

(5)努力同发展中国家会员国,特别是潜在的东道国缔结协议,保证"机构"在这些国家就担保投资享有最优惠待遇,即所受到的待遇不低于有关会员国同意给予其他担保机构或国家的待遇;

(6)鼓励和推动发展中国家之间的资金流动。

"机构"在进行上述活动时,应采取与其他国际组织或机构的协调行动。另外,"机构"只有应发展中国家(即东道国)的请求,才对其投资环境提供建议,《机构公约》禁止"机构"及其工作人员干涉东道国的内政事务。

(四)会员国和表决机制

1. 会员国。按《机构公约》第4条的规定,"机构"会员国资格向世界银行所有成员国和瑞士开放。会员国分为创始会员国和其他会员国。创始会员国列入《机构公约》附录A中,按发达国家和发展中国家的顺序排列。绝大多数会员国是发展中国家,它们代表着现实和未来的东道国,其中已有一些兼具资本输出国身份的新兴工业化国家。

《机构公约》于1985年世界银行年会通过后开放签字,至1988年4月12日生效,共有54个国家批准该公约。中国于同年4月30日批准《机构公约》,成为"机构"的创始会员国之一。时至今日,有130多个国家和地区加入该公约,使其成为名副其实的世界性多边投资保护公约。"机构"作为唯一的常设性的国际性投资保险机构,其地位和作用是任何一家资本输出国的国内机构所无法取代的。

会员国按《机构公约》的规则承担认缴股份的义务。创始会员国的认缴股份数列入该公约的附录A,须按票面价值认购,"机构"法定资本为10亿特别提款权,分成10万股,每股票面价值1万特别提款权,每一个特别提款权折合1.082美元。其他会员国按理事会决定的股份数和条件认购,每一会员国认购的股份数不得少于50股。

会员国的股份额区分成如下几种形式,分次缴纳。

(1)首次缴纳期为《机构公约》对该会员国生效之日起90天内,缴纳额为全部总股份额的10%,用可自由使用货币支付,发展中国家可用本国货币支付其中的25%;

(2)另有10%的股款为不可转让的无息本票或类似的债券,在"机构"需要时,根据董事会的决定兑现;

（3）余下的80%部分由"机构"在其需清偿其债务时催缴。

按《机构公约》第52条规定，如果任何一会员国不履行本公约规定的任何义务，理事会经持有多数总投票权的多数理事表决通过，可暂停其会员国资格。自暂停之日起一年后，即自动终止其会员国资格。

2.《机构公约》的表决机制是发展中国家共同斗争的成果。《机构公约》的表决原则既反映了发展中国家对平等利益的强烈要求，同时也要兼顾发达国家认股大户的特殊利益。

第一，每一个会员国都享有相同的177票，称为会员票。

第二，按每一会员国持有的股份数，一股一票，此为股份票。

第三，在该公约生效后三年内，其附录A所列的两类国家（发达国家和发展中国家）中的任何一类的会员票和股份票的总数，低于总投票数的40%，则该类国家享有补充票，以使其满足40%的要求。

第四，在这三年的时间内，"机构"的一切决定应按特别多数票通过；但《机构公约》规定的需更多的多数票通过的决定除外。

第五，除非《机构公约》另有规定，理事会和董事会按简单多数票通过决议。

可见，任何一类国家总投票数的增加都取决于会员国数目的增多和每一会员国认股数的加大。

（五）争端的解决

与"机构"及其业务有关的争端主要有以下几类：

1. 机构与会员国就《机构公约》的解释和实施发生的争端。
2. 会员国之间就《机构公约》的解释和实施发生的争端。
3. "机构"取得代位求偿权后与东道国发生的争端。
4. 除上述三项外，"机构"和会员国之间的其他争端。
5. "机构"的担保合同及其分保合同下的各方当事人之间可能产生的争端。例如："机构"和投保人之间就担保合同发生的争议；"机构"与其他国家的保险公司之间就分保合同发生的争议等。

针对不同当事人之间性质不同的争议，《机构公约》设计了不同的解决方法。

就《机构公约》的解释或适用方面的争端，因其直接关系到《机构公约》作为国际多边条约的性质和威信，"机构"并不希望由任何一个国家的司法机关或国内及国际仲裁机构来处理、评断，因此，第1类、第2类"内部事务"交由"机构"董事会、理事会作出裁决。理事会的裁决是最终裁决。

对于第3类争端，《机构公约》规定了两种选择：其一，按《机构公约》附录B的程序解决，包括谈判、调解和仲裁。如果争端当事人在寻求谈判之日起120天内无法达成协议，则可选择调解或直接选择仲裁。在调解或仲裁时，应参照《关于解决一国与其他国家国民之间投资争端的公约》所规定的调停和仲裁规则；除非另有规定或争端各方各有约定,由调解人或仲裁庭确定程序规则。其二,"机构"和会员国协议约定其他的方法解决争端,但这一协议事先应征得"机构"董事会特别多数票同意,"机构"方可在该会员国开展担保业务。

对于第4类争端,《机构公约》采取第3类中的第一种程序,在附件B中规定。

第5类争端,因由具体担保合同或分保合同引发,而这类合同都是格式合同,订有相应的仲裁条款,应提交有关的仲裁庭解决。

"机构"面临的投资争议是复杂而微妙的。围绕着东道国和投资国的利益冲突,若处理不好,投资争端往往会上升为国家之间的经济和政治纠纷。当"机构"作为争端一方出现时,其自身的利益也加诸其中,特别是与东道国发生争端时,如何维护"机构"的现实利益,又不损害其长远的业务范围,并继续肩负其促进资本流动的职能,这些都是"机构"必须小心衡量的因素。

(六)我国对"机构"的态度和立场

我国于1988年4月批准《机构公约》,成为其创始会员国。作为发展中国家,我国认购了"机构"3.138%的股份,合3 138万特别提款权,在第二类国家中占第一位,在全部成员国中排名第六,仅列于美、日、德、法、英五国的后面,认股数超过了其他的第一类国家。对于这样一个多国的投资担保机构,我国以主动参与和积极配合的实际行动表示对其大力的支持。

我国已是世界上引进外资的大国之一,利用海外直接投资的方式灵活多样,协议金额和实际利用外资金额逐年增加。中国巨大的市场和劳动力资源不断改善的投资环境,对外商充满吸引力。但是,到目前为止,"机构"针对中国投资项目而订立的担保合同只有十几件。考虑到"机构"的双重职能,作为唯一的一家多国保险机构的地位,它和世界银行的特殊关系,以及"机构"在投资保险业务上的专业实力和它对东道国投资评价的可信度,我国与"机构"的合作有着广阔的前景。

二、《解决国家与他国国民间投资争端公约》

1965年3月18日,世界银行主持制定的《解决国家与他国国民间投资争端公约》(Convention on the Settlement of Investment Disputes between States and Nations of Other States)开放签字,因该公约在华盛顿世界银行董事会年会上通过,又称《1965年华盛顿公约》。该公约于1966年10月24日生效。我国于1990年2月9日签署加入该公约。

(一)《1965年华盛顿公约》的宗旨

《1965年华盛顿公约》的目的是建立常设的"解决投资争端国际中心"(International Center for the Settlement of Investment Disputes, ICSID,以下简称"中心"),通过调解或仲裁方式,为解决缔约国和其他缔约国国民之间的投资争端提供便利,从而昭示国际合作对各国经济发展的必要性。为实现这一目的,《1965年华盛顿公约》的创制者必须充分扩大缔约国的范围。按该公约的规定,缔约国来自以下三类国家:①世界银行的成员国;②国际法院规约的成员国;③中心行政理事会根据其成员国2/3多数票同意邀请签署本公约的其他任何国家。

(二)"中心"的设立、性质和组织机构

1. "中心"的设立。在《1965年华盛顿公约》生效后,"中心"正式成立并启动,成为世界银行集团下的第四个成员,按《1965年华盛顿公约》的规定,"中心"总部设在世界银行总行处,如欲迁出,须经"中心"行政理事会成员以2/3多数票决议通过。

2. "中心"的性质。"中心"具有完全的国际法律人格,即它有能力签订合同,取得和处置动产及不动产,能进行法律诉讼。"中心"独立于世界银行的其他成员。在执行其职能时,"中心"及其工作人员在缔约国领土范围内享有相应的特权和豁免权。

3. "中心"的组织机构。"中心"设有一个行政理事会和一个秘书处,同时还有调解人小组和仲裁员小组。

(1)行政理事会。"中心"的核心机构是行政理事会,由每一缔约国各派一名代表组成。如果成员国无相反的表示,其指派到世界银行的理事当然成为该国派往"中心"的代表。世界银行的行长为"中心"理事会的主席,但无表决权。这种人事安排上的重叠,可以保证两个机构在合作行动时的协调性及政策的一致性,减少出现分歧和矛盾的风险。

行政理事会的职权如下:

第一,通过中心的行政和财政条例;

第二,通过交付调解和仲裁的程序规则;

第三,通过调解和仲裁的程序规则;

第四,批准同银行达成的关于使用其行政设施和服务的协议;

第五,确定秘书长和任何副秘书长的服务条件;

第六,通过"中心"的年度收支预算;

第七,批准关于"中心"活动的年度报告。

除此之外,"中心"行政理事会还可以设立它认为必要的理事会,行使它所确定的为履行本公约规定所必须的权力和职能。

行政理事会通过会议方式共同行使职权,每年召开年会及其他会议。年会一次,其他会议经理事会或理事会中至少5个成员国请求召开。行政理事会由主席或秘书长主持召开。

行政理事会会议的法定人数为全体成员国代表过半数。

每个成员国代表享有一个投票权,即一国一票。上述第一、第二、第三、第六项中的决定,须由行政理事会成员国代表的2/3多数票通过才有效,其他事项采用简单多数投票通过的方法。

(2)秘书处。秘书长是"中心"的法定代表和主要官员,他按照《1965年华盛顿公约》的规定及行政理事会规则,负责处理行政事务。

(3)调解员和仲裁员小组。其成员可由各国代表和主席指派。每一国可向两个小组各指派4人,不限国籍。主席向每一个小组各指派10人,他们具有不同的国籍。主席应适当注意保证世界上各个主要法律体系和主要经济活动方式在小组中的代表性。

"中心"对调解员和仲裁员的人选要求是:具有高尚的道德品质;在法律、商务、工业和金融方面有公认的能力,仲裁员的法律水平尤为重要;另外,有独立作出判断的能力,并愿意以调解员或仲裁员的身份向当事人提供服务。

各小组成员的任期为六年,从"中心"秘书长接到指派通知之日起生效;可以连选连任。各成员国可以指派同一个人在两个小组服务。

(三)"中心"的管辖

"中心"的管辖具有自愿同意管辖的性质,其管辖的范围可以分别从以下几个方面说明。

1.当事人。"中心"提供的调解和仲裁便利是针对缔约国的。所谓缔约国,是指那些依本国宪法程序批准、接受或核准《1965年华盛顿公约》的国家。从递交上述批准、接受或核准文件之日起30天,该公约对该国生效。《1965年华盛顿公约》应适用于由该国负责国际关系的所有领土;但缔约国可以在同意加入当时或以后用书面方式通知"中心"不予适用的领土部分,也可以通知"中心"适用《1965年华盛顿公约》的领土组成部分或任何机构。

交付"中心"的调解或仲裁请求是由缔约国和另一缔约国国民之间的投资争端引发的。按照《1965年华盛顿公约》第25条第2项规定,所谓"另一缔约国国民"是指:

(1)自然人。在双方同意将争端交付调解或仲裁之日以及根据《1965年华盛顿公约》的有关规定,由秘书长请求登记之日,该自然人具有作为争议另一方的国家以外的某一缔约国国籍,但不包括在上述任一日期也具有作为争端另一方缔约国国籍的情况。可见,该公约对自然人的国籍在几个时间点有多次的要求。并且,该公约在考察双重国籍或多重国籍时,以缔约国国籍优先;在两个或多个国籍都为缔约国时,以作为争议另一方缔约国国籍优先,因此,将这种情况排斥在管辖之外。

(2)法人。在双方同意将争端交付调解或仲裁之日,具有作为争端一方的国家以外的某一缔约国国籍的任何法人,以及在上述日期具有作为争端一方缔约国国籍的任何法人,而该法人因受外国控制,双方同意为了本公约的目的,应看做是另一缔约国国民。

《1965年华盛顿公约》判断法人的合格标准与自然人的合格标准不同,它只要求法人在同意交付调解或仲裁的任何一个时点的国籍。考虑到各国判断法人国籍标准的多样性,《1965年华盛顿公约》相对放宽了标准,即对依照缔约国法设立的法人,如其实际由其他缔约国控制,包括由该国自然人、法人或国家的控制,按资本实际控制来说,经争议各方同意,视为另一缔约国国民。

"中心"不解决缔约国之间的因本公约解释或适用过程中产生的争端,这类争端是平等主权国家之间发生的具有"公法"性质的争议,各国可向国际法院提出请求,或采取其他双方同意的方式解决。

"中心"的缔约国有两大类国家:发达国家和发展中国家。争议可能发生在发达国家内部、发展中国家的缔约国和另一国国民之间,以及发达国家和发展中国家之间。其中,发展中国家作为争端一国,某一发达国家国民作为另一方的争端格外引人注目。特别是《1965年华盛顿公约》生效之时,正是一些国家掀起国有化,争取民族经济独立的高潮期。这类争端极易上升为国家之间的政治对抗。《1965年华盛顿公约》将这些"准公法"性质的争端纳入管辖范围,曾受到一些发展中国家的抵制。

2. 案件的种类。"中心"管辖的案件必须是由投资直接引发的。这些投资争议可能涉及国有化、征收及其补偿、其他非商业性风险及有关投资协议的解释和适用等等。这些投资争端必须是法律争端,即涉及当事人的权利与义务关系。

"中心"提供调解和仲裁两种方式及相应的程序规则,缔约国可以选择任何一种或全部(两种)方式。

3. 管辖的前提。按照《1965年华盛顿公约》的规定,批准、加入或核准该公约,即成为《1965年华盛顿公约》缔约国本身,并不构成对该公约管辖的认可。《1965年华盛顿公约》只管辖当事人书面同意提交"中心"的投资法律争端,但未规定书面同意的必备格式。当事人可在事前表示同意,也可在争议发生后表示同意。当事人可以在投资协议或特许合同中共同表示同意"中心"管辖,也可在争端发生后提交书面通知表示同意。缔约国也可在国内立法或双边投资协议中同意"中心"管辖。从"中心"成立以来,已有几十个双边投资保护协议和一些国家的国内投资立法在不同程度上接受或选择"中心"的管辖[1]。在这种情况下,投资者单独以书面方式表示同意,也是符合《1965年华盛顿公约》的要求的。

特别需要指出的是,缔约国向"中心"发出的通知,意思表示应准确明白。缔约国向"中心"发出的表示考虑或不考虑提交中心管辖的一类或几类争端,此项通知不构成接受中心管辖的同意。

《1965年华盛顿公约》本身并不要求提交案件尚需满足其他条件,但一些发展中国家的国内立法、特许合同或与其他国家签订的双边投资协议要求,在寻求国际仲裁和司法补救之前,先用尽东道国国内解决手段,包括行政和司法救济方式。有些国家立法要求用尽国内救济的期限,只有超过这一期限,才能寻求包括"中心"在内的外部救济手段。《1965年华盛顿公约》不反对缔约国以用尽当地救济作为同意"中心"管辖的条件,只要投资者接受这一前提。当然,缔约国在加入该公约时也有权选择放弃当地救济原则。

---

[1] 姚梅镇. 比较外资法. 武汉:武汉大学出版社,1993年9月第1版,第1018~1020页.

4. 调解。一缔约国或另一缔约国的国民按《1965年华盛顿公约》第28条的要求,向"中心"秘书长提出关于调解的书面请求,秘书长对请求的内容是否符合"中心"的管辖范围作出判断,然后请求登记。

调解由调解员组成调解委员会主持。调解委员会由一位或多位调解员组成。调解员由以下三种方式选出。

(1)争端双方共同任命,可以是独任,也可以是任何奇数;

(2)如双方对调解员的人数和任命的方法不能达成协议,调解委员会由三人组成,双方各自任命一位,第三位由双方共同选出,并担任委员会主席;

(3)如果双方在《1965年华盛顿公约》规定的期限内未选出全部调解委员会成员,则由主席任命尚未选出的调解员。

除(3)外,当事人可任命调解员小组外的人。

"中心"的调解具有如下特点:

第一,调解委员会决定其自身权限。

第二,在另一方当事人对"中心"的管辖或委员会权限提出异议时,由委员会决定该异议是先决问题还是与实体争议一并处理。

第三,调解规则由双方当事人协商选择,或依照"中心"提供的规则,或由委员会决定。

第四,调解是双方当事人同意的结果,因此,双方当事人可在调解的任何一个阶段要求停止这一程序,调解委员会就调解的结果做出报告。

第五,调解的协议对当事人无拘束力。除争端双方另有协议外,任何一方当事人不得在其他程序(包括仲裁或司法程序)中援引该协议和委员会的其他报告或建议,也不得援引另一方在调解程序中所表示的任何意见或所作的声明或承认(或提出)的解决办法。

5. 仲裁。按照《1965年华盛顿公约》的规定,选择"中心"仲裁不以调解为前提。

仲裁请求的提出及仲裁庭组成的要求与调解类似。在选择仲裁员时,除非是独任仲裁员或仲裁庭成员由双方协商同意,多数仲裁庭成员不得为争议双方国家的国民。

仲裁庭审理投资争议案件时,应按以下原则选择适用的法律。

第一,双方当事人选择的法律;

第二,在无选择时,适用争端一方的缔约国法,既包括实体法,也包含冲突规范;

第三,国际法上的规则;

第四,在双方同意时,适用公允及善良原则。

仲裁庭按多数仲裁员的意见作出裁决。裁决应包括当事人提交仲裁的全部问题,仲裁庭还应在书面裁决中给出相应的理由。仲裁员有权在裁决上附个人意见,包括他的异议。裁决未经双方同意不得公开。

双方当事人接到仲裁裁决后,如符合《1965年华盛顿公约》规定的理由,可向秘书长申请解释或修改裁决。

在下列情形下,当事人有权向秘书长书面申请撤销裁决。

第一,仲裁庭组成不适当;

第二,仲裁庭显然超越其权力;

第三,仲裁员有受贿行为;

第四,严重违反基本程序规则;

第五,裁决未陈述其所依据的理由。

对于当事人提出的撤销请求,主席应任命专门委员会作出决定。如果申请被满足,原裁决被撤销,经任何一方当事人请求,应将争端提交依《1965年华盛顿公约》组成的新仲裁庭。

"中心"裁决对双方具有约束力,不得进行上诉。缔约国应承认其效力,并按国内法的程序执行其裁决,如同执行本国法院的生效判决一样,这是缔约国承担的《1965年华盛顿公约》的义务。但《1965年华盛顿公约》并不要求任何一个缔约国违反其有关国家及其财产执行豁免的法律。

6. 对"中心"的评价。"中心"自成立以来,每年接到的调解和仲裁案件并不多,相比之下,仲裁案件的比重远远高于调解案件。但"中心"作为一个常设的机构,与其他临时的国际仲裁机构相比,其调解和仲裁人员的威望及代表世界诸多法律体系的广泛程度,以及它和其他世界银行集团成员机构的密切合作关系,都使得"中心"的特殊地位和不可替代的作用日益为各国及其投资者所认同。

"中心"确立的管辖原则充分尊重当事人及国家的选择意愿,为缔约国及其国民提供解决投资争端的新途径。《1965年华盛顿公约》的起草者充分意识到国家和他国国民之间投资争议的特殊性,避免介入或诱发缔约国之间的政治争端。《1965年华盛顿公约》通过对管辖的范围、当事人同意管辖的选择、仲裁员的任命等方面的规定,尽量站在超然公正的立场上,只对投资争端中的权利和法律问题提供必要的、可供当事人选择的帮助。这种务实的态度不但赢得了投资者的信任(因为投资者不必担心在东道国寻求救济时可能遇到的干扰),而且,原来坚持"卡尔沃主义",对"中心"进行抵制的美洲发展中国家,也开始加入《1965年华盛顿公约》。

我国自1990年加入《1965年华盛顿公约》后,至今尚未有任何在"中心"提起的案件。早有学者提出要加强与《1965年华盛顿公约》的接触和合作,研究"中心"的法律文件和实例,调整国内的相关立法,作好与"中心"接轨的准备,毕竟,"中心"离我们不再遥不可及[①]。

以上介绍的只是我国加入的两个与投资有关的国际公约,也是目前在这一领域中最为成功的两个范例。实际上,早在第二次世界大战后,许多国家、国际组织、民间机构

---

① 陈安.国际投资法.厦门:鹭江出版社,1987年第1版,第288页.

就致力于建立统一的国际投资法律秩序,协调资本输出国和输入国的关系。比如,1948年的《哈瓦那宪章》、《波哥大协定》,1949年国际商会起草的《关于外国投资公平待遇的国际法典》,1962年联合国经济合作与发展组织提出的《保护外国人财产公约草案》等等,但这些文件因种种原因,均未能生效。然而,利用多边公约规范国际投资的设想一直未曾改变,各国仍在寻求合作立法的可能,这种努力已扩展到新近成立的世界贸易组织(WTO),它已经制定了有关投资的纲领性文件,可见,多边投资公约依然是各国努力的方向。

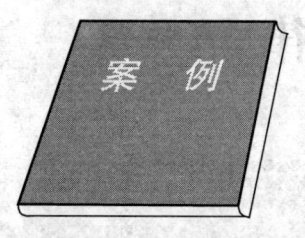

案例

国际投资争议案

【案情】

甲国A公司和乙国签订投资特许协议。乙国政府许可A公司引进先进设备,在乙国某海域开采矿产资源。A公司为此支付了1亿美元的特许费。在双方签订协议时,乙国政府并没有告知A公司该国正在考虑制定有关环境保护的立法。半年后,乙国颁布保护环境的法规,此时A公司已无法按预期目标继续履行协议,于是要求乙国修改有关立法或退还1亿美元的特许费,对方予以拒绝。A公司将争议提交"解决投资争端国际中心"(ICSID)。

【问题】

该"中心"如何处理此争议?

第七章

涉外知识产权有关法律

> **内容提要及学习要求**
>
> 本章主要介绍知识产权法律制度、专利法、商标法以及著作权法的基本内容,阐述了关于申请国外知识产权的法律规定及外国人取得中国知识产权的法律规定。
>
> 本章要求学生认真理解和掌握我国对涉外知识产权有关法律、法规的规定。

第一节 知识产权法律制度

一、概述

知识产权(Intellectual Property)亦称智力成果权,是指在科学、技术、文化、艺术等领域从事智力活动的人对其创造的精神财富所享有的权利。知识产权主要包括:专利权(Patent)、商标权(Trademark)和著作权(Copyright)。由于知识产权是一种不具有一定物质形态的人类创造性智力劳动的成果,对当代社会经济、科学技术和文化的发展起着越来越重要的作用,因此,需要在法律上予以保护。目前,绝大多数国家都制定了保护知识产权的法律,国际上也缔结了许多关于保护知识产权的国际公约。我国自20世纪80年代初,先后制定了《中华人民共和国商标法》(以下简称《商标法》,于1982年8月23日第五届全国人民代表大会常务委员会第24次会议通过,根据1993年2月22日第七届全国人民代表大会常务委员会第30次会议《关于修改〈中华人民共和国商标法〉的决定》第一次修订,又根据2001年10月27日第九届全国人民代表大会常务委员会第24次会议《关于修改〈中华人民共和国商标法〉的决定》第二次修订)、《中华人民

— 194 —

共和国专利法》(以下简称《专利法》,于1984年3月12日第六届全国人民代表大会常务委员会第四次会议通过,根据1992年9月4日第七届全国人民代表大会常务委员会第27次会议《关于修改〈中华人民共和国专利法〉的决定》第一次修订,又根据2000年8月25日第九届全国人民代表大会常务委员会第17次会议《关于修改〈中华人民共和国专利法〉的决定》第二次修订,2008年12月27日,第十一届全国人民代表大会常务委员会第六次会议通过关于修改《中华人民共和国专利法》的决定,进行了第三次修订,自2009年10月1日起施行)和《中华人民共和国著作权法》(以下简称《著作权法》,于1990年9月7日第七届全国人民代表大会常务委员会第15次会议通过,1991年6月1日起施行,根据2001年10月27日第九届全国人民代表大会常务委员会第24次会议《关于修改〈中华人民共和国著作权法〉的决定》修订),并相继参加了世界知识产权组织、《保护工业产权巴黎公约》、《商标国际注册马德里协定》、《保护文学艺术作品伯尔尼公约》、《世界版权公约》、《录音制品公约》、《专利合作条约》、《为商标注册而实行的商品与服务的国际分类尼斯协定》,对知识产权予以保护。

需要指出的是,为实现我国加入WTO时的承诺,2002年8月2日国务院对《中华人民共和国著作权法实例条例》进行修订,修订后的条例于2002年9月15日施行;2002年9月15日国务院第三次修订《中华人民共和国商标法实施细则》,并将修订后的细则变更为《中华人民共和国商标法实施条例》;2002年12月28日国务院再次修改《中华人民共和国专利法实施细则》;2003年4月17日国家工商行政管理总局颁布《马德里商标国际注册实施办法》(该办法于2003年6月1日起施行)。

二、知识产权的法律特征

(一) 无形性

无形性是知识产权最主要的法律特征。某些大陆法系国家将知识产权称为"以权利为标的"的"物权";某些英美法系国家则将其称为"诉讼中的准物权"。由于知识产权具有该法律特征,其所有人在行使权利转让时,标的可能是制造某种专利产品的"制造权",也可能是销售某种产品的"销售权",却不可能是产品本身。

(二) 独占性

如上所述,各国法律都承认知识产权是一种财产权。财产权可以分为两类:一类是有形财产权,如对土地、房屋、机器设备等的所有权;另一类是无形财产权,如专利权等。知识产权作为一种财产权,具有一切财产权的共同法律特征,即具有排他性或独占性。该特征具体表现为以下两个方面:

1. 权利人对其拥有的知识产权享有占有、使用和处分的独占权(Exclusive Right),他有权自己占有和使用其知识产权,也可以将其转让或授予他人使用,从中收取使用费。

2. 权利人在法律许可的范围内有权排除他人对其权利的侵害,任何第三人未经其所有人的同意,不得擅自使用其知识产权,否则构成侵权行为。该权利人有权要求其停止侵害行为,并可要求其赔偿损失。

(三)地域性

知识产权具有严格的地域性。一国授予的知识产权只能在该国法律管辖的领域内受到保护。任何国家都没有保护外国知识产权的义务。例如,发明人甲在中国取得专利权,如欲使其发明在乙国和丙国受到保护,他就必须将其发明按照乙国和丙国的专利法,分别向这两个国家提出专利申请,只有在乙国、丙国两国的主管部门核准其专利权后,其权利才能在乙国、丙国受到保护。

(四)时间性

按照各国法律,知识产权都有一定的保护期,法定保护期限届满之后,权利人就不再享有独占权。例如,我国《专利法》第42条规定,发明专利的保护期限为20年,实用新型、外观设计的保护期限为10年,原则上不得要求延长。保护期限一过,该项专利即进入公有领域,任何人均可自由使用。

第二节 专利法

一、专利的概念

专利(Patent)一词,从不同的角度理解,有不同的含义。从法律意义上讲,专利是指一国政府主管部门根据发明人的申请,经审查认为该发明符合法定条件,而授予发明人在一定期限内对其发明享有的一种专有权或独占权;从发明本身讲,是指具有独占权的专利技术;从其保护的内容来说,是指记载着授予专利权的发明创造的说明书及其摘要、权利要求书、表示外观设计的图形或照片等公开的文献。

二、专利权的主体

专利权的主体即专利权人,是指有权申请并获得专利权的自然人或法人。我国《专利法》第6条规定,执行本单位任务或者主要是利用本单位的物质技术条件所完成的发明创造为职务发明创造。执行本单位职务所完成的职务发明创造是指:①在本职工作中作出的发明创造;②履行本单位交付的本职工作之外的任务所作出的发明创造;③退职、退休或调动工作后1年内作出的,与其在原单位承担的本职工作或者原单位分配的任务有关的发明创造。本单位包括临时工作单位。物质技术条件指本单位的资金、设备、零部件、原材料或者不对外公开的技术资料等。职务发明创造申请专利的权利属于该单位,申请被批准后,该发明人或设计人为专利权人;非职务发明创造,申请专利的权利属于发明人或设计人本人,申请被批准后,该发明人或设计人为专利权人。

利用本单位的物质技术条件所完成的发明创造,单位与发明人或者设计人订有合同,对申请专利的权利和专利权的归属作出约定的,从其约定。两个以上单位或者个人合作完成的发明创造、一个单位或者个人接受其他单位或者个人委托所完成的发明创造,除另有协议的以外,申请专利的权利属于完成或者共同完成的单位或个人;申请被批准后,申请的单位或者个人为专利权人。国有企业、事业单位的发明专利,对国家利益或者公共利益具有重大意义的,国务院有关主管部门和省、自治区、直辖市人民政府报经国务院批准,可以决定在批准的范围内推广应用,允许指定的单位实施,由实施单位按照国家规定向专利权人支付使用费。中国集体所有制单位和个人的发明专利,对国家利益或者公共利益具有重大意义需要推广的,比照前款规定办理。

在中国境内的外商投资企业的工作人员完成的职务发明创造,申请专利的权利归该企业;非职务发明创造,申请专利的权利归发明人或设计人个人。申请被批准后,专利权归申请的企业或个人所有。

在中国没有经常居所或营业所的外国人、外国企业或外国其他组织在中国申请专利,应委托国务院专利行政部门指定的专利代理机构办理。申请被批准后,专利权归申请的企业、组织或个人所有。

三、取得专利权的实质条件

(一)取得专利权的条件

按照我国《专利法》第22条的规定,一项发明或实用新型要取得专利权,必须具备以下三个条件:

1. 新颖性。所谓新颖性,是指在提出专利申请之日以前,没有同样的发明或者实用新型在国内外出版物上公开发表过、在国内公开使用过或以其他方式为公众所知,也没有同样的发明或实用新型由他人向国务院专利行政部门提出过申请并且记载在申请日以后公布的专利申请文件中。这是发明和实用新型获得专利权的首要条件。至于如何确定某项发明是否具备新颖性的条件,各国有以下几种主要标准:

(1)时间标准,即以一定的时间作为界限来判断一项发明是否具有新颖性。

(2)地域标准,即以一项发明是否在一定地区范围内被公开来判断一项发明是否具备新颖性。

(3)方式标准,即以何种方式(书面、使用、口头)公开一项发明来判断是否具有新颖性。

我国和大多数国家采用了时间标准和地域标准。为了不影响在某些情况下发明人取得专利权,我国《专利法》还规定:凡是在中国政府主办或承认的展览会上展出的发明创造,或在学术会议上、技术会议上发表的创造发明,如果发明人在展出或发表之日起6个月内提出专利申请,将不被认为丧失新颖性。

2. 创造性,亦称为先进性。它是指同申请日以前已有的技术相比,该项发明有突出的实质性技术特点和显著的进步,该实用新型有实质性特点和进步。这是对于授予专利权的发明或者实用新型的质量要求,即获得专利的发明必须高于现有的技术水平,在同一技术领域的普通专业人员看来,并不是容易得到的。由于确定一项专利申请是否具备创造性条件,需涉及各种复杂的技术问题,因此,国务院专利行政部门必须将申请专利的发明同现有技术,从用途、结构、效果等诸方面进行比较,才能确定其是否具有创造性。

3. 实用性。它是指该项发明或实用新型能够制造或者使用,并且能够产生积极的效果。这是发明或实用新型能够取得专利的一个重要条件。能够制造或者使用,主要是指发明或实用新型能够在工业上制造或者使用。

任何一项发明或实用新型都必须同时具备以上三项条件才能取得专利权,欠缺其中任何一个条件,都不能取得专利权。

(二)不能取得专利权的发明

一项发明即使具备了新颖性、创造性和实用性的条件,也不一定能够取得专利权。我国《专利法》第25条规定,对于下列发明,不授予专利权:

1. 科学发现。
2. 智力活动的规则和方法。
3. 疾病的诊断和治疗方法。
4. 动物和植物新品种。
5. 用原子核变换方法获得的新物质。

此外,我国《专利法》还明确规定,对于违反国家法律、社会公德或者妨害公共利益的发明创造,不授予专利权。

四、专利申请的审批

(一)专利申请的原则

一项发明,只有经过申请人向政府主管部门提出专利申请,经审查批准并颁发专利证书后才能授予专利权。各国专利法的基本原则是一项发明只能授予一项专利权。当有两个以上申请人分别对自己开发的同一发明提出专利申请时,究竟应将专利权授予哪个申请人,国际上主要有两个原则予以处理。

1. 发明在先原则,即专利权只授予最先做出发明的人或发明人的权利受让人。美国、加拿大、菲律宾等少数国家采用此原则。

2. 申请在先原则,即专利权只授予最先正式提出专利申请的人。世界上大多数国家和我国采用此原则。

(二)我国专利申请的审批程序

1. 申请受理。国务院专利行政部门收到发明专利申请书、发明说明书(有附图的应包括附图)、说明书概要(有附图的应附附图)及权利要求书(若委托专利代理机构办理的,还应有专利代理委托书)后,发给申请人受理通知书,明确申请日,给予申请号。

2. 初步审查(形式审查)。它是指国务院专利行政部门在收到专利申请后,只对该申请在形式上是否符合法律要求做出审查,而不对该发明本身是否满足了授予专利权

所具备的实质性条件进行审查。我国《专利法》要求的初步审查,主要有以下内容:

(1)申请手续是否完备,文件是否齐全,填写是否符合规定。

(2)各种证件是否完备。

(3)申请人的身份是否符合《专利法》的规定。

(4)发明主题是否符合法律规定,是否符合《专利法》保护的范围。

(5)申请人是否缴纳了申请费。

对于符合上述规定的申请,国务院专利行政部门即行公告。

3. 早期公开。它是指发明专利自提出申请之日起,有优先权的自优先权之日起,满18个月予以公布,即把发明专利申请文件全文发表在《发明公报》上,允许公众自由阅读。

4. 实质审查。它是指发明专利申请自申请日起3年内,国务院专利行政部门根据申请人随时提出的要求,对申请发明专利的新颖性、创造性、实用性所做的实质性审查。其审查办法是通过较全面的世界性文献检索,判断申请专利的发明是否有新颖性、创造性和实用性。

5. 授权登记公告。国务院专利行政部门对发明专利申请经实质审查后,没有发现驳回理由的,即作出授予发明专利权的决定并发给专利证书。

五、专利权的保护期限

专利权只能在法定期限内有效,也只能在法定期限内受法律保护。各国专利法关于专利权有效期的规定不尽相同,大多数国家规定为10~20年。我国《专利法》规定,发明专利的保护期限为20年,实用新型专利权和外观设计专利权的保护期限为10年,均自申请之日起计算。

六、专利的强制许可

(一)定义

专利的强制许可是指国家专利主管机关可以不经专利权人的同意,通过行政程序直接允许申请人实施发明专利或者实用新型专利,并向其颁发实施专利的强制许可。专利的强制许可是相对于专利权人的自愿许可而言的,是国家在保护专利权人合法利益的同时,为防止专利权人对专利权进行垄断和滥用,保护国家或民众利益而采用的措施。专利的强制许可是对专利权极为重要的限制。

(二)实施强制许可的情形

1. 滥用专利权。我国《专利法》第48条规定:"有下列情形之一的,国务院专利行政部门根据具备实施条件的单位或者个人的申请,可以给予实施发明专利或者实用新型专利的强制许可:(一)专利权人自专利权被授予之日起满三年,且自提出专利申请之日起满四年,无正当理由未实施或者未充分实施其专利的;(二)专利权人行使专利权的行为被依法认定为垄断行为,为消除或者减少该行为对竞争产生的不利影响的。"

2. 国家出现紧急状态。《专利法》第49条规定,在国家出现紧急状态或者非常情况时,或者为了公共利益的目的,专利局可以给予实施发明专利或者实用新型专利的许可。

3. 从属专利发明创造。《专利法》第51条规定,一项取得专利权的发明或者实用新型,比以前已经取得专利权的发明或者实用新型在技术上先进,其实施又有赖于前一发明或者实用新型的实施的,专利局根据后一专利权人的申请,可以给予实施前一发明或者实用新型专利的强制许可。

(三) 强制许可的范围

专利权人的专利被强制许可后,其专利的所有权仍归专利权人。专利权人仍有权实施其专利,也有权许可他人实施其专利。取得强制许可的人,只有实施该专利的权利,无权再将此项专利转让他人实施。对此,我国《专利法》第56条明确规定,取得实施强制许可的单位或者个人,不享有独占的实施权,并且无权允许他人实施。

(四) 受强制许可方的义务

我国《专利法》第57条规定:"取得实施强制许可的单位或者个人应当付给专利权人合理的使用费,或者依照中华人民共和国参加的有关国际条约的规定处理使用费问题。付给使用费的,其数额由双方协商;双方不能达成协议的,由国务院专利行政部门裁决。"

第三节 商标法

一、概述

(一) 商标的概念

商标(Trademark)是商品的标志,是商品的生产者、经营者或者服务者为了将自己生产、加工、销售的商品或提供的服务区别于他人的商品或服务,而在其商品、包装或服务上使用的符号。商标权是商标所有者在其商标满足了法定的要求后,对其商标所享有的一种专有权。凡未经商标所有人同意,擅自在同种或类似商品上使用与商标所有人相同或近似商标的行为,均属侵权行为,该商标所有人有权向商标管理机关或人民法院请求予以制止,并有权要求侵权者给予赔偿。

(二) 商标的分类

商标可从不同的角度进行分类。

1. 按使用对象不同,可分为商品商标与服务商标。前者为使用于商品的商标,后者为使用于服务项目的商标。

2. 按构成要素不同,可分为文字商标、图形商标和组合商标。

3. 按使用目的的不同,可分为总商标与产品分商标。前者亦称为营业商标,是指企业将其厂商名称作为商标,固定使用在其生产或者经营的所有产品上,便于消费者识别商品出处,树立企业整体形象。后者是企业对其生产或者经营的各个不同品种、规格的特定商品,各使用一个商标,专门使用于该特定商品。

4. 按用途不同,还可分出一类商标,即证明商标。证明商标是由商品质量监督检验机构注册,许可他人使用于某商品上,证明该商品原产地、原料、制造方法、质量、精确度或者其他特点的认可标志。注册人只对使用人的经过、监测的质量和内容负责;使用人只要经过认证,证明其商品符合商标使用章程规定的条件并取得注册人的同意,就可使用证明商标,而且基本上不另付使用费。

5. 按使用者不同,还可分出一类商标,即集体商标。集体商标是指由合作社、协会、集团企业或者其他集体组织注册,由该集体组织成员共同使用的商标。

6. 按使用地不同,还可分出一类商标,即地理商标。地理商标是指标示某商品来源于某地区,该商品的特定质量、信誉或其他特征主要由该地区的自然因素或人为因素所决定的标志。

二、商标权的取得

(一)注册商标的概念

我国《商标法》第 3 条规定,经商标局核准注册的商标为注册商标,包括商品商标、服务商标和集体商标,商标注册人享有商标专用权受法律保护。我国实行商标注册原则,即经注册的商标受法律保护,未经注册的商标不受法律保护。注册商标权人对其注册商标享有专有权,可以专有使用、转让、许可使用,防止他人在同一或者类似的商品上使用相同或者类似的商标。

(二)商标注册的原则

我国实行商标自愿注册原则,但是为了加强对与国计民生休戚相关的少数商品的管理,我国对这些商品商标实行强制注册。我国《商标法》第 6 条规定,国家规定必须使用注册商标的商品,必须申请商标注册,未经核准注册的,不得在市场销售。

(三)不得使用、注册的商标

1. 按照我国《商标法》第 10 条的规定,下列标志均不能作为商标使用:

(1)同中华人民共和国的国家名称、国旗、国徽、军旗、勋章相同或者近似的,以及与中央国家机关所在地特定地点的名称或标志性建筑物的名称、图形相同的;

(2)同外国的国家名称、国旗、国徽、军旗相同或者近似的,但该国政府同意的除外;

(3)同政府间国际组织的旗帜、徽记、名称相同或者近似的,但经该组织同意或者不易误导公众的除外;

(4)与表明实施控制、予以保证的官方标志和检验印记相同或者近似的,但经授权的除外;

(5)同"红十字"、"红新月"的标志、名称相同或者近似的;
(6)带有民族歧视性的;
(7)夸大宣传并带有欺骗性的;
(8)有害于社会主义道德风尚或者有其他不良影响的。

此外,县级以上行政区域的地名或者公众知晓的外国地名,不得作为商标;但是,地名具有其他含义或者作为集体商标、证明商标组成部分的除外。已经注册的使用地名的商标继续有效。

2.按照《商标法》的规定,下列标志不得作为商标注册:
(1)仅有本商品的通用名称、图形、型号的;
(2)仅仅直接表示商品的质量、主要原料、功能、用途、重量、数量及其他特点的;
(3)缺乏显著特征的;
(4)以三维标志申请注册商标的,仅由商品自身的性质产生的形状,为获得技术效果而需要的商品形状或者使商品具有实质性价值的,不得注册。
(5)就相同或者类似商品申请注册的商标是复制、模仿或者翻译他人未在中国注册的驰名商标容易导致混淆的,不予注册并禁止使用。就不相同或不相类似商品申请注册的是复制、模仿或者翻译他人已经在中国注册的驰名商标,误导公众,致使该驰名商标注册人的利益可能受到损害的,不予注册并禁止使用。
(6)未经授权,代理人或者代表人以自己名义将被代理人或者被代表人的商标进行注册,被代理人或被代表人提出异议的,不予注册并禁止使用。
(7)商标中有商品的地理标志,而该商品并非来源于该标志所标示的地区,误导公众的,不予注册并禁止使用;但是,已经善意取得注册的继续有效。

(四)取得商标权的原则

各国商标法对商标权的取得主要由以下两个原则确定:

1.注册在先原则,即商标权属于该商标的首先注册人所有,而不是属于最先使用该商标的人所有。目前,大多数国家如日本、德国、意大利及中国均采用此原则。

2.使用在先原则,即商标权属于该商标的最先使用人所有,而不是属于最先注册人所有。英美法系国家采用此原则。但我国《商标法实施条例》第19条还规定,两个或者两个以上的申请人,在同一种商品或者类似商品上,分别以相同或者近似的商标在同一天申请注册的,各申请人应当自收到商标局通知之日起30日内提交其申请注册前在先使用该商标的证据。同日使用或者均未使用的,各申请人可以自收到商标局通知之日起30日内自行协商,并将书面协议报送商标局;不愿协商或者协商不成的,商标局通知各申请人以抽签的方式确定一个申请人,驳回其他人的注册申请。商标局已经通知但申请人未参加抽签的,视为放弃申请,商标局应当书面通知未参加抽签的申请人。也就是说,在决定商标权问题上,我国原则上实行注册在先,只在例外情形下实行使用在先原则。

三、商标注册的一般程序

（一）注册申请

注册申请人必须事先向其所在地的市、县工商局提交《商标注册申请书》，并按规定的商品分类表按类申请。每一个商标注册申请应当向商标局交送《商标注册申请书》1份，商标图样10份，指定颜色的，并应当提交着色图样5份、黑白稿1份。申请日期以商标局收到申请书件的日期为准。申请手续齐备并按照规定填写申请书件的，编定申请号，发给《受理通知书》。

（二）审查

商标局依《商标法》规定，对申请注册的商标进行初步审定，包括形式审查和实质审查。

（三）决定

商标局对商标注册的申请，依照《商标法》进行审查，凡符合规定的或者在部分指定商品上使用商标的注册申请符合规定的，予以初步审定，并予以公告；对不符合规定或者在部分指定商品上使用商标的注册申请不符合规定的，予以驳回或者驳回在部分指定商品上使用商标的注册申请，书面通知申请人并说明理由。对驳回申请、不予公告的商标，申请人不服的，可以自收到通知之日起15天内，向商标评审委员会申请复审，商标评审委员会作出决定，书面通知申请人。当事人对商标评审委员会的决定不服的，可以自收到通知之日起30日内向人民法院起诉。

（四）异议、核准

1. 商标异议。商标异议是指对初步审定予以公告的商标提出反对意见，要求撤销初步审定的商标。对初步审定的商标，自公告之日起3个月内，任何人均可提出异议。对初步审定公告的商标提出异议的，异议人应当将《商标异议书》一式两份交送商标局，被异议人应在收到通知之日起30日内答辩；被异议人不答辩的，不影响商标局的异议裁定并通知有关当事人。被议商标在异议裁定生效前公告注册的，撤销原注册公告。当事人对商标局异议裁定不服的，可以在收到商标异议裁定通知之日起15日内，将《商标异议复审申请书》一式两份交送商标评审委员会申请复审。商标评审委员会将依据当事人提供的证据和陈述的理由，依法作出裁决，书面通知有关当事人。当事人对商标评审委员会的裁定不服的，可以自收到通知之日起30日内向人民法院起诉。

2. 商标核准。经初步审定的商标在公告期满无异议或经裁决异议不能成立的，商标局予以正式核准注册，在《商标公告》上刊登注册公告，发给《商标注册证》。商标注册申请人自其商标核准注册之日起，成为商标权人，享有商标权。

四、注册商标的有效期及续展

（一）注册商标的期限

注册商标的有效期是指注册商标具有法律效力的期限。各国法律对此都规定了一定的保护期,例如,美国、瑞士、意大利、西班牙、菲律宾等国的法律规定为20年,日本、法国、德国、奥地利、瑞典、丹麦、挪威、比利时、荷兰、卢森堡、希腊等国的法律规定为10年。我国《商标法》规定,注册商标的有效期为10年,自核准注册之日起计算。

(二)注册商标的续展

注册商标的续展是指注册商标有效期的延续。各国商标法明确规定,注册商标的保护期限届满后,其所有人可以办理续展手续,要求续展保护期限。续展的期限一般与注册的保护期限相等;但也有一些国家的法律规定,经续展后延长的保护期可长于注册的有效保护期,如《英国商标法》规定,注册商标的有效期为7年,而续展后的保护期为14年。我国《商标法》规定,注册商标有效期满,需要继续使用的,应当在期满前6个月内申请续展注册;在此期间未能提出申请的,可以给予6个月的宽展期;宽展期满仍未提出申请的,注销其注册商标。每次续展注册的有效期为10年。续展注册经核准后,予以公告。续展次数不受限制。

第四节 著作权法

一、著作权的定义

著作权亦称版权(Copyright),是指作者对其创作的文学、科学和艺术作品依法享有的权利。著作权通常有狭义和广义之分。狭义的著作权是指作者依法享有的权利,包括著作人身权和著作财产权;广义的著作权除包含狭义的著作权内容外,还包括著作邻接权,即作品传播者依法享有的权利,主要是指艺术表演者、录音、录像制作者和广播电视组织的权利。我国《著作权法》把图书、报刊出版者的权利也纳入著作权的范围之中。

二、《著作权法》保护的对象

我国《著作权法》第3条规定,该法保护的对象包括:文学作品;口述作品;音乐、戏剧、曲艺、舞蹈、杂技艺术作品;美术、建筑作品;摄影、电影作品和以类似摄制电影的方法创作的作品;工程设计图、产品设计图、地图、示意图等图形作品和模型作品;计算机软件;法律、行政法规规定的其他作品。《著作权法》第6条规定,民间文学作品的著作权保护办法由国务院另行规定。

三、著作权的主体

著作权的主体就是依法享有著作权的人。按照《著作权法》的规定,著作权人包括作者以及其他依照本法享有著作权的公民、法人或者其他组织。国家在特殊情况下也可以是著作权人。

四、著作权的内容

按照《著作权法》的规定，著作权的内容包括人身权和财产权。

（一）著作权中的人身权

著作权中的人身权是指作者基于作品依法所享有的以人身利益为内容的权利，即作者人格权。它包括：发表权，即决定作品是否公之于众的权利；署名权，即表明作者身份，在作品上署名的权利；修改权，即修改或者授权他人修改作品的权利；保护作品完整权，即保护作品不受歪曲、篡改的权利。

（二）著作权中的财产权

著作权中的财产权是指作者通过各种方式利用其作品而享有的经济权利。通常是作者将其作品的全部或一部分支配利用权转让给他人，或授权他人使用，而受让人或被许可使用人按约定或法律规定向作者支付相应的报酬。它包括复制、表演、播放、展览、发行、摄制电影、电视、录像或者改编、翻译、注释、编辑等方式使用作品的权利，以及许可他人以上述方式使用作品，并由此获得报酬的权利。

五、著作权的归属原则

著作权的归属是指著作权归谁所有。按照我国《著作权法》的规定，由以下几项原则确定著作权的归属。

（一）一般原则

《著作权法》第11条明确规定，著作权属于作者（这里的作者包括自然人、法人和其他组织）。这是确定著作权归属的一项基本原则。但该法同时规定，本法另有规定的除外。

（二）演绎作品的著作权

改编、翻译、注释、整理已有作品而产生的作品，称为演绎作品。依照《著作权法》第12条的规定，演绎作品的著作权由改编、翻译、注释、整理人享有，但行使著作权时，不得侵犯原作的著作权。

（三）合作作品的著作权

由两人以上合作创作的作品，其著作权由合作者共同享有。对可以分割使用的合作作品，作者对各自创作的部分可以单独享有著作权，但行使著作权时不得侵犯合作作品整体的著作权。

（四）编辑作品的著作权

依《著作权法》规定，编辑作品由编辑人享有著作权，但行使著作权时，不得侵犯原作品的著作权，即编辑人在编纂其编辑作品之前，应取得被其编纂用的作品的著作权人的许可。该法还规定，编辑作品中可以单独使用的作品的作者有权单独行使其著作权。

（五）视听作品的著作权

《著作权法》第15条规定，电影、电视、录像作品的导演、编剧、作曲、作词、摄影等作者享有署名权，但著作权的其他权利则由制作电影、电视、录像作品的制片者享有。

（六）职务作品的著作权

公民为完成法人或其他社会组织的工作任务所创作的作品，称为职务作品。职务作品的著作权由作者享有，但法人或其他组织有权在其业务范围内优先使用。职务作品在其完成两年内，经单位同意，作者许可第三人以与单位使用的相同方式使用该作品，所获报酬，由作者与单位按约定的比例分配。

凡有下列情形之一的职务作品，作者享有署名权，但著作权的其他权利则由法人或者其他组织享有，法人或者其他组织可给予作者奖励。

1. 主要利用法人或其他组织的物质条件进行创作，并由法人或其他组织承担责任的工程设计、产品设计图、计算机软件、地图等职务作品；
2. 法律、行政法规规定或者合同约定著作权由法人或其他组织享有的职务作品。

（七）委托作品的著作权

受委托创作的作品，著作权的归属由委托人和受托人通过合同约定；如双方没有订立合同或合同对著作权归属没有明确规定的，著作权属于受托人。

（八）美术作品的展览权

美术等作品原件所有权的转移，不视为作品著作权的转移，但美术作品原件的展览权由原件所有人享有。

六、著作权的取得和保护期限

根据《著作权法实施条例》的规定，著作权自作品创作完成之日起产生，并受《著作权法》保护。著作权的保护期因著作人身权和著作财产权所要保护的角度不同而有所区别。

著作人身权保护期限：根据《著作权法》规定，作者的署名权、修改权、保护作品完整权的保护期不受限制。

著作财产权保护期限：根据我国《著作权法》的规定，公民的作品，其发表权和著作财产权的保护期为作者终生及其死亡后50年，截止于作者死亡后第50年的12月31日；如果是合作作品，则截止于最后死亡的作者死亡后第50年的12月31日。

法人或其他组织的作品、著作权（署名权除外）由法人或其他组织享有的职务作品，其发表权、使用权和获得报酬权的保护期为50年；电影作品和以类似摄制电影的方法创作的作品、摄影作品，其发表权保护期为50年，但上述各类作品自创作完成后50年内未发表的，《著作权法》不再保护。

作者生前未发表的作品，如果作者未明确表示不发表，自作者死亡后50年内，其发表权可由继承人或者受遗赠人行使；没有继承人又无人受遗赠的，由作品原件的所有人行使。

作者身份不明的作品，其保护期截止于作品首次发表后第 50 年的 12 月 31 日。作者身份确定后，保护期为作者死亡后 50 年，即截止于作者死亡后第 50 年的 12 月 31 日；如果是合作作品，截止于最后死亡的作者死亡后第 50 年的 12 月 31 日。

七、著作权的使用许可

著作权的使用许可，是指著作权人许可他人在一定期限、一定地域范围内，以一定方式利用其作品的行为。著作权的使用许可通常是采用签订著作权许可合同的方式进行的。

按照我国《著作权法》的规定，使用他人作品应同著作权人订立合同或者取得许可。该法还规定，订立许可使用合同应包括以下几项主要条款：

第一，许可使用的权利种类；

第二，许可使用的权利是专有使用权或者非专有使用权；

第三，许可使用的地域范围和期限；

第四，付酬标准和办法；

第五，违约责任；

第六，双方认为需要约定的其他内容。

许可使用合同的有效期限不超过 10 年，合同期满后可以续订，但续订合同的期限同样不得超过 10 年。

八、权利的限制

在下列情况下使用作品，可不经著作权人许可，不向其支付报酬，但应当指明作者姓名、作品名称，并且不得侵犯著作权人依照《著作权法》享有的其他权利。

第一，为个人学习、研究或者欣赏，使用他人已经发表的作品；

第二，为介绍、评价某一作品或者说明某一问题，在作品中适当引用他人已经发表的作品；

第三，为报道时事新闻，在报纸、期刊、广播电台、电视台等媒体中不可避免地再现或者引用已经发表的作品；

第四，报纸、期刊、广播电台、电视台等媒体刊登或者播放其他报纸、期刊、广播电台、电视台等媒体已经发表的关于政治、经济、宗教问题的时事性文章，但作者声明不许刊登、播放的除外；

第五，报纸、期刊、广播电台、电视台等媒体刊登或者播放在公众集会上发表的讲话，但作者声明不许刊登、播放的除外；

第六，为学校课堂教学或者科学研究，翻译或者少量复制已经发表的作品，供教学或者科研人员使用，但不得出版发行；

第七,国家机关为执行公务在合理范围内使用已经发表的作品;

第八,图书馆、档案馆、纪念馆、博物馆、美术馆等为陈列或者保存版本的需要,复制本馆收藏的作品;

第九,免费表演已经发表的作品,该表演未向公众收取费用,也未向表演者支付报酬;

第十,对设置或者陈列在室外公共场所的艺术作品进行临摹、绘画、摄影、录像;

第十一,将中国公民、法人或其他组织已经发表的以汉语言文字创作的作品翻译成少数民族语言文字作品在国内出版发行;

第十二,将已经发表的作品改成盲文出版;

第十三,为实施九年义务教育和国家教育规划而编写出版教科书,除作者事先声明不许使用者外。

第五节 关于申请国外知识产权的法律规定

一、申请国外知识产权的途径

(一)申请国际专利的途径

中国人申请国际专利,目前主要有以下三条途径:

1. 通过利用《保护工业产权巴黎公约》申请。根据《保护工业产权巴黎公约》第4条对优先权的规定,当公约缔约国的公民和法人在任何一个成员国中提出了专利申请后,可以在优先权期限内(自第一次提出申请之日起算,对发明专利和实用新型来说为12个月,对外观设计来说为6个月),在其他成员国内提出同样申请时,以第一次提出申请之日(即优先权日)作为在后一国家的申请日。这就是《保护工业产权巴黎公约》的优先权原则,又称为"国际优先权"。

中国公民和法人可以在申请中国专利之后,根据实际需要,在优先权期内向任何一个《保护工业产权巴黎公约》成员国提出专利申请,这种申请是按国家逐一分别进行的,所提出的申请要符合各个国家专利法的规定。

2. 利用专利合作条约向国务院专利行政部门提出国际申请。

3. 直接向有关国家提出专利申请。

(二)办理国际商标注册的途径

办理国际商标注册的途径主要有两个:

1. 国家注册,即商标注册申请人向要求受到保护的某一国家的商标注册当局申请商标注册。

2. 国际注册,即商标注册申请人通过我国商标局,利用《商标国际注册马德里协定》的渠道,向世界知识产权组织的国际局申请国际注册,指定在该马德里协定的成员国中一国或数国取得领土延伸,受到该国法律保护。

二、申请国外知识产权的法律规定

（一）申请国外专利的法律规定

我国《专利法》第 20 条规定,中国单位或者个人将其在国内完成的发明创造向外国申请专利的,应当向国务院专利行政部门申请专利,并委托国务院专利行政部门指定的专利代理机构办理并遵守《专利法》第 4 条的规定。中国单位或者个人可以根据中华人民共和国参加的有关国际条约提出专利国际申请。《专利法》第 64 条还规定,违反《专利法》第 20 条规定,擅自向国外申请专利,泄漏国家重要机密的,由所在单位或者上级主管机关给予行政处分;构成犯罪的,应追究其刑事责任。因此,在国内完成的发明创造欲申请外国专利的,必须遵守以下原则：

1. 首先申请中国专利。即使属于我国《专利法》第 25 条的规定不授予专利权的项目,只要所准备申请的外国可以给予专利权保护,也可以先在国内申请中国专利。按照《保护工业产权巴黎公约》的规定,即使该申请被中国专利局驳回,仍可以此申请为基础,向国外申请专利并享有优先权。

2. 须经国务院专利行政部门同意。

3. 应委托国务院指定的代理机构代为办理。

（二）申请国外商标的法律规定

《商标法实施条例》第 12 条规定,商标国际注册依照我国加入的有关国际条约办理。具体办法由国务院工商行政管理部门规定。根据《马德里商标国际注册实施办法》第 4 条及第 5 条规定,以中国为原属国申请国际注册的申请人,其商标已经在国务院工商行政管理部门商标局获得注册。申请商标国际注册的,应当通过商标局办理。申请人或者其委托的商标代理组织可以直接到商标局提交申请,也可以向商标局寄交申请。我国申请人欲进行商标国际注册时,必须注意以下几点：

1. 拟申请国际注册的商标已在我国商标局注册。

2. 以同样商标向世界知识产权组织提出申请。

3. 申请方式可以为直接制,即直接到国家工商行政管理总局商标局申请办理商标国际注册及办理国际注册续展、转让、变更或其他相关事宜;也可以为代理制,即委托国家工商行政管理总局指定的代理组织申请。凡办理商标国际注册的,必须通过国家工商行政管理总局商标局向世界知识产权组织国际局提出。通过代理组织办理的,由代理组织向国家工商行政管理总局商标局递交各种申请。

4. 台湾同胞及中国侨民申请商标国际注册的,可以通过国家认可的代理组织代理,也可以直接到国家工商行政管理总局商标局办理。

第六节　关于外国人取得中国知识产权的法律规定

一、外国人取得中国专利权的法律规定

我国《专利法》第18条规定,在中国没有经常居所或者营业所的外国人、外国企业或者外国其他组织在中国申请专利的,依照其所属国同中国签订的协议或者共同参加的国际条约,或者依照互惠原则根据本法办理。《专利法》第19条还规定,在中国没有经常居所或者营业所的外国人、外国企业或者外国其他组织在中国申请专利和办理其他专利事务的,应当委托中华人民共和国国务院专利行政部门指定的专利代理机构办理。按上述法律规定,在我国没有经常居所或者营业所的外国人、外国企业或者外国其他组织在中国申请专利的,应具备以下三个条件之一。

第一,外国法人或自然人的所属国同我国签订了有关互相允许该国自然人或法人到对方国家申请并取得专利权的双边协定;

第二,外国法人或自然人的所属国同我国共同参加了有关互相承认申请并取得专利权的国际条约;

第三,外国法人或自然人所属国虽未与我国签订双边条约,也未参加共同的国际条约,但允许我国法人和自然人去该国申请专利并获得专利权。按照平等互惠原则,我国同样允许该国法人、自然人到我国申请专利并获得专利权。

另外,申请专利事宜应当委托国务院专利行政部门指定的专利代理机构办理。

二、外国人取得中国商标权的法律规定

我国《商标法》关于外国人取得中国商标权的,有以下规定：

第一,外国人或者外国企业在中国申请商标注册的,应当按其所属国和中华人民共和国签订的协议,或者共同参加的国际条约办理,或者按对等原则办理。

第二,外国人或外国企业在中国申请商标注册和办理其他商标事宜,应当委托国家指定的组织代为办理。

第三,申请人委托商标代理组织申请办理商标注册或者办理其他商标事宜,应当交送代理人委托书一份。代理人委托书应当载明代理内容及权限,外国人或者外国企业的代理人委托书还应当载明委托人的国籍。外国人或者外国企业申请商标注册或者办理其他商标事宜,应当使用中文。代理人委托书和有关证明的公证、认证手续,按照对等原则办理。

第四,外国商标注册人商标权受到侵害,提出保护其商标专用权请求时,必须通过国家指定的涉外商标代理组织代理。

第七节 知识产权的国际保护

一、概述

由于知识产权具有地域性的特点，因此对其进行国际保护，除了国家与国家之间签订的双边协定外，主要是通过国家缔结或参加的保护知识产权的国际公约来实现的。目前，保护知识产权的国际公约主要有：

第一，《保护工业产权巴黎公约》，1883年在巴黎缔结，1967年在斯德哥尔摩最后修订（1979年又做个别修正）。到2000年1月为止，已有157个国家参加该公约。我国于1985年加入该公约，在加入时曾声明对其中第28条（即把有关争议提交国际法院解决）予以保留。从1997年7月1日起，该公约在中华人民共和国香港特别行政区开始生效。

第二，《建立世界知识产权组织公约》是1967年在斯德哥尔摩修订《保护工业产权巴黎公约》、《保护文学艺术作品伯尔尼公约》的同时签订的，于1970年生效。1979年对该公约的个别条款做过一些修正。我国于1980年批准加入该公约，这是我国参加的第一个知识产权国际公约。

第三，《商标国际注册马德里协定》（以下简称《马德里协定》），1891年在马德里缔结，1967年在斯德哥尔摩修订，1979年又做了个别修正，1989年增订了议定书。到2000年1月止，已有51个国家参加该协定。我国于1989年参加该协定。

第四，《保护文学艺术作品伯尔尼公约》（以下简称《伯尔尼公约》），1886年在伯尔尼缔结，1971年在巴黎修订，1979年又做个别修正。到2000年1月止，已有142个国家参加该公约。我国于1992年加入该公约。

第五，《世界版权公约》，1952年在日内瓦缔结，1971年在巴黎修订。我国于1992年加入该公约。

第六，《保护录音制品制作者防止未经许可复制其录音制品公约》（以下简称《录音制品公约》），1971年在日内瓦缔结。我国于1993年加入该公约。

第七，《专利合作条约》，1970年在华盛顿缔结，1979年及1984年又做了个别修正。到2000年1月止，已有106个国家参加该条约。我国于1994年1月1日成为该条约成员国。

第八，《世界知识产权组织版权条约》和《世界知识产权组织表演和录音条约》，通常合称为《因特网条约》，签订于1996年，至今尚未生效。但作为第一个包括数字技术，特别是因特网的条约，在步入信息时代的今日是很有发展潜力的。

二、《保护工业产权巴黎公约》

(一) 国民待遇原则

国民待遇原则在《保护工业产权巴黎公约》以及其他工业产权国际公约中位居首位。它包括两个方面的含义：一方面是在工业产权的保护上，各成员国必须在法律上给予其他成员国的国民以本国国民能够享有的同样待遇；另一方面是即使对于非公约成员国的国民，只要他在某一成员国国内有住所，或有实际从事工商业活动的营业所，也应当享受同该成员国国民相同的待遇。

(二) 优先权

如果某个可享有国民待遇的人以一项发明首先在任何一个成员国中提出了专利申请，或以一项商标提出了注册申请，自该申请提出之日起的一定时期内（对发明专利或实用新型来说是12个月，对商标或外观设计来说是6个月），如果他在别的成员国也提出同样的申请，则这些成员国都必须承认该申请在第一个国家递交的日期为本国的申请日。优先权的作用在于保护首次申请人，使他在向其他成员国提出同样的申请时，不至于由于两次申请日期的差异而使他人钻空抢先申请。

(三) 临时性保护

临时性保护的作用与优先权有某些类似之处，即在一定时间内避免他人不合理地抢先申请某种工业产权，或不合理地公开某种发明，从而使本应获得专有权的人丧失权利。临时性保护的作用与优先权不同的是，它不是靠第一次申请而产生优先。临时性保护的具体内容是：公约各成员国必须依本国法律，对于在任何一个成员国内举办的经官方承认的国际展览会上展出的商品中可以申请专利的发明、实用新型或外观设计以及申请注册的商标，给予临时保护。对于发明、实用新型的临时保护期一般是12个月，对于商标、外观设计是6个月。在此期间内，不允许展品所有人以外的第三方以展品申请工业产权。如果展品所有人在临时保护期内申请了专利或商标注册，则申请案的优先权日就不再从第一次提交申请案时起算，而应从展品公开展出之日起算。

(四) 宽限期

在大多数国家里，要维护专利在整个保护期内有效，就必须每年交一次年费；如果不能按期交年费，就有可能按照权利人放弃权利处理。注册商标也是如此，一般每过10年或20年都要交一次续展费，否则也可能被撤销注册。为了照顾交费时期的合理延误，避免把合理延误当成弃权处理，《保护工业产权巴黎公约》要求成员国起码要给工业产权的权利人6个月的宽限期。如果因为没有交年费或续展费而失效的，可以申请恢复。

(五) 对专利保护的最低要求

《保护工业产权巴黎公约》针对各成员国的专利法，重点强调：

1. 专利的独立性。一个成员国（即使是专利申请人的所在国）批准了一项专利，并不能决定其他成员国是否对同一发明的申请案也批准专利；一个成员国（即使是专利申请人的所在国）驳回了一项专利申请，并不妨碍其成员国批准同一发明的专利申请；一个成员国（即使是专利权人的所在国）撤销了一项专利或宣布它无效，并不影响其他成员国就同一发明已经批准的专利继续有效。也就是说，在《保护工业产权巴黎公约》成员国内有资格享有国民待遇的人，就其同一项发明而在不同成员国内享有的专利权彼此应当独立，互不影响。

2. 发明人的署名权。《保护工业产权巴黎公约》规定，发明人有权要求在专利证书上写明发明人的名字。

（六）对商标保护的最低要求

《保护工业产权巴黎公约》成员国都必须设立国家的专门工业产权服务机构，办理工业产权申请案的受理、审查、批准、注册及批准后的产权管理等事宜，公布专利说明书和注册商标，出版官方期刊，发表获得专利发明的内容、专利人的名称、注册商标的复制品和商标所有人的名称。

（七）强制许可

《保护工业产权巴黎公约》规定，每一成员国可以采取立法措施，规定在一定条件下可以核准强制许可。强制许可只能在专利权人自提出专利权申请之日起满4年后，或者自批准专利权之日起满3年(以期限较长者为准)，未实施专利而又提不出正当理由时才能采取；并且这种强制许可不具有专有性，除了取得强制使用的第三人外，专利权人仍然可以实施专利，同时该第三人必须付给专利权人合理的报酬。在颁布第一次强制许可后两年，如果专利权人仍无正当理由不实施或不充分实施其专利，主管部门便可撤销其专利权。

三、《专利合作条约》

《专利合作条约》的中心内容是统一缔约国的专利申请手续和审批程序，以及就专利文献的检索工作和批准专利权的初步审查工作等方面进行合作，以使一项发明通过一次国际申请便可同时在申请人选定的几个或全部成员国获得批准。

《专利合作条约》规定，缔约国的居民或国民均可向受理局提出国际申请，同时应表明，发明打算在哪些缔约国获得专利。专利提出申请后，由世界知识产权组织的国际局(即澳大利亚专利局、奥地利专利局、中国知识产权局、欧洲专利局、日本特许厅、俄罗斯专利局、西班牙专利商标局、瑞典专利局和美国专利与商标局)进行检索报告。在申请人的要求下，受理局必须进行国际初步审查，对发明的新颖性、创造性和实用性提出意见。在此之后，按申请中指定的国家，将申请书连同国际检索报告和国际初步审查报告转交指定国，由各国分别进行审查并根据各自国家的法律来决定是否授予专利权。

四、《马德里协定》

《马德里协定》是为简化国际注册商标手续,对《保护工业产权巴黎公约》关于商标注册部分的一个补充。其主要内容为:

第一,成员国须是《保护工业产权巴黎公约》成员国。

第二,凡成员国国民或在成员国内有住所或营业地的非成员国国民,必须先在该国商标主管部门取得注册,然后通过该国商标主管部门向日内瓦世界知识产权组织的国际局申请国际注册。注册一经批准后由国际局公布,并通知申请人选定成员国。选定成员国如不接受,应在1年内向国际局提出并说明理由;若未在1年内提出,即被认为该商标在选定国生效。

第三,优先权期限为6个月,保护期为20年。

第四,国际注册5年内,如果一个商标在原始国被废除,则在其他成员国同时失效。

五、《伯尔尼公约》

(一)基本原则

1. 国民待遇原则。任何一成员国公民,或者在任何一成员国首次发表其作品的作者,其作品在该成员国应受到保护。此种保护应与该国给予本国国民的作品的保护相同。

2. 自动保护原则。根据《伯尔尼公约》,受保护作品的作者,自动享有该国法律现在和将来给予其国民的权利和该公约规定的权利,不需要履行任何手续。

3. 独立保护原则。作品在成员国受到保护不以作品在起源国受保护为条件。

(二)保护的对象

根据《伯尔尼公约》的规定,受保护的作品是科学和文化艺术领域的一切作品,不论其表现方式或形式如何。

(三)保护作者在经济上和精神上最低限度的权利

1. 经济权利。

(1)以任何方式或形式自制作品的权利;

(2)翻译或授权翻译其作品的权利;

(3)公开表演戏剧、戏剧音乐和音乐作品及任何公众传播此种表演的权利;

(4)广播作品以任何方法向公众传播此种广播的权利;

(5)将作品摄制成电影或在电影中使用作品的权利;

(6)修改和改编作品的权利。

2. 精神权利。

(1)署名权。作者有权以任何方式在自己的作品上署名,禁止他人在并非其作品上署名。

(2)修改权。

(四)作者权利的保护期

一般作品的保护期不少于作者有生之年加死后50年,现在欧盟各国和美国的国内法都对一般作品的保护期延至作者终生加上死后70年;电影作品不少于同观众见面起50年,若50年尚未与观众见面,则为摄制完成起50年;匿名及假名作品不少于出版后50年;摄影作品及实用艺术品不少于作品完成后25年;共同作品或被视为共同作品的其他作品为共同作者中最后一个去世者有生之年加死后50年。

六、《世界版权公约》

《世界版权公约》就其内容而言,基本与《伯尔尼公约》类似(如国民待遇和独立保护原则),但在某些问题的规定上,两者不尽相同。其不同之处主要表现在以下几方面:

第一,非自动保护。当初,美国及大多数泛美版权公约的成员国不参加《伯尔尼公约》的原因之一,就是这些国家不实行版权的自动保护制。《世界版权公约》为在这些国家与《伯尔尼公约》成员国之间寻求平衡,采取了折中的办法。它规定,对于要求履行手续的国家,只要在作品上标有"C"(Copyright 的第一个字母)符号并注明版权所有者姓名、初版年份,即认为履行了手续。

第二,经济权利的内容。《世界版权公约》起初作为最低要求列出的经济权利,不像《伯尔尼公约》那么具体,但在1971年的修订文本中较明确地指出保障作者及版权所有者的经济权利。该项权利至少应包括复制权、表演权、广播权、演绎权(翻译权、改编权等)。

第三,经济权利保护期。《世界版权公约》关于经济权利保护期规定了下列五种情况:

其一,在一般情况下,成员国给予作品的版权保护期不应少于作者有生之年加死后25年。

其二,如果某些成员国在参加《世界版权公约》之前,国内法中规定的保护期少于第一种情况,则可以保留原较短保护期,但不得短于自作品首次出版起25年。成员国原定保护期不短于第一种情况的,则不得缩短为首次出版起25年。

其三,如果某些成员国参加《世界版权公约》前是按作品首次出版前的登记日起算保护期的,则可保留原计算方法,但不得短于自登记之日起25年。这种情况是第二种情况的一个例外。

其四,如果某些成员国参加《世界版权公约》前将版权保护期分为两段——初期与续展期,则仍可保留这种分期保护方法,但其初期保护不得少于自作品首次出版(或出版前登记日)起25年。

其五,如果成员国对摄影作品或实用艺术品提供保护,则保护期不得少于10年。

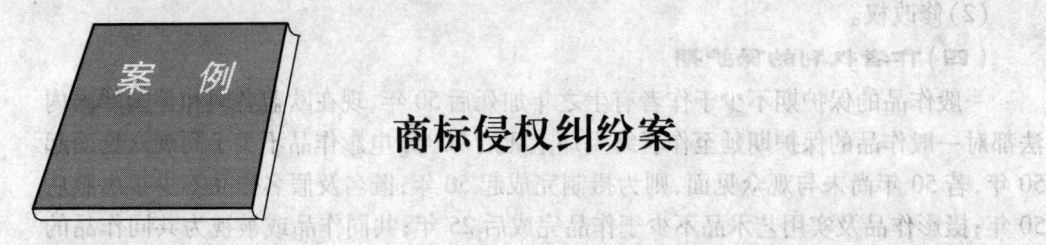

商标侵权纠纷案

【案情】

1986年12月30日,某市日用化学五厂向国家商标局申请注册的"明彩"牌商标获得核准,核准使用的商品为染发香波,后"明彩"商标的注册人变更为某市A公司。1989年4月,某市A公司日用化学五厂(以下简称A公司)设计了一个女性人头像图形,并于1990年开始将该女人头像图形用于"明彩"牌一洗黑洗染香波的外包装,后用于"明彩"牌一焗黑染发膏的外包装。1991年8月20日起某市B化妆品厂(以下简称B化妆品厂)未经许可擅自将人头像图形用于其产品"兰宝"牌一洗黑洗染香波,后又用于一梳黑焗发膏,这两种商品的包装物不仅在文字内容上,而且在图案的排列、分布及色彩上均与A公司的极为相似。1992年4月11日,A公司以人头像图形向国家商标局申请商标注册,并于1993年3月10日获得核准,核定使用的商品中包括化妆品。1993年4月24日,A公司委托某律师事务所向B化妆品厂发出法律意见书,要求停止侵权并赔偿损失。1994年1月7日,B化妆品厂复函,表示并未侵权。1993年3月24日,A公司开始在其产品"明彩"牌一洗黑洗染香波和一焗黑染发膏的外包装上为人头像图形加注®。1994年4月4日,A公司向某市中级人民法院提起商标侵权诉讼。

【问题】

1. A公司对争议商标有无商标专用权?其效力如何?
2. A公司的注册商标在使用中未加注注册标记,对该商标应否保护?

第八章

涉外技术贸易有关法律

> **内容提要及学习要求**
>
> 本章主要介绍了涉外技术贸易的概念和我国涉外技术贸易有关立法的基本内容。《中华人民共和国合同法》颁布后,《中华人民共和国技术合同法》已被取消。
>
> 本章要求学生熟悉和了解我国颁布的与涉外技术贸易有关的法律法规;理解《中华人民共和国合同法》中有关技术合同的基本内容。

第一节 概 述

一、涉外技术贸易的概念

涉外技术贸易是指不同国家的当事人之间,以技术作为标的而进行的一种交易行为。涉外技术贸易不同于一般的国际货物买卖,它具有以下特点:

第一,涉外技术贸易的对象是技术,不是有形的、看得见、摸得着的物质。所谓技术,是指关于制造一项产品的系统知识;从产品的研究至销售过程中的系统知识;应用一项工艺的系统知识;产品的制造方法方面的系统知识和提供某项服务的系统知识。例如,可行性研究、培训、工程设计、方案评估等方面的系统知识。这一特征已在2001年10月31日国务院第46次常务会议通过,2002年1月1日起施行的《中华人民共和国技术进出口管理条例》中得到明确规定。该管理条例规定的技术进出口,是指从中华人民共和国境外向中华人民共和国境内,或者从中华人民共和国境内向中华人民共和国境外,通过贸易、投资或者经济技术合作的方式转移技术的行为。该行为包括专利

— 217 —

权转让、专利申请权转让、专利实施许可、技术秘密转让、技术服务和其他方式的技术转移。

第二,涉外技术贸易在多数情形下所转移的是技术的使用权,而不像国际货物买卖,卖方必须向买方移转货物所有权。

第三,涉外技术贸易所涉及的问题,比一般的国际货物买卖要复杂得多。涉及技术的先进性、实用性、商务、法律及国际惯例等诸多因素。

二、我国涉外技术贸易的有关立法

(一)我国涉外技术贸易的有关法律法规

我国自改革开放以来,为了适应经济发展的需要,除国家立法机关制定了《商标法》、《专利法》之外,国家行政机关还相继出台了若干专门调整涉外技术贸易的法规及行政规章,如《中华人民共和国技术进出口管理条例》(以下简称《技术进出口管理条例》)等。

(二)涉外技术贸易管理的原则

1. 国家对技术进出口实行统一的管理制度。
2. 依法维护公平、自由的技术进出口秩序。
3. 符合国家的产业、科技及社会发展政策。
4. 促进我国科技进步和发展。

(三)涉外技术贸易主管机构

国务院对外经济贸易主管部门依法负责全国的技术进出口管理工作。

(四)涉外技术贸易的管理内容

对属于自由进出口的技术,实行合同登记管理。合同自依法成立时生效,不以登记为合同生效的条件。

对于限制进出口的技术,实行许可证管理;未经许可,不得进出口。

对于法定禁止进出口的技术,不得进出口。

(五)进口技术的要求

《技术进出口管理条例》第 7 条规定:"国家鼓励先进、适用的技术进口。"具体而言,进口的技术能够达到以下各项中某一项或多项的要求。

1. 能够发展和生产新产品。
2. 能够提高产品的质量和性能,能够降低成本,节约能源或材料。
3. 能够促进本国资源的充分利用。
4. 能够扩大产品出口,增加外汇收入。
5. 有利于环境保护和生产安全。
6. 有利于改善经营管理。

7. 有利于提高科学技术水平。

进口的技术不得属于《对外贸易法》第16条、第17条规定情形之一的技术,让与人应保证自己是所提供技术的合法拥有者或有权转让、许可者,且所提供的技术完整、无误、有效,能够达到约定的技术目标。受让人按照合同约定使用让与人提供的技术,侵害他人合法权益的,由让与人承担责任。受让人应在合同约定的保密范围和保密期限内,对让与人提供的技术尚未公开的秘密部分承担保密义务。此外,在技术进口合同的有效期内改进技术的成果属于改进方。

(六)技术出口项目贸易与技术出口项目技术的前提

1.《技术进出口管理条例》第30条规定:"国家鼓励成熟的产业化技术出口。"技术出口项目贸易的前提是:

(1)是否符合我国对外贸易政策并有利于促进外贸出口;

(2)是否符合我国行业出口政策并有利于促进民族工业的发展;

(3)是否符合我国对外承诺的义务。

2. 技术出口项目技术的前提是:

(1)是否危及国家安全;

(2)是否符合我国科技发展政策并有利于科技进步;

(3)出口的工业化技术是否符合我国的产业政策并能带动大型和成套设备、高技术产品的生产和经济技术合作;

对实验室技术,原则上应首先在国内开发,转变为工业化技术后再出口。国内目前尚无条件转化应用的,则须在保证国家利益不受损害并取得国外有效保护的前提下方能出口;

(4)出口的技术是否成熟、可靠并经过鉴定,未经鉴定但已经过生产实践证明的,应由采用单位出具证明。

(七)明确规定排除限制性商业条款

《技术进出口管理条例》第29条规定,技术进出口合同中不得含有下列限制性条款:

1. 要求受让人接受并非技术进口必不可少的附带条件,包括购买非必需的技术、原材料、产品、设备或者服务。

2. 要求受让人为专利权有效期限届满或者专利权被宣布无效的技术支付使用费或者承担相关义务。

3. 限制受让人改进让与人提供的技术,或者限制受让人使用所改进的技术。

4. 限制受让人从其他来源获得与让与人提供的技术类似的技术或者与其竞争的技术。

5. 不合理地限制受让人购买原材料、零部件、产品或者设备的渠道或者来源。

6. 不合理地限制受让人产品的生产数量、品种或者销售价格。

7. 不合理地限制受让人利用进口的技术生产产品的出口渠道。

(八) 技术进出口合同的生效

技术进出口合同的让与人和受让人必须签订书面的技术转让合同。对属于自由进出口的技术,合同自依法成立时生效;对于限制进出口的技术,外经贸部主管部门自收到规定的申请文件之日起40(或15)个工作日内作出许可或不许可决定,并颁发技术进出口许可证。

第二节　涉外技术贸易合同

一、涉外技术贸易合同的种类

涉外技术贸易合同可以分为两大类:纯粹的技术贸易合同和混合的技术贸易合同。

(一) 纯粹的技术贸易合同

纯粹的技术贸易合同主要有以下几种:

1. 专利许可合同。它是一项技术(发明、实用新型或外观设计)被授予专利,其所有人获得专利权之后,通过许可,准予他人有偿利用其专利而签订的一种书面文件。

2. 商标许可合同。它是指商标在依法注册并获批准,其所有人获得商标权后,通过许可,准予他人有偿使用其注册商标而订立的书面文件。

3. 专有技术转让合同。它是指工商活动中掌握具有秘密性、实用性、可传授性的技术知识和经验的人,在将技术或经验有偿转让给他人时而订立的书面文件。

4. 计算机软件合同。计算机软件属于编辑作品,属版权法保护的范围,但又具有与一般编辑作品不同的特征,因此有专门的法律规范来加以规定。计算机软件合同是指某种计算机程序及其文档的所有人,在将这一程序及其文档有偿转让时而订立的书面文件。

5. 商业秘密许可合同。它是指掌握在工商企业经营中的具有秘密性、新颖性和可复制性,并能使所有者在同业竞争中处于优势地位的有知识和有经验的人,在将其掌握的这种知识和经验有偿地转让给他人而订立的一种书面文件。

6. 技术服务与咨询合同。它是指独立的咨询公司或咨询小组的专家应当事人的要求,为解决某一技术课题而提供技术和咨询服务时签订的有偿咨询与服务的书面文件。

(二) 混合的技术贸易合同

混合的技术贸易合同主要是指与商品贸易相结合的合同;与加工贸易相结合的合同;与出资相结合的合同;与工程承包、交钥匙项目相结合的合同。

二、技术转让许可合同的主要条款

技术转让许可合同是明确技术转让双方当事人权利、义务关系的法律文件。当事人可按实际情况订立不同的条款。根据国际实践,一般都订有以下主要条款:

(一) 序文

序文是许可协议的开头部分,主要包括协议的名称、双方当事人的名称、法律地位及法定地址、签约地点、签约时间等。此外,在序文中往往还载明双方当事人所经营的行业以及他们签订许可协议的主旨和意愿。

(二) 关键词语的定义

关键词语的定义是关于许可合同中关键性或反复使用的名词(术语)部分的解释,使当事人双方对合同用语准确、清楚,以免日后双方对这些名词在解释上发生分歧。例如,对于基本技术、专利、商标、专有技术、技术情报、合同产品、工艺方法、合同工厂、质量指标、净售价、会计年度、生效时间和有效期限等,在协议中最好都作出明确的定义。

(三) 许可合同的范围

此部分是技术许可合同的主要内容,一般包括以下四个方面:

1. 转让技术的具体内容和要求。如果是专利或商标许可合同,则应订明许可方所转让的是哪几项专利或商标,并应注明许可方是在何时、何地取得该项专利权或商标权的。这样,被许可方就可以确定他所取得的是哪几项专利或商标的使用权,并可以根据有关国家的专利法和商标法核实许可方所转让的专利或商标是否依然有效,有无因期满而失效等情况。因为按照许多国家的法律,专利权的保护期限届满以后,该项发明就成为公有财富,任何人都可以免费使用,专利权人无权继续收取报酬。

2. 规定技术的使用领域。有时一种技术可以有几种不同的用途,例如,一种药品既可以供人类使用,又可以供兽畜使用,而转让该项技术的酬金可能因其使用于不同的目的而有所不同。因此,在许可合同中应规定受许可人可以把被转让的技术用于何种目的及其应用的范围。

3. 规定制造、销售地区。许可合同一般都规定,被许可方只能在指定地区、指定工厂使用许可方的技术制造有关产品,并规定此种产品只能在指定地区出售,或只能向规定的国家或地区出口,不得向其他国家或地区出口,等等。在技术贸易中,许可方往往对被许可方的出口自由加以限制,以防被许可方在国际市场上成为他的竞争对手。限制的办法是多种多样的,例如,限定出口的国别、地区;限制受许可方的出口数量和出口价格或要求被许可方指定许可方为其出口销售的独家代理等。这种做法在国际上称为限制性商业做法。按照许多国家的法律,这类限制出口的条款是非法的,是受到禁止的。但如果限制出口的国家或地区是属于许可方享有专利权的国家或地区,或者是属于许可方已授予第三方独占许可的国家或地区,则可以作为例外处理。

4. 规定技术资料的内容。技术资料是受许可方掌握和实施技术最重要的条件,因此,在许可协议中应当对技术资料的内容作出详细规定。其内容可包括实施该项技术所必需的一切知识、经验、数据、设计、公式、图纸、工艺、检验标准,以及操作规程、维修、产品包装与运输等各种技术资料。如果技术资料的项目太多,不便在许可协议中逐一列举,则应将技术资料单独列出清单,作为协议的组成部分。许可方应保证全部、完整、正确、及时地提供协议规定的技术资料。

（四）有关专利与商标方面的条款

在涉及专利权的使用许可协议中，一般应争取规定许可方须负责保证其专利的有效性。因为按照各国专利法的规定，任何一项专利都可能遭到第三方的异议或专利权人没有交纳年费等原因被宣告失效。因此，西方国家的许可方往往要求在许可协议中规定，许可方对其转让的专利的有效性不负保证责任，甚至规定被许可方不得对专利权的有效性提出异议。这样的规定对被许可方是不利的，一般不宜接受。按照某些发展中国家的法律，凡属规定被许可方不得对专利权的有效性提出异议的条款，应视为无效。这些国家的法律还认为，在许可协议中应规定许可方有义务保证专利的有效性，如果其专利被宣告无效，被许可方有权终止协议，并可从该项专利被宣告无效之日起停止支付使用费；但如已预付，则无权要求退还。

在涉及商标的使用许可协议中，许可方为了维护其商标的声誉，一般都要订立产品质量监督条款，要求被许可方保证其产品质量符合规定的标准，并规定许可方有权对被许可方所生产的产品质量进行监督和检查。如果发现产品质量不能达到规定的标准，许可方有权要求被许可方提高产品质量，否则可以终止商标许可协议。这种条款一般不能认为是许可方对被许可方的一种不合理的限制。因为按照许多国家商标法和反对不公平竞争法的规定，商标许可协议的许可方有义务对被许可方的产品质量实施严格的监督，保证使用同一商标的商品都具有同一的质量标准，以防止造成欺骗消费者的不良后果。

此外，在专利或商标许可协议中，一般还要对"出现侵犯专利权或商标权的行为时，应由许可方还是由被许可方对侵权者起诉"，"由谁负担诉讼费用"，以及"在诉讼期间是否支付使用费"等问题作出具体规定。一般来说，如果是独占许可协议，可以规定由被许可方起诉；如果是非独占许可协议，则多规定由许可方起诉，但被许可方应将有关侵权的情况及时告之许可方。至于诉讼费用，应规定由许可方负担。在诉讼期间，被许可方有权暂时停止支付使用费或只按规定的比例支付使用费。

（五）技术改进和发展条款

技术转让合同是一种长期的协议，在协议有效期间，双方对协议所转让的技术都有可能取得新的改进或发展。因此，在协议中对有关技术改进的各项问题，如技术改进的成果的所有权属于哪一方所有，双方是否有交换技术改进成果的义务，以及交换的条件等，都应作出明确的规定。

关于技术改进的成果的所有权问题，一般应规定技术改进的成果的所有权属于做出此项改进的一方所有，如果该成果符合申请专利的条件，亦应由其申请专利。但西方国家的许可方往往要求被许可方将其技术改进的成果给予许可方，或将其转让给许可方。其理由是被许可方之所以能在技术上做出革新和改进，是以许可方所提供的技术为基础的，因此，该项技术改进成果亦应归许可方所有。这种要求是不合理的，被许可方不宜接受,而且按照某些国家(如欧洲经济共同体)的竞争法的规定,这种要求或合同条款是属于被禁止之列的。

至于双方互换技术改进成果的条件,一般应按照互惠原则,采用相互许可的做法,即任何一方都应无偿地将他所取得的技术改进成果提供对方使用。但有些西方国家的许可方往往要求被许可方将其技术改进成果无偿提供给许可方使用,而许可方则无义务将其做出的技术改进成果提供给被许可方使用或要求被许可方另付费用才能使用。这是一种不公平的条款,即所谓单方面的回授条款。许多国家的法律,特别是发展中国家的法律都禁止在技术转让合同中订立这种条款。

(六)搭售条款

搭售条款是西方国家的许可方滥用其在技术上和经济上的优势地位而强加于被许可方的一种限制性商业条款。其目的是以转让技术为手段,带动机器设备、原材料和零配件的出口,以获取高额利润。这种条款主要有两种表现形式:一是以被许可方必须向许可方购买他所不需要的机器设备、原材料、零配件等,作为被许可方取得他所需要的技术的附带条件;二是要求被许可方必须向许可方或其指定的厂商购买各种设备、零配件或原材料,而不得向其他供货来源购买。这种条款限制了被许可方的贸易自由。按照许多国家的法律,这种条款是非法的。许多发展中国家在技术转让法中都规定,如果技术转让协议中订有此种条款,政府将不予批准。我国法律也不允许在技术转让协议中订立这类条款。

但是,如果在许可协议中规定,在被许可方提出要求的情况下,许可方有义务按国际市场上的公平价格向被许可方提供机器设备、原材料或零配件等,这在法律上是允许的,而且对被许可方是有利的。因为根据这种条款的规定,被许可方既可取得许可方提供上述物资的保证,同时又保留了向其他供货来源采购的自由。

此外,如果由于技术上的原因,或者为了保证产品的质量而规定被许可方向许可方购买某些特定的设备、原材料或零部件,这种做法一般也是允许的。

(七)技术服务条款

在技术转让交易中,许可方一般都承担向被许可方提供某种技术服务的义务,如设计和工程服务、技术培训和管理方面的服务等。对这些服务项目的内容和实施方法,都应当在协议中作出具体规定。例如,在技术培训方面,应对培训的人数、专业、时间、期限,以及出国人员或来华专家的差旅费和培训期间的待遇等内容作出明确的规定,以免在执行过程中发生纠纷。

(八)保证条款

在许可协议合同中,一般都要求许可方提供两个方面的保证,即技术保证和权利保证。

1. 技术保证的内容。

(1)许可方应保证他所提供的技术资料是完整的、可靠的和正确的;

(2)许可方应保证被许可方在正确使用其技术资料的条件下,能达到协议所规定的产品质量和其他技术指标。

2. 权利担保,主要是由许可方向被许可方保证,他对许可协议项下的技术拥有合法的权益,如果被第三方指控有侵权行为,应由许可方承担一切责任。

(九)保密条款

在技术转让交易中,对专利技术是无须保密的,因为专利是已经公开了的技术,无秘密可言。但如涉及专有技术的转让,许可方一般都要求被许可方承担保密义务,并在协议中作出具体规定,因为专有技术一旦被泄漏,将给许可方造成难以弥补的损失。

保密的期限一般规定与许可协议的有效期相等,但有时也可以短于或长于许可协议的有效期,这主要取决于技术的性质及其所处的生命周期。有的协议还规定,一旦许可方已公开其技术,被许可方即可不承担保密义务。至于有的许可方要求被许可方在协议终了后还要长期地承担保密义务,或要求收回其技术资料,这是对被许可方的一种不合理的限制,一般不应接受。

(十)技术使用报酬的支付

技术贸易的支付方式与货物买卖的支付方式有很大的不同,确定技术的价格或成本,也比确定普通商品的价格困难得多。许可协议所使用的支付方式主要有以下三种:

1. 按包价支付。这是指在成交时,一次算清各项技术所应支付的费用,并将其总额在协议中明确规定下来。这笔总金额可以一次付清,也可以分期支付。在实际业务中,一般都是一次算好,分期付款。

2. 按提成方式支付。提成是被许可方按许可方转让给他的技术所取得的经济成果的一定比例付给许可方的一种支付技术费用的方式。这是当前国际技术转让贸易中使用最多的一种支付方式。提成办法有三种:一是按产量提成;二是按售价提成;三是按利润提成。

3. 入门费与提成方式相结合。在实际业务中,许可方往往要求被许可方在订立协议后或在移交技术资料后若干天内,向其支付一笔约定的金额,这笔金额称为入门费。待企业开工生产后,再按协议规定的办法支付提成费。

(十一)违约条款及对违约的补救办法

许可协议订立后,任何一方都有可能出现不履行协议或不能按时履行协议的情况,因此许可协议应对违约受害方可能采取的补救办法作出具体规定。许可协议规定的补救办法主要有三种:一是由违反协议一方支付损害赔偿或支付一笔约定的违约金;二是终止许可协议或修改协议中的某些条款;三是停止支付提成费以及支付延迟付款的利息等。

(十二) 不可抗力条款

在协议订立后,如果遇到协议规定的人力所不能控制的意外事故,致使协议的履行受到阻碍或者履行成为不可能时,则遭受意外事故的一方可以免除不履行协议或不按时履行协议的责任。

(十三) 解决争议和法律适用条款

1. 解决争议。许可协议一般都规定,双方如发生争议,首先应通过友好协商解决。如果经过友好协商不能达成和解,则可采取下列办法处理:或由双方指定一名独立的专家提出处理意见,或者通过仲裁的方式解决,或者通过司法诉讼来解决。在实际业务中,一般多规定采用仲裁的方式解决。

2. 法律适用条款。法律适用问题比较复杂,西方发达国家的许可方往往坚持所谓法律选择自由的原则,以图利用其在技术上的优势地位,迫使被许可方同意在协议中规定适用许可方所属国家的法律。发展中国家则主张技术转让协议原则上应适用引进国的法律,尤其是涉及公共利益的问题,必须适用引进国的法律。至于涉及私人利益的事项,则可根据具体情况,允许双方当事人选择适用与该项技术转让协议有实际联系的国家的法律,但当事人选择的法律不得违反引进国法律中的强制性规定。在实际业务中,如果双方当事人在法律适用问题上争持不下,也可以不规定协议应适用的法律,而把法律适用问题留待处理有关争议的法院或仲裁庭来决定。

(十四) 合同的生效、期限、终止及延期条款

1. 合同的生效期。许可合同的签订日期和生效日期往往不是同一个日期。因为按照包括我国在内的许多发展中国家的法律规定,技术许可合同必须报请政府主管部门批准之后才能生效。在这种情况下,合同应明确规定以政府批准之日作为协议生效的日期。

2. 合同的期限。许可合同必须规定有效期限,该期限的长短可由双方当事人商定。在合同有效期限内,被许可方要向许可方支付技术使用费,因此,合同期限过长对被许可方是不利的。有些发展中国家对许可合同的期限加以限制,例如,在法律上明文规定许可协议的期限最长不得超过 5 年或不得超过 10 年。我国法律规定,许可协议的期限一般不超过 10 年。

3. 合同的延期。许可合同期限届满时,如果双方当事人同意,可以适当延长。但许多发展中国家的法律规定,延长合同的期限亦须呈报政府主管部门批准。

4. 合同的终止。许可合同终止有两种情况:一是由于许可合同规定的期限届满而终止;另一种情况是由于一方违反合同,另一方行使终止权而使合同提前终止。

案例

专利技术转让合同纠纷案

【案情】

专利权人张某与菲律宾A公司订立《实用新型专利技术转让合同》一份。合同约定：张某将"便携式游泳安全救生装置"和"易反复充气使用的便携式游泳安全救生装置"实用新型专利技术转让给菲律宾A公司，并由该公司生产；张某在合同签订后10天内，将上述专利技术资料、图纸及现有模具8套交给A公司；菲律宾A公司付给张某"入门费"人民币2万元整，等等。合同签订后，张某将上述有关资料、图纸及8套模具交给菲律宾A公司，收取"入门费"1万元，并进行了技术指导咨询。菲律宾A公司也购进设备，在境外设厂并指派工人进行研制工作。后因当地技术条件和张某的专利技术具体工艺欠全面和完整，未生产出合格产品，双方遂发生纠纷，菲律宾A公司向人民法院起诉，要求张某赔偿。

【问题】

双方订立的《实用新型专利技术转让合同》是否有效，为什么？

第九章

涉外金融法

> **内容提要及学习要求**
>
> 本章主要介绍了涉外金融法中的概念、体系和基本内容,并对我国外汇管理的法律规定、涉外信贷的法律规定以及国际贸易支付的规则与惯例作了进一步阐述。
>
> 本章要求学生重点了解我国在涉外金融方面有关法律法规的规定。

第一节 概 述

我国的涉外金融法是调整涉外金融法律关系的规范总称。对法律关系"涉外"特征的认定,目前国内普遍采用的是法律关系主体、客体和内容任何一个要素具有涉外因素,即形成涉外法律关系的识别标准,涉外金融法律关系也不例外[①]。

在我国,自从改革开放以来,涉外金融法律规范、理论和实践逐渐成为国际货币金融法和涉外经济法学者们共同研究的领域。党的十四届三中全会通过的《中共中央关于建立社会主义市场经济体制若干问题的决定》(以下简称《决定》)为全国人民深化改革提出了新的目标和方向,其中,对于涉外金融体制的改革重点已作了明确的说明。按照《决定》的指导方针,我国从1994年以后,有意识、有目标地起草并通过了一系列金融方面的法律,配套的条例和规定也不断出台,弥补了建国几十年来有关部门法的空白。自此,社会主义市场经济体制下涉外金融法律框架和规模开始形成并稳步发展。

涉外金融立法是我国金融法的组成部分,它涉及货币、国际汇兑、投资、信贷、信托、

---

① 陈安.国际货币金融法.厦门:鹭江出版社,1987年第1版,第1页.

银行、有价证券的发行和交易等方面,内容十分庞杂,而立法本身又具有较强的专业性,因而必须充分重视这一领域的活动规律和被大多数国家承认并执行的国际金融惯例。

目前,我国的企事业单位和个人,通过国际金融市场,吸收国外资金,多途径、多层次地参与国际金融活动的能力还有待提高,国家对金融机构、有关的企事业单位或个人、金融活动、金融市场的监管必不可少,应尽量采用法律的和经济的监管措施,减少行政干预。

涉外金融立法的发展与外贸体制改革以及现代企业制度的建立是密不可分的,是建立具有中国特色社会主义市场经济对立法的迫切要求。使经济改革秩序化、规范化是整个涉外经济立法在新时期需要共同完成的任务,因此,对我国涉外金融法律规定的理解必须着眼于当前的社会环境。

我国涉外金融立法在渊源上表现为以下三个方面:

第一,我国缔结或加入的国际条约,既包括多国参加的国际公约,也包括中外两国间订立的双边协定。作为国际条约的参加国,我国一方面可以在较高的层次上介入国际金融法律的创制工作,亲身感受和把握国际金融活动的趋向和规律,这对于指导国内的立法工作有借鉴意义;另一方面,国际条约、协定及相关的国际组织也为参加国提供了协调金融政策和合作的机会。我国可以利用上述条约、协定和国际组织的贷款安排、外汇安排、咨询服务等便利;同时,我国也要承担相应的国际义务。以国际货币基金为例,它确定的基金的宗旨之一是"协助建立会员国间经常性交易的多边支付制度,并消除妨碍世界贸易发展的外汇管理体制"。我国改革外汇管理体制,尽早实现人民币经常项目下可自由兑换,是符合基金这一精神的。

第二,国内立法日益增多。以金融机构体系为例,我国目前有《人民银行法》规范中央银行的法律地位、职能和作用;《商业银行法》体现出过去的专业性银行转变经营职能的改革设想。从过去政企不分的机构变为自主经营、自负盈亏的经济实体,商业银行成为金融市场上独立的参与者。作为上述立法的配套规定,1994年,为适应银行业对外开放的新形势,国务院颁布了第一部《中华人民共和国外资金融机构管理条例》(以下简称《条例》)。此后,中国人民银行于1996年公布《中华人民共和国外资金融机构管理条例实施细则》(以下简称《细则》)。《条例》、《细则》的公布标志着我国对外资银行监管步入法制化、规范化的轨道。2001年底,为履行我国加入世贸组织承诺,国务院重新修订、公布了《条例》并于2002年2月1日起施行。为配合《条例》的修订和实施,中国人民银行对《细则》进行了相应修订。2002年公布的《条例》、《细则》对于切实履行我国加入世贸组织承诺、加强对外资银行的审慎监管,发挥了重要作用。2003年,对外资银行监管职能从中国人民银行转移到中国银监会后,中国银监会再次对《细则》进行了修订并于2004年8月公布。现行《细则》落实了我国加入世贸组织承诺的内容,体现了风险监管和审慎监管精神,同时与中资银行有关管理规定相衔接,尽量使中、外资银行管理规定趋于一致。

为依法履行开放承诺和实施审慎监管,适应对外开放和经济发展的需要,促进银行业的稳健运行,国务院法制办会同中国银监会自2005年中期着手《条例》修订工作,在大量国内外调研以及广泛听取意见的基础上,完成《条例》修订草案并上报国务院,《条例》于2006年11月11日公布并于12月11日正式施行。为配合《条例》的修订和施行,对《细则》也同步进行了修订。2001年4月28日,《信托法》公布,这是中国第一部规范信托关系的基本性法律。2002年6月6日,中国人民银行修订了《信托投资公司管理办法》(此前,2001年1月10日,中国人民银行颁布了《信托投资公司管理办法》,废止了原来的《金融信托投资机构管理暂行规定》)。2002年6月26日,央行制定了《信托投资公司资金信托管理暂行办法》。一法两规的出台表明中国的信托实业开始走入了规范化和法制化。

除此之外,国家政策性银行——国家开发银行和中国农业发展银行的章程,对各自的业务和组织都作了明确的表述。总之,理解和掌握我国涉外金融立法的原则和精神,不能只局限在人民代表大会及其常务委员会所通过的法律这一层次,必须同时掌握行政法规、条例、规章,甚至金融机构的操作规程,充分把握这一领域的专业特点,有助于加深我们对法律规范所包含的立法原则及精神的理解和认识。

中美签署关于中国加入WTO的协议后,我国已经承诺开放包括金融业在内的许多服务贸易领域,银行业、证券业、保险业等部门已经在不同程度上感受到"入世"带来的冲击和挑战。今后,我国将不断地加强针对上述领域的立法,而且还要提高立法的透明度。

第三,国际惯例。在我国影响较大的国际惯例是国际商会编订的《跟单信用证统一惯例》(国际商会600号出版物)以及《托收统一规则》。

因本章篇幅所限,以下内容只涉及我国涉外金融法的三个方面:外汇管理的法律规定;涉外信贷的法律规定;国际贸易支付的规则与惯例。

第二节 外汇管理的法律规定

外汇,是指以外币表示的可以用于国际清偿的支付手段和资产。依照《中华人民共和国外汇管理条例》,外汇包括外国货币(包括纸币、铸币)、外币支付凭证(包括票据、银行存款凭证、邮政储蓄凭证、银行卡等)、外币有价证券(包括政府债券、公司债券、股票等)、特别提款权、欧洲货币单位和其他外汇资产。

外汇是国家的储备资金,外汇储备的增加,标志着一国经济实力的壮大。外汇管理是为了维护国际收支的平衡,实现国家对外汇收支的宏观调控,以维护国家的利益。外汇管理是通过国家颁布和实施的一系列法律、法规和规章制度实现的,各国的经济体制和政治制度不同,对外汇管理的目标设定、内容安排和方法取舍也有所差异。但是,主要资本主义国家在第二次世界大战和经济危机时期,利用严格的外汇管理制度,集中外汇收入,减少外汇支出,防止外汇收支逆差的进一步扩大,限制资本和货币的输入和输出,其种种做法体现出大量的共性规律。目前,各国的外汇管制,依其宽严程度,可分为以下三类:

第一类是取消外汇管制的国家。这些国家除了对居民非贸易项下的外汇收支尚有限制外,对经常项目下的国际收支,以及对非居民的资本项目下的国际收支不进行直接的限制。

第二类是对经常项目下的国际收支取消限制的国家。这些国家对资本项目下的国际收支仍加以管制。

第三类是严格实施外汇管制的国家。这些国家对居民和非居民的经常项目、非经常项目及资本项目下的外汇收支都采取严格的限制措施,对本国货币和黄金的输出亦有严格的规定。

总的说来,发达国家多属于第一类国家,而不发达国家多选择建立严格的外汇管理体制。我国正在探索社会主义市场经济的道路,外汇管理体制和金融体制经历着深刻的变革,新的法规和措施不断出台,力求与国际接轨,当前改革的措施是实行单一的、有管理的浮动汇率制,最终目标是实现人民币可自由兑换。

下面分别介绍我国外汇管理的发展及有关立法的主要内容。

一、我国外汇管理的历史发展

我国外汇管理的历史经历了从无到有、从严向宽、从封闭向逐渐开放的发展历程,具体分为四个阶段:

(一)新中国成立初期(1949~1956年)

这一时期,国家通过《中国人民政治协商会议共同纲领》,取缔外币在国内的流通渠道,外汇、外币和金银等贵重金属的买卖,由国家指定的银行经营。全国几大行政区纷纷颁布《外汇管理暂行办法》,针对各自区域的实际情况分别管理。

(二)统一和发展阶段(1956~1980年)

随着社会主义改造的胜利完成和行政区划的改变,外汇分散管理的条件不复存在。新的外汇管理政策、规定和内部管理办法取代了原来的各区分散的法规。外汇管理的基本原则"集中管理"、"统一使用"得以确立和强化。由于这一时期政治运动频繁,有关规定无法系统衔接,而且一直没有颁布正式对外的外汇管理法。

(三)初步改革时期(1980~1993年)

进入20世纪80年代,改革开放的步伐不断加快,我国与其他国家的经济合作和交往不断增多,建立一套完善的外汇管理体制迫在眉睫。外汇管理的目标、方向、原则和主要措施,都在这一时期颁布的一系列单行法规和规章中得到系统体现。这一时期,我国颁布的法规、条例和决定有《外汇管理暂行条例》、《关于加强外汇管理的决定》、《对外国驻华机构及其人员的外汇管理施行细则》、《对个人的外汇管理施行细则》、《审批个人外汇申请施行细则》、《对外汇、贵金属和外汇票证等进出国境的管理施行细则》、《违反外汇管理的处罚施行细则》,等等。

(四)深化改革阶段(1993年至今)

经过十几年改革经验的积累,党中央在1993年提出建立社会主义市场经济体制的新目标,并结合经济改革各个领域的现状和特点,分别提出了新的任务,外汇管理工作进入一个新的时期。这一时期的特点是:对原有的不适应深化改革要求的立法进行修改;立法速度加快,新法规数量增多;新法规充分体现我国外汇管理公开化和增强透明度的要求;外汇管理工作从严向宽、从封闭向开放转变的特点十分突出。

这一时期的法律规定有:《中国人民银行法》、《商业银行法》、《结汇、售汇及付汇管理规定》、《中国人民银行关于对外商投资企业实行银行结售汇的公告》、《贷款通则》,等等。

二、外汇管理体制改革的目标和成效

(一)外汇管理体制改革的目标

1993年11月14日,中共中央《关于建立社会主义市场经济体制若干问题的决定》标志着我国社会主义经济建设和改革开放又进入了一个新的阶段。外汇管理体制的改革,是下一个阶段改革开放,全面建立社会主义市场经济体系的重要组成部分。其目标和方向是"建立以市场为基础的有管理的浮动汇率制度和统一规范的外汇市场,逐步使人民币成为可兑换的货币。"

(二)外汇管理体制改革的成效

为了实现上述目标,从1994年1月1日开始,我国已经颁布了一系列法律、条例和规定,采取了相应的措施,有重点、有条理地推进外汇管理体制改革工作。目前,改革工作已取得如下成效:

1. 实行汇率并轨,实现单一的、有管理的浮动汇率制。建国以后的很长时间,我国的人民币汇率一直保持稳定,几乎没有任何浮动。人民币的汇率是按照物价对比法计算出来的,外贸单位按此固定的官方汇率向国家出售外汇或从国家购买外汇。到1973年,制定汇率的原则和方法发生变化,即改为选择一组主要资本主义国家的货币作为参照,通过计算其加权平均值,确定人民币汇率的调整幅度。进入20世纪80年代,汇率机制成为调动外贸企业积极性的有效手段,外汇调剂业务逐渐展开。这一时期,人民币事实上存在三种汇率。到1985年,国家为制止外汇市场的混乱局面,取消了人民币内部结算价,从此,人民币有官方汇率和外汇调剂市场汇率。

从1994年1月1日起,我国统一了官方汇率和外汇调剂汇率,实现了以外汇市场供求为基础的单一的、有管理的浮动汇率制度。其计算方法为:根据当前一个营业日全国的银行之间外汇市场成交汇率的加权平均数,得出人民币与美元的汇率,由中国人民银行(中央银行)在下一个营业日对外公布。人民币与其他主要外币之间的汇率,参照美元与各该国货币的汇率计算。中国人民银行对人民币汇率进行管理,具体表现在中国人民银行对金融市场组成部分的外汇市场进行监督和干预,对每一营业日人民币汇率波动的幅度实行限制,其限制幅度为官方汇率的0.3%。

我国人民币汇率形成机制从固定到有管理的浮动,从双重汇率到单一汇率,表明人民币的实力不断增强,体现我国货币制度与国际货币制度的进一步接轨。

2. 银行结售汇制。长期以来,我国一直实行严格的外汇管理体制,规范国际收支,限制外汇支出。企业的出口创汇必须上缴给国家,按比例留成的部分只是一个额度,如果企业需用外汇,须报请有关部门审批,手续比较繁琐。1996年中国人民银行颁布的《结汇、售汇及付汇管理规定》取代了1994年的《结汇、售汇及付汇管理暂行规定》,向实现人民币在经常项目下可兑换又迈进了一步。新的规定要求:境内机构、居民个人、驻华机构及来华人员,应当按规定的范围和时间,向外汇指定银行办理其收入外汇的出售,即结汇。上述企事业单位和个人的外汇支出,亦按规定向银行办理售汇手续。为改善外商投资企业的经营环境,从1996年7月1日起,对外商投资企业也实行结售汇制,即外商投资企业有两个选择:可以在外汇指定银行办理结售汇,也可以继续通过外汇调剂中心买卖外汇。

必须指出的是,2007年以前我国的银行结售汇制是强制性的,而不是任意选择的。2007年8月13日,国家外汇管理局宣布,境内机构即日起可自行保留经常项目下的外汇收入。这意味着,企业第一次拥有了外汇持有的自主权,无须按照强制政策的规定,将有限保留之外的外汇转卖给国家。在中国实行了13年的强制结售汇制度正式退出了历史舞台。

3. 取消外汇券。外汇券全称为"外汇兑换券",由中国银行于1980年4月开始发行,面向来华工作、学习或旅游、探亲的外国人及港、澳、台同胞和海外侨胞。他们可在国内的定点商店或柜台使用外汇券,购买特定商品,发行外汇券是为方便其生活。外汇券和人民币是等值的,但由于当时国内市场商品的缺乏和人民币汇率形成机制尚不完备,因而国内外汇、外汇券和人民币的非法交易屡禁不止。随着单一汇率的形成,外汇券的流通使用已无必要,从1993年末开始,国家在规定期限内将境内企事业单位存留的外汇券按1993年12月31日的官方汇率折成美元结汇;来华的外国人,港、澳、台同胞和侨胞持有的外汇券亦按同日汇率向中国银行兑换成外汇,或在规定期限内继续使用;国内居民个人持有的外汇券在规定期限内继续使用。

4. 银行间外汇交易市场的形成。外汇市场是进行外汇交易的市场,即外汇供求双方通过有形或无形的市场实现不同货币间的兑换。

我国的外汇市场是在1979年以后形成和发展起来的。为什么在1979年之前我国没有外汇市场呢?这是因为1979年之前,我国实行严格的"统收统支"原则,外汇收入和支出由国家按计划指定专业银行加以执行,不可能存在买卖双方参与其中,由供求关系调整的市场。

20世纪80年代初期,企业实行外汇留成制度,国家许可中国银行试办外汇调剂业务,在全国12个主要城市专设网点,为国内企事业单位调剂外汇余缺。留成外汇的买卖很快变为额度买卖。调剂价格按当时1(美元):2.8(元人民币)的内部结算价进行,高于官方汇率1(美元):1.53(元人民币)。

到1986年,国内有两个彼此独立的外汇调剂市场:一个是国内企事业单位的外汇调剂市场;另一个是外商投资企业之间的外汇调剂市场。外汇交易在有形的市场进行。

1988年以后,随着上海首开会员制的外汇调剂中心,外汇调剂业务公开化,不但留成外汇可参与调剂,国内居民个人持有的外汇和港、澳、台同胞向国内捐赠的外汇也可进行调剂,而且国有企业、集体企业、外商投资企业之间亦可相互调剂。市场供求关系在更高程度上影响交易价格,中国人民银行的行政性指令逐步被取消。

1994年之后,中央银行按照《决定》的精神,进一步加大改革外汇市场的步伐。新的银行之间的外汇市场形成,其标志是1994年4月1日在上海成立的外汇交易中心。

正如中国人民银行有关领导所指出的,新的银行间外汇交易市场与过去的外汇调剂市场相比,有如下特点:"①它是银行间的外汇市场,外汇指定银行是外汇交易市场的主体;②建立统一的交易体系,用计算机联网将外汇指定银行间的交易沟通起来,加快交易和清算速度;③制定管理法规,把外汇的交易规范化、法制化,依法管理和监督。"①

三、我国外汇管理的主要内容

我国外汇管理的内容依法主要包括:对经常项目下外汇收支的管理;对资本项目下外汇收支的管理;对金融机构外汇业务的管理;对人民币汇率和外汇市场的管理等。下面分别加以介绍:

(一)对经常项目下外汇收支的管理

所谓经常项目,是指国际收支中经常发生的交易项目。经常项目收支包括贸易收支、劳务收支和单方面转移等内容。

按照我国原《外汇管理条例》的规定,境内机构的经常项目外汇收入必须调回国内,并按《结汇、售汇及付汇管理规定》卖给外汇指定银行,或者经批准在外汇指定银行开立外汇账户,不得擅自存放在境外。新修订的《外汇管理条例》对此进行了修改。

境内机构,既包括国内的企事业单位、国家机关、社会团体、部队等,还包括外商投资企业和金融机构。

办理结汇、售汇业务的银行由国家外汇管理局指定,目前包括中国工商银行、中国银行、中国建设银行、中国农业银行、交通银行、中信银行、光大银行、华夏银行、广东发

---

① 中央财经领导小组办公室.当前几项重大经济体制改革电视系列讲座专辑.北京:人民出版社,1994年2月第1版,第80页.

展银行、福建兴业银行、招商银行、深圳发展银行、浦东发展银行、中国投资银行、民生银行、海南发展银行及其授权的分支机构;另有外资银行、中外合资银行和外国银行分行也办理上述业务。

对于境内机构经常项目国际收支的具体内容,国家外汇管理局在1996年7月4日发布的《关于〈结汇、售汇及付汇管理规定〉中有关问题的解释和说明》规定了20项收入内容和27项支出内容。

不包括外商投资企业的境内机构的部分外汇收入,经国家外汇管理局及其分支局的批准,在经营外汇业务的银行,即申领《经营外汇业务许可证》的商业银行、政策性银行开立外汇账户,按照规定办理结汇。

中国人民银行公布的《结汇、售汇及付汇管理规定》还规定,捐赠、资助及援助合同规定用于境外支付的外汇,经国家主管部门批准后可以保留,不强制结汇。

外国驻华使领馆、国际组织等其他境外法人驻华机构的外汇可以保留。外国驻华外交机构、领事机构收取的以人民币支付的签证费、认证费等,需要汇出境外的,可以持有关证明材料向外汇指定银行兑付。

至于个人所有的外汇,按照《外汇管理条例》,可以由其自行持有,也可以存入银行或者卖给外汇指定银行。

个人因私出境用汇,在规定限额内购汇;超过规定限额的,可以向外汇管理机关申请。

居住在境内的中国公民持有的外币支付凭证、外币有价证券等形式的外汇资产,未经外汇管理机关批准,不得携带或者邮寄出境。

(二)对资本项目下外汇收支的管理

资本项目是指国际收支中因资本输出和输入而产生的资本与负债的增减项目,包括直接投资、各类贷款、证券投资等内容。

按照《关于〈结汇、售汇及付汇管理规定〉中有关问题的解释和说明》,资本项目外汇收支亦采用结汇、售汇制。

1.资本项目的外汇收入。目前,资本项目的外汇收入包括:

(1)境外投资者的投资收入;

(2)境内机构从境外获得的贷款;

(3)境内机构发行外币债券、股票取得的收入;

(4)境内机构向境外出售房地产及其他资产的收入;

(5)经国家外汇管理局批准的其他资本项目下的外汇收入。

2.资本项目的外汇支出。它包括以下几项内容:

(1)偿还外债本金;

(2)对外担保履约用汇;

(3)境外投资;

(4)外商投资企业的外汇资本金的增加、转让或以其他方式的处置;

(5)外商投资企业依法清算后的资金汇出;

(6)外商投资企业的外方所得利润在境内增资或者再投资;

(7)投资者、外商投资企业的外汇资本金在境内增资或投资;

(8)本国居民的资产向境外转移;

(9)向境外贷款。

(三)对金融机构外汇业务的管理

经营外汇业务的金融机构包括银行类金融机构和非银行类金融机构。除《外汇管理条例》外,《中华人民共和国银行管理暂行条例》和《金融信托投资机构管理暂行规定》对此都有所规定。

经批准经营外汇业务的金融机构,其经营活动不得超越经批准的范围,并按照国家有关规定,交存外汇存款准备金和建立呆账准备金。

金融机构经营外汇业务,应当接受外汇管理机关的检查和监督。

金融机构终止经营外汇业务,应当向外汇管理机关提出申请。金融机构经批准终止经营的,应当依法进行外汇债权、债务的清算,并缴销经营外汇业务许可证。

(四)对人民币汇率和外汇市场的管理

依照《外汇管理条例》,改革后的汇率制度是以市场供求为基础的、单一的、有管理的浮动汇率制度。

人民币汇率实行并轨和浮动后,为形成和发展现阶段的外汇交易市场打下了良好的基础。目前,外汇市场的参与者是外汇指定银行和经营外汇业务的其他金融机构,相当于外汇的批发市场。各个有权的经营者,即外汇市场的会员,按中国人民银行公布的汇率和0.3%的浮动幅度进行交易。在这个市场的外围,是银行和其他金融机构与其客户之间的业务往来,相当于外汇的零售市场。银行对客户的汇率幅度为0.25%。

外汇交易遵循公开、公平、公正和诚实信用原则。外汇市场的会员分为代理商和自营商。前者接受其客户委托,为其从事外汇交易;后者为自己交易外汇。外资银行和非银行的金融机构只能以代理商身份在交易市场活动。我国的外汇市场采用竞价交易的方式,通过计算机联网为会员之间撮合成交。交易形式限于即期外汇交易,即成交后在两个营业日内交割的外汇交易方式。交易币种有美元、日元、港币。外汇交易的币种和形式由国务院外汇管理部门调整。

外汇市场依法得以监督和管理,其监管部门为国家外汇管理局。

中国人民银行依法对外汇市场进行调剂。

四、违反外汇管理的法律责任

(一)逃汇

依照《外汇管理条例》,逃汇是指一国境内的当事人违反该国对外汇管理的强制性规定,私自存留、隐匿不报或拒不结兑其持有的外汇(包括外币存款凭证、外币有价证券)。

在我国,下述行为依法都属于逃汇:

1. 违反国家规定,擅自将外汇存放在境外的。
2. 不按照国家规定将外汇卖给外汇指定银行的。
3. 违反国家规定,将外汇汇出或者携带出境的。
4. 未经外汇管理机关批准,擅自将外币存款凭证、外币有价证券携带或者邮寄出境的。
5. 其他逃汇行为。

凡有上述任一行为的,国家外汇管理机关得责令逃汇者限期调回外汇,强制收兑,并处以逃兑金额30%以上、5倍以下的罚款。

(二) 非法套汇

非法套汇有下列几种表现:

1. 违反国家规定,以人民币支付或者以实物偿付应当以外汇支付的进口货款或者其他类似支出的;
2. 以人民币为他人支付在境内的费用,由对方付给外汇的;
3. 未经外汇管理机关批准,境外投资者以人民币或者境外所购物资在境内进行投资的;
4. 以虚假或者无效的凭证、合同、单据等向外汇指定银行骗购外汇的;
5. 非法套汇的其他行为。

对上述行为,外汇管理机关予以警告,强制收兑,并处非法套汇金额的30%以上、3倍以下的罚款;构成犯罪的,依法追究刑事责任。

(三) 违法经营外汇业务

违法经营外汇业务的表现有以下几种,其处罚办法也不尽相同。

1. 未经外汇管理机关批准,擅自经营外汇业务的,由外汇管理机关没收违法所得,并予以取缔;构成犯罪的,依法追究刑事责任。
2. 经营外汇业务的金融机构擅自越权经营的,由外汇管理机关责令改正;有违法所得的,予以没收,并处违法所得1倍以上、5倍以下的罚款;没有违法收入的,处10万元以上、50万元以下的罚款;情节严重或者逾期不改正的,由外汇管理机关责令整顿或者吊销经营许可证;构成犯罪的,依法追究刑事责任。
3. 外汇指定银行未按照国家规定办理结汇、售汇业务的,由外汇管理机关责令改正,通报批评,没收违法所得,并处10万元以上、50万元以下的罚款;情节严重的,停止其办理结汇、售汇业务。
4. 经营外汇业务的金融机构违反人民币汇率管理、外汇存贷款利率管理或者外汇交易市场管理的,由外汇管理机关责令改正,通报批评。其他处罚方法,如罚款和吊销执照等,与前条规定相同。

除此之外,该条款对违反外汇管理行为、非法使用外汇行为、境内机构违反外汇账户管理规定的种种行为,都分别规定了处罚措施。

第三节 涉外信贷的法律规定

利用多种渠道,吸收国外资金,是我国十几年来改革开放的有益探索。多种涉外信贷方式的使用,已使我国企业逐步了解按商业规律行事在国际融资市场的重要性,因此,学习和研究涉外信贷中出现的法律问题,对我们是十分必要和迫切的。

对"国际信贷"一词的含义,在学术界尚有不同的看法,主要有以下几种意见:

一种观点认为,"国际信贷"包括一切跨国信用,如贷款、存款、证券投资、商业信用以及消费信用等;

第二种观点认为,"国际信贷"包括国际贷款和证券投资;

第三种观点将"国际信贷"仅限于各类国际贷款。[①]

本书采纳第二种观点,介绍国际贷款和国际债券发行中的法律问题。

一、国际贷款

(一)国际贷款的种类

1. 政府贷款,即政府间的贷款协议。它具有经济援助的性质,可用于借款国的特定地区或项目,其利率一般低于商业贷款,也可能是无息贷款。贷款国往往要求借款国提供税收、外汇或投资方面的优惠待遇。

2. 国际金融机构贷款。它是国家间依公约成立的金融机构向成员国或非成员国政府提供的贷款。国际金融机构贷款和政府贷款都属于官方贷款。这些金融机构既包括全球性金融机构,也包括地区性的金融机构。

国际金融机构贷款具有以下特点:

(1)贷款对象特定化。国际金融机构的贷款对象往往是其成员国,可能是政府或私人企业。有些金融机构的贷款主要面向发展中国家。以世界银行团为例,其三个组成部分的贷款各有倾斜:国际复兴开发银行,面向发展程度较高的发展中国家;国际开发协会,面向较贫困的发展中国家;国际金融公司,主要针对发展中国家的私人企业[②]。以国际金融公司为例,它在中国投资十几年的时间里,为我国的项目融资了近10亿美元。它在我国的投资目标是非国有经济,即国有股权低于50%的项目,这和它一贯的

[①] 陈安.国际货币金融法.厦门:鹭江出版社,1987年第1版,第10页.
[②] 陈安.国际货币金融法.厦门:鹭江出版社,1987年第1版,第237页.

业务方向是一致的①。

(2)各金融机构贷款都有固定的贷款条件和贷款条款的格式,在此基础上,贷款方和申请方商谈具体的贷款协议。

以《国际开发协会开发信贷协定通则》为例,此类协议的参考条款包括:①定义、标题条款;②信贷账户、手续费、偿还和还款地点;③货币条款;④信贷款项的提取;⑤取消和暂停支付;⑥偿还期的提前;⑦税收;⑧合作与情报资料,财政与经济数据资料,项目实施;⑨仲裁条款等。

(3)贷款金融机构定期对贷款项目进行调查和评价。借款方须定期提供贷款项目进度报告。

以《国际复兴开发银行贷款协定和担保协定通则》为例,其9.05至9.07节充分体现了贷款方对借款方利用贷款情况的严格监控。

3. 国际银行贷款。由一个或几个国家的银行向借款申请人提供贷款,双方签订贷款合同(协议),成立借贷的债权债务关系。

国际银行贷款协议在性质上属于商业贷款,贷款期限可长可短,贷款利率高于官方贷款。贷款方对借款人运用贷款的决定没有严格的控制。

按照贷款银行的数目,可把国际银行贷款分为一般贷款和国际银行团贷款。后者是多个银行组成银行团,由银行团与借款人签订贷款合同,这种方式适合贷款数目大、期限长的情况,每个成员银行只承诺一部分贷款份额和相应的风险。

银行团贷款中涉及多方当事人,首先是借款人与经理人银行就贷款事宜进行初步的接触和协商;经理人银行接受借款人的委托,寻找未来银行团的成员;经理人持有借款人签署的委托书,并向借款人出具义务承担书,表示愿意为其寻找其他成员银行,组织银行团;其后,借贷合同成立。如果各贷款人直接向借款人贷款,他们在合同中安排代理银行统一管理和协调贷款工作;如果贷款是由牵头银行贷给借款人,然后他再把参与贷款权转售给其他银行团成员,这些银行称为参加贷款银行。这两种贷款方式分别称为直接财团贷款和间接财团贷款。

在国际融资实务中,国际金融机构和商业银行也可以结合起来,共同向一国的企业、公司或政府机构提供贷款,这称为共同融资。

4. 融资租赁也是国际信贷中较常采用的方式。出租方买下承租方需要的设备后,在规定期限交由承租方使用,承租方定期交付租金。融资租赁多用于大型机械设备的购置和使用,它不同于一般的租赁行为,一是融资租赁的租金是按购置设备的价格计算的,费用较高,租约期满时应相当于前述商品价格加上一定的盈利;二是租约期满后,承租方可以选择购买租赁物;三是出租方是为承租方的要求购买设备,设备的验收由承租

---

① 陶光雄.国际金融公司对中国投资前景充满信心.北京:中国新闻社,http://finance.sina.com.cn,2000年1月18日。

方负责,出租方不承担品质担保责任。

融资租赁法律关系中涉及三方当事人:出租方、承租方和设备供应方。出租方与设备供应方是买卖合同关系,出租方是买方,供应方是卖方。出租方和承租方是租赁法律关系,其融资租赁合同是设定彼此权利义务的法律文件,主要内容包括:①合同的当事人;②租赁设备的名称、规格、技术标准;③价格;④租金及支付方式;⑤交货及验收;⑥银行保证书;⑦延期付款处理办法;⑧货物维修与保险;⑨租赁期限及期满后货物的处理办法;⑩争议解决办法及法律适用条款。

5.出口信贷是出口国银行通过向本国或进口国的厂家提供贷款,鼓励出口本国商品的一种措施。出口信贷分为卖方信贷和买方信贷。卖方信贷是出口国银行与本国出口厂家订立合同,为其提供贷款,支持买卖双方间的延期付款安排。买方信贷是指出口国银行与进口国的厂家或当地银行订立的信贷合同,由出口国银行为对方提供贷款,贷款应用来购买出口国商品。出口信贷是增强本国企业出口创汇能力的有力措施。

1993年,党中央《关于建立社会主义市场经济体制若干问题的决定》指出,改革对外经济贸易体制,建立适应国际经济通行规则的运行机制。其措施之一是"国家主要运用汇率、税收和信贷等经济手段调节对外经济活动";措施之二是国家政策性银行——国家进出口信贷银行,1994年正式启运,"其主要职能是为资本货物出口提供信贷支持,为出口产品提供风险担保等"[①]。

所谓资本货物出口,目前主要指我国的机电设备、成套设备和船舶等高附加值产品。[②]

我国《对外贸易法》也在第34条规定,国家采取进出口信贷、出口退税及其他对外贸易促进措施,发展对外贸易。

可见,出口信贷是我国发展对外贸易的融资促进手段。

6.项目融资是贷款方向一国的建设项目提供贷款,从该项目的营运收益中获取回报的融资方式。项目融资的"项目"一般是国家的基础建设项目,如电站、油田、铁路、城市交通工程,等等。这些项目建设周期长,投入资金大,国家财力很难支持,特别是资金紧张的发展中国家。项目融资有着广阔的前景。

项目融资的基本做法是:项目发起人与一国签订特许权经营协议,获得建设和经营某个项目的特别许可;项目发起人独资或与他方合股设立项目公司,具体负责项目的建设、经营;项目公司与贷款人之间达成借贷协议,由贷款人提供贷款;项目公司将贷款用于项目建设,再用将来的运营收入偿还贷款,并为贷款人提供物权担保。项目的发起人、项目产品的用户、供应商和政府机构都可为贷款人提供有限的担保。

---

① 中央财经领导小组办公室.当前几项重大经济体制改革电视系列讲座专辑.北京:人民出版社,1994年第1版,第153页。
② 对外贸易经济合作部.中国对外贸易法培训教材.北京:对外贸易教育出版社,1994年第1版,第128页。

项目融资的参与方包括(但不限于)项目发起人、项目公司、贷款人、借款人、项目评介机构、代理行、建筑公司、保险公司、担保人、律师,等等。

项目融资具有以下特点:

第一,贷款人求偿的期望不是建立在借款人的信用上,而是从项目收益中获得。

第二,贷款人只享受有限追索权,即项目公司直接操作贷款,一旦还款发生障碍,贷款人主要从项目公司名下的资产获得清偿。项目发起人只对其保证的有限贷款部分承担责任。这种方法有利于减轻项目发起人的融资风险。有些融资项目甚至规定项目发起人不承担任何保证责任,全部还贷义务都由项目公司承担,这叫做无追索权的项目融资,在实践中较少采用。

项目融资在实践中表现为多种多样的形式,例如,近年来在我国引起有关部门重视的 BOT——建设、经营、转让方式。这种方式特别适合于建设国家的大型项目。为了早日规范 BOT 的融资建设活动,增强外国银行团、投资者的信心,我国正在抓紧制定相应的立法。1995 年国家计委、电力部和交通部联合下发了《关于试办外商投资特许权项目审批管理若干问题的通知》,广西来宾电厂成为我国批准的第一个 BOT 试点项目,其他的建设融资项目也在酝酿和构架之中。

项目融资还可以与其他国际信贷方式结合使用。比如,国际金融机构对发展中国家 BOT 项目的关注和参与贷款、项目建设公司的融资租赁设备、国家的出口信贷安排,以及项目公司组建成股份公司发行股票和债券融资等。

项目融资的多样性和兼容操作,使其成为适应力极强的国际信贷融资方式,具有广阔的发展前景。

(二) 国际贷款合同的主要内容

我们主要以国际银行贷款合同为例来考察贷款合同的主要内容。

1. 陈述和保证条款。在签订贷款协议之前,借款人必须向贷款人说明自身与贷款有关的事实,并保证他的说明是真实的。借款人的陈述和保证是贷款人决定是否放贷的前提和依据。借款人说明的自身情况包括法人资格、借款能力、财务及经营状况,等等。如果借款人的陈述和保证与事实不符,贷款人有权拒绝贷款。

在合同中,对借款人的陈述和保证内容的记载,可作为日后出现借款人隐瞒或歪曲事实时的救济依据。

2. 先决条件。先决条件是借贷合同生效的条件,可见国际商业贷款合同,特别是银团贷款合同多为附条件的合同。只有在这些先决条件满足后,贷款合同才生效,借款人才能请求贷款人放款。这些先决条件包括针对全部贷款义务的先决条件及针对分期提款的每一笔贷款的先决条件。

国际银行贷款合同可以加入如下表述:"银行的贷款义务将以银行(或其代理人)首先收到以银行满意的方式提供的以下各项文件为先决条件。"这些文件包括:

(1)保证协定或其他担保文件;

(2)借款方组织章程副本；

(3)所有批准贷款协定规定的交易的文件副本，以及向代表借款方履行义务的特定人员授权的文件副本(如董事会决议、股东大会批准决议、地方主管机构审批规定、政府有关法令等)；

(4)借款方所属国中央银行或货币主管当局的外汇交易授权文件副本；

(5)其他为贷款协定生效和履行所必需的所有官方或法人的批准、授权、同意和许可的文件副本；

(6)所有授权人员签字的样本；

(7)借款方诉讼代理人的认可书副本；

(8)法律意见书[①]。

3. 约定事项。虽有前述的陈述和保证条款，但贷款人仍然担心在较长的贷款期限里，借款人的基本情况会发生变化，导致其偿债能力下降。约定事项旨在约定借款人在一系列可能出现的情况下的作为或不作为，维护贷款人的债权不受损害。这些情况包括：

(1)借款人维持其法人身份，如果出现法人兼并或分立的情形，事先应征得贷款人的意见；

(2)借款人向贷款人报告本公司的财务情况；

(3)借款人未征得贷款人同意，不得改变全部或部分经营范围；

(4)借款人允诺不向另一个债权人提供抵押担保，不改变贷款人在整个债权人中的排序；

(5)借款人维持流动资本和固定资本的比例。

4. 货币。贷款人和借款人对贷款货币的种类及贷款期内币种可否转换等问题作出约定。

5. 贷款期。贷款期分短期、中期和长期三种，有些国家还有超长期贷款协议。具体期限在合同中订明，计算时间是从合同生效之日起到还本付息全部完成为止。

6. 贷款利率。贷款利率多采用浮动利率。另外，对利率的计算方法和适用期也要作出约定。

7. 提取贷款。贷款协议生效后，借款人通知贷款人准备提款。提款的时间、地点在协议中订明。

借款人的通知以书面形式做出，通知中应记载提款的数额、具体时间、借方的银行账户，等等。通知应提前做出并送达贷款人，为对方准备款项留下必要的时间。

在贷款协议生效后，贷款人可能拒绝放款，借款人可能拒绝提款，对此，对方当事人可请求解除合同并要求损害赔偿的救济。

[①] 陈安. 国际货币金融法. 厦门：鹭江出版社，1987年第1版，第175页.

8. 还贷。国际贷款协议的双方当事人可选择一次性还款或分期偿还,双方还可就是否允许借款人提前还款的问题加以规定。

9. 税收。因贷款而产生的税负一般由借款人承担。

10. 违约。贷款人为了确保得到贷款本息,往往要求借款人接受他列出的一系列事由,一旦出现任何一种情况,即视为违约。贷款人有权要求依合同及法律获得救济。

违约事由可以是在履行时真实出现的,也可以是尚未发现但已有证据表明将来可能发生的,即先兆性违约。对真实的违约现象,如果到期不还本付息、陈述不实等,贷款人采取事后补救措施。对于先兆性违约,贷款人的措施具有预防性,即预防损失出现或损失的进一步扩大。以交叉违约条款为例,贷款人将借款人对其他债权人的违约行为视为对自己的违约行为,防止出现其他债权人对借款人已主张权利,而自己却因行动晚,丧失了获得损害赔偿机会的情况。

11. 法律适用条款。在国际贷款协议中,借贷双方的国籍、营业所或住所、币种、提款的地点,等等,这些因素可能将合同与几个国家联结起来,因而选择适用的法律在所难免。

当事人的选择可以明示地载入贷款协议。如果当事人没有明示选择,法院会探求当事人的默示选择。这时,当事人选择法院的行为,贷款协议的文本文字都可能作为证据,证明当事人默示同意某个法律为合同的准据法。在缺乏当事人之间达到默示选择的证据时,法院也可采用与合同有最密切联系的国家的法律。

当事人选择的法律可以是本国法、外国法、国际条约或惯例规则。按照"契约自由"的理论,当事人选择准据法也是自由的,但在实践中,主权国家对贷款协议的当事人都要加诸限制,例如,禁止当事人通过选择别国法而逃避本国的强制性法律。

二、债券

(一)债券的分类

债券是一国中央或地方政府、股份公司或银行等金融机构对外发行的约定期限还本付息的凭证。

债券可按多种标准加以分类。

1. 按投资主体不同,可分为国债、地方政府债券、企业债券、金融债券和外国债券。

2. 按债券发行人是否提供担保,可将债券分为有抵押的债券和无抵押的债券。很明显,前者在债务人清算财产时更易得到清偿。

3. 按债券还本期限,可将债券分为短期、中期和长期债券。这种期限的认定是在业务中形成的,没有统一的标准。实践中,1年、5年和10年是划分短期、中期、长期债券常见的时间期限。

4. 按债券利息形成的特点,可将债券分为固定利率债券和浮动利率债券。在债券前景看好时,后者更容易刺激投资公众的兴趣。据称,后者在欧洲比较多一些。

5. 按债券持有人的姓名是否由公司登记造册，可把债券分为记名债券和不记名债券。记名债券的转让和记名股票的转让都比不记名的证券要复杂一些。公司可采用发行这两种债券的形式。

6. 按照债券的发行区域和发行对象，可将债券分为国内债券和国际债券。

(1) 国内债券是在本国发行，面向本国投资公众的债券。

(2) 国际债券又分为两种：①外国债券，即在某一个国家的证券发行市场上，由外国借款人以当地货币发行的债券；②欧洲市场债券，是在欧洲债券市场以发行人和发行地以外的第三国货币筹措资金的债券。

(二) 债券的发行

债券融资的历史可以追溯到中世纪，但直到20世纪80年代，在资本市场内，国际贷款、债券及其他证券融资方式才成为势均力敌的组成部分。

1. 债券发行与国际贷款的区别。从本质上说，国际贷款和债券发行都是借贷法律关系，但两者仍有以下差异：

(1) 债权债务关系的主体不同。国际贷款协议，以银行贷款协议为例，银行方面是债权人，与其签订贷款协议的另一方为债务人。即使是银行团贷款，双方人数也不会赶上公开发售债券的投资公众。债券投资的借款人是企业、股份公司、政府或社会团体，贷款人是投资者。投资者以认购债券的方式将手中的剩余资金放给借款人。在公开招募债券时，投资公众的人数会十分可观。

(2) 从性质上看，贷款融资属投资公众间接介入的投资，储蓄存款公众并不与借款人发生直接的债权债务关系，银行位于投资者和借款人中间，通过两个借贷关系，将资金投给借款人。债券投资表现为投资者和企业之间建立直接的债权债务关系。

(3) 债券的投资者虽在还本期内无法从发行人处获得本金，但他们可以通过债券交易市场(即二级市场)转让债券，进行融资。国际贷款协议是特定人从特定人处贷款，双方既有借贷资金关系，又有彼此之间的信赖，合同转让很难实现。

2. 债券的发行。发行债券可采用"公募"和"私募"的方式。"公募"是债券发行人公开向社会公众募集资金。发行人在"公募"时，往往是通过专业的包销团进行。采用"公募"方式对企业的要求比较严格，以日本为例，初次发行"公募"债券，首先要由美国或日本的评级机构评定，只有"3A"级债券才允许进入"公募"市场。但发行人如果只向小部分投资者筹募资金，就没有债券评级的要求。"公募"债券发行后即可上市流通，但"私募"债券一般不允许其上市流通。

债券的发行一般是由发行人委托承销机构向投资者发行。承销有分销、代销和包销等方式。先由承销商一次性买进发行人的全部债券，再向投资者出售的包销方式，在国际融资市场更加常见。这种方法有利于发行人尽快得到资金，但因为承销商承担未能售出的债券部分的风险，所以，承销费用高于其他的推销方法。承销商包销债券时，可根据其自身的实力和风险预测，决定采用独家承销、俱乐部承销或银团承销的办法。

其中,银团承销在国际融资市场更为常见。银团承销是由一家主承销商牵头,若干家承销商参与,按竞争的办法获得各自的包销额,相应承担发行风险,分得承销收人。

我国对境外投资者发行债券的历史是从1982年开始的,现在已在日本、英国、德国和美国成功地发行了外国债券和欧洲债券。继贷款协议、举办外商投资企业之后,债券又成为我国吸引外资的有益尝试;同时,越来越多的外国投资者购买我国企业的债券,也表明他们对中国的投资环境和投资前景充满信心。

3. 我国的债券管理。目前,我国颁布的债券管理法规主要有2006年修订的《公司法》,1992年国务院颁布的《国库券条例》,1993年颁布的《企业债券管理条例》。直接规范境外债券管理的法规尚未出台。从现有的法律、规定、条例来看,我国鼓励企业利用社会的闲散资金,同时也保护投资者的合法权益,引导资金的合理流向,因此,我国对发行国内债券和国际债券的审核是非常严格的。考虑到发行国际债券的复杂程序和风险,对于国际债券的审批标准会更加严格。外债实行登记制度。企业和金融机构发行国际债券,还要遵守发行国际证券和证券交易两方面的立法。

为了加强外债管理,合理分配外债负担,我国的有关法规对于违反外债管理制度的法律责任作了明确规定。

按照《中华人民共和国外汇管理条例》的规定,违反外债管理的行为有:擅自办理对外借款的;违反国家有关规定,擅自在境外发行外币债券的;违反国家有关规定,擅自提供对外担保的;有违反外债管理的其他行为的。对上述行为,由外汇管理机关给予警告、通报批评并处10万元以上、50万元以下的罚款;构成犯罪的,对直接负责的主管人员和其他直接责任人员,应当依法追究刑事责任。

第四节　国际贸易支付的规则与惯例

国际贸易支付中涉及的法律问题主要表现在两个方面:一是支付工具,目前主要为汇票、本票和支票;二是支付方式,分为汇付、托收和信用证付款。我国当事人在国际贸易支付中应当遵守的有关规则包括两大类:一是我国颁布的法律,如《中华人民共和国票据法》(以下简称《票据法》);二是为许多国家当事人普遍采用的惯例规则,如国际商会主持编订的《跟单信用证统一惯例》、《托收统一规则》。下面分别加以介绍。

一、汇票、本票和支票

(一) 汇票

1. 汇票的定义。我国《票据法》对汇票的定义是"由出票人签发的,委托付款人在见票时或者在指定日期无条件支付确定的金额给收款人或持票人的票据"。

英国1882年《汇票法》对汇票是这样表述的:"汇票是由一人开至另一人的无条件的书面命令,由发出命令者签名,要求接受命令的人见票或在特定的或可以预定的某一日期,把金额肯定的货币付与某一特定的人或他指定的人,或来人。"

2.汇票的当事人。汇票的当事人主要有三方:

(1)出票人。在汇票上签字的卖方为出票人。汇票的出现和使用是与商品流通和交换关系密不可分的,出票人就是买卖合同的卖方。卖方填写固定格式的书面汇票,指示买方(付款人)向指定的结算银行(受款人)支付货款。

出票人身份的实现需经过两个步骤:一是做成票据并签字,或授权他人代为签字;二是交付汇票,即将汇票交给受款人本人或其指定的代表。

在汇票为付款人承兑之前,出票人对受款人而言是主债务人。如果受款人遭到拒绝承兑或拒绝付款,有权对出票人行使追索权。在付款人承兑签字之后,出票人退居次债务人地位,成为付款人的保证人。

(2)付款人或受票人。按照汇票指令,付款人是对持票人或其指定人承担承兑付款义务的一方。在汇票上记载付款人姓名,不构成付款人承兑付款义务的充分条件,只有付款人承兑签字后,他才对持票人或其指定人承担付款义务。

(3)受款人。受款人可以是汇票上指明的特定人或无须在汇票上记载其姓名的人。第二种汇票称为来人式汇票,这类票据无须背书即可转让。前者称为指示式汇票,须经背书转让。这两类票据在英美票据体系国家都为法律允许;但日内瓦公约票据体系国家(即欧洲大陆国家)不倾向采用来人式汇票。

受款人也可以是出票人本人,如《日内瓦统一汇票本票法》第3条规定,出票人可将此种汇票背书转让。

按我国《票据法》的规定,汇票除标明"限制转让"的字样外,可以经背书转让。

3.汇票的主要内容。其主要内容为汇票的记载事项。按各国立法的要求,汇票的记载事项可分为法定必备事项和任意记载事项,票据法一般只规定前款事项,至于其他内容,只要不与法定必备事项发生冲突,可由当事人选择。

目前两大票据体系国家对汇票法定内容的范围及单项内容的宽严程度要求不同,比较而言,英美体系较之日内瓦公约体系宽松一些。我国《票据法》与日内瓦公约体系更为接近,对内容的要求比较严格。

我国《票据法》第22条规定,汇票必须记载下列事项:

(1)表明"汇票"的字样。

(2)无条件支付的委托。这是票据流通中普遍接受的规则,出票人不得在付款额外向付款人加诸额外的负担,任何带有这样含义的文字将改变汇票的性质。但是,出票人为保持票据流通的安全,在汇票上对受款人就汇票金额的用途或兑取方式的说明,不构成有条件支付的委托,不影响汇票的有效性。

(3)确定的金额。汇票采用金钱支付,因此必须载明付款金额及币种。

票据作为有价证券,应记载确定金额,这是毫无疑问的。我国《票据法》规定,金额以中文大写和数码同时记载,二者必须一致,否则票据无效。这与日内瓦公约体系的规定不同,按该体系的规定,汇票金额同时以文字及数字记载者,若二者有差别时,以文字记载之数额为付款数额。

(4)付款人名称。

(5)收款人名称。

(6)出票日期。

(7)出票人签章,包括出票人本人签章或其合法授权的代理人签章。签章为签名、盖章或者签名加盖章。法人和其他使用票据的单位在票据上的签章,为该法人或者该单位加其法定代表人或者其授权的代理人的签章。无民事行为能力人或者限制民事行为能力人在票据上签章的,其签章无效,但是不影响其他签章的效力。代理人在票据上签章,同时要注明其代理身份。如为无权代理或越权代理,代理人就无权代理或越权代理部分承担支付票据金额的义务。

上述各项中,票据金额、日期、收款人名称不得更改,更改的票据无效。

除上述法定必备事项外,汇票当事人可选择记载付款日期、付款地和出票地。

对于未记载付款日期(即未载明汇票到期日)的,为见票即付。其他付款日期,如定日付款、出票后定期付款和见票后定期付款,可由当事人选择。

汇票上未注明付款地的,付款人的营业场所、住所或者经常居住地为付款地。

汇票上未注明出票地的,出票人的营业场所、住所或者经常居住地可视为出票地。

4. 汇票的分类。

(1)根据汇票上的主债务人身份特征,可将汇票分为银行汇票和商业汇票。我国《票据法》有此种分类。如果出票人和付款人均为银行的,即为银行汇票;如果出票人和付款人是个人、企业或公司的,称为商业汇票。

(2)按照汇票是否带有随附单据,可将汇票分为光票和跟单汇票。在国际贸易结算中,跟单汇票更为常用。跟附单据包括商业发票、提单和保险单等。跟单汇票因跟附单据之性质,在国际贸易中还可作为物权担保凭证。光票是单纯的支付凭证和信用工具。

(3)根据付款的期限,可将汇票分为即期汇票和远期汇票。依照我国《票据法》的规定,即期汇票是指持票人在出票日起1个月内向付款人提示付款的汇票。即期汇票无须注明,无须承兑。远期汇票的期限有定日付款、出票后定期付款和见票后定期付款三种。持票人应当自出票日起1个月内向付款人提示承兑。远期汇票自汇票到期日起10日内向承兑人提示付款。

5. 汇票的使用。出票、背书、承兑、保证、付款、拒付和追索权是汇票流通使用中的步骤,但不意味着每一次汇票的周转都会履行上述全部过程。现对各步骤的法律意义分述如下:

(1)出票。这是汇票关系形成的基础步骤。我国的汇票依法具有统一的固定格式,出票人无须另外制作汇票格式,只需按法定格式填写法定内容。出票行为在出票人将汇票交与受款人时完成。出票人签发汇票后,即承担保证承兑和付款的责任,其责任范围在我国《票据法》第70条和第71条中加以规定。

(2)背书。这是持票人将汇票权利转让给他人或将一定的汇票权利授予他人行使的步骤。

我国《票据法》上规定的汇票有可转让和不可转让两种。不可转让汇票须在汇票上记有"不可转让"字样。可转让汇票在转让时,应当背书并交付汇票。背书转让汇票由原持票人在汇票背面签字或粘单上记载有关事项并签章完成。其记载事项包括被背书人(即受让人)的名称、背书人签章和背书日期。这种方式相当于英美体系或日内瓦体系的记名背书。记名背书可分为两种形式:一种只载明被背书人的名称;另一种是记载被背书人及其指定人。这两种记载方法不影响被背书人继续以背书方式转让汇票。

我国《票据法》中不承认空白背书转让汇票(即汇票在转让时,持票人未记载被背书人名称,仅凭交付转让)的有效性。与其他国家大致相同,我国立法也规定背书不得附条件;即使附有条件,对付款人也无约束力。将汇票金额的一部分转让的背书或将汇票金额分别转让给2人以上的背书无效。

背书是实现汇票功能的法律行为,它应当连续进行,即转让汇票的背书人和受让汇票的被背书人在汇票上的签章依次前后衔接。持票人以背书的连续性证明其票据权利。持票人背书转让汇票后,应当在后手得不到承兑或付款时,对其承担债偿责任,其后手可向其前手背书人或出票人求偿。后手的转让汇票的权利在下列情况下受到阻碍或限制:①背书人在汇票上标有"不得转让"字样,被背书人如再转让背书的,其前手不承担保证责任;②背书记载"委托收款"字样的,被背书人不得再以背书转让汇票。

另外,汇票已被拒绝承兑、拒绝付款或者超过付款提示期限的,不得背书转让。

(3)承兑。它是指汇票付款人承诺在汇票到期日支付汇票金额的票据行为。

承兑的实现须经由汇票的持票人在出票后至付款日之前的法定期限向付款人作出请求,这一行为称为提示,依其请求目的不同,分为提示承兑和提示付款。定日付款或出票后定期付款的汇票,持票人应在汇票到期日前向付款人提示承兑。见票后定期付款汇票的持票人更需要履行提示承兑手续,我国将此期限规定为出票后1个月内。提示承兑的法律意义在于:如果持票人不在法定期限内行使此项权利,其将丧失向前手背书人或出票人追索的权利;如果付款人拒绝承兑,持票人不能向付款人起诉,因付款人并不是付款义务的承诺人,持票人应向前手背书人或出票人求偿。

一旦付款人承兑汇票,他应当在汇票正面记载"承兑"字样和承兑日期,并不得附有条件,否则视为拒绝承兑。

付款人在收到提示承兑的汇票之日起3天内决定承兑或拒绝。如果付款人决定承兑,但未在汇票上记载承兑日期,以承兑期限(3日)之最后一日视为承兑日期。

承兑之后,付款人的主债务人身份形成。如果事后他拒绝付款,要对持票人直接承担责任。

(4)保证。汇票保证是汇票债务人以外的第三人对被保证人的汇票债务承担保证责任。汇票保证是保证之一种,被保证人(主债务人)可以是出票人或承兑付款人。

保证是合同关系,依法必须履行法定的形式,即保证人必须在汇票或者粘单上记载下列事项:①表明"保证"的字样;②保证人的名称和住所;③被保证人的名称;④保证日期;⑤保证人签章。保证人承担连带担保责任,在主债务人到期不支付汇票金额时,持票人有权向保证人请求付款,不以是否对主债务人采取强制措施为条件。保证合同不得设有附加条件,保证即使设有这类条件,亦不发生效力,不影响持票人请求保证人给予支付的权利。保证关系只有在汇票因欠缺法定事项而失效时才失效。保证人为2人以上者,承担连带责任。保证人在履行了保证义务后,可以行使持票人对被保证人及其前手的追索权。

(5)付款。在汇票顺利流通的情况下,付款是解除全体汇票债务人责任的步骤。

付款的前提是持票人提示付款。依票据付款期限不同,提示付款应遵守以下期限:①见票即付的汇票,自出票日起1个月内向付款人提示付款。②定日付款。出票后定期付款或者见票后定期付款的汇票,自到期日起10日内向承兑人提示付款。

持票人可以亲自提示付款或委托收款银行或票据交换系统向付款人提示付款。付款人在接到付款提示时,应在当日足额清偿。可见,我国《票据法》没有分期付款的规定。持票人接到付款后,应在汇票上签收,并将汇票交给付款人。

(6)追索权。按照我国《票据法》的规定,当出现法定事由,致使持票人无法从承兑人或付款人处得到汇票金额,持票人有权向背书人、出票人以及汇票的其他债务人进行追偿。

行使追索权必须符合下列法律规定的条件:

第一,承兑人或付款人不予承兑或付款。此行为在我国的法定表现形式是:汇票到期日被拒付;汇票到期日被拒绝承兑;承兑人或付款人在到期日前死亡、逃匿;承兑人或付款人在到期日前被依法宣告破产或因违法被责令终止业务活动。

第二,持票人须提供必备的注明文件。持票人提示承兑或提示付款被拒绝的,承兑人或者付款人必须出具拒绝证明或退票理由书,否则须对持票人承担民事责任。其他的公证文件、法院文书、行政处罚决定等,在特定情况下也具有拒绝证明的作用。

第三,持票人的通知义务。我国《票据法》规定,持票人在接到拒绝证明3日内,有义务通知前手或全部汇票债务人。

被追索人包括出票人、承兑人、背书人和保证人。其责任性质为连带性质,持票人不受汇票债务人其后顺序的限制,可向其中一人或数人追索。被追索人清偿债务后,与持票人享有同样的权利。

持票人追索的范围为:①被拒绝付款的汇票金额;②汇票金额自到期日或者提示付款日起至清偿日止,按照中央银行的利率计息;③取得有关拒绝证明和发出通知书的费用。

(二)本票

本票也叫期票,是出票人签发的,承诺自己在见票时无条件支付确定的金额给收款人或者持票人的票据。

1. 本票与汇票的相似性。本票和汇票相类似的特征有：

(1)本票也是由出票人签发的；

(2)本票也是无条件支付凭证；

(3)本票的金额也用金钱确定；

(4)本票的出票、背书、保证、付款和行使追索权,参照有关汇票的法律规定。

2. 本票的内容。在我国只有银行本票,其法定内容包括：

(1)表明"本票"字样；

(2)无条件支付的承诺；

(3)确定的金额；

(4)收款人名称；

(5)出票日期；

(6)出票人签章。

作为出票人的银行资格,由中国人民银行审定,它必须具有支付本票金额的可靠资金来源并保证支付。

3. 本票与汇票的区别。本票和汇票有以下区别：

(1)汇票涉及三方初始当事人,也叫票面当事人；而本票只有两方初始当事人,出票人与付款人是同一人。

(2)汇票是指示付款的命令；而本票是付款的承诺。

(3)汇票中的远期汇票应予以承兑,然后履行付款义务；而本票无论即期或远期都无须承兑。

(4)汇票的主债务人在承兑前后由出票人变为付款人；而本票的主债务人是出票人。

(5)汇票的付款期限依其种类而有区别；而本票的最长付款期限为2个月。

(三) 支票

支票是由出票人签发的,委托办理支票存款业务的银行或者其他金融机构在见票时无条件支付确定的金额给收款人或持票人的票据。

支票的付款人是银行,而且是出票人开立支票存款账户的银行。我国《票据法》严格禁止出票人签发空头支票,否则,出票人对此要承担民事甚至刑事责任。

1. 支票的种类。支票可分为现金支票和转账支票。

(1)现金支票,即专门且只能用于提取现金的支票。

(2)转账支票,即在票面注明相应字样,专门用于且只能用于转账的支票。

2. 支票的特征及内容。支票是见票即付的,持票人应当自出票日起10日内提示付款。

支票必须记载的事项有：

(1)表明"支票"的字样；
(2)无条件支付的委托；
(3)确定的金额；
(4)付款人名称；
(5)出票日期；
(6)出票人签章。

其中,金额和付款人名称可由出票人授权补记。出票人可以在支票上记载自己为收款人。

二、支付方式

(一)汇付

汇付是国际贸易中的付款义务方按合同约定,将款项通过银行汇给收款人的支付方式。

1. 汇付的种类。按照汇付的不同途径,汇付可分为信汇、电汇和票汇。

(1)信汇是指汇款人通过信件,委托银行将货款汇给收款人。

(2)电汇是汇款人指示其委托银行,用电报或电传方式通知收款人所在地银行,向收款人支付款项。电汇方法较之信汇快捷,费用也高。

(3)票汇是汇款人通过购买本地银行出具的汇票,寄给收款人,由收款人向汇票指定的银行收取款项。票汇方式是利用了银行汇票的特点,其出票人与付款人是同一家银行或存在委托代理关系的银行。

2. 汇付的当事人。汇付关系下有四位当事人,即汇款人、收款人、汇出行和汇入行。汇款人和收款人是国际贸易合同的双方当事人,双方分处不同的国家或地区。汇款人是进口方,收款人是出口方。汇出行是进口人所在地的银行,它和进口方是债权债务关系,接受进口方委托,代为办理付款事宜。汇入行是出口方所在地银行,受汇款人委托向收款人直接支付款项,它和汇款行之间有合同关系,也可能是汇款行在当地设立的分行。

(二)托收

在国际贸易中,由出口方开立汇票,委托当地银行通过设在进口国的分行或代理行向买方收取货款。

1. 托收的当事人。托收方式的当事人与汇付的当事人相同,只不过货款流动的方向与支付工具的流动方向正好相反,所以在实践中,汇付亦被称为顺汇法,托收被称为逆汇法。

2. 托收的形式。托收在实践中分为付款交单和承兑交单两种形式。

(1)付款交单是卖方委托的银行在买方交清货款后才向其交付货运单据。它又可以分为即期付款交单和远期付款交单。远期付款交单须由买方见票承兑,然后在指定期间付款。

(2)承兑交单是指被委托的代收银行在买方承兑付款后,将货运单据交给买方,买方凭单据提取货物,然后在汇票到期时才支付货款。

可见,托收方法对进口方(即买方)更为有利。

汇付和托收都是利用商业信用的支付方式,双方依赖的是彼此的商业信誉,虽有银行代付代收,但银行对其中的风险不承担责任。例如,银行不承担审单义务,它也拒绝作为收货人或发托人承担货物的风险和责任。

(三)信用证

信用证支付方式最早在英、美等贸易发达国家出现,它把银行信用引入国际贸易支付,缓解了商业信用下降给贸易活动带来的损害。因此,信用证支付很快便成为最常见的支付方式。

国际商会编订的《跟单信用证统一惯例》于1933年首次出版,它是目前引用频率最高的惯例规则。据国际商会称,"世界上100多个国家的联合银行和独立银行都采用了该规则1983年的修订本[①]",《跟单信用证统一惯例》是国际商会推荐给银行界采用的一套业务惯例,然而,它并非建立在法律基础上,不具有强制性。因此银行有权在信用证中规定与《跟单信用证统一惯例》不同的条款。例如,如果因为特殊需要,可以在文件里面标明 Overwrite 600 里面的某个条款,那么600里面的那个条款就失效了。也可以增加自己需要的条款。虽然不具有强制性,但《跟单信用证统一惯例》已被世界绝大多数国家与地区银行和贸易界接受,成为通用的惯例。《跟单信用证统一惯例》(2007年修订版,简称《UCP600》)英文全称是 Uniform Customs and Pratice for Documentary Credits。由国际商会(International Chamber of Commerce,ICC)起草,并在国际商会2006年10月巴黎年会通过,新版本于2007年7月1日起实施,包括了31个条款。

1.信用证的定义。根据国际商会第600号出版物,信用证的定义是:信用证是指一项不可撤销的安排,无论其名称或描述如何,该项安排构成开证行对相符交单予以承付的确定承诺。UCP600中出现了两个十分重要的新定义,一是承付,二是相符交单。UCP600对于议付的定义有别于UCP500,明确了议付是对票据及单据的一种买入行为,并且明确是对受益人的融资——预付或承诺预付。在新的定义中,"承付"是指开证行、保兑行、指定行在信用证下除议付以外的一切与支付相关的行为。

2.信用证的当事人。一般情况下,信用证支付方式下有六位当事人:

(1)开证申请人,是国际贸易中的买方或实际进口商。按贸易合同要求,他向其开证行申请开立信用证。开立信用证需要向银行缴纳保证金。

[①] 中国国际商会.跟单信用证统一惯例——国际商会第500号出版物.北京:中国对外经济贸易出版社,1994年第1版,第34页.

(2)开证行,是应开证申请人申请,为其开立信用证的银行。开证行因此承担保证付款的义务。

(3)通知行,是指接受开证行委托,将信用证转交给受益人的银行。如果通知行决定通知受益人,则应合理、谨慎地审核所通知的信用证的表面真实性。除此之外,通知行无须承担责任。

(4)受益人,是指信用证指定的贸易合同的出口商或卖方。

(5)议付行,是指接受出口商的跟单汇票,为其垫付货款的银行。该银行由信用证条款规定,一般为出口商所在地银行。

(6)付款行,是指开证行或其指定的银行。它对议付行转来的求偿的汇票和货运单据,经审核无误后向其付款。

3. 信用证的基本流程。信用证支付大致经过下述程序:

(1)买卖合同中约定采用信用证付款方式。买卖双方对信用证主要内容订出草案。

(2)进口方向开证行提出开证申请。

(3)开证行接受开证人的申请后,将信用证寄交通知行,由通知行转交出口商。开证行和通知行之间是委托代理关系,通知行接受开证行的委托,代为转交和通知受益人。对信用证的修改一般也通过通知行。

(4)出口商接到通知行转来的信用证后,要核对其与合同是否相符,如果不符,可拒收或要求进口方改证;如果信用证与合同相符,出口方开始装货备单。

(5)出口商备妥汇票和全部单据,交议付行议付。议付行经审单无误后即付款。

(6)议付行向开证行或其指定行索偿。

(7)开证行付款后取得全部单据,然后通知进口方付款赎单。

4. 信用证的分类。

(1)按信用证是否附有货运单据作为付款依据,可将信用证分为跟单信用证和光票信用证。前者须备有相应的货运单据,向议付行议付。货运单据包括发票、提单、仓储单等。后者是指仅凭信用证支付,主要用于非贸易结算。

(2)按交单付款的先后顺序,可将信用证分为即期信用证和远期信用证。

即期信用证是指开证行或其指定的付款行在接到全套汇票及跟单票据之后,立即审核付款的信用证。这种信用证因付款迅速,在国际贸易中使用较多。

远期信用证是指在信用证中规定,出口商开立见票后定期付款的远期汇票,先由付款人承兑,到期才付款。使用远期信用证,对于出口方来说,由于付款时间拖长,兑付风险增加;但另一方面,出口方也可申请银行或金融机构贴现,尽快获取资金。

除上述几种主要的信用证分类外,信用证还可有其他分类,如保兑/不保兑信用证、可转让/不可转让信用证、循环/非循环信用证,等等。需要注意的是,在 UCP600 实施后,取消了关于可撤销信用证的规定,信用证一律指可撤销的信用证。

5. 信用证的法律特点。信用证支付方式在国际贸易中的普遍采用,标志着银行作为中间人和保证人的地位日益增强。信用证产生于国际贸易活动,但是一经出现,又独立于基础的买卖合同关系。银行是独立的付款人,按单单相符、单证相符的原则进行审核,对外承担按信用证付款的义务。这种义务不因买卖双方的争议而解除,除非买方有充分证据证明对方有明显的欺诈行为,才能请求银行止付,而且要履行严格的司法程序。在买卖关系中,我们看到的是货物的流动;而在信用证法律关系中,我们看到的是各方当事人围绕单据而实践的种种权利与义务。

对于信用证体现出来的银行独立付款义务,信用证交易与其产生的贸易关系,信用证法律关系的主体、客体及内容特点等,国际商会第 600 号出版物已列出了明确的规则。该文件第 4 条规定:就其性质而言,信用证与可能作为其依据的销售合同或其他合同是相互独立的交易,即使信用证中含有对此类合同的任何援引,银行也与该合同毫不相关,并不受其约束。因此,一家银行作出的付款、承兑和支付汇票或议付和(或)履行信用证项下的其他义务的承诺,不受申请人与开证行或与受益人之间的关系而提出的索赔或抗辩的约束。受益人在任何情况下,都不得利用银行之间或申请人与开证行之间的合同关系。

国际商会第 600 号出版物第 5 条又规定,在信用证业务中,各有关当事人处理的是单据,而不是与单据有关的货物、服务及(或)其他行为。

对于信用证法律特征的正确理解,可以帮助国内客户慎重开证,谨慎处理合同纠纷与信用证的关系。早在 1989 年,最高人民法院就已在《全国沿海地区涉外、涉港澳经济审判工作座谈会纪要》中,对于冻结信用证下货款的问题,充分提请审理涉外案件的司法部门给予正确的认识。该纪要称信用证是独立于买卖合同的单据交易,只要卖方所提交的单据表面上符合信用证的要求,开证银行就负有在规定的期限内付款的义务;如果单证不符,开证银行有权拒付,无需由法院采取诉讼保全措施。信用证交易和买卖合同属于两个不同的法律关系,在一般情况下,不要因为涉外买卖合同发生纠纷,就轻易冻结中国银行所开信用证项下的货款,否则会影响中国银行的信誉。根据国际、国内的实践经验,如有充分证据证明卖方是利用签订合同进行欺诈,且中国银行在合理的时间内尚未对外付款,在这种情况下,人民法院可以根据买方的请求,冻结信用证项下的货款。在远期信用证情况下,如果中国银行已承兑了汇票,中国银行在信用证上的责任已变为票据上的无条件付款责任,人民法院就不应加以冻结。所以,采取这项保全措施一定要慎重,要事先与中国银行取得联系,必要时应向上级人民法院请示。对于中国涉外仲裁机构提交的冻结信用证项下货款的申请,人民法院也应照此办理。①

---

① 人民法院出版社书籍编辑室手册编写组. 审判工作常用法律司法解释汇编. 北京:人民法院出版社,1995 年版,第 717 页。

案例 我国某外贸公司与国外某公司的金融纠纷案

【案情】

我国一外贸公司向国外一家公司出口一批木材,双方约定以信用证方式支付。该国外公司按时开来不可撤销、保兑信用证。其通知行提供保兑。发货后,我外贸公司尚未将全套单据交银行议付时,接到通知行通知,称开证行已经倒闭,该通知行不承担议付和付款责任,并要求我外贸公司直接向买方收取货款。

【问题】

我外贸公司应如何处理此事?

第十章

海 商 法

> **内容提要及学习要求**
>
> 本章重点介绍海商法中有关海上货物运输合同的基本内容、提单的作用、提单的正面记载事项及其背面条款的法律效力,并就《中华人民共和国海商法》对承运人的责任制度和海上货物运输中发生争议的解决方式作了介绍。
>
> 本章要求学生重点掌握《中华人民共和国海商法》第四章海上货物运输合同所规定的主要内容。

第一节 概 述

一、海商法的概念

海商法(Maritime Law)是调整海上运输关系、船舶关系的法律规范的总称。其中,主要是调整海上运输中和与船舶有关的各方当事人之间发生的民事、商事的法律关系。

海商法是有古老历史的法律,它的形成与发展是伴随着国际贸易和航海运输业的兴起而迅猛发展起来的。

海商法作为一个独立的法律部门,其调整对象和范围颇为广泛,既有国内方面的,亦有涉外方面的。其法律内容既有实体法,亦有程序法。《中华人民共和国海商法》(以下简称《海商法》)第1条明确规定,海商法是"为了调整海上运输关系、船舶关系,维护当事人各方的合法权益,促进海上运输和经济贸易的发展"而制定的。海商法所称的海上运输,是指海上货物运输和海上旅客运输。所谓的"海",从地理概念上划分,包括海和洋,亦包括海商船舶可航行到达的内河和湖泊,即海江之间、江海之间的运输。

海商法属国内法,但具有涉外性。其调整对象包括两个方面的关系:一方面是海上运输中发生的各方当事人之间的法律关系;另一方面是与船舶有关的各种关系的法律关系。海商法调整的法律关系是平等民事主体之间的横向的财产、经济关系,其目的是保护当事人各方的合法权益。

二、海商法的法律渊源

国内法规是各国海商法的重要渊源。为了促进海上航运业的发展,各国都制定了大量的涉及有关海商方面的法律和规定。如我国的《海商法》。

国际条约是各国海商法的另一重要渊源。目前属于海商法方面或与海商法内容有关的国际条约很多,影响较大的有《海牙规则》、《海牙—维斯比规则》和《汉堡规则》,但是这些条约必须经该国政府签字批准、接受、加入或承认,才能成为该国海商法的渊源。例如,我国政府批准和承认的《1974 年班轮公会行动守则公约》、《1976 年国际油污损害民事责任公约》和《1972 年国际集装箱安全公约》等等,均为我国海商法的渊源。

国际航运惯例也是海商法的重要渊源之一。例如,著名的《约克·安特卫普规则》就是在长期的实践中被人们加以编纂,并形成了国际上公认的规范化的行为规则之一。

司法判例是否为海商法的渊源,这在法律界始终是有争议的。以普通法为基础的英美法系国家,大都把判例视为其海商法的渊源。我国海商法界的大部分专家和学者认为,判例不是立法文件,仅是对某一具体案件的一个司法判决文书,其作用只能在司法审判中对法院审理同类案件时起到参考与借鉴的意义,并不具有当然的约束力。因此,我国不承认司法判例为海商法的渊源。

三、调整海上货物运输合同的国际公约

(一)《海牙规则》

《海牙规则》(The Hague Rules),全称为《关于统一提单的若干法律规则的国际公约》(International Convention for the Unification of Certain Rules of Law Relating to Bill of Lading)。该公约是 1924 年 8 月 25 日在布鲁塞尔由 26 个海运国家签订的,于 1931 年 6 月 2 日起生效,至今已有近百个国家成为其缔约国。由于该公约是在海牙起草的,故习惯简称为《海牙规则》。

《海牙规则》共 16 条,明确规定了承运人最低限度的义务和最大限度的负责范围。此外,它还规定了承运人的赔偿责任限制、损失通知与诉讼时效,以及其适用范围。《海牙规则》是海上运输方面一个十分重要的公约。70 多年来,许多国家的航运公司都在其印制的提单中规定采用该国际公约,并据以确定承运人所应承担的责任与义务及应享受的权利与豁免。

(二)《维斯比规则》

《维斯比规则》(The Visby Rules),全称为《修改 1924 年 8 月 25 日在布鲁塞尔签订

的关于统一提单的若干法律规则的国际公约的议定书》(Protocol to Amend the International Convention for the Unification of Certain Rules of Law Relating to Bills of Lading, Signed at Brussels on 25 August,1924)。该公约是1968年2月在布鲁塞尔签订的,于1977年6月23日起生效。由于该公约是在维斯比完成修改准备工作的,故称为《维斯比规则》,亦称为《海牙—维斯比规则》。

《维斯比规则》共17条。1~5条是对《海牙规则》的修改和补充,6~17条是有关加入和退出的手续以及解决纠纷程序的规定。

(三)《汉堡规则》

《汉堡规则》(The Hamburg Rules),全称为《联合国1978年海上货物运输公约》(United Nations Convention on the Carriage of Goods by Sea,1978)。该公约是1978年3月在汉堡签订的,故称为《汉堡规则》,于1992年11月起生效。《汉堡规则》共34条,1项共同谅解。1~26条是对《海牙规则》进行的根本性的修改和补充,27~34条是加入、退出和修改公约的程序条款。该公约与上述两个公约相比,可以说是一个完整的国际海上货物运输公约。

四、我国的《海商法》

我国的《海商法》是1992年11月7日由全国人民代表大会常务委员会通过,于1993年7月1日正式施行。它是根据我国的具体国情,以目前通行的国际公约为基础,参照国际航运界广泛使用的标准合同格式,并吸收了航运界普遍采用的民间规则而制定的。

海商法历来有广义、狭义之分。我国的《海商法》是从狭义的角度来规范的,全文共计15章,278条。

我国《海商法》中关于海上货物运输合同这一章,主要以《海牙规则》和《维斯比规则》为基础,适当吸收了《汉堡规则》中的条款。但是,目前我国尚未加入这三个国际公约。

第二节 海上货物运输合同的定义和种类

一、海上货物运输合同的定义

(一)海上货物运输合同的定义

海上货物运输合同(Contract of Carriage of Goods by Sea),是指承运人收取运费,负责将托运人托运的货物经海路由一港运至另一港的合同。

(二)关于若干重要用语的定义

我国《海商法》第四章第42条对海上货物运输中的"承运人"、"实际承运人"、"托运人"、"收货人"和"货物"的用语含义做了规定。

1. 承运人(Carrier)。它是指本人或者委托他人以本人的名义与托运人订立海上货物运输合同的人。

2. 实际承运人(Actual Carrier)。它是指接受承运人委托,从事货物运输或者部分运输的人,包括接受转委托,从事此项运输的其他人。实际承运人这个名词最初是《汉堡规则》仿效了《航空运输公约》设置的该定义条款。在海上货物运输中,往往实际承运人与承运人的概念不易辨认,实践中认定实际承运人的情况大致有以下几种:

(1) 在租船运输下,承租船人作为承运人与托运人订立海上货物运输合同,同时承担货物运输。这时,拥有船舶所有权的出租人被称为实际承运人。

(2) 在班轮运输下,货物运输代理人或无船承运人仅作为签发提单的承运人,而班轮运输公司则为实际承运人。当班轮公司用期租船舶运输货物时,则成为承运人,而出租船舶的船舶所有人即为实际承运人。

(3) 在海上联运或转运的情况下,与托运人签订全程货物运输合同并负责全程运输的承运人,当把部分海上运输或全程海上运输转交给二程海运公司运输时,二程海运公司则是负责该部分运输的实际承运人。

由此可见,承运人不一定是实际承运人,而实际承运人则是接受承运人委托,履行全部货物运输合同,或者承担部分运输业务的人,包括船舶所有人、光船承租人。

3. 托运人(Shipper)。其含义有两种情况:一种是指本人或者委托他人以本人名义或者委托他人为本人与承运人订立海上货物运输合同的人;另一种是指本人或者委托他人以本人名义或者委托他人为本人将货物交给与海上货物运输合同有关的承运人的人。

4. 收货人(Consignee)。它是指有权提取货物的人。通常情况下,提单正面的收货人栏内所填明的人即为有权提取货物的人。如果提单收货人栏内填明凭指示或凭某人指示字样,则该提单必须经背书后方能提货。因此说,有权提取货物的人必须是合法的提单持有人。

5. 货物(Goods)。它是指包括活动物和由托运人提供的用于集装货物的集装箱、货盘或者类似的装运器具。"货物"一词的规定引用了《汉堡规则》对货物的定义条款。我国《海商法》虽然对舱面货物没有作明确的规定,但从包括活动物来看,说明甲板货并没有排除。《海商法》第53条对舱面货的运输责任作了特别规定。

二、海上货物运输合同的种类

(一) 班轮运输合同

班轮运输合同(Liner Shipping),亦称件杂货运输合同或零担运输合同。这类合同的特点是船舶公司接受众多托运人,以口头或订舱函电的方式预约所托运货物的舱位,只要船舶公司对这种预约给予承诺,在舱位登记簿上登记,运输合同即告成立。其运输方式为定期班轮运输。

班轮运输的承运人在接受了特定的、众多的托运人的托运,然后将属于不同托运人的货物装于同一条船舶,按预先公告的船期表,在固定的航线上,挂靠固定的港口顺序进行货物运输。运费是按已定好的运费价格表结算。在班轮运输业务中,通常是以提单的形式表现出来的,故亦称为提单运输。提单上记载的正面内容和背面条款,规定了承运人与托运人之间的权利和义务,并以此来约束承运人和托运人。

(二) 航次租船合同

航次租船合同(Voyage Charter Party),亦称航程租船合同或程租合同。我国《海商法》第92条是航次租船合同的定义条款,其含义是指"船舶出租人向承租人提供船舶或船舶的部分舱位,装运约定的货物,从一港运至另一港,由承租人支付约定运费的合同"。航次租船合同主要适用于大宗货物的国际海上运输,通常是由船东(出租人)和货主(承租人)或者他们的代理人以书面形式订立合同。其合同的内容主要包括:出租人和承租人的名称、船名、船籍、受载期限、容积、货名、装货港和目的港、载货重量、装卸期限、运费、滞期费、速遣费以及其他有关事项。

在国际航运实务中,航次租船合同又具体分为以下几种租船方式:

1. 单航次租船(Single Voyage Charter)。它是指船舶出租人与承租人洽租一个单程航次的租船运输。

2. 往返航次租船(Return Voyage Charter)。它是指船东与承租人洽租一个往返航次的租船运输。通常船东根据合同的约定,以租用的一艘船在完成一个单航次后,紧接着在上一个航次的卸货港装货,并将新装的货物运回原装货港,卸货完毕,合同才告终止。

3. 连续单航次或连续往返航次租船(Consecutive Single or Continuous Voyage Charter)。它是指船舶出租人与承租人洽租连续完成两个或两个以上的单航次或往返航次的租船运输。

在航次租船合同下,无论出租人还是承租人均应注意以下几点:

第一,出租人应提供约定的船舶。我国《海商法》第96条规定,"出租人应当提供约定的船舶;经承租人同意,可以更换船舶。但是,提供的船舶或者更换的船舶不符合合同约定的,承租人有权拒绝或者解除合同"。如果"因出租人过失未提供约定的船舶致使承租人遭受损失的,出租人应当负赔偿责任"。

第二,出租人应在约定的受载期限内提供船舶,如未能提供船舶,应在解约日及时通知承租人。所谓受载期限(Laydays),是指出租人和承租人在签订合同时,规定船舶抵达装货港的一段时间。按照航运惯例,船舶未在约定的受载期限内抵达装货港,承租人有解除合同的权利。因此,航运习惯将受载期限的最后一天称为"解约日"(Cancelling Date)。假如出租人估计船舶不可能在规定的解约日之前抵达装货港时,可以将船舶延误情况和预期抵达装货港的日期通知承租人。按我国《海商法》第97条规定:

"承租人应当自收到通知时起48小时内,将是否解除合同的决定通知出租人。"如果出租人在解约日未及时通知承租人,因其过失延误提供船舶,致使承租人遭受损失,出租人仍应负赔偿责任。

第三,承租人应当按约定提供货物。我国《海商法》第100条规定:"承租人应当提供约定的货物;经出租人同意,可以更换货物。但是,更换的货物对出租人不利的,出租人有权拒绝或者解除合同。"假如承租人未按约定提供货物,属违约行为,应负违约责任。如果承租人因未提供约定的货物致使出租人遭受损失的,应负赔偿责任。

第四,出租人应当在合同约定的卸货港卸货。通常合同规定的卸货港有时明确指定为一个,有时指定几个可供选择的港口或某一区域范围内的港口。当合同明确卸货港时,出租人应按合同约定的卸货港卸货;当合同中未明确卸货港时,承租人应当将选定的卸货港及时通知出租人,这种通知简称为"宣港"(Declaration)。"宣港"是承租人的权利,同时也是他的一项义务。通常承租人可以在合同中规定船舶在某个时间或船舶驶经某地点时向出租人发出"宣港"通知,即选择卸货港。我国《海商法》第101条规定:"合同订有承租人选择卸货港条款的,在承租人未按照合同约定及时通知确定的卸货港时,船长可以从约定的选卸港中自行选定一港卸货。承租人未按照合同约定及时通知确定的卸货港,致使出租人遭受损失的,应当负赔偿责任。出租人未按照合同的约定,擅自选定港口卸货致使承租人遭受损失的,应当负赔偿责任。"

各国在海商立法中,都比较注意尊重双方当事人的意思自治原则。对于航次租船合同,基本上没有出现强制性的条款。我国《海商法》关于海上货物运输合同这一章,从第41条到第91条,对班轮运输合同来说,基本上都是强制性的条款。但对航次租船合同来说,只有第94条的前款项是一个特殊的规定。它规定了出租人有适航和不得绕航的义务,这两项义务为强制性的规定。这就是说,在航次租船合同下,按我国《海商法》规定,出租人(承运人)必须保证尽到使船舶适航和不得绕航的义务。除此以外,出租人与承租人均可以用双方协议的方式来规定双方当事人的权利和义务。

(三)海上货物运输总合同

海上货物运输总合同(Contract of Affreightment,简称COA),亦称包运协议或者货运数量合同。这类合同大多适用于数量较大的散装货物的运输,通常是指承运人负责将一定数量的货物,在合同约定的时间内,分批经海路由一港运至另一港,由托运人或收货人支付约定运费的协议。此种运输方式具有连续单航次租船的一些特点,但对船舶所有人来说,可以自由安排任何适当船舶来完成合同约定货物的运输。这类货物的运输主要包括谷物、矿石、煤炭、油料、建筑材料等大批量货物的运输。

一般来说,海上货物运输总合同的内容包括货物的性质、货物的总吨位、使用的船舶、装运条件、起运港和目的港,以及运费价格等主要条款。

(四)国际货物多式联运合同

国际货物多式联运合同(Contract of International Multimodal Transport of Goods),是

指"多式联运经营人以两种以上不同的运输方式(其中一种是海上运输方式),负责将货物从接收地运至目的地交付收货人,并收取全程运费的合同"。这是我国《海商法》第102条的规定。国际货物多式联运经营人,是指与托运人订立国际货物多式联运合同的人,通常指经营人本人,亦可能是经营人的货运代理人。

国际货物多式联运是一种现代化的运输方式,主要适用于集装箱的运输。其主要表现为:货物的运程不管多远,不论由几种运输方式共同完成对货物的运输,亦不论运输途中对货物经过多少次转换,所有一切运输事项均由多式联运经营人负责办理。货主只需要办理一次托运,订立一份运输合同(签发一张单据),一次支付费用,一次进行保险。但是,这种货物运输方式之中,必须有一种是国际海上运输。目前我国尚无对国际货物多式联运的专门立法,故将该方式的运输列在《海商法》中,作为特别规定。

在国际货物多式联运合同下,多式联运经营人应注意以下三点:

第一,国际货物多式联运经营人应当负责履行或者组织履行多式联运合同的货物运输,并且对全程的运输负责。

第二,国际货物多式联运经营人可以与参加多式联运合同全程运输的各区段承运人另外签订合同,并以合同的方式约定相互之间的责任。这时,多式联运经营人又处于各运输区段的托运人身份,与各区段的承运人订立运输合同。但是,为了保护货主的利益,与各区段承运人签订的运输合同不得影响多式联运经营人对全程运输所承担的责任。

第三,国际货物多式联运的责任期间,是指多式联运经营人对多式联运货物的责任期间,自接收货物时起至交付货物时止。

三、海上货物运输合同的订立及其解除

(一)海上货物运输合同订立的形式

海上货物运输合同的订立过程与其他合同的订立过程基本相同;但班轮运输合同的订立与其他运输合同不同。班轮运输是由班轮公司预先公告船期表和船舶航线,货物托运人或其代理人向班轮公司或其代理机构提前约订货舱。约定舱位可以是口头或函电方式,只要班轮公司对这种预约给予承诺,运输合同即告成立。因此说,班轮运输合同(即订舱单)一般是通过订舱位的方式产生的。

各国对海上货物运输合同的订立一般采取书面形式,特别是海上货物运输总合同、航次租船合同和国际货物多式联运合同都应以书面形式订立。我国《海商法》第43条规定,航次租船合同必须书面订立。同时,该条明确了电报、电传和传真具有合同的书面效力。

(二)海上货物运输合同的解除

海上货物运输合同一经合法成立后,即发生法律效力,对双方当事人履行合同均有约束力。一旦当事人一方或双方解除合同,则意味着海上货物运输合同的效力就要提

前终止。由于合同解除的原因不同,其法律后果也不一样。各国法律对海上货物运输合同的解除都有不同的规定。我国《海商法》第 89~91 条是关于海上货物运输合同的解除以及合同解除后的处理的规定。

在海上货物运输中,合同的解除有多种形式,既可以约定解除,亦可以法定解除或者任意解除,通常有以下几种情况:

1. 因双方当事人的约定而解除合同。当事人双方在订立海上货物运输合同时,可以约定解除条款。但解除条款必须采用明示的、合法的方法来规定方可有效。在解除合同的处理上,除法定解除外,凡合同有约定的,均依照合同约定处理。

2. 因不可抗力或法律规定等原因而解除合同。由于海上运输风险比较大,一旦发生意外事件,就会使海上货物运输合同无法履行或无法继续履行,对当事人就会无利益。这时,双方当事人均可解除合同,或者合同的效力归于自然终止,亦可称为法定解除。一般产生这种后果的事由包括:

(1) 装货港或卸货港被宣布封锁;
(2) 船舶或货物因军事行动或其他行动有遭劫夺的危险;
(3) 船舶或货物被征用;
(4) 货物被禁止从装货港输出或向卸货港输入;
(5) 船舶或货物灭失或船舶达到不能修复的状态(船舶不能修理或无修理价值);
(6) 非双方当事人的原因,装货港发生罢工或者船舶被扣留等。

如果船舶在装货港开航前遇有上述任何一种事由,承运人与托运人均可解除合同。我国《海商法》第 90 条规定:"船舶在装货港开航前,因不可抗力或者其他不能归责于承运人和托运人的原因致使合同不能履行的,双方均可以解除合同,并互相不负赔偿责任。除合同另有约定外,运费已经支付的,承运人应当将运费退还给托运人;货物已经装船的,托运人应当承担装卸费用;已经签发提单的,托运人应当将提单退还承运人。"

3. 因当事人单方的原因而解除合同。合同成立后,如果因当事人一方不履行合同,致使另一方无法继续履行合同或严重影响订立合同所期望的利益时,另一方可以单方解除合同而不承担责任。例如,航次租船合同中,船舶出租人未能在合同约定的受载期限内到指定的港口装运货物,致使承租人严重影响了合同预期的利益,这时承租人可以单方宣布解除合同。又如,在班轮运输下,原定船期表未能按期起航,即承运人没有履行原订班轮运输义务,这时托运人可以单方解除合同,另找其他船承运货物。我国《海商法》第 89 条规定:"船舶在装货港开航前,托运人可以要求解除合同。但是,除合同另有约定外,托运人应当向承运人支付约定运费的一半;货物已经装船的,并应当负担装货、卸货和其他与此有关的费用。"

第三节 提单的功能及种类

一、提单的定义

我国《海商法》第71条规定,提单(Bill of Lading,简写 B/L)"是指用以证明海上货物运输合同和货物已经由承运人接收或者装船,以及承运人保证据以交付货物的单证。提单中载明的向记名人交付货物,或者按照指示人的指示交付货物,或者向提单持有人交付货物的条款,构成承运人据以交付货物的保证"。该定义条款是指承运人在接管货物或把货物装船后,由船长或承运人的代理人签发给托运人,证明已收到提单上所载明的货物,并保证将货物运至指定的目的港,交付收货人的一种书面凭证。

二、提单的功能

根据提单定义条款的规定,其功能有如下三种:

(一)提单是海上货物运输合同的证明

关于提单本身是否为海上货物运输合同这一问题,在法律界始终是有争论的。有些大陆法系国家认为,提单是承运人与托运人之间订立的货物运输合同;而英美法系国家则认为,提单本身并不是承运人与托运人之间的运输合同,仅是他们所订立的运输合同的一种证明。持后一种观点的理由是:①提单是在货物装船以后签发的,而海上货物运输合同是在签发提单以前承、托双方经过磋商就已订立的。提单是根据合同的内容签发的,因此,提单是该合同的良好证明。②提单是由承运人的代理人或船长签发给托运人的,在提单上只有一方当事人代表的签字,而不是由双方当事人共同签字,因此,提单不是运输合同。

关于提单是海上货物运输合同的证明这一问题,应根据不同的运输方式,不同的当事人来看提单具有的作用。签发提单只是履行合同的一个环节,一旦提单被转让,其功能就会起变化。在班轮运输中,承运人和托运人的权利与义务由订舱单确定,提单条款可作为订舱单的补充内容。当提单转移到善意的第三人手中时,订舱单对该受让人(善意的第三人)就没有约束力,这时提单就是承运人与提单持有人之间唯一有约束力的起合同作用的文件。在租船运输中,承租人与出租人的权利与义务依据租船合同确定,提单是出租人依据租船合同签发的。当提单转让到承租人以外的善意的提单持有人手中时,提单就是出租人与善意提单持有人之间唯一有约束力的、起合同作用的文件。由此可见,在双方当事人之间如另有协议或合同的,提单只对其协议或合同起证明或补充作用;但对没有另外订立协议或合同的当事人而言,提单实际上就成了海上货物运输合同本身,即转化为一份运输合同。

(二) 提单是承运货物的收据

提单是一张起到货物收据作用的单证。这张收据表明货物已经由承运人接收或装船,承运人应保证在目的港向收货人交付的货物与提单上记载的事项相一致。提单通常是在货物装船后才由承运人签发,但有时承运人在库场接管货物后,亦可以应托运人的要求签发收货待运提单。尤其是日益盛行的库场到库场(Yard to Yard)的集装箱运输,承运人大都在库场签发接收货物待装船提单。无论提单是在货物装船后签发还是在货物接收后签发,它都是承运人给托运人出具的接收货物的收据。提单上关于货物情况的记载事项,对双方当事人而言具有证据效力的作用。这种证据效力对托运人和收货人(善意的第三人)来说是有所区别的。对托运人来说,提单是承运人已按提单所记载的内容收到货物为托运人出具的书面收据,在托运人和承运人之间构成了初步证据(Prima Facie Evidence)。如果承运人有其他有效证据能够证明其接收或装船的货物与提单记载不符,他仍然可以提出反驳,否定提单的证据效力。但对收货人(善意的提单受让人)来说,提单在他与承运人之间就不仅仅是初步证据,而是终结性的证据(Conclusive Evidence),即承运人对提单受让人不得否认提单上有关货物的记载事项的正确性。这是因为提单受让人在受让提单的时候,并没有机会检查货物,而只能完全凭信赖提单上所记载的事项来行事。这在法律上是为了保障善意第三人的利益,同时也有利于提单在国际贸易中的流通转让。如果提单上的不正确记载事项是由于托运人申报不实所造成的,通常承运人可以向托运人要求赔偿,但承运人不得以此对抗提单的受让人,作为拒绝向提单受让人赔偿损失的抗辩理由。

(三) 提单是代表货物所有权的凭证

提单是承运人据以向提单合法持有人交付货物的支配文件,它代表着货物的所有权。其主要目的是使提单的持有人能够在货物运输过程中,通过处分提单来处理提单项下的货物。因此,提单是代表货物所有权的凭证。

提单作为一种物权凭证,谁合法持有提单,谁就有权向承运人提取货物。当提单载明记名收货人时,提单不具有转让的功能,承运人应向记名提单持有人交付货物。指示提单下,承运人应凭指示人的指示交付货物。空白提单下,承运人应向提单持有人交付货物。无论何种提单,承运人都应凭正本提单交付货物。如果承运人一旦把货物交给不是持正本提单的人,该人不是真正的货物所有人,承运人就要对真正的持正本提单的货物所有人承担把货物擅自交给他人的责任。

三、提单的分类

在国际贸易业务中,提单可以从不同的角度来分类,常见的分类方法有以下几种:

(一) 按签发提单的时间分类

按签发提单的时间不同,可分为已装船提单和收货待运提单。

1. 已装船提单(Shipped or on Board Bill of Lading)。这是指货物装上船舶后,由承

运人签发给托运人的提单。这种提单必须载明装货船名和装船日期,以便保障收货人按时收到货物。因此,在买卖合同中,一般都规定卖方须向买方提供已装船提单。按照国际商会1980年修订的《国际贸易术语解释通则》的规定,在按CIF条件成交时,卖方向买方所提供的提单必须是已装船提单。

2. 收货待运提单(Received for Shipment Bill of Lading),又称备运提单。它是指承运人已收到货物,但尚未将货物装上船舶,即等待装船所签发的提单。这种提单往往没有肯定货物装船的日期和要装船舶的名称,仅仅是将货物暂存放在指定的库场。通常在集装箱运输下,承运人在库场接受集装箱货物后,往往给托运人签发收货待运提单。当承运人将船舶名称和装船日期确定,把货物装上船舶后,收货待运提单可以转化为已装船提单。我国《海商法》第74条规定:"货物装船前,承运人已经应托运人的要求签发收货待运提单或者其他单证的,货物装船完毕,托运人可以将收货待运提单或者其他单证退还承运人,以换取已装船提单;承运人也可以在收货待运提单上加注承运船舶的船名和装船日期,加注后的收货待运提单视为已装船提单。"在国际贸易中,买方通常要求卖方提供已装船提单,并将这一约定相应地规定在信用证上。因此,银行不接受收货待运提单。但就集装箱货物运输来说,根据其特点,除信用证特别要求外,银行也可以接受收货待运提单。

(二) 按提单上有无批注分类

按提单上有无批注分为清洁和不清洁提单。

1. 清洁提单(Clean Bill of Lading)。它是指承运人对货物的外表状况未加任何批注的提单。清洁提单表明货物是在表面状况良好的条件下装船的,说明承运人在接受货物时,货物的外表状况没有缺陷;但并不排除货物内容存在的缺陷,或其他通常凭目力不能观察到的不足。如果承运人签发了清洁提单,就等于他确认经过他或他的代理人的合理检查,货物装船时外表状况良好,在卸货时如果发现货物的外表有缺陷,承运人就应负责。但对于经过合理检查不能发现的缺陷,以及因免责海难所遭受的损害,承运人不承担责任。在国际货物买卖合同中,一般都规定卖方必须提供已装船的清洁提单。

2. 不清洁提单(Unclean Bill of Lading)。它是指承运人对货物的表面状况加有不良批注的提单,如注明"包装不固"、"沾有油污"等。凡是这种提单,说明承运人接受的货物是在表面状况有瑕疵或包装不足的条件下装上船的。如果承运人在目的港交货,对于货物出现的损害,只要不超出批注的范围,就可以免除责任。因此,在提单上加列批注是承运人保护其自身利益的一种手段。托运人和银行一般不接受不清洁提单,因为这种提单难以转让流通。

(三) 按提单的抬头分类

按提单的抬头分为记名提单、不记名提单和指示提单。

1. 记名提单(Straight Bill of Lading)。它是指提单的正面收货人一栏内载明特定的人或公司名称的提单。记名提单只能由提单上所指明的收货人提货,不能转让,因而又称为不可转让提单。由于记名提单的流通性受到很大的限制,因而在国际贸易中很少使用,一般只有在运送贵重物品、个人赠送物品、援助物资或展览品等货物时,才使用记名提单。

2. 不记名提单(Bearer Bill of Lading),又称为空白提单(Blank Bill of Lading)。它是指提单的正面收货人一栏内,既不写明收货人的具体名称,也不填写"凭指示"的字样,通常只注明"交与持票人"(To bearer)字样的提单。这种提单无需背书即可转让。虽然这种提单具有很强的流通性,但给买卖双方会带来较大的风险,因此在国际贸易中很少使用。

3. 指示提单(Order Bill of Lading)。它是指在提单的收货人一栏内填有"凭某人指示"(To order of…)或仅填"凭指示"(To order)字样的提单。这种提单可以通过背书转让。其转让的方式有两种:一种为记名背书转让,即指背书人(指示人)在提单背面写明被背书人的姓名或名称,并由背书人签名,表示承运人应将货物交给被背书人或按其进一步指示交货。另一种为空白背书转让,又称为不记名背书转让,即指背书人在提单上不需记载被背书人姓名或名称,只需由背书人签名。经此背书后的指示提单的效力同不记名提单类似,承运人将货物交给出示提单的人即可。指示提单是一种可以流通转让的单据,通常指示提单持有人可以用背书的方式转让给第三人,无须取得提单签发人(承运人)的同意或认可,所以,买方一般都要求使用指示提单,银行也愿意接受指示提单,以此作为议付货款的单据。在国际贸易中,指示提单的使用最为普遍。

(四)按运输方式分类

按运输方式不同分为直达提单、海上联运提单或多式联运提单。

1. 直达提单(Direct Bill of Lading)。它是指承运人签发给托运人的、货物自装货港直接运往卸货港而不转船的提单。只要提单上没有规定货物在中途转船或改换其他运输方式运至目的港,这种提单即为直达提单。

2. 海上联运或转运提单(Ocean Through Bill of Lading)。它是指在提单中规定货物从装货港装船后,在中途卸船,又交给其他承运人,换用其船舶继续运往目的港的提单。签发此种提单的承运人称为负责联运的承运人。接运货物的承运人称为实际承运人。海上联运提单主要是通过两个承运人、两艘船舶完成海运全程的运输的。签发联运提单的承运人,对货物自接受时起至目的港交付时止,对全程运输负责。当货物发生损害是在第二程海运过程中时,第二程海运承运人应对其运输负责,受害人可以直接向第二程船东索赔,亦可向第一程签发海上联运提单的承运人索赔。

我国《海商法》第60条第2款规定:"在海上运输合同中明确约定合同所包括的特定的部分运输由承运人以外的指定的实际承运人履行的,合同可以同时约定,货物在指定的实际承运人掌管期间发生的灭失、损坏或者迟延交付,承运人不负赔偿责任。"这项规定是一种在签发转运提单的情况下,承运人与负责第二程运输的实际承运人的分段责任制。一般情况下,分段责任制必须满足下述两个条件:一是实际承运人的名称在提单上已载明;二是实际承运人要具有赔偿受害人损失的能力。只有在满足上述两个条件的情况下,如果第二程运输中发生了损害,第一程运输的承运人可以不负责任。否则,受害人有权向签发海上联运提单的第一程运输的承运人索赔。

3. 多式联运提单(Multimodal Transport Bill of Lading)。它是指承运人以两种以上的运输方式,负责将货物从一国的起运地运至另一国的目的地所签发的单证。这种提单的运输方式中,至少有一种是海上运输,如海陆、陆海等。承运人签发多式联运提单后,就要对货物从接管开始到交付为止的全程运输承担全部责任。由于多式联运的运输方式不同于其他海上运输,所以适用的责任制度亦不同。目前,多式联运的方式主要用于国际集装箱的运输。

四、提单的内容

提单的内容包括正面记载事项和背面条款两部分。

(一)提单正面记载的事项

提单正面记载事项有托运人提供并填写的部分和承运人已印刷好的文字部分。

1. 托运人提供并填写的部分。这部分包括托运人、收货人、通知人、货物名称、标志和编号、件数、毛重、尺码或吨数等项。这些内容要求托运人填写准确无误。

2. 承运人已印刷好的文字部分。这部分主要包括:

(1)外表状况良好条款:说明外表状况良好的货物已装在上列船上,并应在已列明的卸货港或该船舶能安全到达并保持浮泊的附近地点卸货。

(2)内容不知条款:说明重量、尺码、标志、编号、品质、内容和价值是托运人所提供的,承运人在装船时无法进行核对所做的记载。

(3)承认接受条款:说明托运人、收货人和合法提单持有人接受并同意该提单正面及背面所载的一切印刷、书写或打印的规定、免责事项和条件。

我国《海商法》第73条对提单的主要内容作了11项规定,现分别介绍如下:

第一项:货物的品名、标志、包数或者件数、重量或者体积,以及运输危险货物时对危险性质的说明。这项规定是指托运人对所托运的货物应如实正确申报。

第二项:承运人的名称和主营业所。承运人的名称通常印刷在提单抬头处,提单末尾是承运人或其代表的签字。一般情况下,两者是一致的,如果遇有提单抬头名称与签字不一致时,以签字为准。承运人的主营业所是确定承运人属人法的依据。因此,承运人的名称和主营业所必须在提单上载明。

第三项:船舶名称。船名是船舶特定化的标志。除承运人与托运人事先约定承运人可用其他船舶代替外,承运人应提供约定的船舶运输货物。提单通常是在货物装船后签发的,船名必须在提单上载明。一般收货待运提单不记载船舶名称,但当货物装船后,承运人可以在收货待运提单上加注装运船舶的名称,使其成为已装船提单。

第四项：托运人名称。提单是承运人签发给托运人的单证，明确记载托运人的名称，便于确定提单背书转让的效力。

第五项：收货人的名称。关于提单上收货人的名称，不同的提单记载的方式亦不同。例如：记名提单应当明确记载收货人的名称；指示提单仅记载"凭指示"或"凭某某指示"的字样；不记名提单不记载收货人名称，提单合法持有人即为收货人。

第六项：装货港和在装货港接收货物的日期。提单上载明装货港和接收货物的日期，对日后发生纠纷，确定管辖权和准据法有一定的意义，并且对确定承运人的责任起着重要的证明作用。

第七项：卸货港。承运人将货物运往提单载明的卸货港卸货，是为了履行合同规定的义务。

第八项：多式联运提单增列接收货物的地点和交付货物的地点。明确多式联运接收货物和交付货物的库场是该提单的特殊要求。

第九项：提单的签发日期、地点和份数。承运人在提单上的签发日期是指货物已由承运人接管或装船的日期证明。提单的签发地点通常是装货港，但也有可能是船公司所在地。提单有正本和副本之分，签发提单的份数一般是指正本提单份数。正本提单通常为一式三份，亦可签发多份，但每一份具有同等的法律效力，凭其中一份提货后，其他各份便自动失效。

第十项：运费的支付。明确运费付款方式对承运人能够保证收取运费有着重要的意义。如果提单上未载明运费到付字样，可以视为运费已付，收货人在提货时就可以不支付运费。

第十一项：承运人或其代表的签字。这项规定是提单必不可少的内容。通常货物由承运人接收或者装船后，应托运人的要求，承运人应当签发提单。提单可由承运人自己签发，亦可由承运人授权的人签发。提单由载货船舶的船长签发的，视为代表承运人签发。

上述11项内容是我国《海商法》对提单正面记载事项的规定，这些规定与《汉堡规则》的规定相类似。《汉堡规则》第15条第1款规定的提单内容共15项。

目前，提单的内容各国都无强制性的规定，而且提单所规定的内容亦不构成为有效性的文件。例如，我国《海商法》第73条第2款规定："提单缺少前款规定的一项或者几项的，不影响提单的性质；但是，提单应当符合本法第71条的规定。"正如《汉堡规则》第15条第3款的规定："提单缺少本条所规定的一项或几项，不影响该单证作为提单的法律性质，但该单证必须符合第1条第7款规定的要求。"所谓第1条第7款是指提单的定义条款的规定。

关于提单的内容，除上述各项法律规定之外，如果承运人与托运人就其他的事项认为有必要列明在提单上的，在不违反法律和有关国际公约规定的情况下，双方当事人还可以协商或者再约定。

(二)提单背面条款

在提单背面印刷的条款是对承运人与货方之间的权利、义务、责任和免责的规定,亦是双方当事人处理争议时的主要依据。各航运公司的提单背面内容不尽相同,但大都订有以下条款:

1. 管辖权条款(Jurisdiction Clause)。一般提单上都规定,如发生争议,由承运人所在国法院受理。由于提单大都是标准格式印制的,因此就管辖权条款的法律效力问题是有争议的。有的国家将其作为协议管辖处理,承认其有效力;但大多数国家则以诉讼不方便,不易执行等为理由,否认其效力。我国目前对提单管辖权条款倾向于采取对等原则来确定其是否有效。也就是说,在无法确定当事人另一方态度时,可按在该地诉讼是否方便作为衡量的标准。

随着海运业的迅速发展,有的船舶公司已开始注意在提单上加入一条"仲裁条款",以仲裁的方式代替在法院诉讼。在国际上,提单仲裁条款已得到普遍承认。

2. 首要条款(Paramount Clause)。该条款是对提单所产生的纠纷应适用什么法律解决的规定。一般来说,提单上的法律适用条款是受到尊重的。因此,各国航运公司均在提单中明确规定,该提单是受某一国内法或者某一国际公约的制约。在提单上明确法律适用,对日后因提单发生的纠纷将起到重要的作用。

3. 承运人的责任与豁免(Carrier's Responsibilities and Immunities)条款。该条款是对承运人在货物运输中应承担的责任及其免责事项的规定。如果提单的首要条款中已规定法律适用,则该条款可以不订,关于承运人的责任与豁免事项,可参照所适用的法律来处理。但是,为了阐明承运人的运输责任、免责及赔偿责任限制,各船舶公司大都在提单上规定有承运人责任与豁免条款。

4. 责任期间(Period of Responsibility)条款。该条款是对承运人在掌管货物期间承担责任的规定。我国《海商法》第46条对承运人责任期间作了明确的规定。

5. 装货、卸货和交货(Loading, Discharging and Delivery)条款。该条款规定,托运人在装货港提供货物,收货人在卸货港提取货物,并要求托运人或收货人应以船舶能够装载和卸载的速度,不间断地提供或提取货物。

6. 运费及其他费用(Freight and Other Charges)条款。该条款规定,托运人或收货人应按提单正面记载的运费金额、支付方式、货币名称、支付运费和其他应由货方承担的包括与货物有关的一切费用。通常支付运费的方式有预付(Prepaid)和到付(To Collect)两种。预付运费和到付运费无论船舶和货物或其中之一遭受任何灭失或损坏,运费均不予退还或扣减。如果货方对运费和其他费用未付清,承运人可以在合理的限度内留置货物或单证。

7. 赔偿责任限额(Package Limitation)条款。该条款规定,承运人对货物的灭失或损坏负有赔偿责任时,承运人的赔偿应按适用的国内法或国际公约的规定,不超过一定的限额。如果托运人就货物的性质和价值在装运前已申报,并在提单中载明高于法律规定的赔偿限额,或者承运人与托运人另有约定的,不受赔偿限额规定的约束,承运人则应以约定的金额赔偿。赔偿责任限额一般是以每件或每计算单位若干货币单位来表示。我国《海商法》第56条就承运人对货物的灭失或损坏的赔偿限额作了明确的规定。

8. 舱面货、活动物和植物(Deck Cargo, Live Animals and Plants)条款。提单上规定此条款的目的是由于《海牙规则》不适用于活动物和在运输合同中注明装于舱面并且已装于舱面的货物,为了便于分清承、托双方就运输这种货物的责任,各航运公司的提单背面均列有这样的条款。我国《海商法》第52条规定:"因运输活动物的固有特殊风险造成活动物灭失或者损害的,承运人不负赔偿责任。但是,承运人应当证明业已履行托运人关于运输活动物的特别要求,并证明根据实际情况,灭失或者损害是由于此种固有的特殊风险造成的。"《海商法》第53条第1款规定:"承运人在舱面上装载货物,应当同托运人达成协议,或者符合航运惯例,或者符合有关法律、行政法规的规定。"

《海商法》第53条第2款又规定:"承运人依照前款规定将货物装载在舱面上,对由于此种装载的特殊风险造成的货物灭失或者损坏,不负赔偿责任。"《海商法》第53条第3款还规定:"承运人违反本条第1款规定,将货物装载在舱面上,致使货物遭受灭失或者损坏的,应当负赔偿责任。"

9. 危险货物(Dangerous Goods)条款。该条款的规定是针对托运人托运危险品而言的。我国《海商法》第68条对托运危险品作了明确的规定:"托运人托运危险货物,应当依照有关海上危险货物运输的规定,妥善包装,做出危险品标志和标签,并将其正式名称和性质以及应当采取的预防危害措施书面通知承运人;托运人未通知或者通知有误的,承运人可以在任何时间、任何地点,根据情况需要将货物卸下、销毁或者使之成为无害而不负赔偿责任。托运人对承运人因运输此类货物所受到的损害,应当负赔偿责任。"该条又进一步规定,如果托运人已经向承运人申报了货物的危险性质并取得他的同意已经装运的,但当承运人或船方发现这类货物对船舶、人员或者其他货物构成实际危险时,他们仍可用任何方式把货物卸下、销毁或使之成为无害。由此造成的损失,承运人概不负责。但是,对于产生的共同海损,将不影响其分摊责任。

10. 集装箱货物(Cargo in Containers)条款。集装箱货物运输是在20世纪50年代正式出现的。1968年的《海牙—维斯比规则》和1978年的《汉堡规则》对集装箱货物运输并未作出专门的规定,仅就集装箱货物发生灭失或损害时,对承运人的责任限制作了有关规定。中国远洋运输总公司的提单第16条,对集装箱货物运输作了如下规定:

(1)由承运人装载的集装箱或者接管的满载集装箱,均可装在舱面或舱内而无需事先通知,尽管装在舱面,承运人对此种运输的责任应同样按照本提单的规定处理。

(2)如果集装箱非由承运人装箱或装载,而承运人以铅封完好交付,则此种交付应视为完全和全部履行了承运人在该项提单下的义务,承运人对集装箱内所载货物的任何灭失或者损坏,不负赔偿责任。而托运人应对由于下列原因造成承运人的任何人身伤亡、财产的灭失、损坏、责任或费用负赔偿责任：①集装箱的装箱或装载方式；②集装箱内货载不适宜集装箱运输；③集装箱不适宜或条件不良，而此种状况在集装箱装箱或装载之时或之前，托运人只要进行合理检查即可明显发现的。

11. 自由转船条款(Transhipment Clause)。该条款是指承运人虽然签发了直达提单，但如有必要，承运人可任意将货物交由属于其自己的其他船舶或属于他人的船舶，直接或间接地运往目的港，不需经过托运人同意。通常转船费用由承运人负担，但风险则由货方承担。承运人的责任仅限于其本身经营的船舶所完成的那部分运输。往往在提单上列明自由转船条款，主要是为保护承运人的权益。

12. 共同海损(General Average)条款。该条款是对共同海损的理算地点和理算所依据的规则的规定。国际上大多数海运公司的提单上一般规定按《1974 年约克·安特卫普共同海损理算规则》(York-Antwerp Rules)进行理算。中国远洋运输总公司和中国对外贸易运输总公司的提单均规定，共同海损应在北京根据《1975 年中国国际贸易促进委员会共同海损理算暂行规则》进行理算。

13. 新杰森条款(New Jason Clause)，又称修改后的杰森条款。杰森条款是因 1910 年美国著名的"杰森案件"而得名。新杰森条款规定的内容为："如果在航次开始以前或以后，由于不论是疏忽与否的任何原因而引起意外、危险、损害或灾难，而根据法令、契约或其他规定，承运人对此类事件或此类事件的后果都不负责，则货物托运人、收货人或货主应在共同海损中与承运人一起分担可能构成或可能发生的具有共同海损性质的牺牲、损失或费用，并应支付关于货物方面所发生的救助费用或特殊费用。""如果某一救助船舶为本承运人所有或由其经营，则其救助费用应当犹如该救助船舶系为第三者所有一样全额支付。承运人或其代理人认为足以支付货物方面的预计分摊款额及其救助费用和特殊费用的保证金，如有需要，应由货物托运人、收货人或货物所有人在提货之前付给承运人。"这是中国远洋运输总公司提单第 24 条第 2 款的规定。

以上仅是提单背面主要条款内容的说明。另外，关于货物留置权以及冷藏货、木材、钢铁、重货和笨件的有关问题，目的港战争、罢工、检疫、冰冻、港口拥挤等内容，提单上均有所规定。

五、关于提单正面有关货物记载事项的法律效力

(一)《海商法》对提单上批注的规定

在运输业务中，很多船舶公司的提单正面常有一段印刷文字："承运人收到的货物，其表面情况良好。"通常承运人可根据收到货物的状况在提单正面印刷文字处加批注。我国《海商法》第 75 条规定："承运人或者代其签发提单的人，知道或者有合理的根据怀疑提单记载的货物的品名、标志、包数或者件数、重量或者体积与实际接收的货物不符，在签发已装船提单的情况下怀疑与已装船的货物不符，或者没有适当的方法核对提单记载的，可以在提单上批注，说明不符之处，怀疑的根据或者说明无法核对。"该

法第76条又规定:"承运人或者代其签发提单的人未在提单上批注货物表面状况的,视为货物的表面状况良好。"

(二)提单上有关货物记载的证据效力

我国《海商法》第77条对提单上有关货物记载的证据效力作了如下规定:"……承运人或者代其签发提单的人签发的提单,是承运人已经按照提单所载状况收到货物或者货物已经装船的初步证据。承运人向善意受让提单的包括收货人在内的第三人提出的与提单所载状况不同的证据,不予承认。"例如,1917年2K.B.664.一案,托运人承运一批白锑矿石。托运人提供的货物重量为937吨,承运人在提单上记载937吨处批注了一条"除了为计算运费而估算之外,重量不知"。船到目的港卸货时发现白锑矿石不足937吨,收货人要求承运人赔偿损失。该案法院判决认为,该提单的记载是已装船货物重量的初步证据,"重量不知"的批注是说明承运人为计算运费而按托运人提供的数量记载的,事实上承运人并不知货物的确切重量,亦无法验收,该937吨的记载不能约束承运人。该案例说明,如果收货人要求获得赔偿,就必须负举证之责,证明当时确有937吨白锑矿石装上船舶。否则承运人就可以不承担赔偿责任。

如果提单被转让到善意的第三人手中,这时该提单在承运人与善意第三人之间构成唯一的终结性的证据,而不再是承、托双方之间的初步证据关系。根据上述案例,假如提单持有人为善意第三人时,通常承运人就不能以其主张抗辩的权利,而应根据收货人(善意第三人)的要求赔偿其损失。然后,承运人可依据运输合同向托运人追偿其赔偿给收货人的损失。

第四节 承运人的责任制度

承运人的责任制度在国际海上货物运输中实行的是不完全的过失责任制。我国《海商法》第四章第二节明确规定了承运人的责任制度。

一、承运人的责任期间

承运人的责任期间的责任划分可从两个方面来考察。一个是由法律规定的;另一个是由双方当事人协议约定的。我国《海商法》第46条就集装箱货物运输和普通货物运输承运人的责任期间分别做了规定。该条前款规定:"承运人对集装箱装运的货物的责任期间,是指从装货港接收货物时起至卸货港交付货物时止,货物处于承运人掌管之下的全部期间。"该款又规定:"承运人对非集装箱装运的货物的责任期间,是指从货物装上船时起至卸下船时止,货物处于承运人掌管之下的全部期间。"这里要明确"装船"与"卸船"是承运人责任期间的具体界限。一般来说,不同的装卸方式有不同的原则。如果使用船上吊杆,是指自货物在装货港挂上船上吊钩时起至货物在卸货港脱下船上吊钩时止,即"钩至钩"(Tackle to Tackle)原则。如果使用岸上吊杆,是指自货物在装货港越过船舷时起至货物在卸货港越过船舷时止,即"舷至舷"(Rail to Rail)原则。如果使用软管装卸,是指自货物在装货港流入软管接头时起至货物在卸货港流出软管接头时止,即"软管接头至软管接头"(Hose Connection to Hose Connection)原则,亦称"管至管"原则。如果是由码头工人装卸,是指自货物被搬起时开始至货物被全部搬下船时止。

该条款还规定了承运人责任期间内,无论是集装箱货物,还是一般货物,如果发生了灭失或损坏,除法律另有规定外,承运人应当负赔偿责任。这一规定是强制性的,承运人不能任意缩短责任期间,亦不能降低或减轻所应承担的责任。

《海商法》第46条第2款规定:"前款规定,不影响承运人就非集装箱装运的货物,在装船前和卸船后所承担的责任达成的任何协议。"这款规定是非强制性的。也就是说,承运人对一般货物在装船前与卸船后所承担的责任,可以与托运人达成任何协议。所谓装船前与卸船后,前者是指承运人自接收货物起至货物装船前的一段时间,后者是指货物被卸下船后至交付货物这段时间。如果装船前与卸下船后这段时间发生纠纷,可依据承运人与托运人达成的协议来解决。

二、承运人的基本义务

根据我国《海商法》的规定,承运人的基本义务有以下三项:

(一)承运人的适航义务

我国《海商法》第47条规定:"承运人在船舶开航前和开航当时,应当谨慎处理,使船舶处于适航状态,妥善配备船员,装备船舶和配备供应品,并使货舱、冷藏舱、冷气舱和其他载货处所适于并能安全收受、载运和保管货物。"这条规定与《海牙规则》相同。根据这条规定应注意以下几点:

1. 船舶的适航性与标准。所谓适航性,首先是指船舶必须在船体及船机的设计、结构、性能和设备等方面经受得起航程中通常出现的或能合理预见的风险。其次,还要配备合格、健康的船员,装备船舶和配齐船舶所需的供应品,使船舶能安全地把货物运往目的地。另外,船舶的适航性还包括适宜载货,即适宜接受、保管和运输货物。按照《海商法》及《海牙规则》的规定,承运人对船舶适航性的标准,并不是要求承运人保证船舶绝对适航,而只要求他谨慎处理,使船舶适航。所谓"谨慎处理"并没有精确的定义,通常说的"谨慎处理"不仅是个理论问题,更重要的是个事实问题。

2. 船舶适航的时间。《海商法》及《海牙规则》要求船舶适航的时间,是指该航次承运人在开航之前和开航当时谨慎处理,使船舶适航,并不是在整个航程中都要保证船舶适航。在实践中,关于船舶适航性的时间问题争议很多,如定期船在一个航程中往往有几个装货港,船舶要停靠每个装货港,这时如何理解船舶多次起航的适航时间是有争议的。例如,M货轮在始发港——A港装上货物,开航时船舶是适航的,该货轮在开航后因海事而不适航。在中途港——B港未恢复船舶的适航性却又继续装上另一批货物,船抵最后目的港卸货时,发现货物在 B 港至目的港航程中均已损坏。针对该案有两种观点:一种观点认为,以装货港至卸货港的整个航程为一个航次,即合同航次或提单航次。只要船舶在该航次装货港开航之前和开航当时是适航的,即使船舶在航行期间或中途停靠港口期间不适航,亦不能视为承运人运送该批货物违反谨慎处理使船舶适航的义务。国内外大多数人均持这种观点。另一种观点认为,港与港之间的航程即为航次。如果船舶挂靠中途港,则装货港至中途港是一个航次,中途港至卸货港又是一个航次。船舶不但在装货港开航之前和开航当时必须适航,在中途港开航之前和开航当时也应适航。其理由是:《海牙规则》对承运人实行的是不完全过失责任制,允许其对船长及船员在驾驶或管理船舶中的过失行为,以及火灾事故造成的货物灭失或损坏给予免责。海上这种特殊风险的免责,不应当适用于船舶停港期间,包括装货港与中途港的起航。

3. 船舶适航的举证。船上必须具有经船舶检验机构或人员签发的船舶适航证书,该证书是船舶适航的初步证据。如果货方欲以船舶不适航为由对其货物的灭失或损坏要求承运人负赔偿责任的,货方则应举证,证明其货物的损失是因承运人违反谨慎处理使船舶适航义务所致。反过来,承运人也可举证,证明他或他的受雇人员或其代理人已履行谨慎处理使船舶适航之义务。这样,便可不负赔偿责任;否则,承运人应对货方赔偿其货物的损失。

(二)承运人管理货物的义务

我国《海商法》第 48 条规定:"承运人应当妥善地、谨慎地装载、搬移、积载、运输、保管、照料和卸载所运货物。"如果由于他的疏忽或过失,致使货物受到损坏,承运人应负赔偿责任。现就 7 个环节中承运人管理货物应尽的义务分别介绍如下:

1. 装载(Load)。承运人应按货物的特性适当和谨慎地装载,使用相适应的装货设备,对危险货物应采取一切安全措施,保证货物在预定的时间内装上船舶。如果承运人雇用装卸工人操作,他应对装卸工人的疏忽或过失所造成的货损负责。

2. 搬运(Handle)。货物装入船舱后,承运人应根据货物的具体情况进行适当搬移,对笨重货物应绑紧扎牢,以免货物在运输途中碰损或变坏;在装运散装粮食时,必须安装防摇板和通风设备;冷藏舱在装货前应由检验部门检验并签发合格证书。

3. 积载(Ston)。货物装上船后,承运人必须按照货物的品种、性质和包装等特点,妥善进行堆放。

4. 运输(Carry)。承运人负有将货物尽快地、直接地并安全地运送到目的港的责任。如果船舶在航行中发生了海损事故,承运人应采取适当措施,保护他所运载的货物尽可能地避免或减少损失。承运人还应以合理的速度,按照合理的航线或地理上、习惯上的航线直接把货物运送到目的港交货,不得无故绕航。如果承运人在运输中未尽到适当谨慎的责任,致使货物遭受不应有的损失,承运人应负赔偿责任。

5. 保管和照料(Keep and Care for)。承运人对船上所承运的货物应适当而谨慎地加以照料和保管,防止货物在运输途中遭受损失。例如,运输谷物类货物时,必须在舱内适当、合理地使用通风设备,调节冷藏舱温度,以防发热、潮湿受损,并注意对货物的看守。如果船舶发生了海损事故,承运人应及时采取合理而有效的措施,尽量避免或减少货物遭受任何损失。

6. 卸载(Discharge)。承运人应适当地、谨慎安全地、尽快地卸货,如因卸货不当致使货物受损,承运人应负赔偿责任。通常情况下,承运人应将货物运到合同约定的目的港交货。但如遇到目的港发生战争、封锁、瘟疫、罢工、冰冻或者承运人无法控制的其他情况,使船舶无法驶入合同约定的目的港卸货的,船长有权将货物在目的港邻近的安全港口或者地点卸载,并及时通知收货人,即可视为承运人履行其交货义务。我国《海商法》第91条规定:"因不可抗力或者其他不能归责于承运人和托运人的原因致使船舶不能在合同约定的目的港卸货的,除合同另有约定外,船长有权将货物在目的港邻近的安全港口或者地点卸载,视为已经履行合同。"该条又规定:"船长决定将货物卸载的,应当及时通知托运人或者收货人,并考虑托运人或收货人的利益。"

（三）承运人有不得绕航的义务

所谓船舶绕航,通常是指船舶没有按运输合同中约定的航线,或是没有按地理位置上的航线,或是没有按习惯航行的航线行驶,使原定航次的性质发生了变化。在海上货物运输中,承运人有义务按照运输合同约定的航线或合理的航线,尽快地运送货物,不得无故绕航。如果发生了不正当的绕航行为,应承担由此而引起的严重后果。我国《海商法》第49条规定:"承运人应当按照约定的或者习惯的或者地理上的航线将货物运往卸货港。"该条又规定:"船舶在海上为救助或企图救助人命或财产而发生的绕航或者其他合理绕航,不属于违反前款规定的行为。"

三、承运人的免责事项

我国《海商法》第51条对承运人的免责事项作了如下规定:"在责任期间货物发生的灭失或者损坏是由于下列原因之一造成的,承运人不负赔偿责任:

第一,船长、船员、引航员或者承运人的其他受雇人在驾驶船舶或者管理船舶中的过失;

第二,火灾,但是由于承运人本人的过失所造成的除外;

第三,天灾,海上或者其他可航水域的危险或者意外事故;

第四,战争或者武装冲突;

第五,政府或者主管部门的行为、检疫限制或者司法扣押;

第六,罢工、停工或者劳动受到限制;

第七,在海上救助或者企图救助人命或者财产;

第八,托运人、货物所有人或者他们的代理人的行为;

第九,货物的自然特性或者固有缺陷;

第十,货物包装不良或者标志欠缺、不清;

第十一,经谨慎处理仍未发现的船舶潜在缺陷;

第十二,非由于承运人或者承运人的受雇人、代理人的过失造成的其他原因。"

根据该条所列12项内容的规定,承运人免责包括过失免责和无过失免责。第一项和第二项为承运人过失免责的规定,但第二项关于"火灾"免责的规定,对承运人本人的过失所造成的火灾是无权享受免责的;而对承运人的受雇人员,包括船长、船员及代理人,如果由于他们的过失引起的火灾造成货物灭失或损坏,承运人则可以免除赔偿责任。该条第三项至第十二项的内容是承运人无过失免责的规定。当承运人援引上述12项免责条款时,应在履行其义务的前提下才能享受免责。如果承运人没有履行其义务,致使货物遭受损失,仍不能免除赔偿的责任。

该条第2款又规定:"承运人依照前款规定免除赔偿责任的,除第二项规定的原因外,应当负举证责任。"

四、承运人的责任限制

承运人的责任限制(Limit of Liability),是指承运人的赔偿责任限制。当承运人负有赔偿责任,应支付赔偿金时,法律赋予承运人对货损支付赔偿金额的最高限额。各国海商法或海上货物运输法和有关提单的国际公约均规定了承运人的责任限制,把承运人所应负担的赔偿责任限定在一定的水平上,其意义主要是为了减轻承运人的责任,避免承运人遭受因海事等危险带来的不堪损失;也为了禁止承运人随意减轻自己所应承担的赔偿损失。

(一)我国《海商法》关于承运人赔偿责任限额的规定

我国《海商法》第56条第1款规定:"承运人对货物的灭失或者损坏的赔偿限额,按照货物件数或者其他货运单位数计算,每件或者每个其他货运单位为666.67计算单位,或者按照货物毛重计算,每公斤为2计算单位,以二者中赔偿限额较高的为准。但是,托运人在货物装运前已经申报其性质和价值并在提单中载明的,或者承运人与托运人已经另行约定高于本条规定的赔偿限额的除外。"

国际公约就承运人对货物灭失或损坏的赔偿限额的规定分别有:1924年的《海牙规则》,对承运人的赔偿限额是每件或每单位为100英镑。1968年的《海牙—维斯比规则》,对承运人的赔偿限额改为10 000金法郎,或毛重每公斤30金法郎,按二者之中的高者计算。1978年的《汉堡规则》,对承运人的赔偿限额,以每件货物或每一装运单位不超过835计算单位或毛重每公斤不超过2.5计算单位为限,以其较高者为准。这种计算方法,是以国际货币基金组织所规定的特别提款权为单位来确定承运人对货物损失的最高赔偿限额的。

我国《海商法》对承运人的赔偿限额的计算单位为国际货币基金组织规定的"特别提款权",其人民币数额的计算方法是以法院判决之日或仲裁机构裁决之日或者当事人协议之日,按照国家外汇主管机关规定的国际货币基金组织的特别提款权对人民币的换算办法计算而得出人民币数额的。

我国《海商法》第56条第2款又规定:"货物用集装箱、货盘或者类似装运器具集装的,提单中载明装在此类装运器具中的货物件数或者其他货运单位,视为前款所指的货物件数或者其他货运单位数;未载明的,每一装运器具视为一件或者一个单位。"该条第3款还规定:"装运器具不属于承运人所有或者非由承运人提供的,装运器具本身应当视为一件或者视为一个单位。"

此外,该条款排除了托运人在货物装运前已经申报货物的性质和价值并在提单中载明,或者承运人与托运人已经另有约定高于第56条规定的赔偿限额的,不受赔偿限额规定的约束,这样做的意义是为了保护货方的利益,达到公平、合理。

(二) 承运人赔偿责任限制权利的丧失

法律对承运人的赔偿责任限制的规定,对承运人来说是非常重要的。它是免责条款之外,对承运人的利益给予保护的又一措施。但在某些情况下,承运人对于货物的损失,仍须按货物的实际损失给予赔偿,而不能享受赔偿责任限制的权利。

我国《海商法》第59条规定:"经证明,货物的灭失、损坏或者迟延交付,是由于承运人的故意或者明知可能造成损失而轻率地作为或者不作为造成的,承运人不得援用本法第56条或者57条限制赔偿责任的规定。"该条规定中说的"故意"或"轻率",是指承运人本人有意造成货物的灭失、损坏或迟延交付而仍不顾后果,作出的行为或不行为产生的情况,承运人是无权享受第56条或第57条所规定的责任限额利益的。

《海商法》第57条规定:"承运人对货物因迟延交付造成经济损失的赔偿限额为所迟延交付的货物的运费数额。"

五、承运人的代理人的法律地位

承运人的代理人,是指与承运人有委托或雇佣合同关系的人。例如,装卸公司、码头经营人、仓库管理人及其他与承运人有委托协议关系的人。又如,船长、船员与承运人既有雇佣,亦有委托,有时起双重身份的作用。关于承运人的代理人的法律地位问题,国际公约及各国海商法并没有专门的具体规定,大都分散规定在有关条款中。承运人的代理人的法律地位突出表现在下列两个方面:

(一) 不受运输合同的制约

承运人的代理人或受雇人不是运输合同的当事人,不受运输合同的制约。

(二) 有权援引承运人的各项抗辩理由和责任限制赔偿

当由于承运人的代理人或受雇人的过失造成货物的灭失、损坏或迟延交付时,有权援引承运人的各项抗辩理由和责任限制赔偿。例如,我国《海商法》第58条规定:"就海上货物运输合同所涉及的货物灭失、损坏或者迟延交付对承运人提起的任何诉讼,不论海事请求人是否为合同一方,也不论是根据合同或者是根据侵权行为提起的,均适用本章关于承运人的抗辩理由和限制赔偿责任的规定。"该条又规定:"前款诉讼是对承运人和受雇人或者代理人提起的,经承运人的受雇人或者代理人证明,其行为是在受雇或者受委托的范围之内的,适用前款规定。"根据该条规定,承运人的代理人或受雇人,由于其过失造成的货物灭失、损坏或迟延交付,均享有援引《海商法》第四章关于承运人的抗辩理由、免责事项和赔偿责任限额规定的权利。

第五节 海上货物运输合同争议的处理

在海上货物运输中,承运人与托运人(货方)因海上货物运输合同发生的争议,一般可以通过和解、调解、仲裁或诉讼的方式来解决。现就仲裁和诉讼的方式作简要说明。

一、仲裁

目前,我国处理海上货物运输合同争议的仲裁机构分为中国国际经济贸易仲裁委员会和中国海事仲裁委员会。根据2000年11月22日中国国际商会修订并通过,于2001年1月1日正式生效的《中国海事仲裁委员会仲裁规则》(以下简称《海事仲裁规则》)第2条的规定,中国海事仲裁委员会受理下列海事争议案件:

第一,船舶救助、共同海损所发生的争议;

第二,船舶或其他海上移动式装置碰撞,或者船舶或其他海上移动式装置与海上、通海水域、港口建筑物和设施以及海底、水下设施触碰所发生的争议;

第三,提单、运单、航次租船合同和其中一种为海上运输方式的多式联运合同或者其他运输单证涉及的国际远洋、国际近洋、沿海和与海相通的可航水域的货物运输业务所发生的争议,以及上述水域的旅客运输所发生的争议;

第四,船舶或其他海上移动式装置或集装箱及其他装运器具的租用、租赁,或者船舶或其他海上移动式装置的经营、作业、代理、拖带、打捞和拆解业务所发生的争议;

第五,船舶或其他海上移动式装置的所有权、优先权所发生的争议;

第六,国际远洋、国际近洋、沿海和与海相通可航水域的船舶或其他海上移动式装置的保险、货物运输保险、旅客运输保险、海上开发资源保险及其再保险,以及船舶保赔业务等所发生的争议;

第七,船舶或其他海上移动式装置以及集装箱或其他装运器具的买卖、建造和修理业务所发生的争议;

第八,船舶或其他海上移动式装置的抵押贷款所发生的争议;

第九,货运代理合同、船舶物料供应合同、船员劳务合同、渔业生产及捕捞合同等所发生的争议;

第十,海洋资源开发利用及海洋环境污染损害所发生的争议;

第十一，海事担保所发生的争议；

第十二，双方当事人协议仲裁的其他海事争议或与海事有关的争议。

根据《海事仲裁规则》第 64 条的规定，仲裁裁决是终局的，对双方当事人均有约束力。任何一方当事人均不得向法院起诉，也不得向其他任何机构提出变更裁决的请求。

二、海事诉讼及诉讼时效

（一）海事诉讼

海事诉讼（Maritime Litigation）是指当事人通过向海事法院起诉的方式，由法院依照法定程序行使审判权，解决当事人的争议。在我国，对当事人因海事侵权纠纷、海商合同纠纷以及法律规定的其他海事纠纷提起的海事诉讼案件均由海事法院受理。目前，我国共有 9 个海事法院和 1 个海商庭，分别设在广州、大连、上海、天津、青岛、武汉、海口、厦门、宁波，以及温州海商庭（归属于宁波海事法院）。

由于海事案件其技术性、专业性很强，非一般的民事诉讼，为更好地解决海商、海事案件的争议，我国于 1999 年 12 月 25 日在第九届全国人民代表大会常务委员会第十三次会议上通过了《中华人民共和国海事诉讼特别程序法》，并于 2000 年 7 月 1 日起施行。该法共 12 章，127 条。其内容包括：海事管辖、海事请求保全、海事强制令、海事证据保全、海事担保、送达、审判程序、设立海事赔偿责任限制基金程序、债权登记与受偿程序、船舶优先权催告程序等。《中华人民共和国海事诉讼特别程序法》的颁布和实施，标志着我国的海事法制初步形成了比较完整的、具有中国特色的海事司法制度，确立了我国海事法院和海事审判的法律地位。

（二）诉讼时效

诉讼时效（Limitation of Time），是指享有某种海事权利的一方当事人，就有关海事的争议案件向海事法院提起诉讼的法律期限。如果超过了法律规定的时间就意味着不能再到法院去起诉，这时有海事请求权的当事人就丧失了法律对他保护的时间期限。

关于海上货物运输合同引起的争议，货方向承运人要求赔偿和追偿的时效期限，我国《海商法》第 257 条规定："就海上货物运输向承运人要求赔偿的请求权，时效期间为 1 年，自承运人交付或者应当交付货物之日起计算；在时效期间内或者时效期间届满后，被认定为有责任的人向第三人提起追偿请求的，时效期间为 90 日，自追偿请求人解决原赔偿请求之日起或者收到受理对其本人提起诉讼的法院的起诉状副本之日起计算。"

该条第 2 款又规定："有关航次租船合同的请求权，时效期间为 2 年，自知道或者应当知道权利被侵害之日起计算。"航次租船合同虽属海上货物运输合同，但《海商法》对其时效期间规定为 2 年，则不同于一般海上货物运输合同时效的时间。因为航次租船合同的出租人和承租人之间大都是租赁船舶引起的争议(如船舶滞期费或者速遣费等原因引起的请求权),而非海上货物运输合同引起的请求权。因此,当承租人租船运输货物为收货人时,可以要求出租人赔偿货物损失的请求权为2年,依据的是航次租船合同提起的请求权。但是,如果收货人不是承租人,收货人不能根据租船合同就海上货物运输向承运人要求赔偿损失的2年时效期间,其货物索赔请求权的时效期间应为1年。此外,《海商法》第257条只规定了货方和承租方向承运人和出租人请求赔偿损失的权利的时效,而未规定承运人和出租人向货方和承租人提出索要运费等损害赔偿的时效。

案例

海上货物运输争议案

【案情】

1992年1月30日,原告(北京某进出口贸易公司)与案外人新加坡金太平企业订立一份2 000吨黑豆出口的《销货确认书》,价格条件为F.O.B.。装运期及运输方式:First shipment of 1 000 m/t before 15th April Second shipment of 1 000 m/t before 15th May。1992年5月13日,原告将上述货物中的972.948吨交由被告(某远洋运输公司)所属的"和田"轮承运。原告为满足金太平企业通过其开证行所开出的信用证的要求,向第二被告(中国外轮代理公司某外轮代理分公司)申请,在代表上述货物提单的托运人栏内填写金太平企业的名字。作为船东的代理人——某外轮代理分公司遂于1992年5月13日签发了Clean B/L No 63号清洁提单。该提单载明:Shipper——金太平企业;Consignee——to order; Notify party——DT NAKARA KENCANA LESTARI, JAKARTA PUSAT, INDONESIA;装袋港——天津新港;目的港——雅加达,件数——10 966 BAGS,货名——BLACK BEAN,吨数——972.948 m/t,并标有:"FREIGHT PREPAID"。"和田"轮抵目的港后,不见提单持有人前去提货,港口方又不准谷物类库存。承运人依照托运人的声明,将上述货物交给了收货人。然而,本案原告却没有收到其买主金太平企业的货款。上述63号正本提单由原告背书,又经银行在其背书上打×后退回到原告手中。原告遂持正本提单到法院向两被告主张物权,指责被告无单放货,请求法院判令被告(某远洋运输公司):

1. 支付"和田"轮承运的972.948吨黑豆价值230 102美元的货款及应付利息;
2. 承担所有诉讼费用;
3. 承担原告为本次诉讼所支出的律师费、差旅费等。

本案例选自《中国海商法年刊》1993年版,398页。

【问题】

1. 分析本案中谁是真正的托运人。
2. 原告虽持有正本提单,能否到法院向两被告主张物权。
3. 如果你是法官,将如何审判此案?

第十一章

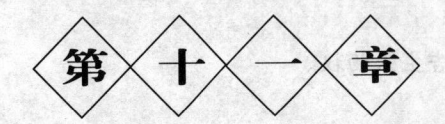

保 险 法

> **内容提要及学习要求**
>
> 本章主要围绕保险法的基本原则、保险合同和国际货物运输保险的有关问题进行了阐述，并介绍了《中华人民共和国保险法》对这些问题的有关规定。
>
> 本章要求学生熟悉和了解保险法的基本原则，并掌握保险合同和国际货物运输保险的主要内容。

第一节 概 述

一、保险的概念

(一) 保险的产生及发展

保险源于古老的海上借贷制度。世界上发现最早的保险单，是一个名叫乔·勒克维伦的意大利热那亚商人在1347年10月23日出具的一张船舶航程单，承保"圣·克勒拉"号船从热那亚驶往马乔卡的保险。世界上最早的保险公司，是1424年意大利热那亚的一家海上保险公司。世界上最早的海上保险法，是1435年《巴塞罗那法典》中订立的关于法院如何保证保险单实施及防止欺诈的法律规定。

新航线的开辟，使英国成了大西洋沿岸的交通、贸易的枢纽。意大利商人把各种商业习惯，包括海上保险的做法也带到了英国，从而带动了英国保险业的发展。1574年英国皇家交易所开设了保险商社，专门负责办理海上保险单的登记。1601年，一项关于海上保险的议会法案获得通过，据此，在保险商社内设立了仲裁庭，以解决海上保险合同纠纷。18世纪早期，海上保险已成为一项专门的职业。1906年，英国颁布了《海上保险法》，这部法律是英国海上保险发展史上的一个重要的里程碑，被誉为"海上保险的圣经"。至今伦敦不仅是世界海上保险业的经营中心，而且也是海上保险的诉讼、仲裁的中心。

从历史发展来看，几千年来，保险市场的中心是随着商品经济的中心而转移的，商品经济中的各种风险亦促使保险业的经济迅猛发展。

(二) 保险的定义

英国1906年《海上保险法》第1条开宗明义："海上保险契约系保险人向被保险人允诺，于被保险遭受海上损害，即海事冒险所发生之损害时，应依约定之条款及数额负责赔偿之契约。"

将于2009年10月1日实施的新修订的《中华人民共和国保险法》（以下简称《保险法》）第2条明确规定："保险是指投保人根据合同约定，向保险人支付保险费，保险人对于合同约定的可能发生的事故，因其发生所造成的财产损失承担赔偿保险金责任；或者当被保险人死亡、伤残、疾病或者达到合同约定的年龄、期限时承担给付保险金责任的商业保险行为。"

从上述规定可以看出，保险是一种以合同为基础的社会经济补偿制度。这种经济补偿制度中包含着保险人（Insurer）与被保险人（Assured）之间的合同关系，即根据约定，一方当事人向另一方当事人支付保险费，而另一方当事人出具保险单或保险凭证，并在一方当事人发生不确定的、且无法控制的事故所至损失，或合同约定事项发生时，另一方当事人承担赔偿或给付保险金责任的行为。[①]

(三) 涉外保险

涉外保险是保险的一部分，人们通常把具有某种涉外因素的保险称为涉外保险。这些涉外因素主要指：①保险法律关系的主体涉及外国自然人或法人；②中国保险企业在中国境外经营的保险业务；③保险标的来自或运往国外；④在中国境内设立的外资企业、中外合资企业、中外合作企业的各项保险业务；⑤由外国人在中国境内承包的项目或中国在国外承包的项目；⑥保险利益在国内，但危险、责任或保险事故发生在国外等。

为了调整保险业中各方当事人的利益关系，各国都对保险业的经营规定了严格的条件，保险立法以其法律的手段对保险业的发展起到了积极的促进作用。

二、保险法的基本原则

保险法的基本原则是指保险人、投保人或被保险人订立保险合同，履行合同以及解释合同时应该遵守的基本规则。这些原则有：可保利益原则、最大诚信原则、补偿原则、近因原则和代位追偿原则。

---

① 李嘉华. 涉外保险法. 北京：法律出版社，1991年版，第9页.

(一) 可保利益原则

根据我国《保险法》第12条第1款,"保险利益是指投保人对保险标的具有法律上所承认的利益"。英国《保险法辞典》的定义是:"可保利益是被保险人在保险标的安全时可以取得利益,灭失时会遭受损失的法律或衡平法关系的一个术语。"

保险合同中的投保人在投保时对保险标的具有的利益,称为可保利益。保险合同生效后,被保险人对保险标的的利益称为保险利益(Insurable Interest)。

可保利益原则是指投保人或被保险人对保险标的必须具有合法的可保利益,才能同保险人订立有效的保险合同;否则,所订立的保险合同是无效的。可保利益原则在实践中有着重要的意义,其意义为:可以防止变保险合同为赌博性合同,同时也是保险人可依据该原则进行赔偿的最高限额。

(二) 最大诚信原则

一般来说,最大诚信(Utmost Good Faith)原则主要包含以下三个方面的内容:

1. 告知义务。告知(Disclosure)是指投保人在投保时,应把所知晓的有关保险标的的主要情况告诉保险人。所谓主要情况,是指能够影响到一个谨慎的保险人决定是否承保或使用什么条件承保的情况。一般各国保险立法关于投保人告知义务的形式有两类:一类称为"无限告知"义务,即投保人应自动将其所知道的与保险标的有关的重要事实内容告知保险人;另一类称为"询问回答"义务,即保险人在投保单上将自己所要了解的事项列出,由投保人逐项回答。凡属投保单上所询问的事项,均视为重要事实,投保人应逐项如实回答,履行其告知义务。如果投保人对重要事项故意隐瞒,即构成违背诚信原则,其法律后果在我国《保险法》第16条中已作出规定,即"投保人故意或者因重大过失未履行前款规定的如实告知义务,足以影响保险人决定是否同意承保或者提高保险费率的,保险人有权解除合同。"

保险人除有权解除保险合同外,还不承担保险合同解除前发生的保险事故的赔偿或者给付责任。这种后果有两种情况:一种是根据我国《保险法》第16条第3款的规定:"投保人故意不履行如实告知义务的,保险人对于保险合同解除前发生的保险事故,不承担赔偿或者给付保险金的责任,并不退还保险费。"另一种是该条第4款的规定:"投保人因重大过失未履行如实告知义务,对保险事故的发生有严重影响的,保险人对于合同解除前发生的保险事故,不承担赔偿或者给付保险金的责任,但应当退还保险费。"此处所指的保险事故,是指保险合同约定的保险责任范围内的事故。

2. 通知义务。投保人或被保险人在订约之前应履行告知义务,订约之后,应就危险增加的情形和危险事故发生的情形及时通知保险人。关于出险通知(Inform)义务,一般涉及两个主要问题:一是通知的方式,即保险事故发生后,投保人、被保险人或者受益人履行通知义务时,可以书面方式进行,亦可以口头方式进行。如果合同规定以书面通知的,则必须以书面通知保险人或其代理人。二是通知期限。各国法律就通知的期限的规定不尽相同,有的规定为知悉保险事故发生后的5天之内;有的规定10天或两周内。大多数国家对不同的险种要求也不相同。

关于通知延迟的法律后果,国际上通常的做法有两种:一是保险人只能对投保人或被保险人因出险通知延迟而扩大的损失部分拒赔,而不能解除合同关系;二是出险通知不在规定的期限内进行的,保险人可以免负责任。

3. 保证义务。英国1906年《海上保险法》规定,保证(Warranty),是指被保险人在保险合同中所作的保证:要做或不做某种事情;保证某种情况的存在或不存在;保证完成某一条件等。保证可以用明示或默示的方式,它是一项无论是否与危险有主要关系均必须遵守的条件。如果违背保证,保险人得自保证违反之日起解除义务;而且被保险人即使在损失发生之前已对其违反的保证做了弥补,也不能以此作为其违反保证的抗辩理由。但是,保险人对被保险人违反保证之前所发生的保险事故,仍须负赔偿责任。

(三) 补偿原则

补偿原则(Principle of Indemnity)是指当保险标的发生保险责任范围内的损失时,保险人应按照保险合同的规定,对被保险人遭受的实际损失予以充分补偿。保险人的赔付金额(即被保险人得到的补偿)不得超过保险单上的保险金额,同时也不得超过被保险人遭受的实际损失。保险人的赔付不应使被保险人获得额外利益,从而使其经济地位优于从前。

当出现超额保险时,即保险金额大于标的物的实际价值时,保险赔偿依照补偿原则按实际损失赔偿。

(四) 近因原则

在保险业务经营中,保险标的发生损失的原因是多种多样的,如果导致保险标的发生损失的最主要、最直接的原因是属于保险责任范围内的,则保险人应负给付责任;否则,保险人不承担给付。这就是所谓的近因原则(Principle of Proximate Cause)。

英国1906年《海上保险法》第55条规定:"除本保险法或保险契约另有规定外,保险人对直接由于承保的风险所引起的任何损失,均负赔偿责任,对于非直接由于承保的风险所引起的任何损失,均不负赔偿责任。"

近因原则并不一定是指在时间或空间上最接近损失的原因,而是指在"作用效果"上与损失最为接近的原因。例如,某拖轮投保由于碰撞船舶及其他固定设施造成的损失。后来,拖轮触暗礁,机舱严重受损,危急之际,船长用排气管从船外堵塞漏洞,然后把拖轮开回修理厂修理。途中,堵塞漏洞用的排气管自行脱掉,致使大量海水涌入机舱,拖轮沉没。对此事故,船东向保险公司索赔。保险公司认为,拖轮仅投保由于碰撞所致的损失险,而没有投保海上灾难险,拖轮的沉没不是由于碰撞所致,而是属于堵漏洞的排气管掉入海中而致沉没,因而拒绝赔付。经法官审理认为,拖轮沉没是由于堵漏洞用的排气管掉落,而堵漏的排气管是用于堵塞因碰撞所至的漏洞,没有碰撞就用不着堵漏洞,拖轮也就不致沉没。因此,从碰撞到沉没是一个有机联系的过程,不可以分开,而碰撞又属承保风险范围之内,所以,保险公司不应拒绝赔付。

(五) 代位追偿原则

代位追偿原则(Principle of Subrogation)是指当保险标的发生了保险责任范围内的损失,并且这一损失是由于保险人和被保险人以外的第三方所引起的,保险人在向被保险人履行完赔付责任后,同时取得在其赔付金额的限度内代替被保险人就该项损失向第三方要求索赔的权利。我国《保险法》第60条规定:"因第三者对保险标的的损害而造成保险事故的,保险人自向被保险人赔偿保险金之日起,在赔偿金额范围内代位行使被保险人对第三者请求赔偿的权利。"该条又规定:"前款规定的保险事故发生后,被保险人已经从第三者取得损害赔偿的,保险人赔偿保险金时,可以相应扣减被保险人从第三者已取得的赔偿金额。"该条还同时规定,保险人依照第60条第1款行使代位请求赔偿的权利,不影响被保险人就未取得赔偿的部分向第三者请求赔偿的权利。

我国《保险法》第47条规定:"在保险人向第三者行使代位请求赔偿权利时,被保险人应当向保险人提供必要的文件和其所知道的有关情况。"被保险人如果怠于履行这项法定责任,致使保险人不能行使代位求偿权的,保险人可以按照该法第45条第3款的规定,相应扣减保险赔偿金。

第二节 保险合同

一、保险合同的定义及其种类

(一) 保险合同的定义

我国《保险法》第10条规定:"保险合同是投保人与保险人约定保险权利义务关系的协议。"保险是保险人为投保人提供的一种风险责任转移的服务,而保险合同则是保险活动最基本的法律表现形式。

(二) 保险合同的分类

保险合同的种类可根据不同的标准来划分。常见的分类有:

1. 财产保险合同和人身保险合同。这是以保险标的为标准划分的保险合同。我国原《保险法》第32条规定:"财产保险合同是以财产及其有关利益为保险标的的保险合同。"财产保险合同的种类很多,如海上保险合同、航空保险合同、火灾保险合同、企业财产保险合同、信用保险合同、建筑工程保险合同、家庭财产保险合同等,均是以财产保险及其有关利益为保险标的的保险。

我国原《保险法》第51条规定:"人身保险合同是以人的寿命和身体为保险标的的保险合同。"人身保险合同可按保险的危险不同分为三类,即人寿保险合同、健康保险合同、伤害保险合同。

财产保险合同与人身保险合同虽然都是以保险标的投保的保险合同,但对被保险人的情况却有很大的不同。财产保险合同中的被保险人可以是自然人,亦可以是法人;

而人身保险合同中的被保险人只能是自然人。财产保险合同的被保险人是保险标的的所有人或其他权利人;而人身保险合同的被保险人就是保险标的。

2.定值保险合同和不定值保险合同。这是以保险价值为标准来划分的。

(1)定值保险合同,是指保险人与被保险人事先确定保险标的的价值,并载明于保险单中的一种保险合同。该合同成立后,如果在有效的期限内发生保险事故并造成财产全部损失时,无论保险标的的实际价值是多少,保险人都应当以合同中约定的保险价值作为计算赔偿金额的依据。除非保险人能证明投保人有欺诈行为,否则,发生责任范围内的保险事故后,保险人不得以保险标的的实际价值与事先约定的保险价值不符而拒绝履行合同。

(2)不定值保险合同,是指投保人和保险人在订立合同时只记载保险金额,不记载保险标的价值的保险合同。一般不定值保险合同的赔偿是根据发生损失后的具体情况来定的。在这种保险合同中,由于保险标的的实际价值不能固定,因而在理赔时的价值也是不固定的。通常,火灾保险一般签订不定值保险合同。

3.足额保险合同、不足额保险合同、超额保险合同。这是根据保险金额与保险价值的关系而对保险合同所做的划分。保险金额是被保险人对保险标的的投保金额;保险价值是被保险人对保险标的的保险利益的价值。如果保险金额等于保险价值,则为足额保险合同;如果保险金额低于保险价值,则为不足额保险合同,被保险人所能得到的最高赔偿,限于保险金额与保险价值的比例部分,即限于保险金额低于保险价值;如果保险金额大于保险价值,则为超额保险合同。根据我国法律的规定,超额保险合同中保险金额超过保险价值的部分是无效的。

4.特定危险保险合同和一切危险保险合同。这是根据保险人所承担的保险状况的不同,对保险合同所进行的分类。

(1)特定危险保险合同,是指就一种或者多种危险事故而保险的合同。在这种保险合同中,保险人都列举其所承保的危险名称。不管承保多少种危险,只要在保险合同中列举承保的危险名称,这种保险合同即属特定危险保险合同。

(2)一切危险保险合同,是指在该保险合同中除了列举所不保的危险,即除外责任以外,其他任何危险所致的损失均都承保。在保险实务中,这种保险合同的条款格式是以"一切"加"除外"的形式拟订有关保险责任的规定。

5.特定保险合同、总括保险合同、预约保险合同和流动保险合同。

(1)特定保险合同。这种保险合同对每一地点的每项和每类财产分别规定不同的保险金额。发生损失时,保险人按照每项财产各自的保险金额承担赔偿责任。

(2)总括保险合同。这种保险合同对同一地点的不同财产或不同地点的同一或多种财产,不分类别和项目,只笼统规定一个总的保险金额。任何地点、任何财产的损失,都可以在这个总的保险金额内获得赔偿。此种保险合同对保险人来说较为不利,因此,保险人常常另外附加一些限制条款,以维护自己的利益。

(3) 预约保险合同。这种保险合同是规定一个总的保险范围,包括保品种类、总保险限额、航程区域、运输工具、保险条件和保险费率等。保险期限可以是定期的,如1年、2年等,也可以是长期的,即没有确切的终止期限,不过在合同中往往规定,合同双方中的一方如需取消保险,必须事先(如15天、1个月前)通知对方。在这个保险范围内的保品,保险人员有自动承保之责。

(4) 流动保险合同,也称报告式合同。这种保险合同一般不在保险单内规定财产的保险金额,而由被保险人定期将财产价值报告给保险人。这种保险单通常是按经验或其他资料,估计1年中的财产价值,预缴估计的保险费,以后由被保险人定期(一般按月)申报标的的价值,保险人据此算出标的物的平均价值,并依此计算应收的保险费,在保险合同期限届满时再多退少补。只要被保险人按期申报,即使发生损失时的财产价值高于最近一次申报的价值,保险人也按实际损失赔偿;但如被保险人未按期申报,则按上次申报价值与损失时财产价值的比例赔偿损失。一般来说,保险人在这种合同中,往往规定一个最高赔偿限额,以利于控制自己承担的责任。

二、保险合同的主体、客体和标的

(一) 保险合同的主体

保险合同的主体又称为保险合同的当事人,是指合同中所确定的享有权利和承担义务的人。它由投保人、保险人和被保险人组成。

1. 投保人。我国《保险法》第10条第2款规定:"投保人是指与保险人订立保险合同,并按照保险合同负有支付保险费义务的人。"

2. 保险人,也称承保人。它是指签订保险合同的一方当事人。我国《保险法》第10条第3款规定:"保险人是指与投保人订立保险合同,并承担赔偿或者给付保险金责任的保险公司。"我国法律规定,保险人只能是得到国家保险主管部门的批准,取得经营保险业务许可证,向工商行政管理部门申请营业执照的保险公司。我国保险公司的组织形式为股份有限公司和国有独资公司。

3. 被保险人。它是指受保险合同保障的,有权享受保险利益的人。我国《保险法》第12条规定:"被保险人是指其财产或者人身受保险合同保障,享有保险金请求权的人。投保人可以为被保险人。"

被保险人与投保人之间是有区别的,一般情况下是以保险合同签订与否来划分的。在保险合同未签订前称为投保人,一旦保险合同签订后投保人即成为被保险人。但在人身保险中,投保人可以是被保险人本人,亦可以是法律所许可的其他人。

对不同的险种,被保险人的情况是不相同的。在财产保险中,被保险人是享有保险财产利益的人;在责任保险中,被保险人是按照法律或契约的规定,对他人财产损失或身体伤害负有经济赔偿责任的人;在信用保险中,被保险人是因他人破坏信用而使自身蒙受经济损失的人;在人身保险中,被保险人是对其生命及其身体取得保险保障的人。

4. 受益人。通常只有人寿保险合同中才有对受益人的规定。我国《保险法》第18条第3款规定:"受益人是指人身保险合同中由被保险人或者投保人指定的享有保险金请求权的人。投保人、被保险人可以为受益人。"一般受益人不负担交付保险费的义务,保险人也无权向受益人追索保险费。受益人只有无偿享受保险利益的权利。

(二)保险合同的辅助人

在涉外保险合同中,除当事人以外,还常常会与合同的辅助人发生联系,这些关系人通常称为保险代理人、保险经纪人和保险公证人。

1. 保险代理人(Insurance Agent)。我国《保险法》第117条规定:"保险代理人是根据保险人的委托,向保险人收取代理手续费,并在保险人授权的范围内代为办理保险业务的单位或者个人。"在保险代理业务期间,由于保险代理人是代理保险人的,所以法律上要求保险人在办理保险业务时应尽的义务责任对代理人同样有效。我国《保险法》第124条规定,保险代理人的代理行为所产生的法律后果直接由保险人承担。

2. 保险经纪人(Insurance Broker)。我国《保险法》第118条规定:"保险经纪人是基于投保人的利益,为投保人与保险人订立保险合同提供中介服务,并依法收取佣金的单位。"该条明确规定了保险经纪人是保险活动中代表投保人利益的代理人,而不是保险人的代理人。保险经纪人为投保人提供必要的服务。例如:向投保人介绍保险知识,为投保人介绍可靠的保险人;向投保人介绍保险条款,协助投保人与保险人订立保险合同;受投保人或被保险人的委托,代为办理有关保险手续,代交保险费等服务内容。根据《保险法》第128条的规定:"保险经纪人因过错给投保人、被保险人造成损失的,依法承担赔偿责任。"

3. 保险公证人(Insurance Surveyor)。它是指向保险人或被保险人收取费用,为其办理保险标的的勘查、鉴定、估价及赔偿理算事宜并出具证明的人。

(三)保险合同的客体及标的

保险合同的客体,是指保险合同中权利、义务所指的对象,即保险标的及其可保利益,也就是保险保障的具体目标和权益。

保险标的(Insurable Subject)的内容十分广泛。我国原《保险法》第11条规定:"保险标的是指作为保险对象的财产及其有关利益或者人的寿命和身体。"一般保险标的可以是人或物,亦可以是责任或信用。但无论是那种,被保险人对保险标的的均须有保险利益,否则,保险合同无效。

三、保险合同的订立、变更及消灭

(一)保险合同的订立

根据我国《保险法》第13条的规定,订立保险合同是由"投保人提出保险要求,经保险人同意承保,并就合同的条款达成协议,保险合同成立。保险人应当及时向投保人签发保险单或者其他保险凭证,并在保险单或者其他保险凭证中载明当事人双方约定的合同内容"。

由于保险活动与保险合同的特殊性,在订立保险合同过程中,要约通常是由投保人提出,由保险人承诺给予保险保障。保险人为便于业务的开展,印制各种保险险种的投保单。投保人在认可保险人设计的保险费率和保险条款的前提下,将投保单交付给保险人便构成了要约。保险人经过对投保单签章,构成承诺,合同即告成立。在这个过程中,双方当事人对合同的权利与义务条款不再进行协商,只要认可就行。这是由保险合同通常为格式合同这一特点所决定的。

我国《保险法》第 18 条规定了保险合同应包括的内容:①保险人的名称和住所;②投保人、被保险人的名称和住所,以及人身保险的受益人的名称和住所;③保险标的;④保险责任和责任免除;⑤保险期间和保险责任开始时间;⑥保险价值;⑦保险金额;⑧保险费以及支付办法;⑨保险金赔偿或者给付办法;⑩违约责任和争议处理;⑪订立合同的年、月、日。

保险合同的内容除上述法定条款外,还有特约条款。所谓特约条款,是指当事人于法定条款之外又特别约定的条款。广义的特约条款包括协会条款、保证条款和附加条款。狭义的特约条款仅指保证条款。

(二)保险合同的转让与变更

1. 保险合同的转让。英美保险法认为,保险为对人合同(Personel Contract),当事人之间存有相互信任的因素,保险合同依标的而存在,但不随标的而转移,所以原则上合同的主体不得随意变更。

财产保险中,记名式保单原则上非经保险人的同意不得转让;指示式(To order)保单依背书而转让;无记名式(To the bearer)保单以交付而随标的转移。

海上保险中,因海上运输路途遥远,且风险大,货物在买卖转移时远离保险人,无法告知和征得他的同意。为适应灵活交易之现实,国际惯例规定,除另有明文规定外,海上保险单可以任意背书转让。

人寿保险中,英美保险法认为,除载有禁止转让的条款外,通常都可由投保人或被保险人转让,而无须征得保险人的同意。

2. 保险合同内容的变更。我国《保险法》第 20 条规定:"在保险合同有效期内,投保人和保险人经协商同意,可以变更保险合同的有关内容。"该条又规定:"变更保险合同的,应当由保险人在原保险单或者其他保险凭证上批注或者附贴批单,或者由投保人和保险人订立变更的书面协议。"通常批单是变更保险合同时使用的一种保险单证,上面列明变更的条款内容,并附贴在原保险单或保险凭证上;批单需由保险人签署,变更后的合同没有溯及力。

各国法律均有规定,保险合同订立后,一方可以提出变更内容,但须经另一方同意,办理书面变更手续之后,方为有效。

3. 保险合同效力的变更。保险合同效力的变更主要指保险合同的失效和复效。人身保险合同中,如果被保险人没有按照合同规定的期限交付保险费,保险合同即告失效。失效期间保险人不承担义务。依照英美惯例,若具备以下两个条件即可恢复保险合同的效力(即复效):第一,付清保险费及其他费用(含利息);第二,被保险人于申请恢复保险合同时,身体健康如初,合乎可保条件。保险合同复效之后,视为原保险合同从未停止。

(三)保险合同的消灭

保险合同既可因一方行使终止权终止合同而消灭,也可因其他原因而消灭。

1. 因一方当事人行使终止权而终止合同的情况有:

(1)被保险人未按期交付保险费,保险人有权终止合同;

(2)保险人发现危及保险标的的不安全因素,向被保险人(投保人)提出消除不安全因素的建议,被保险人(投保人)未采取措施的,保险人有权终止合同;

(3)保险标的的危险增加,保险人要求加收保费,被保险人(投保人)不同意的,保险人有权终止合同;

(4)因一方未履行如实告知义务,另一方有权解除合同;

(5)因被保险人违背保证条款,保险人有权解除合同;

(6)因一方未履行及时通知义务的,另一方当事人有权解除合同。

2. 因其他原因终止合同的情况有:

(1)保险期限届满而自然终止;

(2)因当事人对合同履行完毕而终止;

(3)保险标的因非保险事故完全灭失,保险合同终止;

(4)双方当事人因某种原因,协商解除合同而终止。

第三节 国际货物运输保险

一、海上保险概述

(一)海上保险的定义

海上保险俗称水险,是指以同海上运输有关的财产、利益或责任作为保险标的的一种险。海上保险在性质上属于财产保险范畴,是一种特殊形式的财产保险。

海上保险的法律关系是通过海上保险合同而得以体现的。因此,人们对海上保险定义的分析就变成了对海上保险合同定义的分析。英国 1906 年《海上保险法》对海上保险合同曾下过这样的定义:"海上保险合同是保险人向被保险人承诺,当被保险人遭遇海上损失,即海上冒险所发生的损失时,依据约定的条款和数额,赔偿被保险人损失的合同。"美国对海上保险合同的定义是:"海上保险合同是被保险人按照约定向保险人支付保险费,保险人按照约定,当被保险人所有处在海上危险中的特定利益受到损失时承担赔偿的合同。"

《中华人民共和国海商法》(以下简称《海商法》)对海上保险合同的定义与英美国家的定义基本相同。《海商法》第216条规定:"海上保险合同是指保险人按照约定,对被保险人遭受保险事故造成保险标的的损失和产生的责任负责赔偿,而由被保险人支付保险费的合同。"

(二) 海上保险的危险

1. 海上风险。海上保险人承保的海上风险是一种特定范围内的风险,它既不包括一切在海上发生的风险,又不局限于在航海中所发生的风险。海上保险所承保的风险,以其发生的性质可分为自然灾害和意外事故两类。

(1) 自然灾害。在海上保险中,自然灾害并不是泛指一切由于自然力量所造成的灾害,而且在不同的国家或同一国家的不同时期,对自然灾害的解释也有所不同。据我国1985年1月1日修订的海洋运输货物保险条款的规定,所谓自然灾害,仅指恶劣气候、雷电、海啸、地震、洪水及其他人力不可抗拒的灾害等。而英国协会货物保险条款(1982年1月1日起使用)规定:"属于自然灾害性质的风险有雷电、地震或火山爆发,浪击落海以及海水、湖水、河水进入船舶、驳船、运输工具、集装箱、大型海运箱或贮存处所等。"

(2) 意外事故。海上意外事故是指运输工具遭遇外来的、突然的、非意料中的事故,如船舶搁浅、触礁、沉没、互撞、与流冰或其他物体碰撞、船舶失踪以及火灾、爆炸等。

2. 外来风险。这一般是指海上风险以外的其他外来原因所造成的风险。所谓外来原因,必须是意外的、事先难以预料的,而不是必然发生的外来因素。因此,类似货物的自然损耗和本质缺陷等均属于必然发生的损失,都不应包括在外来风险引起的损失之列。按照我国货物运输保险条款的规定,外来风险通常是指偷窃、破碎、淡水雨淋、受潮、受热、发霉、串味、沾污、渗漏、钩损、锈损等。

除上述海上风险和外来风险以外,保险人还可以特约承保由于军事、政治、国家政策法令以及行政措施等特殊外来原因所引起的风险。常见的特殊外来风险有:战争、罢工、交货不到和拒收货物等风险。

(三) 海上保险的损失与分类

海上货物运输保险所保障的损失,按照损失的程度可分为全部损失(Total Loss)和部分损失(Partial Loss)。

1. 全部损失,一般指保险标的由于发生海上危险,全部遭到毁损灭失或全部丧失其原有使用价值,或其本质遭受破坏,无法恢复原状。它可分为实际全损和推定全损。

(1) 实际全损(Actual Total Loss,ATL)。按照我国《海商法》第245条对实际全损定义的规定,实际全损是指"保险标的发生保险事故的灭失,或者受到严重损坏完全失去原有形体、效用,或者不能再归被保险人所拥有的,为实际全损"。

(2) 推定全损(Constructive Total Loss,CTL)。它分为船舶推定全损和货物推定全损。船舶推定全损是指船舶发生保险事故后,认为实际全损已经不可避免,船舶的修理费用和救助费用之和超过了船舶恢复原状以后的保险价值。货物推定全损是指货物发生保险事故后,认为实际全损已经不可避免,为避免发生货物的实际全损所需的救助费用和继续将货物运抵目的地的费用之和超过了保险价值。

2. 部分损失,一般指保险标的的一部分损失或其中一部分无法恢复原状的损害。按其性质不同,又可分为单独海损与共同海损。

(1)单独海损(Particular Average),是指在海上运输中,由于保单承保风险直接导致的船舶或货物本身的部分损失。单独海损是一种特定利益方的部分损失,它不涉及其他货主或船方。单独海损仅指保险标的本身的损失,并不包括由此而引起的费用损失。

(2)共同海损(General Average),"是指在同一海上航程中,船舶、货物和其他财产遭遇共同危险,为了共同安全,有意地、合理地采取措施所直接造成的特殊牺牲、支付的特殊费用"。这是我国《海商法》第193条关于共同海损定义的规定。该法第194条还规定:"船舶因发生意外、牺牲或者其他特殊情况而损坏时,为了安全地完成本航程,驶入避难港口、避难地点或者驶回装货港口、装货地点进行必要的修理,在该港口或者地点额外停留期间所支付的港口费、船员工资、给养,船舶所消耗的燃料、物料,为修理而卸载、储存、重装或者搬移船上货物、燃料、物料以及其他财产所造成的损失、支付的费用,应当列入共同海损。"该条款是对不属于共同海损定义项下的,但又是当前国际上允许扩展的几项特定的费用和损失,也列为共同海损,作为对定义条款的补充。

另外,我国《海商法》第193条第2款又规定:"无论在航程中或者在航程结束后发生的船舶或者货物因迟延所造成的损失,包括船期损失和行市损失以及其他间接损失,均不得列入共同海损。"该款是对因间接损失不得列入共同海损的规定。

二、海洋货物运输保险条款与险别

(一)伦敦保险协会货物运输保险条款的内容

1. A险。英国伦敦保险协会货物运输保险条款A险,类似于原条款中的"一切险"条款。其内容如下:

(1)危险条款。本条规定,除了下列(4)、(5)、(6)、(7)条款的规定以外,本保险承保引起保险标的的灭失或损害的一切危险。这与1963年《英国协会货运险条款》中的"一切险"基本相同,但本条的规定比旧条款更明确、更具体。

(2)共同海损条款。该条款规定,本保险承保根据运输合同或有关的法律和惯例所理算或决定的共同海损及救助费用,但上述共同海损和救助费用仅限于为了避免或有关避免(4)、(5)、(6)、(7)条或其他条款以外的任何原因所致的损失。该条款有两个含义:①保险人对根据契约、有关法律、惯例理算的共同海损和救助费用仍予负责;②对于除外责任引起的共同海损和救助费用则不予负责。

(3)双方互有过失碰撞条款。本条款规定,本保险负责赔偿被保险人根据运输合同中"互有过失碰撞"条款所负的责任部分中本保险应予负责的损失额。如果船东根据上述条款提出索赔,被保险人应通知保险人,保险人则应自负费用为被保险人对该索赔提出抗辩。该条款也有两个含义:①本保险扩展承保被保险人在运输合同中"双方互有过失碰撞"条款规定下应负的赔偿责任;②凡船东根据"互有过失碰撞条款"向被保险人提出索赔时,被保险人应通知保险人,保险人有权自负费用为被保险人提出抗辩。

(4)一般除外责任条款。本条款规定,本保险对下列各项损失和费用不予负责:①被保险人的故意过失所引起的损失或费用;②保险标的正常的漏损、正常的短量、短重或正常的损耗;③保险标的包装不固或包装不当或配装不当引起的损失或费用(本条所指"包装"应包括集装箱或货箱内的积载,但仅以该积载在保险开始前即已完成或该积载是由被保险人或其雇员所做的为限);④保险标的的固有缺陷或性质引起的损失或费用;⑤因为延误所致的损失或费用,即使该延误是由承保危险所引起的(但上述第2条共同海损条款项下支付的费用除外);⑥船东、经理人、租船人或经营人破产或不清偿债务引起的损失或费用;⑦任何使用原子或核子武器或其他类似放射性手段的战争所引起的损失或费用。

(5)不适航、不适运除外条款。本条款规定:①本保险对被保险人或其雇员在货物装船时已知情的船舶或驳船的不适航,以及船舶、驳船、运输工具、集装箱或货箱不适于安全运输保险标的所引起的损失或费用不予负责;②除非被保险人或其雇员对于船舶的不适航或不适运已知情,否则保险人放弃任何违反运输保险标的的船舶必须适航及适运的默认保证。

船舶的适航是远洋运输合同中的一项重要的默认保证。《海牙规则》规定的承运人的义务中,最重要的一条就是保证船舶在开航前及开航当时具备适航能力。在海上保险中,保险人可以船舶不适航为理由,注销保险单。但由于船舶适航是船东的义务,被保险人将货物托运对承运船的情况无法获知,更无法控制,因此,在被保险人或其雇员不知情的情况下,保险人放弃船舶适航、适运的默认保证,使被保险人的索赔权不受影响。不过,这种放弃不得视为货主(被保险人)同意解除承运人对船舶适航所负的责任。

(6)战争险除外条款。本条款规定,本保险对下列原因引起的损失和费用不予负责:①战争、内战、革命、叛乱、颠覆,或由此引起的内讧,或交战国或对抗交战国的敌对行为;②捕获、扣押、拘留、禁止或扣留(海盗除外)及上述危险引起的后果或上述危险的任何企图;③遗弃的水雷、鱼雷、炸弹或其他遗弃的战争武器。

这条是将战争风险予以排除。本条值得注意的是:这里已将海盗行为不作为战争风险,而旧条款是将海盗行为作为战争风险。也就是说,海盗引起的损失应作为海上风险,在A险项下应由保险人予以赔偿。

(7)罢工险除外条款。本条款规定,本保险对下列原因引起的损失和费用不予负责:①因参与罢工、停工、工潮、暴动或民众骚动人员直接引起的;②因罢工、停工、工潮、暴动或民众骚乱所间接引起的;③因任何恐怖分子或任何人的政治动机直接引起的。

本条款的规定基本上就是1963年《英国协会货运险条款》第13条"罢工、暴动、民众骚动除外条款",只不过它增加了"因任何恐怖分子或任何人的政治动机直接引起的损失或费用除外"这种规定。

(8)运输条款。本条款规定:①本保险自所保货物离开本保险单所载起运地的仓库或储存处所时开始生效,并在正常运输途中继续有效,直至下列情况时终止:其一,运至本保险单所载目的地收货人仓库或其他最终仓库或储存处所;其二,运至本保险单所载目的地或中途的任何其他仓库或储存处所,被保险人用作:正常运输过程以外的储存;分配或分派。其三,至保险货物在最终卸货港完全卸离海轮后届满60天。以上三种情况,以先发生者为准。②如果保险货物在最终卸货港安全卸离海轮后,但在本保险终止前被运至本保险单载明的目的地以外的地方时,本保险的效力仍受上述终止规定的限制,并于开始运往其他目的地时失效。③在发生被保险人无法控制的延误、绕航、被迫卸载、重装或转运及船东或租船人因行使运输合同所赋予的自由权而变更航程时,本保险仍继续有效,仍受上述终止规定的限制和下面终止条款的限制。

(9)运输合同终止条款。本条款规定,如在被保险人无法控制的情况下,运输合同在其载明的目的地港口或地点终止,或在上述第(8)条项下规定交货前运输即已终止,本保险也同时终止,除非被保险人迅速通知保险人并要求继续承保,同时加缴保险费,则本保险可继续有效,直至下列情形时为止:①迄至货物在该港或该地出售交付后为止,或无特别约定,迄至保险货物到达该港或该地满60天为止,两者以先发生者为准。②如货物在上述60天内(或同意延展的期限内)运至保单载明的目的地或其他目的地,则本保险仍按上述第(8)条规定终止。

本条款与1963年《英国协会货运险条款》中第2条航程终止条款(Termination of Adventure Clause)是完全一样的,因此不作更多的解释。

(10)航程变更条款。本条款规定:"本保险开始生效后,如被保险人事后变更其目的地,在被保险人及时通知保险人并另行缴费的条件下,本保险继续有效。"

本条款允许被保险人在及时通知保险人并另行缴费的前提下变更目的地。货物保险均为航程保险单。正如前面所讲的,保险人承担仓至仓责任,目的地变更,也就是承保航程的变更。在发生承保航程变更时,只有被保险人及时通知保险人并另行加费的情况下,保险才能继续有效。

(11)保险利益条款。本条款规定,被保险人欲获得本保险的赔偿,必须在保险标的发生损失时对标的具有保险利益。根据上项规定,虽然损失发生在保险契约签订之前,除非被保险人已知该损失发生而保险人不知情,被保险人仍有权要求保险人对保险期限内发生的损失予以赔偿。

本条是新增加的条款,因为英国1906年《海上保险法》第6条规定,虽然在保险契约订立时被保险人对保险标的无须保险利益,但在标的发生损失时被保险人必须对标的具有保险利益。如果标的物投保是以"不论灭失与否"为条件时,被保险人即使直至损失发生后才获得保险利益,也有权获得赔偿。除非在订立保险契约时,被保险人明知标的物已灭失而保险人并不知情。增加了本条后,英国1906年《海上保险法》第6条所述的损失就可得到补偿。

(12)续运费用条款。本条款规定,因本保险承保的危险事故造成承保的运输航程在非属本保险所保的港口或地点终止时,保险人将对被保险人因保险标的卸载、转运至目的地发生的正当和合理的额外费用予以补偿。但本条的规定不适用于共同海损或救助费用,并应受前述(4)、(5)、(6)、(7)条款除外责任的限制。本条也不包括被保险人及其雇员过失、疏忽、破产或不履行债务引起的费用。

本条也是新增条款。关于续运费用在原协会"平安险"、"水渍险"和"一切险"中也均有约定,现在新条款中单独列为一条,就更加清楚明确了。本条规定得很清楚,对于续运引起的额外费用,必须符合下列条件时才可获得补偿:①航程终止的原因必须属于承保危险;②发生的费用必须正当和合理;③这些费用必须不是被保险人或其雇员的过失、疏忽或财务原因引起的。

(13)推定全损条款。本条款规定,只有保险标的的委付是因实际全损已不可避免,或因恢复、整理及运往保险单载明的目的地的费用必将超过其到达目的地的价值时,保险人才对推定全损予以赔付。

这条是根据英国1906年《海上保险法》第61条的规定而制定的。《1906年海上保险法》第61条规定,发生推定全损时,被保险人既可将损失视为部分损失,或者将标的委付给保险人并将损失视作实际全损。

(14)增值条款。本条款规定,如果被保险人在本保险项下的承保货物投保了增值保险,则该货物的约定价值将被视为增至本保险与其他全部增值保险的保险金额之总和,而本保险项下的责任将按其保险金额占全部保险金额的比例而定。

索赔时,被保险人必须提出所有其他保险的保险金额的证明给予保险人。

如果本保险系增值保险,则必须适用下列条款:

货物的约定价值将被视为等于原来保险与全部由被保险人安排承保同样损失增值保险的保险金额之总和,而本保险项下的责任将按其保险金额占全部保险金额的比例而定。

索赔时,被保险人必须提出所有其他保险的保险金额的证明给予保险人。

本条也是新增条款。原来只在船舶险中有此条款,现根据货物贸易的特点,在货运险中也加了该条,主要是为了说明以下几点:

第一,承认被保险人对于在本保险单项下承保货物所安排的增值保险;

第二,订明本保险的责任,将按保险金额与全部保险金额的比例计算;

第三,被保险人在索赔时,须向保险人提出其他保险金额的证明。

该条款的本质就是强调一般重复保险的处理原则。

（15）不得受益条款。本条款规定，本保险的权益，承运人或其他受托人不得享受。

（16）被保险人义务条款。本条款规定，被保险人及其雇员和代理人对于保险项下的索赔，应负以下义务：①为避免或减轻损失而采取合理措施；②保证保留及行使对承运人、受托人或其他第三者的权利。

保险人除赔偿保险项下的各项损失外，还补偿因履行这些义务而支付的适当及合理的开支。

本条款是对原协会条款中"受托人条款"（Bailee Clause）的修订，但范围要比"受托人条款"广。本条款有两个目的：一是鼓励采取施救措施；二是确保向第三者追偿的权利。

（17）弃权条款。本条款规定，被保险人或保险人对保险标的采取的施救、保护或回复的各项措施，不得视为放弃或接受委付或者影响双方权益。

本条款的含义是十分清楚的，主要是与上条相对应，一方面鼓励施救，另一方面不得将施救措施视为放弃或接受委付。

（18）合理、迅速处置条款。本条款规定，被保险人在其所能控制的一切情况下，应合理、迅速处置，这是本保险的必要条件。

本条款与协会货运险旧条款的规定是一样的，主要是为了提醒被保险人履行其义务。

（19）英国法律和惯例条款。本条款规定，本保险适用英国法律和惯例。

（20）附注。本条款规定，被保险人获知有本保险"仍可承保"（Held Cover）事项时，应立即通知保险人。"仍可承保"权利取决于被保险人对上述通知义务的履行。

2. B险。1963年《英国协会货运险条款》B险类似于旧条款中的"水渍险"条款。在内容上除了承保的危险和除外责任与A险条款不同外，其余各条均与A险条款一致。其中，承保的危险范围及除外责任条款的内容如下：

（1）危险条款。本条款规定，除下列除外责任的规定外，本保险对下列危险引起的损失予以负责：①保险标的的灭失或损害可合理归因于下列危险：火灾或爆炸；船舶或驳船的搁浅、触礁、沉没或倾覆；陆上运输工具的倾覆或出轨；船舶、驳船或运输工具与除水以外的任何外界物体的碰撞或接触；在避难港卸货；地震、火山爆发或雷电。②因下列危险引起的保险标的的灭失或损害：共同海损牺牲；抛货或浪击落海；海水、湖水或河水进入船舶、驳船、运输工具、集装箱、大型海运箱或储存处所；货物在船舶或驳船装卸时落海或跌落造成任何整件的全损。

本条款的规定与原来"水渍险"条款相比，增加承保了下列危险：

第一，陆上危险：陆上运输工具的倾覆或出轨；

第二，特殊危险：地震、火山爆发或雷电；

第三，水浸危险：海水、湖水、河水进入船舶、驳船、运输工具、集装箱、大型海运箱或储存处所。

(2)除外责任条款。B险条款与A险条款除外责任基本一样,但B险条款在除外责任中比A险条款增加了任何恶意行为造成的损失除外的规定。其内容措辞如下:"任何个人或数人非法行动,故意损坏或故意破坏保险标的或其任何部分"除外。

这就是说,在B险条款项下,保险人对任何形式的故意损害是不负责的。但被保险人如投保此类危险,可在加缴保险费的条件下,通过出立批单加保。为此,新条款新订了恶意损害条款,作为B,C险项下的附加险。其原文如下:

恶意损害条款(本条款可与《英国协会货物保险条款》B险及C险配合使用)。兹同意经缴付附加保险费后,《英国协会货物保险条款》B险或C险第4条第7款视为被删除,且本保险承保保险标的因恶意行为或恶意破坏引起的灭失或损害,但本保险项下的其他除外责任仍按原规定。

3. C险。《英国协会货物保险条款》C险类似于旧条款中的"平安险"条款。C险条款除了承保危险与B险条款有所区别外,其余各条完全与B险条款一致。

(1)危险条款。C险条款中承保的危险包括以下内容:

除了下列除外责任的规定外,本保险对下列危险引起的损失予以负责:①保险标的的损失可合理归因于:火灾或爆炸;船舶或驳船遭受搁浅、触礁、沉没或倾覆;陆上运输工具的倾覆或出轨;船舶、驳船或运输工具与除水以外的任何外界物体碰撞或接触;在避难港卸货。②由于下列原因引起保险标的的损失:共同海损牺牲;抛货。

(2)一般除外责任条款:①由任何个人或数人非法行动,故意损坏或故意破坏保险标的或其任何部分;②由于使用任何原子或核子裂变和聚变,或其他类似的反应,或放射性作用,或放射性物质的战争武器所引起的损失或费用。

(二)中国《海洋货物运输保险条款》的范围

中国人民保险公司货物保险条款分为基本险和附加险两大类。基本险是可以独立投保的险别,附加险则不能。基本险包括:一切险(All Risks)、水渍险(With Particular Average,简称W或WPA)和平安险(Free From Particular Average,简称FPA)。这些条款与英国的A,B,C条款是相对应的,其内容基本相同。

1. 基本险,亦称主险。在中国人民保险公司1981年1月1日修订的《海洋货物运输保险条款》中"责任范围"一节内,对基本险作了具体的规定。该条款共分5节,除第一节为"责任范围"外,其余4节依次为:"除外责任"、"责任起讫"、"被保险人义务"及"索赔期限"。后4节的内容是三种基本险的共同内容,适用于平安险、水渍险及一切险。

(1)平安险。它的含义是"单独海损不赔"。"平安险"一词是我国保险业的习惯叫法,沿用已久。平安险的承保责任范围是:①被保险货物在运输途中,由于恶劣气候、雷电、海啸、地震、洪水等自然灾害造成整批货物的全部损失或推定全损;②由于运输工具遭受搁浅、触礁、沉没、互撞,与流冰或其他物体碰撞以及失火、爆炸等意外事故,造成货物的全部或部分损失;③在运输工具已经发生搁浅、触礁、沉没、焚毁意外事故的情况下,货物在此前后又在海上遭受恶劣气候、雷电、海啸等自然灾害所造成的部分损失;④在装卸或转运时,由于一件或数件货物整件落海造成的全部或部分损失;⑤被保险人对遭受承保责任内危险的货物采取抢救、防止或减少货损的措施而支付的合理费用,但以不超过该批被救货物的保险金额为限;⑥运输工具遭遇海难后,在避难港由于卸货所引起的损失,以及在中途港、避难港由于卸货、存仓和运送货物所产生的特别费用;⑦共同海损的牺牲、分摊和救助费用;⑧运输契约订有"船舶互撞责任"条款,根据该条款规定应由货方偿还船方的损失。

从以上平安险责任范围的具体内容可以看出,这个险别无论称之为"平安险"或"单独海损不赔"都不能十分确切地反映出它的责任范围。"平安险"的叫法十分笼统,易使人误解为保险人承保货物安全到达,所有运输途中发生的风险损失均予负责。其实在三种基本险别中,它是承保责任范围最小的一种。由于平安险的承保责任范围不广,一般多适用于大宗、低值、粗糙的无包装货物,如废钢铁、木材、矿砂等。

(2)水渍险。水渍险是我国保险业沿用已久的名称,原文的含义是"负单独海损责任"。它的承保责任范围是:①平安险所承保的全部责任;②被保险货物在运输途中,由于恶劣气候、雷电、海啸、地震、洪水等自然灾害所造成的部分损失。

该险别的责任范围包括了由于海上风险所造成的全部损失和部分损失,但并不是仅对货物遭受海水水渍的损失负责,也不是仅对单独海损负责。它对平安险的承保责任差异并不太大,因为,被保险货物如果因承保风险造成全部损失,无论是水渍险或平安险,保险人都要负赔偿责任。只有在发生部分损失的情况下,两者才有所不同:水渍险对不管是自然灾害或意外事故所造成的部分损失均予负责;而平安险对由于意外事故所造成的部分损失负责,对由于自然灾害所造成的部分损失一般不予负责。

(3)一切险。一切险的责任范围,除包括平安险和水渍险的责任外,还包括被保险货物在运输途中由于一般外来原因所造成的全部或部分损失。具体来说,一切险是平安险、水渍险和一般附加险的总和。一般附加险包括偷窃、提货不着险,淡水雨淋险,短量险,混杂、沾污险,渗漏险,碰损、破碎险,串味险,受潮受热险,钩损险,包装破裂险和锈损险等11种险别。

该险别承保的责任也是有一定的范围的,它的承保责任虽较平安险和水渍险为广,但保险人并不是对任何风险所致的损失都负赔偿责任。对于一些不可避免的、必然发生的风险所造成的损失,如货物的内在缺陷和自然损耗所致的损失,以及运输延迟、战争和罢工等所致的损失,保险人均不负赔偿责任。

由于一切险的承保责任范围是三种基本险中最广泛的一种,因而适宜于价值较高、可遭受损失因素较多的货物投保。

2.附加险。它是一种不能单独投保的险种,只有在投保一种基本险的基础上,附加险才能加保。它的承保范围主要是基本险承保范围之外的其他外来原因所造成的损失和费用。附加险的种类很多,归纳起来可分为一般附加险和特别、特殊附加险两大类。

(1)一般附加险的责任范围。一般附加险是承保一般外来原因所引起的损失的附加险。这类附加险已包括在一切险的范围之内,只是在投保平安险或水渍险时,被保险人可根据运输货物的具体情况,加保其中的一种或几种。

中国人民保险公司对一般附加险作了11种规定:

第一,偷窃、提货不着险(Theft Pilferage and Non Delivery,简称 TPND)。该险是指在保险有效期内,保险货物被偷走或窃走,以及货物运抵目的地以后,整件货物短交的损失,而承运人和其他第三者责任方按照运输契约等规定享受豁免的部分,保险公司负责赔偿。

第二,淡水雨淋险(Fresh Water Rain Damage,简称 FWRD)。该险承保直接由于淡水和雨水包括舱汗、船上淡水舱、水管漏水等原因造成的货物损失。

第三,短量险(Risk of Shortage)。该险承保货物数量短少和重量短缺的损失。凡包装的货物必须有外包装发生破裂等异常现象,以证明损失是由外来原因造成的。散装货物的重量短缺,以装船重量和卸船重量的差额作为依据,但不包括自然途耗。

第四,混杂、沾污险(Risk of Intermixture and Contamination)。该险是指保险货物在运输途中,由于混进杂质或与其他货物相接触,造成沾污所引起的损失,保险公司负责赔偿。

第五,渗漏险(Risk of Leakage)。该险承保流质、半流质的液体物质和油类物质等货物,在运输过程中由于容器损坏而引起渗漏的损失,以及用液体装存的货物因液体渗漏而发生变质、腐烂等损失。

第六,碰损、破碎险(Risk of Clash & Breakage)。该险承保货物在运输途中由于外来震动、碰撞、挤压等原因造成碰损或破碎的损失。

第七,串味险(Risk of Odour)。该险承保货物在运输中因受其他物品的气味影响所造成的串味损失,保险公司负责赔偿。如果这种串味损失是由承运人配载不当所致,保险公司在赔偿后,有权向承运人追偿。

第八,受潮、受热险(Damage Caused by Sweating or Heating)。该险承保由于气温突然变化或者船上通风设备失灵等原因,使得船舱内水汽凝结、发潮、发热引起货物的损失。

第九,钩损险(Hook Damage)。该险承保货物在装卸过程中因使用手钩、吊钩等工具所造成的损失。

第十,包装破裂险(Loss for Damage Caused by Breakage of Packing)。该险承保货物在运输过程中因包装破裂造成的短少、沾污、受潮等损失,以及修补包装、调换包装所支付的费用。

第十一,锈损险(Risk of Rust)。该险承保货物在运输过程中因生锈造成的损失。这种生锈只要不是原装时就存在,属于保险期限内发生的,均予负责。但对裸装的极易生锈的货物,保险公司可不予承保。

（2）特别、特殊附加险的责任范围。特别、特殊附加险与一般附加险一样，不能独立投保，只能附属于基本险项下。之所以要将它们与一般附加险区别开来，这是由于其所承保的责任已经超出一般意外事故的范围，不属于一切险的范围之内。特别、特殊附加险的致损因素，往往是同政治、国家行政管理、战争以及一些特殊的风险相关连的。

特别附加险主要有以下几种：

第一种，进口关税险(Import Duty Risk)。该险承保货物发生保险责任范围内的损失，而进口国则要求按货物的完好价值缴进口关税，由此给被保险人造成的损失。

第二种，舱面险(On Deck Risk)。该险是指保险货物装于舱面遭受风险所造成的损失。由于货物装于舱面很容易受损，特别是遭受雨淋、海水溅激等风险，保险公司无法控制责任，所以通常只承保平安险。如投保一切险时，则须经保险人与被保险人协商同意，并另加保舱面险的费用。

第三种，拒收险(Rejection Risk)。该险承保货物在进口时，由于各种原因，被进口国的有关当局拒绝进口而没收所产生的损失。在投保该险时，被保险人必须保证持有进口所需的一切特许证或许可证。如果发生拒收险的情况，被保险人经保险公司要求，有责任处理被拒绝进口的货物或者申请仲裁。

第四种，黄曲霉素险(Aflatoxin Risk)。该险承保货物在进口港或进口地经当地检验部门检验证明，所含黄曲霉素比例超过进口国所规定的限制标准，因而被拒绝进口、没收或强制改变用途时给被保险人造成的损失。

第五种，出口货物到中国香港（包括九龙在内）或澳门地区，存仓火险责任扩展条款(Fire Risk Extension Clause for Storage of Cargo at destination Hongkong, including kowloon, or Macao)。出口到港澳地区的货物，如直接卸到保险单载明的过户银行所指定的仓库时，加贴这一条款，则延长存仓期间的火险责任期限。保险期限从货物运入过户银行指定的仓库时开始，直到过户银行解除货物权益或者运输责任终止时起计算满30天为止。如果在存仓期间发生火灾，保险公司负责赔偿。

特殊附加险主要有以下几种：

第一种，战争险(War Risk)。该险承保由于战争、敌对行为或武装冲突以及由此而引起的拘留、扣押、没收或封锁所造成的保险货物的损失。

第二种，战争险的附加费用(Additional Expense of War Risks)。该险承保发生战争险责任内的风险引起航程中断或挫折，以及由于承运人行使运输契约中有战争险条款规定所赋予的权利，把货物卸在保险单规定的以外的港口，因而产生的应由被保险人负责的那部分附加的合理费用。

第三种，罢工险(Strikes Risk)。该险是指由于罢工、被迫停工、工潮、暴动或民众所引起的损失，均由承保罢工险的保险人负责赔偿。根据国际保险市场的习惯做法，罢工险一般都和战争险同时承保，因此，凡投保了战争险再需加保罢工险时，仅需在保单上注明包括罢工险，并附加罢工险条款，保险人一般不另外增收保险费。

三、国际陆上运输保险合同

陆上运输主要包括铁路运输和公路运输两种,运输工具通常是汽车和火车。

中国人民保险公司的陆上运输货物保险合同条款分为陆运险(Overland Transportation Risks)和陆运一切险(Overland Transportation All Risks)两种。此外,还有陆上运输冷藏货物保险和陆上运输货物战争险。

(一)陆运险与陆运一切险

1. 陆运险的责任范围。陆运险的承保责任范围与海上运输货物保险条款中的水渍险的责任范围相同,具体内容如下:

(1)被保险货物在运输途中遭受暴风、雷电、洪水、地震等自然灾害,或由于运输工具遭受碰撞、倾覆、出轨,或在驳运过程中因驳运工具遭受搁浅、触礁、沉没、碰撞,或由于遭受隧道坍塌、崖崩,或失火、爆炸等意外事故所造成的全部或部分损失。

(2)被保险人对遭受承保责任内危险的货物采取抢救、防止或减少货损的措施而支付的合理费用,但以不超过该批被救货物的保险金额为限。

2. 陆运一切险的责任范围。陆运一切险的承保责任范围与海上运输货物保险条款中的一切险相同。陆运一切险除承担陆运险的各项赔偿责任外,还负责被保险货物在陆上运输途中由于外来原因所致的全部或部分损失。

其中,"外来原因"所致外来风险与海上运输货物保险中的外来风险一致,即短少、短量、偷窃、渗漏、碰损、破碎、钩损、雨淋、生锈、受潮、受热、发霉、串味、沾污等。

以上责任范围,均适用于火车和汽车运输,并以此为限。

关于陆上运输货物保险的除外责任、责任起讫以及陆上运输货物保险中被保险人的义务与索赔期限的规定,与海上运输货物保险条款大体一致。

(二)陆上运输冷藏货物保险

陆上运输冷藏货物保险是陆上运输货物险中的一种专门保险。其责任范围包括陆运险的一切承保责任,以及由于冷藏机器或隔温设备的损坏或者车厢内储存冰块的融化而造成的解冻融化,致使货物腐败的损失。

陆上运输冷藏货物保险的责任起讫为:自被保险货物运离保险单所载起运地点的冷藏仓库装入运送工具开始运输时生效,包括正常陆运和与其有关的水上驳运在内,直至该项货物到达保险单载明的目的地收货人仓库时继续有效,但最长保险责任以被保险货物到达目的地车站后 10 天为限。

陆上运输冷藏货物保险中,对除外责任、被保险人的义务、索赔时效、赔款处理的规定,与海上运输冷藏货物保险条款一致。

四、国际航空货物运输保险合同

中国人民保险公司对航空运输货物保险的基本险别分为航空运输险(Air Transportation Risks)和航空运输一切险(Air Transportation All Risks)两种。此外,还有航空运输货物战争险(Air Transportation Cargo War Risks),它是航空运输货物保险的附加险。以下仅介绍航空运输货物保险的基本险。

(一)航空运输货物保险

1. 航空运输险的责任范围。

(1)被保险货物在运输途中遭受雷电、火灾、爆炸或由于飞机遭受恶劣气候或其他危难事故而被抛弃,或由于飞机遭受碰撞、倾覆、坠落或失踪意外事故所造成的全部或部分损失。

(2)被保险人对遭受承保责任内危险的货物采取抢救、防止或减少货损的措施而支付的合理费用,但以不超过该批被救货物的保险金额为限。

航空运输险的责任范围与水渍险、陆运险的承保责任雷同。

2. 航空运输一切险的责任范围。航空运输一切险的承保责任除包括航空运输险的全部责任外,保险公司还负责被保险货物由于外来原因所致的全部或部分损失。航空运输一切险的责任范围与海运险中的一切险及陆运中的一切险类同。

(二)航空运输货物保险的责任起讫

航空运输货物保险的保险责任也采用海上货物运输的"仓至仓"条款。根据航空运输货物保险的特点,其责任起讫规定为:自被保险货物运离保险单所载明的起运地仓库或储存处所开始运输时生效,包括正常运输过程中的各种工具的运输在内,直至该项货物运达保险单所载明目的地收货人的最后仓库或储存处所,或被保险人用作分配、分派或非正常运输的其他储存处所为止。如未抵达上述仓库或储存处所,则以被保险货物在最后卸载地卸离飞机后满 30 天为止。如在上述 30 天内,被保险货物需转送到非保险单所载明的目的地时,则以该项货物开始转运时终止。在非正常运输情况下,保险期限除为 30 天之外,其他与海上货物运输保险"仓至仓"条款的规定类同。

除上述保险责任与责任起讫之外,航空运输货物的其他除外责任、被保险人的义务、索赔期限等,与海上货物运输保险相同。

案例

国际货物运输保险案

【案情】

某出口公司向希腊出口 861 箱、8 400 件 PVC 雨衣,装 40 个货柜 EISU1303383,于 1998 年 7 月 31 日从福州启运,并向中国人民保险公司某分公司(简称保险人)投保海洋货物运输一切险附加战争险,保单号为 FC 07/9806342,保险金额为 45 540.00 美元,目的港为希腊的比雷埃夫斯港。货物运抵目的港后,收货人拆箱提货,发现货物短少 103 整箱;另有 6 箱破损,内容不齐。经保险人的代理人到现场检验,确认损失金额为 5 442.85 美元,同时发现货柜的签封号 046128 与提单注明的 038445 号码不符,并认为货损原因与此有关。随后,保险人的代理人将有关的整套单证寄送保险人审核。

由于收货人提货时的货柜签封号与提单注明的签封号不符,这已在表面证据上表明货柜曾在承运人的照管期间被开封,而发生短少无疑属于承运人掌管期间的责任范围。保险人在单证齐全的情况下及时对境外的收货人履行赔付义务,合计赔付货损 5 442.85 美元及代理人费用 1 114.00 美元。在取得收货人的收据及权益转让书后,保险人立即转入对承运人的追偿阶段。

该案例摘自《中国海商法协会通讯》2000 年 4 月(总 53 期),第 52 页。

【问题】

在本案中,保险人是否享有代位追偿权?为什么?

第十二章

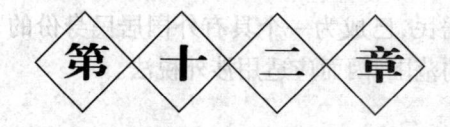

中国涉外税法

> **内容提要及学习要求**
>
> 本章依照国际通行的三大税系,即流转税系、所得税系和财产税系的分类,介绍和分析中国具有涉外因素的税收法律制度,重点介绍中国涉外企业所得税法、中国涉外个人所得税法及涉外财产税法的主要内容。
>
> 本章要求学生掌握中国涉外企业所得税法和中国涉外个人所得税法的基本纳税环节,包括这两个领域税收的纳税主体、纳税客体、税率适用、扣除项目、应纳税款计算、征收管理制度等。

第一节 概 述

一、涉外税收的含义及涉外税法的概念

严格说来,涉外税收不是一个法律概念,只是一种约定俗成的习惯称呼,至今没有科学的、确切的定义。但无论如何,它是国家税收中涉及外国纳税人的特定部分,体现为一国政府与其政治权力管辖范围内的外国纳税人之间的税收征纳关系,而调整此种关系的法律规范的总称,就可称为涉外税法。

二、适用涉外税法的主体范围

我国目前出于多方面吸引资金来华投资的需要,在区分是否视为外国纳税人,是否适用涉外税收法规方面,同时采用了国籍和居民身份两种标准。也就是说,一方面,按照国籍标准,对具有外国国籍的个人以及纯粹由外国人投资设立的企业,或者由外国人

和中国人共同出资经营的股权式和契约式法人企业,都认定为外国纳税人,被纳入我国涉外税收课征的范围。另一方面,按照居民身份标准,对于长期居住在外国的具有中国国籍的个人,即国外华侨,由于他们不属于中国居民,已成为一个具有外国居民身份的纳税人,所以,也同样被纳入我国涉外税收课征的范围,因而应适用涉外税法。

三、我国涉外税收的法律渊源

众所周知,任何一个国家的税收,大体上都可以划分为流转税系、所得税系和财产税系三大税系。对在我国政府与其政治权力管辖范围内的外国纳税人所征的六种税收,也离不开这三大税系。其中的增值税、营业税、消费税属于流转税系;而企业所得税及个人所得税属于所得税系;房产税与车船税属于财产税系。下面就我国现行的涉外税收法规及其调整的涉外税收关系的法律渊源,按三大税系的划分逐一进行介绍。

(一)涉外所得税法的法律渊源及立法模式

我国现行的涉外所得税法可分为两大块:对于涉外的企业而言,通过《中华人民共和国企业所得税法》(以下简称《企业所得税法》)及其实施细则进行调整;对于涉外的个人而言,通过《中华人民共和国个人所得税法》及其实施条例进行调整。

1. 涉外企业所得税法的法律渊源及立法模式。根据最新修订的《企业所得税法》的规定,非居民企业(即,依照外国〔地区〕法律成立且实际管理机构不在中国境内,但在中国境内设立机构、场所的,或者在中国境内未设立机构、场所,但有来源于中国境内所得的企业)与居民企业(即,依法在中国境内成立,或者依照外国〔地区〕法律成立但实际管理机构在中国境内的企业)一样,统一适用《企业所得税法》。在新的《企业所得税法》出台之前,我国对内资企业是依照《企业所得税法》征税,而对涉外企业则是依据《中华人民共和国外商投资企业及外国企业所得税法》(以下简称《外商投资企业及外国企业所得税法》),那时采用的是涉外企业与内资企业分立税制、单立税种、分开立法的二元化立法模式。此种立法模式与国际上通行做法并不完全一样,因为当代世界各国对于被纳入本国涉外税收范围的外国公司,在税收上多数是采取在与本国纳税人统一税制的基础上,相应做出某些必要的特殊规定和优惠措施的模式。而新的《企业所得税法》遵循了国际通行惯例,对企业所得税采取了统一税制、统一税种、统一立法的一元化立法模式。

2. 涉外个人所得税法的法律渊源及立法模式。外国个人,凡依照法律被认定是中国居民的,应就其来源于我国境内和境外的所有各项应税所得,依法向我国政府缴纳个人所得税;凡依照法律被认定是中国非居民的,应就其来源于我国境内应税所得,依法向我国政府缴纳个人所得税。对于外国个人以及在外国的中国居民,适用《中华人民共和国个人所得税法》及其实施条例。由于我国目前对中国国籍的个人征收个人所得税时,同样是依照《中华人民共和国个人所得税法》,故可以说,对外国个人而言,我国采用的是与本国纳税人适用统一税制、统一税种、统一立法的一元化立法模式,这也符合国际惯例的做法。

(二) 涉外流转税的法律渊源及立法模式

对于涉外流转税,我国目前尚无立法机关制定的法律,只有国务院颁布的法规以及财政部发布的细则(属部门规章)。它们分别为:1993年11月26日国务院颁布的《中华人民共和国增值税暂行条例》、《中华人民共和国营业税暂行条例》、《中华人民共和国消费税暂行条例》,以及财政部随后颁布的《增值税暂行条例实施细则》、《营业税暂行条例实施细则》和《消费税暂行条例实施细则》。

以上三个暂行条例及其相应的实施细则,构成我国目前的流转税方面的法律渊源。由于上述三个暂行条例及其相应的实施细则对我国国内企业同样适用,故可以说,在涉外流转税方面,我国采用的是与本国纳税人适用统一税制、统一税种、统一立法的一元化立法模式,这说明我国在此方面的立法模式已经和国际接轨。

(三) 涉外财产税的法律渊源及立法模式

我国目前涉外财产税的法律渊源主要是《中华人民共和国房产税暂行条例》、《中华人民共和国车船税暂行条例》。这两部法律一开始都是对内、对外统一适用的,后来均演变成专门针对涉外企业和外籍人员的涉外税种,现在通过法律的不断完善,又回归到对内、对外统一适用的模式。因此可以说,在这一方面我国在立法时内外统一,但在执法时,根据实际情况的需要曾经对此有所偏离。

第二节 涉外企业所得税法

我国现行的涉外所得税法,包括涉外企业所得税法及个人所得税法。所谓涉外企业所得税法,法律上曾经称为外商投资企业和外国企业所得税法,现在则统一通过企业所得税法进行调整。

一、涉外企业所得税的纳税人

外商投资企业和外国企业所得税的纳税人,包括以下四类涉外企业:第一类是在中国境内设立的中外合资经营企业,即股权式合营企业;第二类是在中国境内设立的中外合作经营企业,即契约式合营企业;第三类是外商独资企业;第四类是纯粹的外国企业。

外国企业又可细分为两种:一种是在中国境内设立机构场所,从事生产经营的外国公司、企业和其他经济组织;另一种是未在中国境内设立机构场所,而有来源于中国境内所得的外国公司、企业和其他经济组织。这里所谓的机构场所,其实就是双边税收协定中所称的常设机构,其范围主要包括以下几类:①管理机构、营业机构、办事机构;②工厂、农场、开采自然资源的场所;③提供劳务的场所;④从事建筑、安装、装配、修理、勘探等工程作业的场所;⑤营业代理人。

二、涉外企业所得税应纳税所得额的计算

涉外企业的企业所得税应纳税所得额,是企业每一纳税年度的收入总额减除成本、费用和损失以后的余额。此外,对于涉外企业在汇总计算缴纳企业所得税时,其境外营业机构的亏损不得抵减境内营业机构的赢利。关于应纳税所得额的具体计算,应该按照税法规定的计算公式,在正确核算企业财务收支,以及正确计算各项财产价值的基础上进行。现分述如下:

(一)各类企业的应纳税所得额计算公式

1. 制造业:

$$\text{本期生产成本} = \text{本期生产耗用的直接材料} + \text{直接工资} + \text{制造费用}$$

$$\text{本期产品成本} = \text{本期生产成本} + \text{期初半成品、在产品盘存} - \text{期末半成品、在产品盘存}$$

$$\text{产品销售成本} = \text{本期产品成本} + \text{期初产品盘存} - \text{期末产品盘存}$$

$$\text{产品销售净额} = \text{产品销售总额} - (\text{销售退回} + \text{销货折让})$$

$$\text{产品销售利润} = \text{产品销售净额} - \text{产品销售成本} - \text{产品销售税金} - (\text{销售费用} + \text{管理费用} + \text{财务费用})$$

$$\text{应纳税所得额} = \text{产品销售利润} + \text{其他业务利润} + \text{营业外收入} - \text{营业外支出}$$

2. 商业:

$$\text{销货净额} = \text{销货总额} - (\text{销货退回} + \text{销货折让})$$

$$\text{销货成本} = \text{期初商品盘存} + \left[\text{本期进货} - (\text{进货退出} + \text{进货折让}) + \text{进货费用}\right] - \text{期末商品盘存}$$

$$\text{销货利润} = \text{销货净额} - \text{销货成本} - \text{销货税金} - (\text{销货费用} + \text{管理费用} + \text{财务费用})$$

$$\text{应纳税所得额} = \text{销货利润} + \text{其他业务利润} + \text{营业外收入} - \text{营业外支出}$$

3. 服务业:

$$\text{业务收入净额} = \text{业务收入总额} - (\text{业务收入税金} + \text{业务支出} + \text{管理费用} + \text{财务费用})$$

$$\text{应纳税所得额} = \text{业务收入净额} + \text{营业外收入} - \text{营业外支出}$$

4. 其他行业:参照以上公式计算。

(二)各类收入的确定

对于不同情况的各类收入依照税法予以确定,据以计算应纳税所得额。应纳税所得额的计算,以权责发生制为原则。属于当期的收入和费用,不论款项是否收付,均作为当期的收入和费用;不属于当期的收入和费用,即使款项已经在当期收付,均不作为当期的收入和费用。现对确定各类收入的一些主要的特殊原则进行介绍:

1. 企业下列经营业务的收入,可以分期确定,并据以计算应纳税所得额。

(1)以分期收款方式销售货物的,按照合同约定的收款日期确认收入的实现;

(2)承包建筑、安装、装配工程和提供劳务,持续时间超过12个月的,可以按照纳税年度内完工进度或者完成的工作量确认收入的实现;

(3)为其他企业加工、制造大型机械设备和船舶等,持续时间超过12个月的,可以按照纳税年度内完工进度或者完成的工作量确认收入的实现。

2. 企业采取产品分成方式取得收入的,按照企业分得产品的日期确认收入的实现,其收入额按照产品的公允价值确定。所谓公允价值,是指按照市场价格确定的价值。

3. 企业取得的收入为非货币资产或权益时,应当按照公允价值确定收入额。

4. 解散清算的企业,其清算期间应纳税所得额为清算所得,是指企业的全部资产可变现价值或者交易价格减除资产净值、清算费用以及相关税费等后的余额。投资方企业从被清算企业分得的剩余资产,其中相当于从被清算企业累计未分配利润和累计盈余公积中应当分得的部分,应当确认为股息所得;剩余资产减除上述股息所得后的余额,超过或者低于投资成本的部分,应当确认为投资资产转让所得或者损失。

5. 从事国际运输业务的外国航空、海运企业,以其在中国境内起运客货收入总额的5%为应纳税所得额。

6. 企业不能提供完整、准确的成本和费用凭证,不能正确计算应纳税所得额的,由当地税务机关参照同行业或者类似行业的利润水平核定利润率,计算其应纳税所得额;企业不能提供完整、准确的收入凭证,不能正确申报收入额的,由当地税务机关采用成本(费用)加合理的利润等方法予以核定,确定其应纳税所得额。

7. 外商投资企业在中国境内投资于其他企业,从接受投资的企业取得的利润(股息),可以不计入本企业应纳税所得额,但其上述投资所发生的费用和损失,不得冲减本企业应纳税所得额。

8. 专业从事房地产开发经营的涉外企业,不属于生产性企业,不得享受生产性企业的税收优惠待遇。从事房地产开发经营的外商投资企业预售房地产并取得预收款的,当地主管税务机关可按预计利润率或其他合理办法计算预计应纳税所得额,并按季预征所得税,待该项房地产产权转移、销售收入实现后,再依照税法有关规定计算实际应纳税所得额及应纳所得税税额,按预缴的所得税额计算应退补税额。

(三)支出的列支

对于不同情况的各类支出和损失应依照税法予以确定,作为收入的扣减,据以计算应纳税所得额。现对确定各类支出的一些主要的特殊原则进行介绍：

1. 在计算应纳税所得额时，除另有规定外，下列各项不得列为支出：

（1）向投资者支付的股息、红利等权益性投资收益款项；

（2）企业所得税税款；

（3）税收滞纳金；

（4）罚金、罚款和被没收财物的损失；

（5）年度利润总额12%以外的捐赠支出；

（6）赞助支出；

（7）未经核定的准备金支出；

（8）与取得收入无关的其他支出。

2. 非居民企业在中国境内设立的机构、场所，就其中国境外总机构发生的与该机构、场所生产经营有关的费用，能够提供总机构出具的费用汇集范围、定额、分配依据和方法等证明文件，并合理分摊的，准予扣除。

3. 企业发生的公益性捐赠支出，不超过年度利润总额12%的部分，准予扣除。年度利润总额，是指企业依照国家统一会计制度的规定计算的年度会计利润。

4. 企业在生产经营活动中发生的下列利息支出，准予扣除：非金融企业向金融企业借款的利息支出、金融企业的各项存款利息支出和同业拆借利息支出、企业经批准发行债券的利息支出；非金融企业向非金融企业借款的利息支出，不超过按照金融企业同期同类贷款利率计算的数额的部分。

企业在生产经营活动中发生的合理的不需要资本化的借款费用，准予扣除。企业为购置、建造固定资产、无形资产和经过12个月以上的建造才能达到预定可销售状态的存货发生借款的，在有关资产购置、建造期间发生的合理的借款费用，应当作为资本性支出计入有关资产的成本，并依照本条例的规定扣除。

5. 企业发生的与生产经营活动有关的业务招待费支出，按照发生额的60%扣除，但最高不得超过当年销售（营业）收入的5‰。

6. 企业发生的符合条件的广告费和业务宣传费支出，除国务院财政、税务主管部门另有规定外，不超过当年销售（营业）收入15%的部分，准予扣除；超过部分，准予在以后纳税年度结转扣除。

7. 企业发生的合理的工资薪金支出和劳动保护支出，准予扣除。企业发生的职工福利费支出，不超过工资薪金总额14%的部分，准予扣除。企业拨缴的工会经费，不超过工资薪金总额2%的部分，准予扣除。除国务院财政、税务主管部门另有规定外，企业发生的职工教育经费支出，不超过工资薪金总额2.5%的部分，准予扣除；超过部分，准予在以后纳税年度结转扣除。企业依照国务院有关主管部门或者省级人民政府规定的范围和标准为职工缴纳的基本养老保险费、基本医疗保险费、失业保险费、工伤保险费、生育保险费等基本社会保险费和住房公积金，准予扣除。企业为投资者或者职工支付的补充养老保险费、补充医疗保险费,在国务院财政、税务主管部门规定的范围和标准内,准予扣除。

8. 未经核定的准备金支出是指不符合国务院财政、税务主管部门规定的各项资产减值准备、风险准备等准备金支出,其不得在税前扣除。只有金融企业的呆账准备金被特别允许。

9. 企业根据生产经营活动的需要租入固定资产支付的租赁费,按照以下方法扣除:经营租赁方式租入固定资产发生的租赁费支出,按照租赁期限均匀扣除;以融资租赁方式租入固定资产发生的租赁费支出,按照规定构成融资租入固定资产价值的部分应当提取折旧费用,分期扣除。

10. 企业在货币交易中,以及纳税年度终了时将人民币以外的货币性资产、负债按照期末即期人民币汇率中间价折算为人民币时产生的汇兑损失,除已经计入有关资产成本以及与向所有者进行利润分配相关的部分外,准予扣除。

三、涉外企业所得税的适用税率

对于非居民企业在中国境内设立机构、场所的,其所设机构、场所取得的来源于中国境内的所得,以及发生在中国境外但与其所设机构、场所有实际联系的所得,适用的企业所得税为25%。

对于在中国境内未设立机构、场所的,或者虽设立机构、场所但取得的所得与其所设机构、场所没有实际联系的非居民企业,其来源于中国境内的所得适用的企业所得税率为20%。

四、涉外企业的税收优惠规定和过渡政策

(一)原有的涉外企业的税收优惠

在涉外企业的所得税仍受《外商投资企业及外国企业所得税法》调整时,我国为了吸引外资,从立法上为涉外企业提供了优惠的所得税待遇。这些优惠政策可以分为以下几类:

1. 对特定地区中特定企业及特定项目的税收优惠。为了落实国家的产业政策,引导外商投资方向,鼓励举办采用先进技术、设备,产品全部或者大部分出口的外商投资企业,当时的法律给予涉外企业较大的优惠:符合法律规定的在特定地区的特定企业和特定项目,可以享受15%或24%的优惠税率(当时,一般国内企业的企业所得税率为33%)。

2. 特定行业的长期投资的税收优惠。与此同时,为了吸引长期投资,对于满足一定条件的特定行业的长期投资,当时的法律也给予免征或减征所得税的优惠待遇。例如,对生产性外商投资企业(不包括从事石油、天然气、稀有金属、贵金属等资源的企业),经营期在10年以上的,从开始获利的年度起,第一年和第二年免征企业所得税,第三年

至第五年减半征收企业所得税。这样的税收优惠政策被形象地称之为"两免三减半"。类似地,还存在"五免五减半"的政策。

3. 地方所得税的税收优惠。对鼓励外商投资的行业、项目,根据当时的法律,省、自治区、直辖市人民政府可以根据国家的产业政策原则和本地区鼓励外商投资的重点等实际情况,决定免征、减征地方所得税。

(二)现行的涉外企业的税收优惠

在新的《企业所得税法》将涉外企业所得税和国内企业所得税统一之后,涉外企业所享受的税收优惠与国内企业享受的税收优惠一致,主要体现在以下几个方面:

1. 从事农、林、牧、渔业项目的所得,可以免征、减征企业所得税。从事①蔬菜、谷物、薯类、油料、豆类、棉花、麻类、糖料、水果、坚果的种植,②农作物新品种的选育,③中药材的种植,④林木的培育和种植,⑤牲畜、家禽的饲养,⑥林产品的采集,⑦灌溉、农产品初加工、兽医、农技推广、农机作业和维修等农、林、牧、渔服务业项目,⑧远洋捕捞这八个项目的所得,免征企业所得税。

从事①花卉、茶以及其他饮料作物和香料作物的种植,②海水养殖、内陆养殖这两个项目的所得,减半征收企业所得税。

2. 企业从事国家重点扶持的公共基础设施项目的投资经营的所得,自项目取得第一笔生产经营收入所属纳税年度起,第一年至第三年免征企业所得税,第四年至第六年减半征收企业所得税。但是,企业承包经营、承包建设和内部自建自用上述项目,不享受这一税收优惠。上述项目具体是指港口码头、机场、铁路、公路、城市公共交通、电力、水利等项目。

3. 企业从事符合条件的环境保护、节能节水项目的所得,自项目取得第一笔生产经营收入所属纳税年度起,第一年至第三年免征企业所得税,第四年至第六年减半征收企业所得税。上述项目具体包括公共污水处理、公共垃圾处理、沼气综合开发利用、节能减排技术改造、海水淡化等。

4. 企业之间符合条件的技术转让所得免征、减征企业所得税。在一个纳税年度内,居民企业技术转让所得不超过500万元的部分,免征企业所得税;超过500万元的部分,减半征收企业所得税。

5. 符合条件的小型微利企业,减按20%的税率征收企业所得税。符合条件的小型微利企业,是指从事国家非限制和禁止行业,并符合下列条件的企业:①工业企业,年度应纳税所得额不超过30万元,从业人数不超过100人,资产总额不超过3 000万元;②其他企业,年度应纳税所得额不超过30万元,从业人数不超过80人,资产总额不超过1 000万元。

6. 国家需要重点扶持的高新技术企业,减按15%的税率征收企业所得税。国家需要重点扶持的高新技术企业,是指拥有核心自主知识产权,并同时符合下列条件的企业:①产品(服务)属于《国家重点支持的高新技术领域》规定的范围;②研究开发费用占销售收入的比例不低于规定比例;③高新技术产品(服务)收入占企业总收入的比例不低于规定比例;④科技人员占企业职工总数的比例不低于规定比例;⑤高新技术企业认定管理办法规定的其他条件。

7. 其他的税收优惠。开发新技术、新产品、新工艺发生的研究开发费用和安置残疾人员及国家鼓励安置的其他就业人员所支付的工资,可以在计算应纳税所得额时加计扣除。创业投资企业从事国家需要重点扶持和鼓励的创业投资,可以按投资额的一定比例抵扣应纳税所得额。企业的固定资产由于技术进步等原因,确需加速折旧的,可以缩短折旧年限或者采取加速折旧的方法。企业综合利用资源,生产符合国家产业政策规定的产品所取得的收入,可以在计算应纳税所得额时减计收入。企业购置用于环境保护、节能节水、安全生产等专用设备的投资额,可以按一定比例实行税额抵免。

(三) 税收优惠政策的过渡政策

如前所述,在涉外企业所得税被纳入《企业所得税》征管体系的前后,涉外企业所得税的税收优惠规定是不一致的。为了利于涉外企业税收优惠政策的前后衔接,国务院在2007年12月26日发布文件《国务院关于实施企业所得税过渡优惠政策的通知》,通知规定:

1. 自2008年1月1日起,原享受低税率优惠政策的企业,在新税法施行后5年内逐步过渡到法定税率。其中:享受企业所得税15%税率的企业,2008年按18%税率执行,2009年按20%税率执行,2010年按22%税率执行,2011年按24%税率执行,2012年按25%税率执行;原执行24%税率的企业,2008年起按25%税率执行。

2. 自2008年1月1日起,原享受企业所得税"两免三减半"、"五免五减半"等定期减免税优惠的企业,新税法施行后继续按原税收法律、行政法规及相关文件规定的优惠办法及年限享受至期满为止,但因未获利而尚未享受税收优惠的,其优惠期限从2008年度起计算。

3. 企业所得税过渡优惠政策与新的《企业所得税法》及其实施条例规定的优惠政策存在交叉的,由企业选择最优惠的政策执行,不得叠加享受,且一经选择,不得改变。

4. 关于西部大开发的税收优惠继续施行。

(四) 境外税收抵免

非居民企业在中国境内设立机构、场所,取得发生在中国境外但与该机构、场所有实际联系的应税所得,该企业已在境外缴纳的所得税税额,则可以从其当期应纳税额中抵免,抵免限额为该项所得依照本法规定计算的应纳税额。其计算公式为:

抵免限额 = 中国境内、境外所得依照企业所得税法和本条例的规定计算的应纳税总额 × 来源于某国(地区)的应纳税所得额 ÷ 中国境内、境外应纳税所得总额

如果已缴纳境外所得税额超过抵免限额,超过的部分可以在以后五个年度内,用每年度抵免限额抵免当年应抵税额后的余额进行抵补。

五、预提税的征收及减免

(一) 预提所得税的概念

预提所得税是对非居民企业在我国境内未设立机构、场所，而有来源于我国境内的所得，或者虽设有机构、场所，但上述所得与其机构、场所没有实际联系的收入征收的所得税。当上述所得在我国境内发生时，即以该项所得的实际受益人为纳税义务人，以支付人为扣缴义务人，从每次支付的款额中扣缴税款，称为"源泉扣缴"。

另外，对非居民企业在中国境内取得工程作业和劳务所得应缴纳的所得税，税务机关可以指定工程价款或者劳务费的支付人为扣缴义务人。

(二) 预提所得税的具体征收范围和计算征收

在涉外企业的所得税制度和国内企业所得税制度并轨之前，法律规定了涉外企业预提税的具体征收范围，即从我国境内取得的利润、利息、租金、特许权使用费和其他所得。然而，新的《企业所得税法》未就预提所得税的具体征收范围作出规定，符合条件的非居民企业在获取应纳税所得时，均应进行"源泉扣缴"。

非居民企业取得应该进行"源泉扣缴"的所得，其应纳税所得额计算方法如下：

1. 股息、红利等权益性投资收益和利息、租金、特许权使用费所得，以收入全额为应纳税所得额；
2. 转让财产所得，以收入全额减除财产净值后的余额为应纳税所得额；
3. 其他所得，参照前两项规定的方法计算应纳税所得额。

预提所得税的计算征收，以上述所得的收入全额（即，非居民企业向支付人收取的全部价款和价外费用），不予减除任何成本和费用损失，确定为应纳税所得额，并适用10%（法定税率是20%，但是现在暂时减按10%征收）的比例税率"源泉扣缴"所得税。

(三) 预提所得税的免征

非居民企业的以下所得可以免征企业所得税：

1. 外国政府向中国政府提供贷款取得的利息所得；
2. 国际金融组织向中国政府和居民企业提供优惠贷款取得的利息所得；
3. 经国务院批准的其他所得。

第三节 涉外个人所得税法

一、涉外个人所得税立法简史

从新中国成立到1980年我国颁布《中华人民共和国个人所得税法》之前，新中国实际上从未开征过个人所得税。上述个人所得税法原来的立法意图是对内、对外统一适用的，但由于1986年以前，我国国内居民个人收入很少有超过起征点800元的，所以,上述个人所得税法实际上变成主要针对在我国境内的外国个人,但名义上对内还是适用的。1986年9月,国务院颁布了《中华人民共和国个人收入调节税暂行条例》,规定对本国公民的个人所得统一征收个人收入调节税。随着国人收入水平的大幅度提高,1993年10月31日,第八届全国人大常委会第四次会议决定修改1980年的个人所得税法,从而使涉外、涉内的个人所得税法重新趋于统一,这标志着我国对外国个人纳税的立法,采用了国际上通行的内外统一、同一税种的一元化立法模式。随着我国经济的进一步发展和人民收入水平的提高,2005年10月27日第十届全国人大常委会第十八次会议修订通过了《中华人民共和国个人所得税法》,并于2006年1月1日施行。

二、个人所得税的纳税人和征收范围

按照属人主义和属地主义相结合的原则确定税收管辖权是世界各国的通行做法,我国参照了这一做法,根据这一原则确立的个人所得税纳税人和征收范围如下:

(一)居民纳税人

在我国境内有住所或者无住所,但在境内居住满一年的个人,从中国境内和境外取得的应税所得,原则上皆应依法交纳个人所得税。不过在我国境内居住一年以上但未超过五年的个人(即非长期的外籍居民),其来源于中国境外的所得,经主管税务机关批准,可以只就由中国境内公司、企业以及其他经济组织或者个人支付的部分缴纳个人所得税;而在中国境内无住所,但居住超过五年的个人(即长期的外籍居民),从第六年起应当就其来源于中国境内和境外的全部所得缴纳个人所得税。

根据以上规定,海外游子,只要在境内仍有住所,或外籍来宾,只要在中国境内居住满一年以上,均受到中国居民税收管辖权的管辖。

(二)非居民纳税人

在我国境内无住所又不居住,或者无住所而在境内居住不满一年的个人,只就从中国境内取得的所得,向中国政府交纳所得税。从中国境内取得的所得,是指来源于中国境内的收入,而不论支付地点是否在中国境内。当然,大部分来源于中国的收入都在中国境内支付;但也有一部分收入虽来源于中国,却可能并不在中国境内支付。例如:某一外国人在我国境内提供劳务而取得的劳务报酬,外国人许可专利权在中国境内使用而取得的特许权使用费,由中国某公司支付给外国人的利息或股息等,都可能在中国境外支付。尽管如此,它们仍然被认定是来源于中国境内的所得,从而应向中国政府缴纳个人所得税。

三、个人所得税法的征税对象

我国个人所得税采用分类所得课征制,税法列举的征税项目有:工资薪金所得;个体工商户的生产经营所得;对企事业单位的承包经营、承租经营所得;劳务报酬所得;稿酬所得;特许权使用费所得;利息(自2008年10月9日起,储蓄存款所生利息暂免征收个人所得税)、股息、红利所得;财产租赁所得;财产转让所得;偶然所得;经国务院财政部门确定征税的其他所得。

四、应纳税所得的确定

征收个人所得税,要从纳税人的收入总额中扣除一些必要的费用之后作为计税依据,这是征收个人所得税的一般原则,也是世界各国的通行做法。收入总额扣除各项费用后的余额,即为纳税所得额。

我国个人所得税法对纳税人各项所得分项计算,各项所得的费用扣除,采用定额扣除和定率扣除两种方法。各项收入的应税所得额的计算方法如下:

(一)工资薪金所得

个人的工资薪金所得实行定额扣除,原则上每月定额扣除200元以后的余额,为应税所得额;对于外籍个人(指在中国境内的外商投资企业和外国企业中工作的外籍人员和应聘在中国境内的企业、事业单位、社会团体、国家机关中工作的外籍专家)和在境外工作的中国公民,除了每月扣除200元以外,还可扣除法定的附加减除费用。目前,此种附加减除费用为2 800元,今后若平均收入水平、生活水平以及汇率发生变化,上述附加减除费用的标准可以上浮或下调。也就是说,对于在中国境内无住所而在中国境内取得工资薪金所得的纳税人和在中国境内有住所而在中国境外取得工资薪金所得的纳税人而言,目前其应纳税总收入每月扣除4 800元人民币后作为应纳税所得额。

(二)个体工商户的生产、经营所得

个体工商户的生产、经营所得,以每一纳税年度的收入总额减除成本、费用以及损失后的余额为应纳税所得额。"成本、费用",是指纳税义务人从事生产、经营所发生的各项直接支出和分配计入成本的间接费用,以及销售费用、管理费用、财务费用;"损失",是指纳税义务人在生产、经营过程中发生的各项营业外支出。

从事生产、经营的纳税义务人未提供完整、准确的纳税资料,不能正确计算应纳税所得额的,由主管税务机关核定其应纳税所得额。

(三)企事业单位的承包经营、承租经营所得

对企事业单位的承包经营、承租经营所得,以每一纳税年度的收入总额减除必要费用后的余额为应纳税所得额。"每一纳税年度的收入总额",是指纳税义务人按照承包经营、承租经营合同规定分得的利润和工资、薪金性质的所得;"减除必要费用",是指按月减除2 000元。

(四)劳务报酬、稿酬、特许权使用费、财产租赁所得

劳务报酬所得、稿酬所得、特许权使用费所得、财产租赁所得,每次收入不超过4 000元的,减除费用800元,4 000元以上的,减除20%的费用,其余额为应纳税所得额。

(五) 财产转让所得

财产转让所得,以转让财产的收入额减除财产原值和合理费用后的余额为应纳税所得额。"财产原值"是指:

1. 有价证券,为买入价以及买入时按照规定交纳的有关费用;
2. 建筑物,为建造费或者购进价格以及其他的有关费用;
3. 土地使用权,为取得土地使用权所支付的金额,开发土地的费用以及其他有关费用;
4. 机器设备、车船,为购进价格、运输费、安装费以及其他有关费用;
5. 其他财产,参照以上方法确定。

纳税义务人未提供完整、准确的财产原值凭证,不能正确计算财产原值的,由主管税务机关核定其财产原值。

合理费用,是指卖出财产时按照规定支付的有关费用。

6. 利息、股息、红利所得,偶然所得和其他所得,以每次收入额为应纳税所得额。

五、应纳税所得额的其他规定

第一,个人将其所得,通过中国境内的社会团体、国家机关,向教育和其他社会公益事业以及遭受严重自然灾害的地区、贫困地区捐赠,其捐赠额未超过纳税义务人申报的应纳税所得额的30%的部分,可以从其应纳税所得额中扣除。

第二,个人取得的应纳税所得,包括现金、实物和有价证券。所得实物的,应当按照取得的凭证上所注明的价格计算应纳税所得额;无凭证的实物或者凭证上所注明的价格明显偏低的,由主管税务机关参照当地的市场价格核定应纳税所得额。所得为有价证券,由主管税务机关根据票面价格和市场价格核定应纳税所得额。

六、税率

个人所得税的税率,按所得项目不同分别确定为:

(一) 工资薪金所得适用税率

工资薪金所得,适用超额累进税率,其税率为5% ~ 45%,见表12-1。

表12-1　　　　　个人所得税税率表(工资薪金所得适用)

级　数	全月应纳税所得额	税率(%)
1	不超过500元的	5
2	超过500~2 000元的部分	10
3	超过2 000~5 000元的部分	15
4	超过5 000~20 000元的部分	20

续表

级 数	全月应纳税所得额	税率(%)
5	超过 20 000 ~ 40 000 元的部分	25
6	超过 40 000 ~ 60 000 元的部分	30
7	超过 60 000 ~ 80 000 元的部分	35
8	超过 80 000 ~ 100 000 元的部分	40
9	超过 100 000 元的部分	45

注：以北京市为例，本表所称"全月应纳税所得额"，是指依照税法的规定，以每月收入额减除费用 2 000 元后的余额，或者减除附加、减除费用后的余额。

（二）个体工商户和企事业单位承包、承租经营所得适用税率

个体工商户的生产、经营所得和企事业单位的承包经营、承租经营所得，适用5% ~ 35%的超额累进税率，见表 12 – 2。

表 12 – 2　个人所得税税率表（个体工商户，承包、承租经营所得适用）

级 数	全年应纳税所得额	税率(%)
1	不超过 5 000 元的	5
2	超过 5 000 ~ 10 000 元的部分	10
3	超过 10 000 ~ 30 000 元的部分	20
4	超过 30 000 ~ 50 000 元的部分	30
5	超过 50 000 元的部分	35

注：本表所称"全年应纳税所得额"，对个体工商户的生产、经营所得来源，是指以每一纳税年度的收入总额减除成本、费用及损失后的余额；对企事业单位的承包经营、承租经营所得来源，是指每一纳税年度的收入总额减除必要费用后的余额。

（三）稿酬所得适用税率

稿酬所得，适用比例税率，其税率为20%，并按应纳税额减征30%，故其实际税率为14%。

（四）劳务报酬所得适用税率

劳务报酬所得，适用比例税率，其税率为20%。对劳务报酬所得一次收入畸高的，可以实行加成征收，具体办法由国务院规定。

根据个人所得税法实施条例的解释，上述所说的"劳务报酬所得一次收入畸高"，是指个人一次取得的劳务报酬，其应纳税所得额超过20 000元的。对应纳税所得额超过20 000 ~ 50 000元的部分，依照税法规定，计算应纳税额后再按照应纳税额加征五

成;超过 50 000 元的部分,加征十成。因此,劳务报酬所得实际上适用 20%,30%,40% 的三级超额累进税率。其税率见表 12-3。

(五)其他所得适用税率

特许权使用费所得,利息、股息、红利所得,财产租赁所得,财产转让所得,偶然所得和其他所得,适用比例税率,其税率为 20%。必须注意的是,储蓄存款在 2008 年 10 月 9 日后(含 10 月 9 日)的利息所得,暂免征收个人所得税。

表 12-3　　　　　　　　个人所得税税率表(劳务报酬所得适用)

级　　数	每次应纳税所得额	税率(%)
1	不超过 20 000 元的部分	20
2	超过 20 000 ~ 50 000 元的部分	30
3	超过 50 000 元的部分	40

注:本表所称"每次应纳税所得额",是指每次收入额减除费用 800 元(每次收入额不超过 4 000 元时)或者 20% 的费用(每次收入额超过 4 000 元时)后的余额。

七、关于个人所得税法对涉外个人所得的特别规定

(一)对在外商投资企业、外国企业和外国驻华机构工作的中方人员取得的工资薪金所得的征税

1. 在外商投资企业、外国企业和外国驻华机构工作的中方人员取得的工资薪金收入,是由雇用单位和派遣单位分别支付的,支付单位应按税法规定代扣代缴个人所得税。同时,按税法规定,纳税义务人应以每月全部工资薪金收入减除规定费用后的余额为应纳税所得额。为了有利于征管,对雇用单位和派遣单位分别支付工资薪金的,采取由支付者中的一方减除费用的方法,即只由雇用单位在支付工资薪金时,按税法规定减除费用,计算扣缴个人所得税;派遣单位支付的工资薪金不再减除费用,以支付金额直接确定适用税率,计算并缴纳个人所得税。

上述纳税义务人,应持两处支付单位提供的原始明细工资薪金单(书)和完税凭证原件,选择并固定到一地税务机关申报每月工资薪金收入,汇算清缴其工资薪金收入的个人所得税,多退少补。具体申报期限,由各省、自治区、直辖市税务机关确定。

【例 12-1】张某为一外商投资企业雇佣的中方人员,1995 年 10 月该外商投资企业支付给张某的薪金为 7 200 元。同月,张某还收到其所在的派遣单位发给的工资 900 元。假设张某所在地区是北京。请问:该外商投资企业、派遣单位应如何扣缴个人所得税?张某实际应缴的个人所得税为多少?

解:(1)外商投资企业应为张某扣缴的个人所得税为:

扣缴税额 = (每月收入额 - 2 000) × 适用税率 - 速算扣除数 =

(7 200 - 2 000)元 × 20% - 375 元 = 665 元

(2) 派遣单位应为张某扣缴的个人所得税为：

扣缴税额 = 每月收入额 × 适用税率 - 速算扣除数 =

900 元 × 10% - 25 元 = 65 元

(3) 张某实际应缴的个人所得税为：

应纳税额 = (月收入额 - 2 000) × 适用税率 - 速算扣除数 =

(7 200 + 900 - 2 000) 元 × 20% - 375 元 = 845 元

因此，在张某到某税务机关申报时，还应补缴 115 元 (845 元 - 665 元 - 65 元)。

2. 对外商投资企业、外国企业和外国驻华机构发放给中方工作人员的工资薪金所得，应全额征税。但对可以提供有效合同或有关凭证，能够证明其工资薪金所得的一部分按照有关规定上交派遣介绍单位的，可扣除其实际上交的部分，按其余额计征个人所得税。

(二) 在中国境内无住所的个人工资薪金所得的征税问题

1994 年 6 月 30 日，国家税务总局发出《关于在中国境内无住所的个人取得工资薪金所得纳税义务问题的通知》以下简称《通知》。该通知指出，依照《中华人民共和国个人所得税法》（以下简称《个人所得税法》）及《个人所得税法实施条例》和《中华人民共和国对外商的避免双重征税协定》（以下简称《税收协定》）的有关规定，对在中国境内无住所的个人，由于在中国境内公司、企业、经济组织（以下简称中国境内企业）或外国企业在中国境内设立的机构、场所以及税收协定所说的常设机构（以下简称中国境内机构）担任职务，或者由于受雇（或履行合同）而在中国境内从事工作，取得的工资薪金所得应如何确定征税问题，明确如下：

1. 关于工资薪金所得来源地的确定。根据《个人所得税法实施条例》第 5 条第 1 款的规定，属于来源于中国境内的工资薪金所得，应为个人实际在中国境内工作期间取得的工资薪金，即个人实际在中国境内工作期间取得的薪金，不论是由中国境内还是境外企业或个人雇主支付的，均属来源于中国境内的所得；个人实际在中国境外工作期间取得的工资薪金，不论是由中国境内还是境外企业或个人雇主支付的，均属于来源于中国境外的所得。

2. 关于在中国境内无住所而在一个纳税年度中在中国境内连续或累计居住不超过 90 日，或在《税收协定》规定的期间中，在中国境内连续或累计居住不超过 183 日的个人纳税义务的确定。根据《个人所得税法》和《个人所得税法实施条例》第 7 条，以及《税收协定》的有关规定，在中国境内无住所而在一个纳税年度中在中国境内连续或累计居住不超过 90 日，或在《税收协定》规定的期间中在中国境内连续或累计居住不超过 183 日的个人，由中国境外雇主支付并且不是由该雇主的中国境内机构负担的工资薪金，免于申报缴纳个人所得税。对前述个人应仅就其实际在中国境内工作期间，由中国境内企业或个人雇主支付或者由中国境内机构负担的工资薪金所得申报纳税。凡是该中国境内企业、机构属于采取核定利润方法计征企业所得税或没有营业收入而不征收企业所得税的，在该中国境内企业、机构任职或受雇的个人，实际在中国境内工作期间取得的工资薪金,不论是否在该中国境内企业、机构会计账簿中有无记载,均应视为该中国境内企业支付或由该中国境内机构负担的工资薪金。

3. 关于在中国境内无住所而在一个纳税年度中在中国境内连续或累计居住超过90日,或在《税收协定》规定的期间中在中国境内连续或累计居住超过183日但不满一年的个人纳税义务的确定。根据《个人所得税法》以及《税收协定》的有关规定,在中国境内无住所而在一个纳税年度中在中国境内连续或累计居住超过90日,或在《税收协定》规定的期间中在中国境内连续或累计居住超过183日但不满一年的个人,其实际在中国境内工作期间取得的由中国境内企业或个人雇主支付和由境外企业或个人雇主支付的工资薪金所得,均应申报缴纳个人所得税;其在中国境外工作期间取得的工资薪金所得,除属于下文第5条规定的情况外,不予征收个人所得税。

上述个人每月应纳的税款应按税法规定的期限申报缴纳。其中,取得的工资薪金所得是由境外雇主支付并且不是由中国境内机构负担的个人,事先可能预定在一个纳税年度中连续或累计居住超过90日,或在《税收协定》规定的期间中连续或累计居住超过183日的,其每月应纳的税款应按税法规定期限申报纳税;对事先不能预定在一个纳税年度或《税收协定》规定的有关期间中连续或累计居住超过90日或183日的,可以待达至90日或183日后的次月7日内,就其以前月份应纳的税款一并申报缴纳。

4. 关于在中国境内无住所,但在境内居住满一年的个人纳税义务的确定。根据《个人所得税法》以及《个人所得税法实施条例》第6条的规定,在中国境内无住所,但在境内居住满一年而不超过五年的个人,其在中国境内工作期间取得的由中国境内企业或个人雇主支付的工资薪金,以及由中国境外企业或个人雇主支付的工资薪金,均应申报缴纳个人所得税;其在《个人所得税法实施条例》第3条所说的临时离境工作期间的工资薪金所得,仅就由中国境内企业或个人雇主支付的部分申报纳税。凡是该中国境内企业、机构属于采取核定利润方法计征企业所得税或没有营业收入而不征收企业所得税的,在该中国境内企业、机构任职或受雇的个人取得的工资薪金,不论是否在中国境内企业、机构会计账簿中有无记载,均应视为由其任职的中国境内企业、机构支付。

上述个人,在一个月中既有在中国境内工作期间的工资薪金所得,也有在临时离境期间由境内企业或个人雇主支付的工资薪金所得的,应合并计算当月应纳税款,并按税法规定的期限申报缴纳。

5. 中国境内企业董事、高层管理人员纳税义务的确定。担任中国境内企业董事或高层管理职务的个人(指公司正、副经理,各职能技师、总监及其他类似公司管理层的职务),其取得的由该中国境内企业支付的董事费或工资薪金,不适用上述第2条、第3条的规定,而应自其担任该中国境内企业董事或高层管理职务起,至其解除上述职务止的期间,不论其是否在中国境外履行职务,均应申报缴纳个人所得税;其取得的由中国境外企业支付的工资薪金,应依照上述第2条、第3条、第4条的规定确定纳税义务。

6. 不满一个月的工资薪金所得应纳税款的计算。属于上述第2条、第3条、第4

条、第 5 条所述情况中的个人,凡应仅就不满一个月期间的工资薪金所得申报纳税的,均应按全月工资薪金所得计算实际应纳税额。其计算公式如下:

$$\begin{matrix}应纳\\税额\end{matrix} = \left(\begin{matrix}当月工资薪金\\应纳税所得额\end{matrix} \times \begin{matrix}适用\\税率\end{matrix} - \begin{matrix}速\ 算\\扣除数\end{matrix}\right) \times \left(\begin{matrix}当月实际\\在中国天数\end{matrix} \div \begin{matrix}当月\\天数\end{matrix}\right)$$

如果属于上述情况的个人取得的是日工资薪金,应以日工资薪金乘以当月天数换算成月工资薪金后,按上述公式计算应纳税额。

下面,我们仅就《通知》第 5 条所述内容举例说明:

【例 12-2】某外籍个人从 1994 年 1 月 1 日起担任中国境内某外商投资企业的副总经理,由该企业每月支付其工资 20 000 元。同时,该企业外方的境外总机构每月也支付其工资 4 000 美元。其大部分时间是在境外履行职务,1994 年来华工作的时间累计计算为 180 天,根据《个人所得税法》以及《通知》第 5 条的规定,该外籍人员 1994 年度在我国的纳税义务确定为:

(1)由于该外籍人员系属企业的高层管理人员,因此,根据《通知》第 5 条的规定,该人员于 1994 年 1 月 1 日起至 12 月 31 日在华任职期间,由该企业支付的每月 20 000 元工资薪金所得,应按月依照税法规定的期限申报缴纳个人所得税。

(2)由于该外籍人员 1994 年来华工作的时间未超过 183 天,根据《税收协定》的规定,其境外雇主支付的工资薪金所得,在我国可免予申报纳税。如果该个人属于与我国未签订《税收协定》国家的居民或港、澳、台居民,则其由境外雇主按每月 4 000 美元标准支付的工资薪金,凡属于在我国境内 180 天工作期间取得的部分,应与我国境内企业每月支付的 20 000 元工资合并计算缴纳个人所得税。

第四节 涉外流转税法简介

在 1993 年工商税制改革以前约十年的时间内,我国在流转税方面采用的是内外有别的二元化立法模式。一方面,对从事工业品生产或进口的内资企业及个人征收增值税或产品税,分别适用《中华人民共和国增值税条例(草案)》以及《中华人民共和国产品税条例(草案)》;另一方面,对在我国境内发生应税商品流转额和非商品流转额的,包括工业品生产、销售和进口的外商投资企业或外国企业征收工商统一税,适用工商统一税条例。根据 1993 年度出台的工商税制改革方案以及新的行政法规,从 1994 年 1 月 1 日起,原征收工商统一税的外商投资企业、外国企业及个人与内资企业及个人一样,统一征收新的增值税、营业税和消费税,适用国务院关于三税的暂行条例以及财政部对三个暂行条例颁布的实施细则,即《中华人民共和国增值税暂行条例》(以下简称《增值税暂行条例》)、《中华人民共和国营业税暂行条例》(以下简称《营业税暂行条例》)、《中华人民共和国消费税暂行条例》(以下简称《消费税暂行条例》)以及《增值税暂行条例实施细则》、《营业税暂行条例实施细则》和《消费税暂行条例实施细则》。它们的征收范围大致如下：

一、《增值税暂行条例》的涉外征收范围

外商投资企业和外国企业以及外国个人，凡在我国境内销售货物或提供加工修理、修配劳务以及进口货物的，均应依法向我国政府缴纳增值税，其法律依据就是《增值税暂行条例》及其实施细则。

二、《消费税暂行条例》的涉外征收范围

外商投资企业和外国企业以及外国个人，凡从事某些法定的消费品的生产、委托加工、销售和进口的，除了所纳增值税以外，还应向我国政府缴纳消费税。所谓法定的消费品，系指法规所规定的某些有害于人体健康或消耗资源以及有害于环境的特定的消费品（包括烟类、酒类、小汽车、摩托车、汽油、柴油、轮胎、鞭炮、烟火等），以及某些奢侈类消费品（如化妆品、护肤护发品、贵重首饰及珠宝玉石等）消费税的法律依据，就是《消费税暂行条例》及其实施细则。

三、《营业税暂行条例》的涉外征收范围

外商投资企业和外国企业以及外国个人，凡提供除加工、修理、修配以外的所有劳务，或转让无形资产，或销售不动产的，均应依法向我国政府缴纳营业税，其法律依据就是《营业税暂行条例》及其相应的实施细则。

第五节　涉外财产税法

一、城市房地产税与房产税

（一）城市房地产税与房产税简史

城市房地产税是以城市的房屋和土地为征税对象，按照房价、地价或者租价向房地产所有人征收的一种税。城市房地产税是我国的一个地方性税种。我国政务院于1951年8月8日颁布《城市房地产税暂行条例》，并于颁布之日起施行。《城市房地产税暂行条例》自颁布施行之后，随着我国形势的发展变化和几次税制改革，也经历了相应的演变发展过程。

1973年试行工商税后，规定对实行工商税的单位，将原来缴纳的城市房地产税并入工商税中一起缴纳。自此，城市房地产税只适用于一部分不征收工商税的城市房地产管理部门和有房地产的个人或侨。

1984年第二步利改税和改革工商税制时，又确定将原来含在工商税中的城市房地产税，分设为房产税和土地使用税两个税种，并分别制定各自的税收条例。1986年10

月正式开始对我国国内企业、单位和公民个人开征房产税。土地使用税则于1988年8月才开始征收。房产税和土地使用税两个条例中均不包括对外商投资企业、外国企业、单位和外国个人所有的房地产征税。由于新开征的房产税和土地使用税不适用于涉外企业、单位和个人,所以在那时,对涉外企业、单位和外籍个人的房地产仍按原房地产税税法的规定征收房地产税。因此,那时的城市房地产税实际上只适用于对涉外企业、单位和外籍个人所有的房地产征税,在2008年12月31日,国务院宣布《城市房地产税暂行条例》自2009年1月1日起废止。自2009年1月1日起,外商投资企业、外国企业和组织以及外籍个人,依照《中华人民共和国房产税暂行条例》缴纳房产税。从此,涉外企业、单位和个人与国内企业、单位和公民个人一样,也被纳入房产税的征管体系中。

(二)城市房地产税的税率和计税依据

1. 税率。城市房地产税分为从价计征和从租计征两种形式。从价计征的,均按账面房产原值一次性减除10%~30%后的余值计算缴纳,税率为1.2%;从租计征的,以租金收入为计税依据计算缴纳,税率为12%。

2. 计税依据。目前,涉外企业、单位和外籍人员的房产来源一般有三种:一是纳税人出资建造的;二是纳税人出资购买的;三是涉外企业、单位中的中方以现有房屋作价投入的。所以,其房产计税依据的确定相应也有三种情况:

(1)纳税人出资建造的房屋,以财务会计制度规定计算的工程竣工造价为计税依据;

(2)纳税人出资购买的房产,以买进原价加上同房屋不可分割的附属设备价值及其安装费作为计税依据;

(3)涉外企业、单位中的中方,用房产作为投资额投入的,则以投入时双方的议定价值作为计税依据。

另外,对企业或个人租入的房屋不缴纳城市房地产税;但出租房屋的,则应按租金收入作为计税依据计算缴纳税款。

(三)城市房地产税与房产税的减税、免税规定

在2009年1月1日之前,作为纯涉外性质的城市房地产税,其减免税的内容只有华侨、港澳台同胞、外籍华人及其眷属用侨汇购买或建造的住宅,减免方法是从发给产权证之日起,免税5年,期满后按规定征税。但在2009年1月1日之后,涉外企业、单位和个人的房产税减免问题享受与国内企业、单位和公民个人同样的待遇。房产税的减免由省、自治区、直辖市人民政府确定。

二、车船使用牌照税与车船税

(一)车船使用牌照税与车船税简史

车船使用牌照税是对行驶于国家公共道路的车辆,航行于国内河流、湖泊或领海海岸的船舶,按其种类、大小实行定额征收的一种税。车船使用牌照税最早见于1950年

11月我国政务院公布的《全国税政实施要则》中规定的使用牌照税。1951年9月13日政务院正式颁布《车船使用牌照税暂行条例》,并规定于公布之日起在全国施行。此暂行条例在施行过程中,曾经作过一些具体的修改和补充。例如:1965年财政部下文规定了对农业人口的自行车可减税或免税;1978年又规定了对全国城市人口所使用的自行车停征车船使用牌照税等。

1973年试行工商税后,规定凡征收工商税的单位,可将原来缴纳的车船使用牌照税并入工商税内一并缴纳。因此,车船使用牌照税只对个人和外侨等少数纳税人征收。

1986年9月,国务院发布了《中华人民共和国车船使用税暂行条例》(以下简称《车船使用税暂行条例》),自此,对国内企业单位和个人的有关车船使用税的征收事宜、规定均按照新的《车船使用税暂行条例》执行。而1986年条例不适用于涉外企业、单位和外籍人员,所以在那时,对在我国的涉外企业、单位和外籍人员的车船牌照税仍规定按原《车船使用牌照税暂行条例》办理纳税事项。这样,使得这一税种逐步演变为专门对外商投资企业、外国企业和外籍人员征收的一个涉外税种。然而,在2006年12月29日,国务院发布了《中华人民共和国车船税暂行条例》(以下简称《车船税暂行条例》),《车船使用牌照税暂行条例》和《车船使用税暂行条例》则被这一条例废止。因此,现在企业和个人不再区分国内和涉外,统一纳入车船税征管体系。

(二)税率

车船使用牌照税的税率采用固定税额的税率形式。其征收原则是人力车的税负轻于畜力车;非机动车船的税负轻于机动车船;小吨位船舶的税负轻于大吨位船舶。为了照顾车船使用人的实际负担能力,贯彻因地制宜、平衡税负和合理负担的原则,根据车船的不同情况,《车船使用牌照税暂行条例》规定了不同的税额。国务院财政部门、税务主管部门可以根据实际情况,在《车船税税目税额表》规定的税目范围和税额幅度内,划分子税目,并明确车辆的子税目税额幅度和船舶的具体适用税额。车辆的具体适用税额由省、自治区、直辖市人民政府在规定的子税目税额幅度内确定。详见表12-4。

表12-4 车船税税目税额表

税 目	计税单位	每年税额	备 注
载客汽车	每辆	60~660元	包括电车
载货汽车	按自重每吨	16~120元	包括半挂牵引车、挂车
三轮汽车低速货车	按自重每吨	24~120元	
摩托车	每辆	36~180元	
船舶	按净吨位每吨	3~6元	拖船和非机动驳船分别按船舶税额的50%计算

注:专项作业车、轮式专用机械车的计税单位及每年税额由国务院财政部门、税务主管部门参照本表确定。

(三) 车船税的现行减税、免税规定

在涉外方面，依照我国有关法律和我国缔结或者参加的国际条约的规定应当予以免税的外国驻华使馆、领事馆和国际组织驻华机构及其有关人员可以免于缴纳车船税。此外，省、自治区、区辖市人民政府可以根据当地实际情况，对城市、农村公共交通车船给予定期减税和免税。

案例 深圳某外商投资企业应纳所得税额的计算

【经营获利情况】

某经营期为15年的生产性外商投资企业，是在深圳经济特区之内的从事航空货运的企业。其在新《企业所得税法》实施之前，按15%缴纳企业所得税。从2003年初开始生产经营之日起，各年的获利情况如下：

单位：万元人民币

年度	2003	2004	2005	2006	2007	2008	2009	2010	2011	2012
总收入	80	100	180	200	240	150	180	220	240	240
成本费用	100	80	100	120	120	100	80	70	90	80

【问题】

该企业每年应纳企业所得税额为多少？

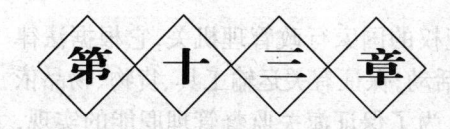

第十三章

海 关 法

> **内容提要及学习要求**
>
> 本章主要介绍了我国对进出境运输工具管理、货物管理、物品管理及其关税的有关法律规定,并就这些管理中的法律责任进行了阐述,告诫人们海关法中有关法律责任的规定是专门指违法行为人对其违反海关法的行为应当承担的法律后果。
>
> 本章要求学生重点熟悉和了解我国在进出口方面有关海关的法律法规的基本内容。

第一节 概 述

一、海关

海关(Customs),顾名思义是指设在沿海口岸的关口。设置在陆地边境的关口称陆关;设置在内地的陆地关口,如国际航空站、国际铁路联运火车站等,称内陆关。由于上述关口的职能相同,现在统称为海关。

海关是根据国家的法律、法令,对进出境运输工具、货物、物品进行监督管理,征收关税和其他税费,查稽走私和编制海关统计的国家行政管理机关。

国家机关包括享有国家立法权的立法机关、享有司法权的司法机关和享有行政管理权的行政管理机关。海关对内、对外代表国家行使行政管理权,是国家的行政管理机关。国家的行政管理机关的职能是多方面的,包括指挥、组织、协调和监督管理等职能。海关在行政管理机关中属享有监督管理权的国家行政管理机关。国家的行政监督管理活动涉及社会生活的各个方面,享有行政管理监督管理权的国家行政机关不仅有海关,还有环境保护、工商行政管理、公安行政管理等行政管理部门,海关属专门对进出境活动实施监督管理的国家行政管理机关。

海关是代表国家对进出境活动行使监督管理权的国家行政管理机关,它根据法律赋予的权力,监督管理与进出境有关的社会经济活动,保证有关运输工具、货物、物品依法出入境,并对其中的违法、走私行为实施处罚。为了保证海关监督管理职能的实现,我国海关的管理实行垂直领导体制。国务院下设海关总署,作为其职能部门,由海关总署统一管理全国各地方海关。国家在对外开放的口岸和海关监管业务集中的地点设立各地方海关。

海关行使监督管理权的范围是关境。关境是国际上有关海关制度的通用概念,指适用同一海关法或实行同一关税制度的领域。根据我国海关法的规定,我国关境的范围是:除享有单独关境地位的地区以外的中华人民共和国的全部领域。根据我国的法律,"享有单独关境地位的地区"具体是指现在的香港特别行政区和澳门特别行政区。香港和澳门两个特别行政区是我国国境以内关境以外的特殊区域。在上述两个特别行政区内,各自实行单独的海关制度。而目前我国设立的经济特区、经济技术开发区等享受某些关税优惠待遇的特定地区,是我国关境内的区域,不属单独关境地位的地区。

海关是国家的行政执法机关之一,它依法行使职权。为了保证海关的全关境统一执法,海关法明确规定了海关的执法依据,它包括:中央国家权力机关制定的《中华人民共和国海关法》和其他有关法律,国家最高行政机关国务院制定的行政法规,以及中央海关机关依法制定的行政规章。

海关监督管理进出境活动的内容具体体现在海关的基本任务中,即监管进出境的运输工具、货物、物品,征收关税和其他税费,查缉走私,编制海关统计和办理海关其他业务。

二、海关法

海关法(Customs Law)是海关监督管理进出境运输工具、货物、物品,征收关税及其他税费,查缉走私和编制海关统计的法律规范的总称,是海关对进出境活动实施监督管理的法律依据。

海关法的调整对象是执行国家对进出境监督管理职能的海关和支配进出境运输工具、货物、物品的从事进出境活动的相对人之间的管理与被管理的社会关系,是不同于海关监督管理的对象和其他法律部门所调整的对象的一种特殊的调整对象。

海关法规定的具体内容包括以下六个方面:

第一,规定海关的设置原则,海关总署和各地海关机构的隶属关系和管理体制,海关的任务和职权等海关组织法律制度;

第二,规定海关对进出境运输工具、货物、物品监管的各项程序和手续,参与进出境

活动的有关当事人在通关活动中的权利与义务的海关监管法律制度;

第三,规定我国的关税政策,关税征收、减免和退补的原则和手续,纳税义务人的权利和义务的关税法律制度;

第四,规定海关统计的范围、商品分类、统计的价格和国别等指标和统计方法,以及海关统计资料的公布和使用方法等的海关统计法律制度;

第五,规定违反海关上述各项法律制度,应承担的责任的海关法律责任制度;

第六,规定海关行政复议、行政诉讼的程序法律制度。

海关法的概念有广义和狭义之分。狭义的海关法是指海关法典,是我国海关管理的基本立法。新中国成立以来制定了三部海关法典:1951年的《中华人民共和国(暂行)海关法》,这是新中国的第一部海关法典。1987年,根据改革开放的需要我国制定了第一部正式的《中华人民共和国海关法》(以下简称《海关法》)。为了实现海关管理现代化和进一步完善海关法制建设,2000年对1987年的《海关法》进行了大规模的修订,新修订的《海关法》于2001年1月1日正式实施。广义的海关法是指调整海关管理关系的所有法律规范的总称,既包括国家最高权力机关制定的海关法典和其他法律中有关海关管理的法律规范,又包括国务院制定的有关的行政法规和其所属的行政机关制定的有关海关监管、征税等具有规章性质的规范性法律文件。

三、海关法与涉外经济法

涉外经济法是调整涉外经济关系的法律规范的总称。对外贸易是涉外经济活动的重要方面,是一个国家或地区与其他国家和地区之间的商品交换活动。为了体现国家的对外贸易政策,世界各国都以各种形式干预和控制对外贸易活动,这种干预和控制就是对对外贸易的管理。对外贸易管理是各国经济政策和对外政策的体现。国际贸易是以货物从一国流入另一国、货款的收付、外汇的使用为特征的。各国为了保护国内产业的发展,维护国际收支平衡,可以通过征收关税、实施外汇管理、实行进口许可证和进口限额等措施对外国产品的输入进行限制;同时,通过采用一系列奖励出口和出口管理的措施,扩大本国消费品的出口,限制战略物资和重要资源的出口,实现国家对对外贸易的宏观管理。

世界各国对对外贸易管理的措施,以进口管理而论,有关税措施和非关税措施。关税措施是由国家对进口商品征收高额关税,增加进口产品的成本,提高产品的售价,从而达到保护本国产品在国内市场上的地位的目的。非关税措施是政府设置的除关税外的一切旨在限制商品进口,保护本国市场的各种障碍的总称。它包括经济的、技术的、商业的、法律的和行政的措施。其中,直接对进口商品的数量、品种等进行限制,如进口许可证制度、一般配额制度等,是直接非关税措施。而对进口商品制定严格的条件,如烦琐的技术标准、卫生安全检验和包装标准等,是间接非关税措施。以出口管理措施而论,有奖励出口的措施和出口管理措施。前者如出口信贷、出口补贴和出口退税等;后者如出口许可证制度等。新中国成立以来,我国在不同的时期实行了不同的对外贸易管理措施,现行的措施主要有:进出口许可证制度、关税征收制度、外汇管理制度、进出口商品检验制度和国家对一些特殊产品进出口的特殊管理等与海关关系密切的制度,以及信贷、利率、价格和退税等措施。

海关是国家的进出关境的监督管理机关。海关的职能和各项任务在对外贸易管理中都有着重要的作用。征收关税是海关的一项重要任务,是对外贸易管理措施之一。国家通过制定关税政策,调整关税税率,征收关税,实现国家对进出口商品品种、数量的控制和调节。海关的监督管理与对外贸易的其他管理措施密不可分。对外贸易管理措施中的许可证管理、外汇管理、进出口商品检验等需要海关的进出境监督管理来实现。海关查缉走私(包括查缉偷逃关税的行为和违反其他禁止、限制进出口措施的行为)是对违反对外贸易管理各项措施的走私违法行为的查处。海关统计是国家掌握对外贸易情况,制定、调整对外贸易政策的主要资料依据,也是我国对世界各国对外贸易情况进行比较分析的主要资料线索。没有海关的进出境管理,对外贸易管理的其他措施就会形同虚设。从这个意义上讲,海关对进出境的监督管理是其他对外贸易管理措施的"再管理",属涉外经济行政管理范畴。

海关对进出境的监督管理活动是由一系列的法律、法规规范的。海关法的内容从广义上讲,不仅包括直接与海关监管职责、权限有关的规章、行政法规和法律等,同时亦包括需要通过海关监督管理具体实施的有关对外贸易管理方面的法律、法规。由此可以看出,海关法的内容与涉外经济行政管理密切相关。从这种意义上讲,海关法是涉外经济法的重要组成部分。

第二节　关于进出境运输工具管理的法律规定

海关监管的运输工具是指从事与进出境活动有关的运输业务的运输工具。它包括专门用于进出境运输的,用以载运人员、货物、物品出入境的船舶、车辆、航空器、驮畜和特种运输设备——集装箱,以及沿海、沿边地区载运海关监管货物,从事境内运输的船舶和汽车。进出境货物除少数以电缆、管道或其他特殊方式输送的以外,绝大多数货物是由运输工具载运进出境或运抵目的地的。因此,海关对运输工具的监管制度是海关监管法律制度的重要组成部分。

海关对运输工具的监管的基本程序为:①报关管理。进出境运输工具到达或驶离设立海关的地点时,运输工具的负责人或代理人要向海关报关,海关需要对当事人的申报事项进行审查、核实。②检查进出境的运输工具。检查的目的是为了进一步核实申报单证的内容。③监督和控制进出境运输工具。海关监管的运输工具在境内停留、行驶、装卸货物、上下旅客等,应当在海关的监督、控制之下。④为进出境运输工具办理放行手续。经审查,进出境运输工具合法出入境的,海关为其办理放行手续,即在有关单证上签印放行。

根据海关监管的运输工具的运行方式不同,可以分为海上运输工具、陆路运输工具和空中运输工具。集装箱是适合于各种运行方式的运输设备。由于不同种类的运输工具出入境的方式不同,海关对运输工具的监管采用了不同形式的管理制度。

一、海上运输工具的海关管理的法律规定

海关监管的海上运输工具是指航行于海上,用以载运货物、人员及其携带物品的进出境船舶和载运海关监管货物的沿海运输船舶。由于海上运输工具的航行路线、经营方式等不同,海上运输工具又可以分为国际航行船舶、兼营船舶,以及航行于香港、澳门特别行政区的小型船舶和转运海关监管货物的境内驳运船舶。海关对其分别采取相应的管理制度。

(一)有关国际航行船舶的海关管理的法律规定

国际航行船舶是指来自或开往国外,航行于各国港口间的海上运输工具。根据有关法律、法规的规定,海关有关国际航行船舶管理制度的主要内容有:确定海关对国际航行船舶监管的对象、时间和监管阶段,规定海关对国际航行船舶监管的主要职责和规定参与出入境活动的运输工具负责人的法定义务和法律责任。

海关对国际航行船舶监管的对象为船体、船用燃料、物料、船员所有的货币、金银、个人行李物品和船舶垫舱、压舱物品。

海关对国际航行船舶自进境之日起至离境时止进行监管,包括海关为船舶办理到离港手续,保证其合法出入境。船舶停港期间,海关对船舶的停港、更换泊位、起卸货物、上下物品和特殊情况下在监管区外停泊等实施监管。国际航行船舶在境内航行,其航行期间应当处于海关的监管之下,海关通过"关封"管理制度和"监管簿"管理制度,实现对国际航行船舶在境内航行的监管。其中,"关封"管理制度适用于国际航行船舶中的境外船舶和有转关运输业务的国际航行船舶,"监管簿"管理制度适用于国际航行船舶中的境内船舶。

(二)有关兼营船舶的海关管理的法律规定

兼营船舶是指我国经营国际运输兼营国内运输的船舶和经营国内运输兼营国际运输的船舶。

为了发挥运输企业的运输能力,提高运输企业的经济效益,满足国际贸易的运输需要,海关建立了兼营运输船舶管理制度。海关对兼营船舶的管理,分别采取签证准营管理和国际航行期间管理两种管理模式。根据签证管理的法律规定,欲从事兼营业务的船方或其代理人应向船舶公司所在地海关书面申请,办理兼营船舶登记手续。经海关核准后,为其签发《海关监管签证簿》,该船舶据以从事兼营国际、国内运输业务。海关签发的《海关监管签证簿》是海关对兼营船舶监管的主要法律文件。兼营船舶经海关签证后投入国际运输的,海关按照国际航行船舶的监管方式进行管理。

(三)有关航行于香港、澳门的小型船舶的海关管理的法律规定

航行于香港、澳门特别行政区的小型船舶,是指来自或开往香港、澳门,经营客货运输的小型机动船舶和非机动船舶。根据这类船舶具有小型化和航行区域特殊的特点,海关有关法规规定,对航行于香港、澳门的小型船舶实行中途监管站制度。中途监管站是在邻近港、澳地区的水路咽喉地设置海关的分支机构,与口岸海关共同管理来往于港、澳的船舶。

(四)有关载运海关监管货物的内河船舶的海关管理法律规定

载运海关监管货物的内河船舶,主要指在长江上运载海关监管货物的机动、非机动船舶。海关对这类船舶的监管,主要是对其载运海关监管货物的审批和对其载运、装卸海关监管货物实施监督和检查。

二、陆路运输工具的海关管理的法律规定

陆路运输工具是以旱路为运输条件的运输工具。海关监管的陆路运输工具包括从事进出境运输的列车、汽车、驮畜和在边境地区运输海关监管货物的汽车。

(一)有关进出境列车的海关管理的法律规定

铁路运输是陆路运输的一种方式,它是通过国与国之间相互衔接的铁路进行的。铁路运输相对与其他运输工具更强调国家间的协作,因此,有关进出境列车海关管理的法律依据主要是国与国之间的铁路联运公约、协定和海关总署依据公约和协定制定的行政法规。

有关铁路联运进出境运输工具的海关管理法律规定的主要内容包括:海关监管对象的确定;海关对列车出入境及装卸货物的管理;境内转关运输列车的管理;进出境列车所载货物及物品的征免税规定。

(二)有关汽车的海关管理的法律规定

海关监管的汽车包括用以载运货物、人员及其携带物品出入境的汽车和载运海关监管货物的境内汽车。其中,进出境汽车按照其往来地区的不同,又分为一般进出境汽车和往来于港、澳地区的进出境汽车。

进出境汽车,是指出入我国边境各公路口岸的从事进出境运输的中外籍汽车。进出境汽车应从设有海关的地点出入境。进境汽车自进境时起至海关查验放行止,出境汽车自申报出境时起至实际离境止,均处于海关监管下。海关对进出境汽车的车体、汽车所带备用物品、驾驶人员或押运员携带的自用物品、汽车所载进出口货物等进行监管。经营客货运输的外籍汽车,如果进境后需要继续内驶的,还需要向海关办理内驶车辆海关手续。

往来港、澳地区的进出境汽车,是指来往于香港、澳门与大陆之间,用于境内外运输的机动车辆。港澳地区与境内的外贸运输中,汽车占有相当的比重。与一般进出境汽

车相比,往来于港、澳地区的进出境汽车来往频繁、数量大,根据有关海关法规,海关对来往港、澳地区的汽车采用"签证簿"管理制度。海关通过对《来往香港、澳门汽车进出境签证簿》的审批、办理签证手续、年检等对其进行管理。

境内载运海关监管货物的汽车,是指境内往来进出境口岸接载、卸转海关监管货物的汽车。海关对境内载运海关监管货物的汽车采用准载登记管理制度。运输企业经营境内载运海关监管货物须向海关申请办理准载登记手续。汽车运载期间,海关采用加施关封、派员随车押运等方式对汽车及所载货物进行监管。运输途中汽车遇有不可抗力或出现故障,应及时通知海关,并在海关监管下换装其他运输车辆。如发现有违反海关法规的情况,海关有权吊销车辆注册登记和车辆《准载证书》。

(三)有关驮畜的海关管理的法律规定

驮畜是我国边境某些交通不发达的偏僻地区的进出境运输工具。海关对载运进出境货物驮畜的监管,包括对进出境驮畜的监管和驮畜所载货物的监管。驮畜进出境时,其所有人或管理人应向海关申报登记,海关将为其核发登记证,有关驮畜凭以进出境。如果驮畜发生短少,海关根据情况,或核销放行,或按照有关规定进行处罚。

三、空中运输工具的海关管理的法律规定

海关管理的空中运输工具特指用于载运人员、货物、物品进出境的民用航空器,即国际民航机。航空运输多为远距离运输,其管理涉及国家间的协调,因此,我国海关对国际民航机的进出境管理,是在国际化的基础上形成的管理制度。海关对国际民航机的管理,包括飞机出入境的管理、飞机停港期间的管理和转港飞机的管理。

四、集装箱的海关管理的法律规定

集装箱是指可以在运输中反复使用,且能够加封管理的货物容器。它是一种运输设备。

1986年7月,我国加入联合国《1972年集装箱关务公约》。根据该公约,海关总署制定了集装箱管理方面的行政法规。公约和有关行政规章,构成了海关对集装箱管理的主要法律依据。

海关对集装箱的监管,是指对集装箱箱体和集装箱所装货物的监管。对集装箱箱体的监管,包括对集装箱的进出境管理、集装箱投入国际运输的管理和对制造、维修用于运输海关加封货物的国际集装箱工厂的管理。海关对进出境集装箱所装货物的监管,要求集装箱所装货物的收发货人,除需提交符合其他运输工具装载货物应当提交的单据符合海关有关监管要求外,还需向海关提交货物装箱单,为海关实施对集装箱所装货物的监管提供资料依据。

第三节 关于进出境货物管理的法律规定

进出境货物是指通过各种贸易方式或为贸易目的进出口的商品。进出境货物海关管理的法律规定是以规定海关对进出境货物实施监督管理的各项业务制度和出入境货物的所有人或代理人的权利义务为内容的法律、法规的总和,是海关据以进行监管的法律依据,是参与出入境活动的货物收发货人或代理人办理货物出入境手续的行为准则。

海关有关进出境货物监管的法律规定在海关监管法律制度中涉及面最广、数量最多,根据监管阶段划分,有报关管理规定、审查查验管理规定、担保放行管理规定、保税管理规定和稽查管理规定等;根据货物进出境的不同地区、不同企业来划分,有特定地区管理规定和特定企业管理规定。下面介绍进出口货物监管的几项主要的管理规定。

一、报关管理的法律规定

进出境货物的报关,是指货物进出境时向海关交验规定的各项单证,海关对其单证进行审查的过程。报关是货物通关的首要程序,而进出境货物能否顺利通关,报关质量是一个重要的因素。报关管理的法制化是提高报关质量的关键。我国《海关法》中有关报关管理规定的内容包括:报关管理法律关系的主体;具有报关资格的企业怎样履行报关登记手续;报关企业和报关员的权利、义务和法律责任;滞报金的征收等。

(一)报关管理法律关系的主体

报关管理法律关系的主体是报关管理法律关系权利的享有者和义务的承担者,具体指报关管理机关和报关单位。

我国报关管理机关是中华人民共和国海关,包括中央海关机关——海关总署和各地方海关。报关单位是指符合我国有关法规的规定,享有报关资格的企业,依法向海关办理了注册手续,有权向海关办理进出口货物报关手续的境内法人。根据我国《海关法》和有关报关管理法规的规定,报关单位分为自理报关单位和代理报关单位。自理报关单位是指为本单位办理进出口货物报关手续的报关单位;代理报关单位是指专门为其他单位办理进出口货物报关手续的报关单位。可以看出,我国实行的是"双轨"制的报关体制。此外,我国在报关资格的确定上,既要求报关企业要有报关权,同时要求报关企业的报关员应当经过海关培训,取得报关资格。实行"双重"报关资格。

(二)报关单位及报关员的注册登记手续

享有报关资格的报关单位要取得报关权,应当向海关办理注册登记手续。有关单位办理注册登记,应当持规定的文件。根据注册登记单位办理的是专业报关企业还是代理报关企业的注册登记,规定提供的文件有所不同。有关单位办理报关注册登记,还需要同时办理报关员的登记手续。办理报关员登记手续需要向海关提供其报关员的资料、印章等。海关对申请单位进行审核,经审查合格的企业,海关为其颁发报关注册登记证书,该单位即享有了报关权。

取得报关权的单位应当在规定的地域、权限范围内行使报关权。其地域范围为发证海关所在辖区内的各口岸,非经批准不得异地报关。报关权限范围要求,自理报关单位不能受理代理报关业务,代理报关单位只能代理有权进出口货物的单位办理报关手续。

(三)报关单位和报关员的权利、义务和法律责任

经海关审核批准的报关单位和报关员享有依法经营报关业务的权利,同时应当遵守国家有关法律法规,依法报关,接受海关年审。报关单位应按照海关要求选用报关员。报关员应接受海关培训,对其报关行为承担法律责任。如果报关单位或报关员不依法履行义务,则报关单位将承担暂停、取消其报关权的法律责任,报关员将承担暂停、取消报关资格或取消报关资格并不准重新申请报关资格的法律责任。

(四)滞报金的征收

滞报金是指进口货物的收货人或其代理人超过海关规定的申报期限未向海关报关,由海关依法向其征收的款项。滞报金的征收是为了加速口岸疏运,促进进口货物早日投入使用,加强海关对报关活动的监督管理而采取的一项措施。根据有关法规规定,除特殊情况外,进口货物自运输工具申报进境之日起 14 日内或收到邮局通知的 14 日内未向海关报关的,海关将对其征收滞报金。

二、海关审查、查验管理的法律规定

进出口货物的所有人或代理人向海关报关后,海关需要对有关报关单证进行审查并根据需要对货物进行实际查验,从而保证货物的合法出入境。对报关单证进行审查,简称为审单。审单内容包括审查单证是否齐全、有效,以及有无申报不实的情况。近年来,为了防止出口货物低报价格和履行海关有关知识产权边境保护职责,审单的内容又增加了对出口商品的审价和对知识产权产品的知识产权证明的审查。查验是审单工作的补充,通过实际查验货物,确定货物是否与单证内容相符。查验内容包括核查和验证货物的品种、数量、标记唛码、化学性质、物理性质、使用价值、功能等。关于审查、查验阶段,有关海关法规规定了出口商品的审价管理规定、有关知识产权海关边境保护的法律规定、海关与货物的收发货人或代理人的权责划分及有关费用的征收等内容。

(一)关于出口商品审价管理的法律规定

出口商品审价是海关对出口商品的申报价格进行审查,确定其价格是否为合理的成交价格和对出口商品的价格按照法律规定的原则进行确定的海关监管工作。过去海关对出口货物的管理,主要是审查许可证和有无违反其他管理措施的情况;对出口价格商品的审查,主要是少量的出口应税商品。近年来,由于国外对我国出口商品的反倾销制裁案件时有发生,对我国的对外贸易发展产生了消极影响,因而我国海关在原有的对出口商品管理的基础上,增加了对出口商品的价格审查。有关出口商品的审价法律规

定的内容包括:出口商品审价的依据、程序;海关的权力;出口商品的发货人或代理人义务的规定;海关对低价出口商品处理的规定等。另外,我国实施出口退税制度以来,在出口管理方面出现了利用伪报、瞒报手段骗取出口退税的情况。通过对出口商品申报价格的真实性的审查,也可以起到防止利用伪报价格骗取出口退税的情况。

(二)关于知识产权边境保护的法律规定

随着社会的工业化程度的提高、科学技术的发展,知识产权保护的重要性越来越突出。特别是在国际贸易领域如何保护知识产权,保证正常的国际贸易秩序、公平的竞争条件和良好的投资环境,成为知识产权保护领域的一个重要课题。海关是国家的进出境监督管理机关,它在知识产权边境保护中的作用受到了国际社会的普遍关注。1986年开始的《关税与贸易总协定》"乌拉圭回合"谈判,于1994年最终形成了《与贸易有关的知识产权协议》。该协议就与海关有关的"边境措施"的采用作了专门的规定。为适应国际贸易的发展要求,国务院于1995年制定并实施了《中华人民共和国知识产权海关保护条例》。该条例对知识产权边境保护的宗旨及范围、海关职权及义务、知识产权海关备案、知识产权保护申请及担保、违法行为的调查和处理等实体和程序问题作了较为全面的规定,为我国海关履行知识产权边境保护职责提供了法律依据。2001年1月开始实施的新修订的《海关法》,将海关实施知识产权边境保护的内容纳入其中,为海关实施知识产权边境保护提供了基本法依据。根据《海关法》的规定,属于依法应当实施知识产权边境保护的货物进出境,海关需要对有关收发货人或其代理人申报的知识产权状况和有关证明文件进行审查。

(三)关于规费征收的法律规定

规费,是指海关因查验货物而征收的费用。海关征收任何费用都应依法进行,征收规费、查验费用亦不例外。规费是海关在非常规办公时间、场所以外进行查验所征收的费用。规费的征收应按法定的标准进行。

三、海关对进出口货物担保放行的管理规定

海关对进出口货物实行担保的管理规定是一项旨在加强严格管理的前提下促进对外贸易发展,方便进出口企业的措施。它包括履行交付进出口货物单证的担保、知识产权边境保护的担保、关税缴纳的担保、履行海关行政处罚的担保和保税担保等多方面担保事务。海关对进出口货物担保放行管理的有关规定是海关事务担保的一种具体形式。海关在对一般进出口货物实行担保规定的同时,为了加强对加工贸易的管理,近年来又开始推行加工贸易保证金台账制度,这一制度形式既是加工贸易的一种新型管理模式,也可以看成是一种新的担保形式的尝试。

(一)关于一般进出口货物担保的规定

通常情况下,进出口货物应当在办结全部海关手续后才能实际进出口,但某些时候,由于货物的收发货人或代理人因某种原因不能在货物出入境时办结海关手续,如不

能准确确定货物的商品归类、估价和提供有效报关单证或者办结其他海关手续等,收发货人要求海关先放行货物的,为了使货物能够根据收发货人的需要及时出入境,根据2001年实施的《海关法》第六章"海关事务担保"的规定,有关货物的收发货人或代理人可以以法定的形式向海关提供担保,海关经审查符合担保条件的,接受其担保放行货物。担保人应当在担保期限内承担担保责任。担保人承担担保责任不免除被担保人办理海关手续的义务。担保人不履行担保义务的,海关将依法追究其法律责任。

(二) 关于加工贸易货物保证金台账制度

从加强海关对加工贸易的管理的要求出发,国务院于1995年11月制定行政法规,决定对加工贸易货物进口料件试行银行保证金台账制度,并于1996年7月在全国范围内推广。1999年,在保证金台账制度实施实践的基础上,进一步对该制度加以完善,根据加工贸易企业的经营实绩,将其划分为A,B,C,D四类企业,对其进行分类管理。加工贸易保证金台账制度是以往的加工贸易保证金、"先征后退"等担保方式的完善和发展。通过海关、银行的互相监督和制约,达到在不增加大多数加工贸易企业资金和成本的条件下,对加工贸易进口料件依法进行监督管理。加工贸易保证金台账制度主要运作程序为:经贸主管部门的合同审批,海关的合同登记备案,银行开设保证金台账和海关、银行核销合同及台账。

四、保税与保税管理的法律规定

保税,是指海关对符合条件的进口货物不征关税和其他进口环节的国内税。在海关监管下,货物在境内储存、加工,再返销出口。保税可以简化海关手续,减少企业资金的占用和利息支出,降低出口产品的成本。它是国家为了鼓励出口,促进加工贸易的发展,由海关具体执行的一项优惠政策。

保税管理的法律规定是有关保税货物及各种保税形式的管理规定的总和,包括保税货物的管理规定,保税仓库、保税工厂、出口监管仓库、进料加工保税集团的管理规定和保税区的管理规定。

(一) 关于保税货物管理的法律规定

保税货物是指经海关批准未办理纳税手续,在境内储存、加工、装配后复运出境的货物。目前,我国海关实行保税进口的货物有:来料加工、进料加工进口货物、中小型补偿贸易进口货物、转口贸易进口货物以及免税商店进口和销售的进口货物等。其中,就数量而论,以来料加工、进料加工、中小型补偿贸易进口货物为主。

1. 海关有关来料加工进口货物的管理。来料加工是由外商提供原材料,由我方加工单位按外方要求进行加工,成品由外商销售,由我方收取工缴费的一种加工贸易方式。海关对来料加工进口货物管理的基本形式为:合同的登记备案;设立保证金台账;进口料件和设备的监管;加工成品复出口的监管;合同和保证金台账的核销结案。这既是来料加工进口货物监管的基本形式,亦是海关对其他加工贸易保税货物监管的基本模式。

2.海关有关进料加工进口货物的管理。进料加工是经营单位为加工出口商品而从境外购买原材料,在境内加工后,再外销出口的一种加工贸易方式。由于进料加工贸易方式在料件的所有权上与来料加工不同,因而除采用加工贸易的基本管理形式外,有关法规还按照企业的不同条件,是属于有海关严密监管条件的专门加工出口产品的企业,还是签有进口料件和出口成品对口合同的来料加工的企业,或是以上两者都不具备的企业,规定了不同的免税比例和管理措施。对有违反海关规定行为的进料加工企业和生产企业,海关可以不给其规定的免税比例,待料件加工复出口时,按其复出口产品实际所耗进口料件的情况退税。

3.海关有关中、小型补偿贸易进口货物的管理。补偿贸易是由外商投资或利用国外的出口信贷、进口生产技术或设备,由我方企业进行生产,以返销其产品的方式分期偿还对方技术、设备价款或贷款本息的一种加工贸易方式。中、小型补偿贸易,主要是指国家重点大型补偿贸易项目以外的一般轻纺产品、机电产品、地方中小型矿产品和某些农副产品等的补偿贸易。补偿贸易进口货物实行部分免税,其应税部分在保税结束时进行征税,因而其进口货物需按照保税管理的要求进行实际的监管。

(二)关于保税仓库、保税工厂、出口监管仓库、进料加工保税集团及保税区管理的法律规定

保税仓库、保税工厂、出口监管仓库、进料加工保税集团及保税区是适应不同地区、不同加工贸易条件、不同贸易流向的几种保税管理模式。

1.保税仓库是专门存放海关核准的进口保税货物的仓库。

2.保税工厂是海关批准从事保税加工的专门生产出口产品的加工装配企业。保税仓库、保税工厂都存放有进口保税货物,不同的是在保税仓库内不得对所存货物进行除分拣、去杂、改换包装以外的实质性加工,而保税工厂则是专门从事加工保税进口料件,生产出口产品的企业。

3.出口监管仓库是存放对外已卖断结汇,并已向海关办理了出口手续,但暂时不实际出口货物的仓库。保税仓库和出口监管仓库都是用来存放海关监管货物的场所,但其所存放的海关监管货物的流向不同,保税仓库只能存放进口保税货物,而出口监管仓库能存放已办结出口海关手续的任何贸易形式的出口货物。

4.进料加工保税集团是由一个具有进出口经营权的企业牵头,组织关区内同行业若干个加工企业,对进口料件进行多层次、多道工序的连续加工,并享受全额保税的企业联合体。进料加工保税集团是在保税工厂的基础上发展起来的一种保税制度形式,为同行业的各个企业的联合保税加工提供了更为便利的出口加工条件。

5.保税区既是一种保税形式,亦是一种关境内的特殊区域。进出口保税区货物享受全额保税,且免领进出口许可证。在保税形式中,保税区是保税程度最高的一种形式。

海关对以上保税形式的管理的法律规定包括:有关保税形式的设立条件的规定;海关对各种保税形式的审批和保税形式的运营管理。

(三)有关出口加工区的法律规定

出口加工区是国际上通行的对加工贸易实施保税管理的措施。我国在总结改革开放以来有关加工贸易管理经验的基础上,自2000年10月开始在我国试办出口加工区。到2002年9月,经国务院批准,在全国范围内陆续建立了17个出口加工区。为了规范出口加工区的管理,2000年5月,经国务院批准,海关总署专门公布了《中华人民共和国海关对出口加工区监管的暂行办法》,为我国的出口加工区的建立提供制度模式和法律依据。

根据我国有关出口加工区管理的规章,我国的出口加工区是指国务院批准设立的从事产品外销加工贸易的,由海关实施封闭式监管的特殊区域。出口加工区内设置出口加工企业,以及相关仓储、运输企业,海关对其实施封闭式管理模式,实施24小时不间断监控,实现出口加工区货物"一次申报,一次审单,一次查验"的通关要求。从而实现促进加工贸易发展和对加工贸易有效管理两个目标的有效统一。

保税区和出口加工区都是我国近年来建立的保税管理的区域形式。由于两个区域都涉及加工贸易的管理,都是海关管理的封闭式的特殊区域,因而两个区域在管理模式上有相似之处。但两个区域由于其功能上的区别,其在享受的退税政策、成品内销政策和国内税收政策等方面有着显著的区别。

(四)监管手续费征收的法律规定

监管手续费,是指海关对实施保税管理货物征收的一种管理费用。监管手续费的征收,是1988年以来建立的一项行政费用征收制度,是专门对进口减免税的,需要海关进行保税管理的货物征收的费用。有关货物的收货人或代理人应当按照规定的时间、标准向海关缴纳监管手续费,不缴纳或逾期缴纳的,应承担相应的法律责任。

五、海关稽查管理的法律规定

海关稽查是海关对已经放行的进出口货物,在法定的期限内,以核查进出口经营企业会计账册、票证、原始凭证及其他资料的方法审查、评价被稽查单位的货物进出境是否合法有效,是否依法交纳关税的一项海关监管工作。

在原有的海关监管制度下,一般贸易的进出口货物,海关放行即意味着海关监管的结束。为了保证货物的合法进出,海关只能在口岸细查细验,影响了货物的通关速度,不能适应对外贸易迅速发展的需要。海关稽查的实施,为海关在现场放行后的法定期限内对进出口企业进行检查、监督提供了法律依据,从而为海关在进出境口岸的加速验放提供了可能。从这种意义上说,海关稽查是海关审单、查验、放行等海关监管工作的继续,是建立现代海关管理体系的重要步骤。

海关稽查管理的法律规定内容有:海关稽查法律关系的主体,即稽查主管机关和稽查适用对象;海关稽查法律关系主体的权利与义务;海关稽查的具体实施程序;违反海关稽查管理法规的行为及其法律责任。

六、海关对特定地区进出口货物管理的法律规定

改革开放以来,为了促进对外经济贸易的发展,繁荣地区经济,促进国家技术进步,推动国民经济骨干产业的科技进步,国家在关境内设立了一些享受关税优惠待遇的地区(目前我国设立的这类地区有:经济特区、经济技术开发区、对外开放区、高新技术产业开发区、洋浦经济开发区、苏州工业园区等)。为了保证国家关税优惠政策目标的实现,海关对这类地区的进出境货物采取了相应的管理措施。例如,要求经济特区内的进口货物不得销往内地其他地区,内地运往特区的货物或特区内生产的制成品销往内地均需办理海关手续;经济技术开发区、对外开放区内从事进出口贸易的企业和生产企业的经营活动要接受海关的监督管理;对高新技术产业开发区的高新技术企业及进出口货物实行海关管理;对洋浦经济开发区实施封闭式的隔离管理;对苏州工业园区的进出口货物、进口加工料件、园区内的转关运输货物进行管理等。

七、海关对特定企业管理的法律规定

特定企业,是指中外合资经营企业、中外合作经营企业、外商独资企业。上述企业统称为外商投资企业。资金短缺是经济发展的一大障碍,在我国境内建立外商投资企业是我国利用外资的重要途径。为吸引外资,加速国家的经济建设,国家规定了一系列对外商投资企业的优惠政策。为了保证国家政策的实现,海关需要对外商投资企业进行监督管理。海关对外商投资企业管理的规定包括:外商投资企业向海关办理注册登记手续;对外商投资企业进出口货物的现场管理和后续管理;企业合同的终止;外商投资企业的违法行为及法律责任的规定。

第四节　关于进出境物品海关管理的法律规定

进出境物品,是指通过携带、邮寄、托运等方式进出境的非贸易性的个人生活和学习用品。从海关监管对象的角度来看,进出境物品是与进出境货物相对应的一种海关监管对象。

进出境物品海关管理的法律规定是以海关对进出境物品管理的各项业务制度和出入境物品的所有人和代理人的权利与义务为内容的法律、法规的总和,是海关据以管理进出境物品的法律依据,是出入境物品的所有人和代理人携带、邮寄物品出入境的行为准则。根据物品出入境的方式不同,有关进出境物品的法律规定分为对进出境旅客行李物品的管理规定和邮递进出境物品的管理规定。

一、进出境旅客行李物品的管理规定

进出境旅客行李物品,是指进出境旅客以携带、托运等方式运输出入境的物品。

改革开放以来,进出境旅客的数量激增,为了对旅客行李物品的出入境进行有效管理,有关部门制定了一系列有关进出境旅客行李物品管理的法规,并不断发展、完善,至今已形成了一套较为健全的管理制度。根据进出境旅客行李物品的特点,有关进出境旅客行李物品的管理规定对旅客的申报和通关程序作了明确、具体的规定。此外,根据旅客在境内外居留时间的长短(长期旅客、短期旅客、过境旅客、定居旅客)和进出境物品的类别(按照物品的品名、价值进行分类),规定了不同旅客携带物品进出境的管理标准,便于海关依法监管和出入境旅客依法履行义务。

(一)关于旅客申报、通关的法律规定

旅客申报是进出境旅客对其携运的进出境行李物品的实际情况依法向海关作出的说明,是旅客通关首先要向海关履行的一项法定义务。旅客申报的方式、申报的法律效力、申报的内容、申报责任等是旅客申报制度规定的主要内容。按照国际通行做法,我国海关自1996年1月1日起采用了单一的书面申报方式。凡携带、托运需要向海关申报的物品的旅客,都要填写海关统一印制的报关单,向海关申报;没有携带、托运需要向海关申报的物品的,不再需要向海关申报,可行经绿色通道通关。取消了我国海关自1992年以来采用的口头申报方式。申报具有法律效力,除了要求书面形式外,还要求其在规定的时间、地点进行。申报的地点为海关设置在通关现场的专用申报台,旅客应在通关时向海关专用申报台交验申报单证。旅客需要向海关申报的物品包括:海关法规定的禁止、限制进出境物品;海关需要征税、限量免税、自用合理数量以外的物品;我国检疫法规规定管制的动、植物及其产品和其他须办理验放手续的物品。向海关申报是旅客的一项法律义务,不履行法定义务或履行义务不合法的,将承担法律责任。海关可根据其情节,分别给予责令补税、退运、罚款等行政处罚。

通关是旅客向海关申报,海关依法查验其行李物品并为其办理进出境手续的总称。也可以说,通关是出入境旅客在海关的监督管理下依法出入境的过程。它包括旅客申报和海关监管两方面的行为。旅客依法申报,海关依法监管验放,这是旅客顺利通关的两个必不可少的条件。

(二)红绿通道验放制度的法律规定

红绿通道验放制度是专门简化和协调各国海关对旅客行李物品验放的一项业务制度,是国际上通行的进出境旅客通关制度。根据国际公约的规定,其内容包括:划分通道原则的确定、通道的设置原则、旅客选择通道的途径和海关对红绿通道的管理。我国自1987年开始,在旅客流量大的进出境口岸实行红绿通道验放制度,并制定了相应的管理法规,规定了旅客选择通道的条件、两条通道的不同海关手续、违法选择通道的法律责任等。1996年1月实施的旅客申报方式的改革措施,使我国的红绿通道验放制度

与国际上的红绿通道验放制度更趋协调一致。

二、进出境邮递物品管理的法律规定

进出境邮递物品是指以邮递方式进出境的物品。进出境邮递物品除少量的货物外，绝大多数是非贸易性的进出境物品。进出境邮递物品管理的法律规定包括：邮递物品的报关管理规定和验放规定；违反邮递物品管理法规的行为表现和法律责任。

（一）关于进出境邮递物品报关的管理规定

进出境邮递物品报关的管理规定包括：一般邮递物品的报关管理规定和进出境快递物品的管理规定。

1. 一般邮递物品，是指除进出境快递物品以外的其他以邮递方式进出境的物品。一般进出境物品中的货物、广告品、货样、商品性礼品等，由收发货人或其代理人在设有海关的邮局向海关申报并办理货物的进出境手续。一般进出境物品中的个人邮递物品，根据物品收寄地的不同，分别由邮局代办或由寄、收件本人办理海关手续。

2. 进出境快递物品，是指经营进出境快递业务的企业邮递进出境的物品。进出境快递物品的报关应由经有关部门批准经营，并已向海关办理注册手续的经营单位和进出境快递物品的收寄件人办理。进出境邮递物品向海关报关后，海关需要对物品进行查验，照章征收税费。经海关查验并办理了征、免税手续后的进出境邮递物品，邮局方可投寄。

（二）关于进出境邮递物品验放的管理规定

海关对进出境邮递物品验放的原则是以亲友之间相互馈赠自用为限。依据这一原则，有关法规根据邮递物品寄自或寄往的不同国家和地区，规定了海关验放进出境邮递物品的具体限值、限量。为了与海关其他业务制度协调一致，简化进出境物品的海关手续，照顾国内外收寄件人的正常需要，在进出境邮递物品的税收方面，实行进出境邮递物品的免税额优待制度，即进境邮包应征税款在免税额以内的予以免税，超出免税限额的部分，由海关就超出部分征税。对规定准予邮寄出境的包裹，给予免税放行。确定进出境物品的价值是海关验放进出境邮递物品和确定对其征、免税量的关键，根据规定，进出境邮递物品的价值由海关分别参照货物的到岸价格和物品的国内市场零售价格确定。

（三）进出境邮递物品管理中违法行为的表现及其法律责任的规定

进出境邮递物品不能顺利通关的原因是多方面的，除少量由于邮递物品的收、寄件人放弃领取物品或邮局无法查找收件人又无法退寄的情况外，绝大多数是由于进出境物品的收、寄件人不同程度地违反了《海关法》的规定。根据违法的情况不同，其应承担的法律责任不同。属邮寄物品超出限值限量的、邮寄禁止进出口物品的（除对我国政治、经济、文化、卫生、道德有害的物品不予发还外），出口的物品不准寄出，进口的物品要求其在限期内退寄。在限期内不能退运的物品由海关变卖，所得价款上缴国库；超过限期未退运的禁止进出境的物品由海关没收。属逃避海关监管偷、逃关税等故意违反海关法规的行为,如冒名顶替、分散寄递等,由海关依照《海关法》的规定,按走私行为进行处理;构成走私罪的,由司法机关依法追究其刑事责任。

第五节 关于关税的法律规定

关税是国家税收的一种,是海关代表国家按照由国家制定并公布实施的税法,对进出境货物、物品征收的一种流转税。关税的法律规定是以关税为核心构筑的法律制度体系。我国关税的法律规定的基本内容有:关税的征收、关税的减免、关税退补,以及纳税争议的解决等。

一、关税征收的法律规定

关税的征收是海关按照有关法规,以国家名义向货物的收发货人无偿地、强制性地征集一定货币的一种监督管理活动。关税征收的法律规定是有关关税征收的各项管理规则的总和。其规定的主要内容包括:关税征收的法律关系的主体和关税征收的对象,以及关税的征收程序。前者为实体法的规定,后者为程序法的规定。关税征收的法律规定是关税法律制度中的一项基本制度性规定,是海关依法征收关税的主要法律依据。

(一)关税征收的法律关系的主体和关税征收的对象

关税征收的法律关系是建立在关税的税收管理机关和关税的纳税人之间的。关税的税收管理机关为国家通过立法形式授予其征收关税职权的国家机关。我国《海关法》总则中明确规定,海关作为国务院的职能部门的基本任务之一是征收关税,因而确立了海关为征收关税的执行机关的法律关系主体的法律地位。关税的纳税义务人是指货物出入境时,依法向海关承担缴纳税款义务的责任人。根据我国《海关法》和《进出口关税条例》的规定,进口货物的收货人、出口货物的发货人和进境物品的所有人是当然的纳税义务人。此外,有时进出口货物的收、发货人和物品的所有人并不直接从事出入境活动,他们或委托有对外贸易经营权的公司、企业,或委托他人办理进出境手续,因此《海关法》和《进出口关税条例》中均规定,接受委托办理进出境手续的代理人,应当遵守法律、法规对其委托人的各项规定。从这些规定看,进出口货物的收、发货人的代理人和进出境物品的受托人,亦应属纳税义务人的范畴。

关税的征收对象是指对何种行为或何物征税。《海关法》规定,准予进出口的货物由海关依照进出口税则征收关税,进境的物品由海关依照有关征收关税的办法征税。这说明进出口货物和进境物品为关税的征收对象。但并不是所有的进出境货物、进境物品都是征税的对象,根据现行法律、法规的规定,关税的征收对象的确定原则为:进口货物全部应税,出口货物列名应税。进口货物全部应税指的是所有的进口货物,除在

《海关进出口税则》中列名不征进口关税的外,不论其在税则中是否列名,均应按规定的归类原则归入合适的税号,并按照适用的税率征税。其中,包括从境外采购进口的原产于中国境内的货物。出口货物列名应税,指的是出口货物只限于在《海关进出口税则》中列名并订有出口税率的出口货物才征收出口关税,否则一律不征出口关税。进境物品,除依法确定的个人自用合理数量范围内的物品不征收关税外,所有允许个人携带进口或邮寄进口的物品,均应按入境旅客行李物品和个人邮递物品进口税征收办法征收进口关税。

(二)关税征收程序的法律规定

关税的征收程序,是指海关依法向纳税人征收税款的方式和步骤,包括税款额的确定方式和税款的征收步骤。

1.税款额的确定方式。税款额的确定要经过税则归类、税率的运用、完税价格的审定和税款额的计算四个程序。

(1)税则归类。它是把具体的进出口商品,按照归类规则在商品分类目录中确定其最合适的位置,以便对进出口商品依照相应的税率计征关税的过程。正确的税则归类是正确选择税率的基础。我国海关有关进出口货物和进出境物品的税则归类,采用不同的归类原则。《进出口商品税则》是进出口货物归类的法律依据,由商品分类目录和税率栏两部分组成。商品分类目录是将成千上万不同种类的商品进行综合,按照商品特征将其分成数量有限的商品分类目录。进出口货物的归类,即在商品目录中确定该种商品的位置。进出境物品归类的法律依据是1994年国务院税则委员会制定的《入境旅客行李物品和个人邮递物品征收进口税税率表》和同年海关总署根据税率表制定的《入境旅客行李物品和个人邮递物品进口税税则归类表》。以上两个法律文件不仅对进口应税物品进行了系统的分类,而且规定了未列名物品的归类原则,为所有应税进境物品确定所属类别提供了依据。税则归类通常是在货物进出境申报纳税时实施。为了提高通关速度,便于进出口货物经营者事先计算贸易成本,自2002年我国海关建立了商品的预归类制度。商品的预归类是在货物实际进出前,由进出口货物的经营者向海关申请,由海关作出具有法律效力的商品归类决定。归类决定对在一年内进出境的申请项下货物具有法律约束力。

(2)税率的运用。确定了商品的归类后,需要进一步确定其所适用的税率。税率的运用就是将税率适用于某一具体的进出口货物,从而确定货物的应征税额。我国进出口商品的税率分别规定在《进出口商品税则》和《入境旅客行李物品和个人邮递物品征收进口税税率表》中。税率运用的关键在于差别税率的选择和税率运用时间标准的确定。差别税率的选择是根据我国《进出口税则》中规定的普通税率、优惠税率和《关税条例》中规定的特别税率的适用条件,选择相应适用的税率。税率运用时间标准的确定,是指以哪一时刻为准来计算税率。根据有关规定,进出口货物的税率应当统一按照货物申报进口之日确定征税、退税或补税所适用的税率。进口货物到达之前,经海关核准先行申报的,应当按照装载该货物的运输工具申报进口之日实施的税率征税。应税的进境物品,应以海关填发税款缴纳证当天的有效税率计算税款额。

(3)完税价格的审定。我国多数进口商品采用从价税。对于采用从价税的商品,价格是确定税款的一个重要因素。进出口货物的申报价格必须经海关审核,才可作为海关征税依据。完税价格的审定,就是海关依据法律规定的价格定义,对进出口货物的申报价格进行审查的一项活动。进出口货物的申报价格经海关审查,凡符合价格定义的申报价格,确定其为完税价格;基本符合价格定义的申报价格,由海关按照法律规定的价格定义进行必要的调整后,确定其为完税价格;不符合价格定义的申报价格,不能作为完税价格。其完税价格由海关按照法定的估价方法给予确定,海关估价是完税价格审定中的一项重要的工作。

(4)税款额的计算。进出口货物和进境物品经税则归类、税率运用、完税价格审定后,即具备了计算税款的所有要素。税款额的计算是以进出口货物、进境物品的完税价格乘以进出口关税税率,为实际应缴纳的关税税款的数额。

2. 税款的征收步骤。这是关税征收的最后环节,包括有关税款缴纳时间的确定、起征额的规定、货币和汇率的适用和延误缴纳税款应当承担的法律责任等。

进出口货物的收发货人或代理人应当在海关填发税款缴纳证的次日起15日内向指定银行缴纳税款,进境物品的纳税义务人应当在海关放行应税物品前缴纳税款。进出口货物的关税起征点为人民币10元,进境物品的关税起征点为人民币1元。海关对进出口货物、进境物品征收关税和其他税费均以人民币计征。适用汇率为海关填发税款缴纳证之日国家外汇管理局公布的《人民币外汇牌价表》的买卖中间价折合人民币计征。纳税义务人延误缴纳税款的,海关有权依法追缴,同时将依法对其征收滞纳金。

二、关税减免的法律规定

关税是以立法形式确定的一种税收形式,海关应当依法征税。但国家根据需要亦可以以立法的形式确定给予某些进出口货物、进出境物品减免税。关税的减免除在税则中已定明的外,还可以以立法的形式确定或通过依法授权的机关批准确定。不论以何种形式确定的减免税,都应当依法有据。根据我国的关税立法,我国关税的减免,按照给予减免税的依据不同分为法定减免、特定减免和临时减免三种形式。

(一)法定减免

法定减免是指按照国家的关税法给予的减免税。凡属法定减免范围的货物,进出口货物的收发货人、进境物品的所有人或他们的代理人,不需要向海关提出申请,即可给予其减免税待遇。法定减免税有法定减税和法定免税之分;有法律直接规定的减免税和法律规定授权海关酌情给予减免税之分;有属于对价值甚微货物的习惯性豁免和属于我国与外国缔结的国际条约和参加的国际公约中规定减免税之分。此外,法定减免税中还有对暂时进口货物、因故退还的进出口货物和无代价抵偿进口货物规定的减免税。这些类别的货物享受减免税,应当符合法定的限制性条件。

(二) 特定减免

特定减免是由国务院或其通过海关总署在法定减免之外,根据经济发展等方面的需要,对某些特定地区、特定企业、特定用途的进出口货物给予的减免税优惠。特定减免税是以特定的法规为依据的减免税。它与法定减免税的不同在于其有特定地区、特定企业、特定用途的限制,不具有普遍性。而且特定减免税是有条件的减免,海关对减免税货物还需要进行一定的管理。

(三) 临时减免

临时减免是根据某个单位或企业、某些商品、某个时期或某批进出口货物的特殊情况,由特别授权单位批准给予的一次性有效的减免税。设立临时减免税的原因是多方面的:有价格方面的因素,有各地发展不平衡的因素,有国家政策性因素,亦有立法不健全方面的因素。随着国家经济的发展和立法的逐步完善,这种解决特别情况的临时措施的使用将受到越来越严格的限制。

三、关税缓纳和退补的法律规定

关税的缓纳指延长关税的缴纳期限,是海关为解决纳税义务人因特殊、临时性的困难,无法按时缴纳关税而采取的一项变通措施。为了保证关税法的严肃性和税款的及时入库,缓税应当严格依法进行。关税的退补是海关退还多征的税款和海关向少征或漏征税款的纳税义务人征收短少部分的海关税收工作。海关应当依法征税,纳税人应当依法纳税。但是在实际工作中,造成多征、少征或漏征的情况时有发生,其原因是多方面的,有海关方面的原因,也有纳税义务人方面的原因。为了保证海关准确、及时地征收税款,我国有关的关税法规定了海关退税和补征关税的内容,对提起退补的情况、时间、程序作了全面的法律规定。

四、解决纳税争议的法律规定

海关在履行征收关税的职责时难免同纳税义务人发生争议,产生的纳税争议需要通过一定的途径得到解决。我国《海关法》和《进出口关税条例》中,就纳税争议的解决规定了相应的程序制度。根据海关法律、法规的规定,纳税争议案件的解决有行政复议和行政诉讼两条途径。

(一) 纳税争议案件的行政复议

纳税争议案件的行政复议,是指纳税义务人因与海关发生纳税争议,向有管辖权的海关提出复议申请,海关对有关事项重新进行审查并作出裁决的程序。纳税义务人应首先向征收关税的海关申请复议,对海关的复议决定不服的,还可以向海关总署提起再次复议。可以看出,有关海关纳税争议案件的行政复议,采用的是不同于一般海关行政复议案件的复议前置制度,这是由纳税争议案件的技术性、复杂性决定的,也是海关征税工作全国统一性的要求。

(二) 纳税争议案件的行政诉讼

纳税争议案件的行政诉讼,是指纳税义务人对海关的行政复议决定不服,在规定的时间内向有管辖权的人民法院提出诉讼,人民法院对有关事项进行审理并作出裁决的程序。人民法院作为海关纳税争议案件的最终裁决机关,对保证相应人的合法权益,监督海关依法征税有着非常重要的意义。

第六节 法律责任

法律责任是违法行为人对其违法行为承担的法律后果。我国《海关法》中有关法律责任的规定是专门指违法行为人对其违反海关法的行为应当承担的法律后果。《海关法》中有关法律责任的规定是海关法律制度的重要组成部分,是整个海关法律制度得以建立、存在的保障,是海关在执法活动中认定违法行为和追究法律责任的依据。

《海关法》中涉及的法律责任形式有刑事法律责任和行政法律责任。刑事法律责任是对违法犯罪行为追究法律责任的形式。严重地违反海关法规的行为是构成走私罪的犯罪行为,应当对其依法追究刑事责任。行政法律责任是对违反行政法规的违法行为追究法律责任的责任形式。海关法属行政管理法规,《海关法》中有关行政法律责任的规定是该法有关法律责任规定的主要内容。《海关法》中规定了走私行为应当承担的行政法律责任和一般违法行为应当承担的行政法律责任。

追究法律责任是以确定违法行为为前提的,确定违法行为的特征和追究违法行为的法律责任是法律责任制度应当研究的两个基本问题。

一、违法行为的法律特征

确定某一行为是否为违法行为,是哪一种类型的违法行为,这是确定行为人法律责任的基础。根据违反海关法行为的危害程度及性质,违反海关法行为可以分为走私罪、走私行为、一般违法行为。

(一) 走私罪的法律特征

走私罪是指违反海关法规,非法运输、携带和邮寄货物物品、货币、金银或其他物品进出国(边)境,逃避海关监管,偷、逃关税情节严重的行为。构成走私罪的行为特征有以下三种:

1. 违法行为应是发生在进出境时的违反海关法规的行为。其违法内容包括:运输、携带、邮寄国家禁止进出口的毒品、武器及伪造货币进出境的;以牟利、传播为目的,运输、携带、邮寄淫秽物品进出境的;运输、携带、邮寄国家禁止出口的文物出境的;以牟利为目的,运输、携带、邮寄除上述物品外的国家禁止进出口的其他物品的;国家限制进出口或者依法应当缴纳关税的货物、物品进出境数额较大的;未经海关许可并补交关税,擅自出售特准进口的补税货物、特定减免税货物数额较大的。

2. 应具有逃避海关监管的特征。走私罪应是故意犯罪。逃避海关监管的方式可以是不经设立海关的地点出入境;亦可以是经设立海关的地点出入境,但采用藏匿、伪报、伪装、瞒报等方式违法运输、携带、邮寄货物物品出入境;还可以表现为擅自出售减免税货物等。

3. 应具备情节严重的特征。情节严重包括走私货物物品的数额较大、走私手法恶劣、走私物品的性质严重。

除有关走私罪的规定外,《海关法》及有关法律、法规还规定了按走私罪论处的行为及特征。按走私罪论处的行为是指未参与进出境活动,但其行为与走私行为有密切的联系,分别处于走私活动的开始和持续过程中,因其侵害的客体和危害性同走私罪,所以按照走私罪的行为来认定和处罚。

(二)走私行为的法律特征

走私行为是指违反海关法规,逃避海关监管,相对于走私罪中情节较轻的行为。

走私行为的法律特征之一是违反海关法规。其具体表现为:未经国务院或国务院授权机关的批准,从未设立海关的地点运输、携带国家禁止进出境的物品,以及国家限制进出口或依法应当缴纳关税的货物、物品进出境的;经过设立海关的地点,以藏匿、伪装、瞒报或者其他手段逃避海关监管,运输、携带、邮寄国家禁止进出境的物品,以及国家限制进出口或者依法应当缴纳关税的货物、物品进出境的;未经海关许可并补交关税,擅自出售特准进口的保税货物,以及其他海关监管货物或进境的境外运输工具的;未经海关许可并补交关税,擅自出售特定减税或者免税进口用于特定企业、特定用途的货物,或者将特定减免税进口用于特定地区的货物擅自运往境内其他地区的。

走私行为的另一个法律特征是逃避海关监管,包括从未设立海关的地区携带国家禁止、限制进出境物品或其他应征关税的货物、物品;经设立海关的地点出入境,但是以藏匿、伪报、瞒报等手法携带海关监管货物、物品出入境;伪报、瞒报进出口货物价格,偷、逃关税的;未经海关同意出售保税货物、其他海关监管货物、进境的境外运输工具、特定减免税货物等。走私罪与走私行为的主要区别在于情节是否严重。情节严重的,构成走私罪;反之,则属于走私行为。

在走私行为中,亦有一部分属于以走私行为论处的行为。以走私行为论处的行为是以破坏对外贸易管理为特征,与走私行为密切联系,其情节相对于以走私罪论处的行为中较轻的行为。

(三)违反海关规定行为的法律特征

海关监管的对象包括进出境的运输工具、货物、物品。根据监管工作的需要,我国《海关法》及其有关法律、法规规定了进出境运输工具的负责人,货物的收、发货人和个人行李物品、邮递物品的所有人,以及他们的代理人在运输工具、货物、物品进出境时应履行的法定义务。如果上述人员不依法履行义务,如属于应当领取许可证的商品而不领取许可证,擅自进出口货物;不经过设立海关的地点出入境,但未带违禁物品或携带、邮寄超过限量物品,但数量不大仍属自用范围的,均构成违反海关法规的行为。

二、违法行为的法律责任

根据违反《海关法》行为的性质不同,危害程度不同,《海关法》及其他法律、法规对上述违法行为规定了不同的责任形式。对于构成走私罪的行为和按照走私罪论处的行为,规定应当由人民法院追究其刑事责任;而对于尚未构成走私罪的走私行为和其他违反《海关法》的行为,由海关作为国家行政执法机关,对其追究行政责任。

(一)走私罪的法律责任

构成走私罪的走私行为是一种刑事犯罪行为,应当承担刑事法律责任。具体走私罪的法律责任形式,按照主体、走私物品的性质和数量的不同而不同。我国1997年颁布的《中华人民共和国刑法》,分别对自然人、社会组织犯走私罪的法律责任形式按列名类和偷、逃关税数量作了不同的规定。同时,在同一列名或数量范围内,根据情节确定了不同的处罚尺度。走私罪的刑事责任形式包括处以罚金,没收走私货物、物品、走私运输工具和违法所得等财产刑和有期徒刑、无期徒刑、死刑等人身刑。

(二)走私行为的法律责任

走私行为属行政违法行为,应当承担行政法律责任。对走私行为追究行政法律责任的对象包括:单个人的走私行为,多人共同走私行为和企事业单位、机关团体的走私行为。行政法律责任的方式包括:罚款,没收走私货物、物品和违法所得,责令拆毁与走私活动有关的特制设备等。此外,关于走私行为的法律责任还规定了与走私行为有牵连的行为的表现形式和行政法律责任。

(三)违反海关规定行为的法律责任

为了维护国家主权和尊严,保证国家有关政策法令的有效实施,海关必须对各种违反海关规定的行为追究法律责任,以维护国家法制的统一。一般违反海关规定的行为与走私行为不同,走私行为是以主观故意作为其行为的主观方面条件,而一般违反海关规定的行为有些属主观故意,有些则是属于过失违反法律。海关对一般违反海关规定的行为,应当在查明事实的基础上作出恰当的处理。其行政法律责任形式包括:罚款,扣留或没收运输工具、货物、物品,暂时停止减免税优惠,暂时取消报关员资格,吊销有关人员的报关员证书等。

海关对进口货物查验案

【案情】

1995年8月16日,A公司委托B公司(外轮代理公司)向海关申报进口聚对苯二甲酸乙二醇酯裸装碎片127.56吨。经海关开箱查验,发现该货物中掺杂大量泥土、石块、杂草等污物,因而未予以放行。同年8月26日,当事人又有177吨货物运抵目的港。海关对第二批所进货物进行开箱查验,发现与第一批货物相同,且污物更为严重。海关对该两批货物全部查扣。

【问题】

1. 上述案例属于什么性质的案件?
2. 如果你是海关人员,对此案应如何处理?

第十四章

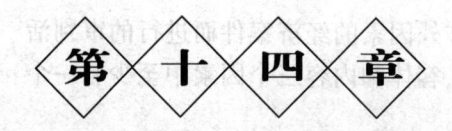

涉外经济贸易仲裁和诉讼

> **内容提要及学习要求**
>
> 本章主要概述了涉外经济贸易仲裁的机构、涉外仲裁协议、中国国际经济贸易仲裁程序及仲裁裁决的执行,并对涉外经济诉讼作了简要介绍。
>
> 本章要求学生重点掌握中国国际经济贸易仲裁规则的主要内容。

第一节 概 述

在国际经济贸易活动中,发生争议是难免的。那么,发生争议后,当事人就不得不寻找适当的途径或方法来解决争议,以维护自己的权益。解决争议的方式有多种,仲裁与诉讼是当今世界上各国当事人普遍选择的解决争议的基本方式。

一、涉外仲裁和诉讼的概念

仲裁是指发生争议的各方当事人自愿地达成协议,将他们之间发生的争议提交一定的仲裁机构裁决解决的一种方法。裁决对各方当事人均具有约束力。

涉外经济贸易仲裁是指在涉外经济贸易、运输和海事等活动中发生的纠纷,当事人在合同中订有仲裁条款或者是事后达成书面仲裁协议,自愿提交中国涉外仲裁机构或者其他仲裁机构进行审理,作出终局裁决的方式。涉外经济贸易仲裁的特点是具有涉外因素,包括一方当事人或双方当事人是境外公司、企业或其他经济组织之间发生的纠纷,也包括中国公司、企业及其他经济组织之间具有涉外因素的经济纠纷。

经济诉讼,就是人民法院在双方当事人和其他诉讼参与人的参加下,依法审理和解决经济纠纷案件和其他案件的各种诉讼活动,以及由此所产生的各种诉讼法律关系的总和。法院的判决具有国家强制力。

涉外经济诉讼是指法院依照法律规定,审理涉外因素的经济案件而进行的审判活动。涉外因素是指在涉外经济法律关系中的主体、客体和内容三个因素中至少有一个涉及外国的因素。

二、仲裁与诉讼的区别

仲裁与诉讼都是解决纠纷的手段,都有着保护当事人合法权益和促进国际经济贸易发展的作用,并且已生效的仲裁裁决和法院判决都具有法律效力,当事人必须全面履行。但仲裁与诉讼因各具特色,又存在着明显的区别。

(一) 受理案件的依据不同

法院诉讼是强制管辖;而仲裁则是协议管辖。法院诉讼不需一方当事人事先得到另一方的同意或双方达成诉讼协议,只要一方当事人向有管辖权的法院起诉,法院就可依法受理所争议的案件,另一方就必须应诉;而仲裁机构必须依据当事人之间达成的仲裁协议和一方当事人的申请受理案件。仲裁机构的管辖权来自双方当事人的自愿和授权,这是仲裁与诉讼的根本区别。

(二) 审理案件的组成人员不同

在法院诉讼的当事人不能选定审判员,是由法院依职权指定法官或组成合议庭审理案件;而仲裁的双方当事人有权各自指定一名仲裁员,再共同指定或由仲裁委员会主任指定一名首席仲裁员组成仲裁庭审理案件。

(三) 审理案件的方式不同

法院审理案件一般是公开的;而仲裁庭审理案件一般不公开进行,案情不公开,裁决也不公开,开庭时没有旁听,审理中仲裁庭或仲裁机构的秘书处不接受任何人采访。

(四) 处理结果不同

我国法院是两审终审制,一方当事人对法院判决不服的可以上诉;而仲裁裁决是终局的,不能上诉,也不允许再向任何机构提出变更裁决的要求,败诉方如不自动执行裁决,胜诉方可以向法院申请强制执行。

(五) 受理案件的机构的性质不同

受理诉讼案件的机构是法院,受理仲裁案件的机构一般是民间性质的社会团体。

(六) 处理结果境外执行的不同

法院作出的判决要到境外执行时,需根据作出判决的所在地国与申请执行的所在地国之间所签订的司法协助条约或者互惠原则去处理。仲裁机构所作出的仲裁裁决要到境外执行时,如果作出裁决的所在地国与申请执行的所在地国均为1958年联合国《承认及执行外国仲裁裁决公约》的成员国,当事人可以向执行地国的主管法院提出承认及执行的申请;不是公约成员国的,则需根据司法协助条约或者互惠原则处理。

三、涉外经济贸易仲裁与国内仲裁的区别

仲裁分为国内仲裁和涉外经济贸易仲裁。

国内仲裁是指设于一国国内的常设仲裁机构对于该国公民、法人或其他组织之间,就有关事项发生争议所进行的裁决。根据《中华人民共和国仲裁法》(以下简称《仲裁法》),我国国内仲裁的范围为"平等主体的公民、法人和其他组织之间发生的合同纠纷和其他财产权益纠纷"。

涉外经济贸易仲裁指的是在涉外经济贸易运输和海事活动中发生的,一方当事人或双方当事人是境外公司、企业或其他经济组织之间发生的纠纷,或者中国的公司、企业或其他经济组织之间具有涉外因素的纠纷,根据他们之间达成的仲裁协议,提交涉外仲裁机构进行裁决的一种方式。

涉外经济贸易仲裁与国内仲裁有着明显的区别:

(一) 仲裁机构不同

我国的涉外仲裁机构有两个:一个是中国国际经济贸易仲裁委员会;另一个是中国海事仲裁委员会。它们都设在中国国际贸易促进委员会内。国内仲裁则根据《仲裁法》由设在直辖市和省、自治区人民政府所在地的市或其他设区的市的仲裁委员会审理。按照有关规定,依据仲裁法设立或重新组建的仲裁机构也有权受理涉外仲裁案件。

(二) 适用的法律不同

由于涉外仲裁审理的是涉外纠纷,仲裁庭需根据当事人的选择或冲突规则适用某一国家的实体法,或者适用有关的国际公约和国际惯例。对于国内仲裁案件,一般则根据其性质,适用国内的部门法。

(三) 对于证据保全的规定有所不同

根据我国《仲裁法》第68条的规定,"涉外仲裁的当事人申请证据保全的,涉外仲裁委员会应当将当事人的申请,提交证据所在地的中级人民法院";而对于国内仲裁当事人申请证据保全的,则规定由仲裁委员会将当事人的申请,提交证据所在地的基层人民法院。

(四) 裁决的执行不同

涉外仲裁裁决,法院只能对其程序问题作出审查,而不能审查其实体问题;而对于国内仲裁裁决,法院既可审查程序问题,又可审查实体问题。涉外仲裁案件具有涉外性质,故其裁决往往需要在国外执行。对于需要在境外执行的裁决,当事人必须根据执行地的法律规定或我国与执行地国家订立的或共同参加的条约,向有管辖权的外国法院申请承认和执行。就国内仲裁而言,当事人一方不履行仲裁裁决的,另一方当事人可依照民事诉讼法的有关规定向人民法院申请执行。

(五)时效的规定不同

对于在涉外经济贸易中所发生的争议,其时效为4年,从当事人知道或应当知道其权利受到侵犯之日起计算;而对于国内仲裁,则应依其适用的法律中有关仲裁时效或诉讼时效的具体规定而决定。

第二节 涉外仲裁机构

一、我国的涉外仲裁机构

涉外仲裁的实质是根据当事人的约定,在涉外仲裁机构主持下,依法对当事人之间的涉外经济、贸易、运输和海事争执居中决断。

我国《仲裁法》第66条规定:"涉外仲裁委员会可以由中国国际商会组织成立。"目前,我国有两个涉外仲裁机构:

(一)中国国际经济贸易仲裁委员会

中国国际经济贸易仲裁委员会由中国国际商会组织设立,原名为对外经济贸易仲裁委员会,成立于1954年。该委员会由主席一人、副主席和委员若干人组成。按《中国国际经济贸易仲裁委员会仲裁规则》规定,中国国际经济贸易仲裁委员会主要管辖中外当事人之间、外国法人之间和中国当事人之间具有涉外因素的案件。例如,合资经营、合作经营、合作开发、合作生产、技术转让、金融信贷、财产租赁、融资租赁、货物买卖、运输、保险、支付,以及来料加工、来件装配、补偿贸易等方面的案件。

(二)中国海事仲裁委员会

中国海事仲裁委员会由中国国际商会设立,成立于1954年。该委员会由主席一人、副主席和委员若干人组成。仲裁员由中国国际贸易促进委员会从具有有关专业知识和实际经验的中外人士中聘任。

由于涉外仲裁机构的专业化程度较高,仲裁员都由熟悉某一种专门业务知识和法律知识的专家担任,因此仲裁解决争议更能适应国际贸易发展的多样化、专业化的要求,处理问题更能适应实际需要。近年来,涉外仲裁机构受理案件成倍增加。

(三)其他受理涉外仲裁案件的仲裁机构

长期以来,我国受理涉外仲裁案件的仲裁机构只有中国国际经济贸易仲裁委员会和海事仲裁委员会,中国国际经济贸易仲裁委员会和海事仲裁委虽会也因此成为专门受理涉外纠纷案件的常设仲裁机构。但是自从我国仲裁法颁布实施以来,依照仲裁法的规定在直辖市、省、自治区人民政府所在地的市和其他设区的市又设立或重新组建了一批常设仲裁机构,对这些仲裁机构能否受理涉外仲裁案件,仲裁法并没有明确规定。1996年6月8日,国务院办公厅发布了《关于贯彻实施〈中华人民共和国仲裁法〉需要明确的几个问题的通知》,该通知规定:新组建的仲裁委员会的主要职责是受理国内仲裁案件;涉外仲裁案件的当事人自愿选择新组建的仲裁委员会仲裁的,新组建的仲裁委员会可以受理。据此,依照仲裁法设立或重新组建的仲裁机构,如北京仲裁委员会、上海仲裁委员会等在涉外仲裁案件的当事人自愿选择其进行仲裁时,对该涉外仲裁案件具有管辖权。

二、涉外仲裁机构的工作原则

在涉外仲裁机构仲裁案件的整个过程中始终起着指导作用,或者在仲裁进行的重要阶段起着主导作用的准则,就是涉外仲裁机构的工作原则。依据我国《仲裁法》的规定,仲裁的基本原则主要有:自愿原则;以事实为根据,以法律为准绳原则;仲裁依法独立进行原则;不公开原则;开庭审理与书面审理相结合原则;参照国际惯例原则。

(一) 自愿原则

仲裁本身所具有的当事人意思自治的特点,决定了这一原则确立的必然性。自愿原则也是世界各国和国际仲裁活动中都普遍遵守的一项必不可少的原则。同诉讼相比,仲裁的优势也在这里,它包括当事人双方自愿以一定方式选择仲裁机构;当事人自愿选择仲裁员;当事人可约定仲裁程序中依法可约定的事项。

(二) 以事实为根据,以法律为准绳原则

事实是指争议发生的时间、地点、原因、经过、后果等一系列的客观情况,它是作出仲裁裁决的依据。若事实调查不清,责任便不可能分清,在适用法律上则必然发生错误。因此,保证仲裁裁决的公正合理,就必须查清事实,以事实为根据。

在仲裁活动中,必须以法律为准绳。适用什么法律,对某一具体案件是非常重要的问题。因为仲裁机构对争议双方当事人最终权利与义务关系的确认,都是依据所适用的实体法律作出的。仲裁庭在查明案件事实以后,就应当确定解决纠纷所适用的实体法律,按照所选择的适用法律的规定作出仲裁裁决,确定当事人之间的权利与义务关系,保护当事人的合法权益,从而公正地处理争议。

在我国仲裁机构所进行的国际经济贸易仲裁和海事仲裁中,存在着以何国实体法律作为处理权利与义务关系的准据法的问题。按照我国法律的规定,在这种情况下,如果争议双方当事人对适用的准据法在仲裁协议中有约定的,则要依照当事人约定的法律作出裁决;如果当事人对适用的法律没有作出约定的,则可以适用与争议有密切关系的国家的法律。

(三) 仲裁依法独立进行原则

仲裁依法独立进行,不受行政机关、社会团体和个人的干涉,这一原则是由《仲裁法》第8条规定的。仲裁依法独立进行,是指仲裁在处理经济争议中,只是根据事实和法律进行,不受外界干扰。这一原则的基础是仲裁委员会的独立、自主。独立仲裁,这是法律赋予仲裁机构和仲裁员的权力,也体现出仲裁机构独立性的职能。

（四）不公开原则

不公开原则是指仲裁庭审理案件时，只允许双方当事人、代理人、证人、有关的专家、翻译人员以及审理本案的仲裁人员参加，不对社会公开，其他与本案无关的人员不能旁听，也不允许新闻记者和其他人采访报道审理案件的情况。

（五）开庭审理与书面审理相结合原则

开庭审理与书面审理相结合原则表明仲裁庭在仲裁纠纷时，既可以开庭进行审理，也可以根据书面材料进行审理。无论采取何种审理方式，仲裁庭都必须平等地对待双方当事人，使双方当事人都有均等机会进行陈述。

（六）参照国际惯例原则

国际惯例是指在长期的国际交往中，经过反复的国际实践而逐渐形成的并为国际社会普遍承认的有固定明确内容的习惯做法。国际惯例包括国际贸易惯例和其他行业的惯例。

三、世界常设仲裁机构简介

当今世界有100多个国家和地区有常设的涉外经济贸易仲裁机构，从大的类型上可分为国际性、地区性、国别性等仲裁机构。

（一）国际性常设仲裁机构

1. 国际商会仲裁院。它成立于1923年，是国际商会下设的常设仲裁机构。国际商会的总部设在巴黎。国际商会仲裁院是当今世界上提供国际经济贸易仲裁服务较多的和具有广泛影响的国际仲裁机构，是国际商事仲裁的一大中心。

2. 解决投资争议国际中心。该中心于1965年在国际复兴开发银行的倡导下，签订了旨在解决有关国家与其他国家国民之间投资纠纷的《解决缔约国与他国国民间投资争端公约》。该公约于1966年生效，目前已有近百个成员国。解决投资争议国际中心设在美国华盛顿，专门处理国际投资争议。

（二）地区性常设仲裁机构

1. 美洲国家商事仲裁委员会。它是拉丁美洲国家成立的一个区域性国际仲裁组织。1975年拉美12个国家签订了《美洲国家国际商事仲裁公约》。

2. 亚洲及远东经济委员会商事仲裁中心。它是由联合国亚洲及远东经济委员会组织设立并制定仲裁规则。该仲裁中心设在泰国曼谷。

（三）国别性常设仲裁机构

1. 瑞典斯德哥尔摩商会仲裁院。它成立于1917年，是瑞典全国性的仲裁机构。瑞典在政治上是中立国，国际上认为该仲裁院在解决东西方经贸争议问题是较理想的机构。中国国际贸易仲裁委员会已同该仲裁院建立了业务上的联系，并且建议我国的涉外经济合同双方当事人在选择第三国仲裁时，对该仲裁院以优先考虑。

2. 伦敦国际仲裁院。它成立于1985年,制定、使用了新的《伦敦国际仲裁规则》,当事人也可约定适用《联合国国际贸易法委员会仲裁规则》。

3. 瑞士苏黎世商会仲裁院。它成立于1910年,设在瑞士的苏黎世,有《瑞士联邦苏黎世商会调解与仲裁规则》。该仲裁院既受理国内商业和工业企业之间的争议案件,也受理涉外经济贸易争议案件。由于瑞士在政治上是中立国,国际上较多的经贸纠纷都交给它仲裁。

4. 美国仲裁协会。它成立于1926年,总部设在纽约市,并在全国各地设立分会,是全国最大的综合性常设仲裁机构。美国仲裁协会是民间常设仲裁机构,有《商事仲裁规则》。它同我国仲裁机构建立了业务联系,中美两国仲裁机构成功地联合调解解决过两国贸易中发生的争议案件。

5. 日本商事仲裁协会。它成立于1950年,总营业所设在东京,在神户、名古屋、大阪和横滨也设有营业所。它有《商事仲裁规则》。该仲裁协会除进行仲裁工作外,还从事对仲裁人员的培训,同外国仲裁机构进行业务合作等项工作。日本商事仲裁协会同20多个外国仲裁机构保持联系,并订有双边协议。

第三节 涉外仲裁协议

一、涉外仲裁协议的概念

涉外仲裁协议是指涉外合同当事人在合同中订明的仲裁条款,或者以其他方式达成的提交仲裁的书面协议。

仲裁协议有三种类型:一种是当事人在争议发生之前订立的,表示愿意将他们之间今后可能发生的争议提交仲裁解决的协议。它是合同的一个不可分割的部分。这种协议通常在合同中写明,称为仲裁条款。另一种是当事人在争议发生之后达成的将争议提交仲裁解决的协议,为狭义的仲裁协议。第三种是当事人往来函电及其他有关文件中关于将争议提交仲裁解决的特别约定。我国《仲裁规则》对以上三种类型的仲裁协议均承认其有效性。

仲裁协议是仲裁机构管辖案件的前提。

二、涉外仲裁协议的内容

(一)仲裁协议的内容

仲裁协议的内容一般包括以下几项:

1. 仲裁意愿。它是当事人一致同意将争议交付仲裁的意思表示。

2. 仲裁事项。它是指提交仲裁的争议范围,一般应写上:凡因执行本合同或与本合同有关的一切争议,均应提交某仲裁机构解决。仲裁庭根据仲裁事项写明的争议范围有权进行审理,超出范围的无权审理。如果对超出范围部分进行审理,其裁决无法律效力。因此,仲裁事项必须订得全面、概括,而且明确。

3. 仲裁地点。这是仲裁协议中的主要内容,与仲裁所适用的程序法和实体法有密切关系,宜写明在哪个国家,并写明在哪个城市进行仲裁。一般来讲,当事人对自己所在国家的法律和仲裁比较了解,而对外国的做法缺乏了解和信任,因此,均力争在本国进行仲裁。如果争取不到在本国仲裁时,也可以选择在被告国或第三国仲裁。

4. 仲裁机构。这是指受理案件并作出裁决的机构,国际上有两种:常设仲裁机构和临时仲裁庭。如果约定在常设仲裁机构仲裁,应写明该机构的名称。常设仲裁机构除了有详细、具体的仲裁规则,便于仲裁时遵章行事之外,还可以提供仲裁的行政管理、组织工作和各方面的服务,较优于临时仲裁庭。只是在仲裁地点无常设仲裁机构或没有适当的机构时,才选择临时仲裁庭进行仲裁。临时仲裁庭是指根据当事人在合同中所订立的临时仲裁条款或签订的临时仲裁协议,为进行仲裁而临时组成的仲裁庭。如果约定临时仲裁庭仲裁,则应订明组成仲裁庭的人数,如何指定仲裁员及采用的仲裁规则等等。一般来说,在仲裁中选用常设的仲裁机构仲裁比选择临时仲裁庭更方便。

5. 仲裁程序规则。它是进行仲裁的准则。仲裁申请、指定仲裁员、组成仲裁庭以及审理、裁决和收取仲裁费等都在仲裁规则中作出具体的规定,供当事人和仲裁员遵行。各国常设仲裁机构都制定了自己的仲裁程序规则,订立仲裁协议时就应写明按照哪一个国家(或地区)和哪一个仲裁机构的仲裁程序规则进行仲裁。一般来说,仲裁协议约定在哪个常设仲裁机构仲裁,就应按其仲裁程序规则进行仲裁。但是,有些国家也允许双方当事人自由选用他们认为合适的仲裁规则。例如,在瑞典进行仲裁时,双方当事人可以不采用瑞典的仲裁程序规则,而选用其他国家的仲裁规则。

6. 仲裁裁决的效力。这主要是指裁决是否具有终局性,是否对双方均有约束力。我国法律规定,经我国涉外仲裁机构作出裁决的案件,当事人不得向法院上诉。

(二) 几种仲裁协议的基本写法

结合上述仲裁协议的内容,以下是几种仲裁协议的基本写法:

1. 在我国仲裁的条款:凡因执行本合同所发生的或与本合同有关的一切争议,如果双方协商不能解决,应提交中国国际经济贸易仲裁委员会,根据其仲裁规则进行仲裁。仲裁地点在北京(或深圳、上海)。仲裁裁决是终局的,对双方均具有约束力。

2. 在被诉国仲裁的条款:凡因执行本合同所发生的或与本合同有关的一切争议,双方应当首先通过友好协商解决。如经协商不成,应提交被诉人所在国仲裁机构,根据其仲裁程序规则进行仲裁。仲裁裁决是终局的,对双方均有约束力。

3. 在第三国仲裁的条款:凡因执行本合同所发生的或与本合同有关的一切争议,双方应当首先通过友好协商解决。如经协商不成,应提交×××国×××仲裁机构,根据其仲裁程序规则进行仲裁。仲裁裁决是终局的,对双方均有约束力。

4. 香港国际仲裁中心推荐的仲裁协议:"任何因本合同而发生或与之有关的纠纷、

争议或索赔或违反或终止本合同,均应按照本合同签订之日有效之联合国国际贸易法委员会仲裁规则在香港进行仲裁","有权指定仲裁员的机构是香港国际仲裁中心"。"任何该类仲裁事宜均由香港国际仲裁中心按其仲裁程序处理"。"合同各方同意放弃就仲裁过程中发生的或与任何裁决有关的任何法律问题向香港法院申诉或上诉的权利"。"仲裁程序中使用的语言应为×××"。

5. 瑞典斯德哥尔摩商会仲裁院推荐的仲裁协议:"任何有关本协议争议,应最终根据斯德哥尔摩商会仲裁院的仲裁规则进行仲裁解决。"

6. 组成临时仲裁庭的仲裁协议:"凡因执行本合同所发生或与本合同有关的任何争议,如双方协商不能解决,根据1976年联合国国际贸易法委员会仲裁规则,由三名仲裁员组成仲裁庭,在×××国×××地仲裁解决。仲裁裁决是终局的,仲裁员的指定机构为×××,仲裁中使用的语言是×××,仲裁费用由败诉方负担。"

三、仲裁协议的作用

仲裁协议的作用主要体现在以下几个方面:

(一)排除法院的管辖权

凡当事人订有有效的仲裁协议的案件,只能通过仲裁予以解决,法院不得强制管辖,即使当事人一方不遵守协议而向法院起诉,法院也不得受理。当事人对裁决不服而向法院上诉的,法院也不得立案受理。《中华人民共和国民事诉讼法》(以下简称《民事诉讼法》)第257条规定:"涉外经济贸易、运输和海事中发生的纠纷,当事人在合同中订有仲裁条款或者事后达成书面仲裁协议,提交中华人民共和国涉外仲裁机构或者在其他仲裁机构仲裁的,当事人不得向人民法院起诉。"世界上大多数国家法律都规定,只要仲裁协议是有效的,对签约当事人均有约束力,法院不得受理这类案件。

(二)仲裁机构或仲裁庭审理案件的依据

当事人的仲裁协议赋予协议中确定的仲裁机构或仲裁庭对争议案件的管辖权。当事人发生争议后,任何一方当事人只能向协议中确定的仲裁机构申请仲裁。当事人一方申请仲裁后,另一方在规定的期限内不指定仲裁员或不答辩的,仲裁庭有权依仲裁规则指定仲裁员并缺席裁决。但是,如果当事人的仲裁请求事项或反请求事项超出了仲裁协议中约定的范围,仲裁庭不能进行审理。

(三)强制执行的依据

当事人在仲裁协议中都规定双方承认仲裁裁决的效力,一般能主动履行仲裁裁决。对于一方当事人不能履行仲裁裁决的,另一方当事人则可依照仲裁协议,申请有关机关强制执行。申请强制执行时,除提交裁决书外,还必须提供以作出裁决的仲裁协议的正本或经正式证明的副本。1958年《联合国关于承认和执行外国仲裁裁决公约》第4条规定:"为了使裁决能在另一缔约国获得承认和执行,申请人应该在申请时提供:正式认证的裁决正本或经正式证明的副本;仲裁协议正本或经正式证明的副本。只有有效的仲裁协议才具有上述作用。"

根据我国《仲裁法》和两个涉外仲裁委员会的仲裁规则,仲裁协议独立存在,合同中的仲裁条款以及附属于合同的仲裁协议应视为与合同其他条款分离地、独立地存在的部分;合同的变更、解除、终止、失效或无效,均不影响仲裁条款或仲裁协议的效力。

四、仲裁协议的无效

在国际贸易活动中,有些当事人订立了仲裁协议,但发生争议后,无法通过仲裁解决,这种协议叫无效的仲裁协议。

下列情况是属于无效仲裁协议:

第一,仲裁协议中规定的事项属于不能通过仲裁解决的。我国仲裁法规定,婚姻、收养、监护、抚养、继承纠纷以及应当由行政机关处理的行政争议不能仲裁,当事人若在协议中规定对此类性质的案件进行仲裁就属无效。

第二,仲裁协议必须是书面的。仲裁协议必须是以文字记载或电传、电报等方式确认的,口头的仲裁协议无效。

第三,仲裁协议的当事人是无行为能力或者限制行为能力的人,则上述当事人签订的仲裁协议无效。

第四,一方采取胁迫手段,迫使对方订立仲裁协议,若证据充分,也应认定为无效。

第五,仲裁协议对仲裁事项没有约定或者约定不明确,当事人又不能就此达成补充协议予以明确的;仲裁机构不明确或者模棱两可的。这种仲裁协议同样无效。

以上情况则导致当事人订立的仲裁协议及以仲裁方式解决争议的希望落空。

第四节 中国国际经济贸易仲裁委员会仲裁程序

中国国际经济贸易仲裁委员会重新修订的仲裁规则从2000年10月1日起实行,中国海事仲裁委员会重新修订的仲裁规则于2001年1月1日起实施。仲裁程序规则是进行仲裁程序和手续的规范,主要内容包括如何申请、答辩、抗辩和反请求,仲裁员如何指定,审理如何进行,裁决如何作出,仲裁费用如何收取等。其根本作用就是规定当事人、仲裁员和有关机构、人员在仲裁中的权利与义务的行为与方向。本节主要根据现行的《中国国际经济贸易仲裁委员会仲裁规则》(以下简称《仲裁规则》),对中国涉外仲裁程序予以介绍和阐述。

一、仲裁的申请与受理

(一)仲裁的申请

仲裁申请是指仲裁协议中所约定的争议事项发生后,经协商不能解决时,一方当事人根据仲裁协议将争议提交仲裁解决的书面请求。仲裁申请是立案受理的前提,是开始仲裁程序的一项必要的法律手续,是仲裁机构受理案件的直接依据。仲裁申请根据中国涉外仲裁机构仲裁规则的规定,有如下具体要求:

1. 提交仲裁申请书。仲裁申请书是申请人依据仲裁协议,将已经发生的争议提请涉外仲裁机构审理并作出裁决的一种法律文书。

仲裁申请书的内容一般包括以下几项:

(1)申请人和被申请人的名称、地址、邮政编码、电传、传真、电话及法人代表;

(2)申请人所依据的仲裁协议;

(3)申请人的仲裁请求及所依据的事实和证据;

(4)如果委托代表或代理人办理仲裁事项或参与仲裁的,应提交书面委托书。申请人和被申请人必须是订立含有仲裁条款的合同的仲裁当事人。不是当事人的,即使与争议有关,也不得列为第二申请人或第二被申请人。当事人名称有变动的,应出具变更证明。

2. 提交仲裁申请书时,应当附具申请人请求所依据事实的证明文件,根据"谁主张,谁举证"的原则,申请人提出申请,必须有证据支持。

申请书应当附具与仲裁有关的合同、仲裁协议、往来协议、往来函电、证据等的原本或副本。其中证据包括书面证据、实物证据和视听证据等。书面证据和证明文件均应一式五份。如被诉人一方有两人或两人以上的当事人的,所附材料应多备相应的份数。

3. 在仲裁委员会仲裁员名册中指定一名仲裁员,或者委托仲裁委员会主席指定。

4. 按照仲裁委员会制定的仲裁费用表的规定预缴仲裁费。仲裁费的计算是按争议金额的大小采取百分比递减的方法计算的。

(二)仲裁的受理

1. 仲裁的受理。它是指仲裁机构接到申请人的仲裁申请书后,就其形式要件进行审查,然后决定对其立案审理的程序。《仲裁规则》第15条规定,仲裁委员会秘书局收到申请人的仲裁申请书及其附件后,经过审查,认为申请仲裁的手续不完备的,可以要求申请人予以完备;认为申请仲裁的手续已完备的,应立即向被申请人发出仲裁通知,并将申请人的仲裁申请书及其附件,连同仲裁委员会的仲裁规则、仲裁员名册和仲裁费用表各一份,发送给被申请人。仲裁机构是否立案受理的关键是对仲裁申请的形式审查,这种审理工作由秘书局承担。

2. 答辩和反请求。答辩是被申请人为维护自己的权益,对申请人就仲裁申请书的要求及所依据的事实、证据和理由所作的答复以及对自己有利的辩解。被申请人在收到仲裁通知书之日起20天内,应在仲裁员名册中指定一名仲裁员,或者委托仲裁委员会主席指定。如逾期不指定,仲裁委员会主席有权为被申请人指定一名仲裁员。被申请人应在收到申请书后45天内作出答辩,向仲裁委员会秘书局提交答辩书及有关证明文件。被申请人不按期提交书面答辩的,申请人对被申请人的反请求未提出书面答辩的,仲裁程序可以按照仲裁规则的规定进行,不影响案件的审理。

反请求是仲裁程序中被申请人对申请人提出独立的反请求。被申请人对已经受理的案件，可以提出反请求，但最迟必须在收到仲裁通知书之日起60天内以书面提交仲裁委员会秘书局。被申请人提出反请求时，写明具体的反请求、反请求缘由以及事实和证据，并附具有关证明材料。提出反请求的，同样应按照仲裁委员会制定的仲裁费用表的规定预缴仲裁费。

申请人可以对其申诉请求提出修改，被申请人也可以对其反请求提出修改。但是，仲裁庭认为其修改的提出过迟而影响仲裁程序正常进行的，可以拒绝所提出的修改。

当事人提交申请书、答辩书、反请求书和有关证明材料及其他文书时，除应向仲裁委员会秘书局提供一份外，还应当按照对方当事人人数和组成仲裁庭的仲裁员人数备具副本。

（三）涉外仲裁中的财产保全

为了保护一方当事人的利益，可根据仲裁案件当事人的申请，就有关当事人的财产采取临时性的强制措施，以保证将来作出的裁决能够得到执行。

一般来讲，采取强制措施应当具备以下条件：

第一，仲裁案件的当事人应提出申请。如果当事人不提出申请，仲裁机构不会主动作出采取保全措施的决定。这与诉讼保全不同，在诉讼程序中，除了当事人的申请外，法院考虑到审理案件的需要，也可以依照职权作出诉讼保全的决定。

第二，申请保全措施应有正当的理由。当事人申请保全措施时，一般都要求对对方当事人的财产采取强制性的保护措施，限制或禁止当事人对财产进行处分。这样，采取保全措施之后，对方的民事行为会因此受到限制。因此，保全措施事关重大，必须有充分、正当的理由。

第三，申请人要提供担保。由于强制措施是根据当事人的申请，根据事态的可能性作出的，目的在于保全申请人的合法权益。因此，如果事后证明根本没有保全的必要，或者仲裁庭裁决申请人并无需要保全，甚至申请人在案件审结后败诉时，申请人均应承担保全不当的责任。也就是说，如果申请有错误，申请人应当赔偿被申请人因财产保全所遭受的损失。为了保证申请人能够有效地承担可能发生的责任，避免保全措施的滥用，作出采取保全措施决定的法院通常要求申请人提供担保，不提供担保的，驳回申请。

仲裁中财产保全的决定一般由仲裁机关转交由法院作出。《仲裁规则》第23条规定："当事人申请采取财产保全，仲裁委员会应当将当事人的申请提交被申请人住所地或财产所在地的中级人民法院作出裁定。"《中华人民共和国民事诉讼法》（以下简称《民事诉讼法》）也作了相同的规定。由此我们可以看出：①将申请提交法院裁决的是仲裁委员会，而不是由当事人直接提交法院；②对决定财产保全的法院必须是中级人民法院，因为涉外仲裁较复杂，影响也大，所以要由中级人民法院对财产保全作出裁决。③作出了财产保全的决定后，也由该法院对其决定予以执行。

二、仲裁庭的组成及仲裁员的回避

(一) 仲裁庭的组成

在国际仲裁中,当事人最重要的权利之一就是指定仲裁员审理案件。仲裁委员会审理案件,仲裁庭采用以下组成方式:

1. 双方当事人各自在仲裁委员会仲裁员名册中指定或委托仲裁委员会主席指定一名仲裁员后,双方可以再行协商一名首席仲裁员或由仲裁委员会主席在仲裁员名册中指定第三名仲裁员担任首席仲裁员,组成仲裁庭共同审理案件。

2. 双方当事人可以在仲裁员名册中共同指定或者共同委托仲裁委员会主席指定一名仲裁员,由其单独审理案件,亦可称其为独任仲裁庭。

(二) 仲裁员的回避

关于被指定的仲裁员的回避制度,主要有以下程序规则:

1. 发生回避的前提必须是被指定的仲裁员与案件有利害关系,或当事人对被指定的仲裁员的公正性与独立性产生具有正当理由的怀疑时,才能发生回避问题。

2. 回避的方式主要有两种:其一是仲裁员自行向仲裁委员会披露并请求回避;其二是当事人有权向仲裁委员会提出书面请求,要求仲裁员回避。

3. 对仲裁员的回避请求应当在第一次开庭审理之前以书面形式提出。如果要求回避缘由的发生和得知是在第一次开庭审理之后,则可以在第一次开庭到最后一次开庭审理终结之前提出。

4. 当事人提出要求仲裁员回避的请求时,应当说明提出回避所依据的具体事实和理由。

5. 仲裁员是否回避,由仲裁委员会主席作出决定。

三、仲裁案件的审理

仲裁审理包括开庭、调查事实、搜集证据、和解和调解等主要步骤。

(一) 开庭

根据《仲裁规则》的规定,仲裁庭审理案件有两种方式:一种是开庭审理;另一种是书面审理。开庭的,不公开进行,以适应商务活动的需要。如果双方当事人要求公开审理,由仲裁庭作出是否公开审理的决定。第一次开庭的日期,经仲裁庭秘书局(处)决定后,于开庭前30天通知双方当事人。当事人有正当理由的,可以请求延期,但必须在开庭前12天以书面形式向秘书局(处)提出,由仲裁庭决定。审理应在北京(或深圳、上海)进行,经仲裁委员会秘书长批准,也可在其他地点进行。在开庭审理时,一般先由首席仲裁员宣布仲裁庭组成。如果当事人无异议,则首席仲裁员宣读双方当事人出席人员名单。双方当事人若对对方出庭人员有异议均可提出;如无异议,由首席仲裁员宣布正式开庭。一般由申请人先陈述案情,讲明事实,然后由被申请人答辩、陈述案情,再由仲裁庭提问,然后双方当事人辩论,最后由仲裁庭总结开庭情况。

经双方当事人申请或者征得双方当事人同意,仲裁庭可以只依据书面文件进行审理并作出裁决。书面审理的案件,双方当事人及其代理人、仲裁员、仲裁委员会工作人员,以及有关证人、鉴定人等也同样不得向外界透露案件实体和程序进行的情况。

(二)调查事实和搜集证据

当事人应当对其申请、答辩和反请求所依据的事实提出证据。仲裁庭认为必要时,可以自行调查事实,搜集证据,包括通知当事人到场,向专家咨询,指定鉴定人进行鉴定等。

(三)和解

和解是当事人在仲裁庭之外自行解决争议或者是仲裁庭通过说服教育和劝导协商,使争议在当事人双方互相谅解的基础上获得解决的方式解决争议。庭外自行和解的当事人可以请求仲裁庭根据其和解协议的内容作出裁决书结案,也可以申请撤销案件。撤销案件由仲裁委员会主席(仲裁庭组成前)或仲裁庭作出决定。

经仲裁庭调解达成和解的,双方当事人应签订书面和解协议。除当事人另有约定外,仲裁庭根据该和解协议的内容作出裁决书结案。在调解过程中,双方当事人在仲裁庭之外达成和解的,也应视为在仲裁庭调解下达成的和解。如果调解不成,则继续进行仲裁,但任何一方当事人均不得在其后的仲裁、司法等程序中援引对方当事人或仲裁庭在调解过程中发表过的任何意见或事实作为其申请、答辩及(或)反请求的依据。

四、仲裁裁决及其种类

仲裁裁决是仲裁庭按照《仲裁规则》审理案件,根据查明的事实和认定的证据,对当事人提交仲裁有关争议的请求事项作出的予以支持、驳回或部分支持、部分驳回的书面决定。仲裁裁决就其内容和效力而言,可以分为中间裁决、部分裁决和最终裁决三种。

(一)中间裁决

中间裁决是指对整个争议案已部分审理清楚,为了有利于进一步审理和作出最终裁决,仲裁庭在某一审理阶段所作出的某项暂时性裁决。中间裁决的范围很广,由于它的暂时性,仲裁庭可做修改。中间裁决的性质虽不是终局的,但它毕竟包括了仲裁庭要求当事人作为或不作为的决定,当事人也应遵照执行。如果一方当事人拒不执行中间裁决,那么由于该方当事人原因造成的后果,通常由该方当事人承担。

中间裁决比较普遍地应用于下列情况:

1. 要求当事人合作和采取措施,保存或出售容易腐烂、变质、贬值的货物,防止损失的进一步扩大。

2. 要求当事人合作和采取措施,为仲裁庭亲自监督或委派专家监督下的设备调试和试生产提供保障条件。调试的结果,往往成为判断设备品质好坏的重要依据。

3. 要求当事人合作和采取措施,组织清算委员会对合资企业的债权债务进行清算,为责任划分和损害赔偿的确定打下基础。

(二) 部分裁决

部分裁决是指对整个争议中的某一个或某几个问题已经审理清楚,为了及时保护当事人的合法权益或有利于继续审理其他问题,仲裁庭先行作出的对某一个或某几个问题的终局性裁决。

部分裁决通常是在考虑到案件的实际情况和迫切需要后作出的。它较普遍地应用于下列情况:

1. 双方当事人争论不休的有关合同是否成立、是否有效的问题,适用法律问题和损害赔偿的原则问题。
2. 就某一项申请或反请求而言,它是否成立。
3. 在计算错综复杂的损害赔偿金额之前,当事人责任大小的划分。
4. 在比较复杂和耗时较长的仲裁案件中,违约一方向守约一方先行支付赔偿金额。
5. 一方当事人承认或同意了另一方当事人提出的某项申请或反申请索赔要求,需要以部分裁决予以确认。

与最终裁决一样,部分裁决是终局的,在法律上具有强制执行的效力。

(三) 最终裁决

最终裁决是指整个案件审理终结之后,仲裁庭就全部提交仲裁争议事项所作出的终局性裁决。最终裁决一经作出,除了并不多见的裁决更正、修改或补充外,整个案件的仲裁程序即告结束。

第五节 涉外仲裁裁决的执行

一、仲裁裁决执行的概念

仲裁裁决的执行,是指依法定程序将仲裁裁决按其内容和要求切实付诸实现的行为。由于仲裁实行一裁终局制度,因此,仲裁裁决自作出之日起即发生法律效力,对各方当事人均具有约束力和强制执行力。

二、涉外仲裁裁决执行的不同情况

涉外仲裁裁决的执行一般有以下三种情况:

(一) 自动履行

《仲裁规则》第 63 条规定,双方当事人应当依照仲裁裁决写明的期限自动履行裁决;仲裁裁决书未写明期限的,应当立即履行。

(二) 国内强制执行

一方当事人不履行的,另一方当事人可以根据中国法律的规定,向中国法院申请执行。由于仲裁机构是民间性组织,本身没有强制执行的权利,应当向法院申请强制执行。提出申请的前提是被申请人住所地或财产所在地在中国境内,方可由相关的中级人民法院执行。但是,被申请人提出证据证明仲裁裁决有《民事诉讼法》第260条有关规定的,经人民法院组成合议庭审查核实,裁定不予执行。

此外,人民法院认定执行该裁决违背社会公共利益的,裁定不予执行。

上述规定表明,人民法院在执行涉外仲裁机构的仲裁裁决时,只审查案件的程序是否符合法律和仲裁规则,而不审查案件的实体问题是否正确。

(三) 国外强制执行

根据《仲裁规则》第63条规定,一方当事人不履行裁决的,另一方当事人可根据1958年《纽约公约》或者中国缔结或参加的其他国际条约,向外国有管辖权的法院申请执行。因此,我国涉外仲裁裁决可在世界上已加入该公约的国家和地区得到承认和执行。我国于1987年4月22日正式加入了《纽约公约》。根据该公约的规定,中国仲裁机构作出的仲裁裁决,没有被外国的当事人履行时,另一方当事人可以向外国有管辖权的法院申请强制执行。外国法院应当依据《纽约公约》的规定,承认和执行我国的仲裁裁决;同样,如果外国仲裁裁决需由我国法院承认和执行的,当事人可以向我国的被执行人住所地或者财产所在地的人民法院提出申请,人民法院应当依照我国缔结或者参加的国际条约,或者按照互惠的原则办理。1958年《纽约公约》的制定,为促进国际仲裁事业的进一步发展,保障和促进国际经济贸易的发展起到了积极的作用。

三、裁决不予执行的情形

对涉外仲裁机构作出的仲裁裁决不予执行的情形,《民事诉讼法》第260条第1款做了规定:对中华人民共和国涉外仲裁机构作出的裁决,被申请人提出证据证明仲裁裁决有下列情形之一的,经人民法院组成合议庭审查核实,裁定不予执行。

第一,当事人在合同中没有订立仲裁条款或者事后没有达成书面仲裁协议的;

第二,被申请人没有得到指定仲裁员或者进行仲裁程序的通知,或者由于其他不属于被申请人负责的原因未能陈述意见的;

第三,仲裁庭的组成或者仲裁的程序与仲裁规则不符的;

第四,裁决的事项不属于仲裁协议的范围或者仲裁机构无权仲裁的。

仲裁裁决被人民法院裁定不予执行,原仲裁协议失效。当事人可以重新达成仲裁协议申请仲裁,也可以向人民法院起诉,要求法院解决双方当事人的纠纷。

第六节 涉外经济诉讼

一、涉外经济诉讼的概念

涉外经济诉讼,是指法院依照法律规定审理涉外因素的经济案件而进行的审判活动。所谓涉外因素的经济案件,是指在涉外经济法律关系中的主体、客体和内容三个因素中,至少有一个涉及境外的因素,即下列因素中至少必居其一:①涉外经济诉讼的主体的当事人一方或双方是外国人、无国籍人、外国企业和组织;②涉外经济诉讼的标的物位于境外;③产生涉外经济诉讼的法律事实存在于境外。

我国《民事诉讼法》第257条规定,涉外经济贸易、运输和海事中发生纠纷,当事人在合同中没有订立仲裁条款或事后没有达成书面仲裁协议的,可以向人民法院起诉。这种起诉就是涉外经济诉讼,它与上述仲裁一样,是解决商务争议的基本方式之一,而且它具有严格的程序,始终与国家主权相联系,以国家的强制力做后盾。

二、涉外经济诉讼的基本原则

(一)主权原则

主权原则是涉外经济诉讼的首要原则。该原则主要有以下内容:

1. 任何一个主权国家,除国际法公认豁免的外,对其领域内的一切人、物和行为都享有司法管辖权。

2. 一国法院审理涉外经济案件,遇到程序问题时,除国际条约另有规定外,应适用法院地国的程序法,并且只使用该国通用的语言、文字。

3. 一国法院认为外国法院判决违反本国国家主权或公共秩序时,有权拒绝予以承认和执行。

(二)平等互惠原则

平等互惠原则是处理国与国之间关系的基本准则,也是世界各国进行涉外经济审判应遵循的重要原则。平等互惠原则在涉外经济审判中表现为平等原则和对等原则。

1. 平等原则,即根据国际法中的有关"国民待遇"原则。在进行涉外经济诉讼时,一国法院应给予外国当事人与国内当事人相同的诉讼权利和诉讼义务。

2. 对等原则是国际交往中平等互惠原则在涉外经济诉讼中的具体表现。在主权国家之间应以平等为基础,但这种平等应当建立在对等的基础上,如一国对他国当事人的诉讼权利加以限制,则他国也有权对该国当事人的诉讼权利作出同样的限制。

(三)遵守国际条约原则

国际条约是各成员国之间在有关国际问题上对享有权利和承担义务的规定,除明确声明保留的条款外,各成员国均有信守国际条约、履行国际条约的义务。

三、涉外经济诉讼中的管辖及一般原则

涉外经济诉讼中的管辖,是指从国际社会的角度来确定各国法院(包括某些国际性司法机构)处理涉外案件的权限和分工。

在涉外经济诉讼中,为了解决因主权等原因而导致的管辖权上的冲突,各国往往借助于有关的法律依据来确定各自的管辖权。这些法律依据有来自国际条约的规定、国内法的规定,以及当事人采用协议方式选择解决争议的法院。从适用法律依据的顺序上讲,各国一般采用国际法优于国内法的原则,即在有条约的情况下,应首先适用国际条约的规定。在没有国际条约或国际条约没有相应规定的情况下,各国依其国内法来确定管辖权。但是,国际法并未限制各国国内法对管辖权的规定,加之各国法律传统的差异,造成了各国在涉外诉讼管辖权上采用的原则不同。

我国《民事诉讼法》第 246 条规定,在我国因履行中外合资经营合同、中外合作经营合同、中外合作勘探开发自然资源合同发生纠纷提起的诉讼,由我国法院管辖。因为上述三种合同直接关系到我国的国家利益和主权问题,所以我国从法律上作出了专属管辖的规定。

四、我国的司法管辖权及基本内容

国内立法关于涉外经济案件司法管辖权规定。涉外经济案件司法管辖可分为级别管辖和地域管辖两种。

(一)级别管辖

级别管辖,是指根据案件的性质和影响划分不同级别的法院进行管辖。我国原《民事诉讼法(试行)》规定,凡涉外民事案件一律由中级人民法院管辖。现在,《民事诉讼法》对此做了改动,规定中级人民法院管辖重大涉外案件作为第一审民事案件。所谓重大涉外案件,是指居住在国外的当事人人数众多,或者分属多国国籍,或者争议标的额大,或者案情复杂等。凡是上述情况之一的,均可谓重大涉外案件,只能由中级人民法院管辖。除此之外的涉外案件,可以由基层人民法院为第一审民事案件管辖。

(二)地域管辖

在国际司法中,地域管辖又称为领土管辖。它是确定一国法院对涉外民事案件管辖权的一个原则,即采用与领土有关的标志来确定法院对案件的管辖。通常都采用原告就被告的原则,由原告向被告所在地国家的法院起诉。我国《民事诉讼法》第 22 条规定,对被告提起的民事诉讼,由被告所在地人民法院管辖;被告所在地与经常居住地不一致的,由经常居住地人民法院管辖。对法人或者其他组织提起的民事诉讼,由被告住所地人民法院管辖。同一诉讼的几个被告住所地、经常居住地在两个以上的人民法院辖区的,各该人民法院都有管辖权。

五、外国人的诉讼地位

外国人的诉讼地位涉及主权国家的平等问题。从国际法的观点看,国家平等是指国家在法律上的平等,"尽管国家之间大小、人口、力量、文化程度、财富或其他特性是不平等的,然而,作为国际人格者,他们是平等的"。这个平等原则贯彻到涉外经济诉讼中,主要体现在以下两个方面:

(一) 同等诉讼权利和义务

外国人享有与当地居民同等的民事诉讼权利和承担同等的民事诉讼义务,这是外国人民事诉讼地位公认的准则。我国《民事诉讼法》第5条规定,外国人、无国籍人、外国企业和组织在人民法院起诉、应诉,同中华人民共和国公民、法人和其他组织有同等的诉讼权利和义务。其具体诉讼,如向人民法院请求司法保护,办理诉讼案件,委托代理人,申请回避,进行辩论,提供证据以及提起上诉,提出反诉,申请执行判决等。当然,外国当事人也承担与我国公民同等的诉讼义务,如依法应诉,执行判决等。

(二) 对等原则

根据我国《民事诉讼法》的规定,外国对我国公民、法人和其他组织的民事诉讼权利加以限制的,我国人民法院对该国的公民、企业和组织的民事诉讼权利实行对等原则,予以限制。对等原则是对上述的外国人与本国公民具有同等诉讼权利和义务原则的必要补充。它既防止一国公民在他国境内享有特权,也防止一国公民在他国境内受到歧视,是保障中外当事人正当权益的必要措施。

案例

涉外仲裁案

【案情】

1. 1996年8月,中国某公司(以下简称"中国公司")与美国A公司(以下简称"A公司")签署了中外合营合同,该合同及章程得到了当地的外经贸委批准。在合同中,订有中国国际经济贸易仲裁委员会的仲裁条款,即"凡与本合同相关的或由执行本合同而引起的所有争议,应提交中国国际经济贸易仲裁委员会,并根据该会的现行仲裁规则进行仲裁。仲裁的裁决应为终局的,并对双方都具有约束力"。

2. 由于A公司对该合营项目没有信心,因此合营企业成立之后,它未根据合同的要求交付出资额。但是,A公司通知中国公司,美国B公司(以下简称"B公司")愿意接替它而成为该合营企业的外国合营者。中国公司表示同意。

3. 1998年,A公司把它在合营企业中的全部股份转让给了B公司,A公司与B公司就此达成了转让协议,并在此基础上修改了原合同及章程。反映转让股份并经修改的合同和章程,又得到了原审批机关的批准。

4. 但上述一系列文件都存在着严重的缺陷,主要是:A公司没有在修改了的合营企业合同章程中签字,也没有在转让协议中签字;而且B公司也没有在转让协议和修改的合同中签字。所有的签字都是由中国公司在A公司和B公司的口头授权下(通过电话)完成的。

5. 中国的审批机构批准了上述所有文件,并由中国公司在工商行政管理局重新注册登记。B公司依据合同的规定以现金形式完成了向合营企业的投资,而且委派两位代表作为董事会的成员。接着,合营企业进行了正常的经营活动,其业务发展正常,连续两年获得了较高的利润。在这两年的时间内,B公司委派的董事出席了合营企业的董事会会议,且B公司连续两年分配到了可观的利润。该利润的总和高达其投资总额的50%。

6. 2000年初,中方突然得到了从美国某州的地方法院发来的传票,要求中方回答B公司的诉状并要求中方出庭。

B公司提出诉讼的主要理由是:

(1)合同不生效,因为A公司与B公司从未签署过任何文件。

(2)中方欺诈,因为B公司从未成为合营企业的真正股东。

(3)中方违反信托义务。中方派往合营企业的管理人员反复地从事内部交易和其他不道德商业交易。

(4)财务欺诈。中方违反公认的会计准则,进行非法的欺骗行为,以便单方侵吞合营企业的经营利润,同时制作虚假财务报告。

(5)造成严重损失。B公司为该合营企业交付了出资,还为合营企业的建立和经营而投入额外的投资,花费了大量的精力。

7. B公司的诉讼请求:

(1)实际损失相当于合营合同存续时间内合营企业期望获得的利润的现在价值;

(2)律师费(约300万美元);

(3)惩罚性违约金;

(4)诉讼费用。

8. 中方则认为:美国法院对本案无管辖权,它应属于中国国际经济贸易仲裁委员会管辖。其主要原因是:

(1)B公司在请求书中所列事宜完全属于中外双方在合营企业合同中的内部争议,属于合营双方间的争议。

(2)由于B公司已经合法地成为合同的一方当事人,而且成为合营企业中的外国股东,因此,合营合同以及合同内的仲裁条款对其有管辖权。

（3）根据中国法律、美国法律以及合同的规定，在合同中订有仲裁条款的情况下，美国法院对中国公司和B公司之间因为合同而引起的争议没有管辖权。

9. 由于合同中存在仲裁条款，中国公司向中国国际经济贸易仲裁委员会提起仲裁请求，该仲裁委员会接受该案并开始了仲裁程序。

【问题】

1. 中国公司与B公司之间的争议应由谁来管辖？
2. 仲裁条款是否也能随股权转让而转让？
3. 仲裁协议是否只能以书面形式签订？若以行为表示是否也可以？
4. 本案的争议是什么？为什么？

图书在版编目(CIP)数据

中国涉外经贸法/沈四宝主编. —4版(修订本). —北京：首都经济贸易大学出版社,2009.9
(高等院校商法经济法专业核心课精品系列教材)
ISBN 978-7-5638-0649-2

Ⅰ.中… Ⅱ.沈… Ⅲ.涉外经济法—中国—高等学校—教材 Ⅳ.D922.295

中国版本图书馆 CIP 数据核字(2006)第 012492 号

中国涉外经贸法（修订第四版）

沈四宝　主编

出版发行	首都经济贸易大学出版社
地　　址	北京市朝阳区红庙（邮编 100026）
电　　话	(010)65976483　65065761　65071505(传真)
网　　址	http://www.sjmcb.com
E - mail	publish@cueb.edu.cn
经　　销	全国新华书店
照　　排	首都经济贸易大学出版社激光照排服务部
印　　刷	北京地泰德印刷有限责任公司
开　　本	787 毫米×980 毫米　1/16
字　　数	418 千字
印　　张	24
版　　次	1997 年 9 月第 1 版　2002 年 2 月修订第 2 版　2006 年 2 月修订第 3 版 **2009 年 9 月修订第 4 版**　2010 年 8 月总第 12 次印刷
印　　数	54 001 ~ 58 000
书　　号	ISBN 978-7-5638-0649-2/D·33
定　　价	33.00 元

图书印装若有质量问题，本社负责调换

版权所有　　侵权必究